KB137836

별자리,
인류의 이야기 주머니

별자리, 인류의 이야기 주머니

초판 1쇄 인쇄 2017년 11월 3일
초판 1쇄 발행 2017년 11월 15일

지은이 문재현 · 문한뫼
펴낸이 김승희
펴낸곳 도서출판 살림터

기획 정광일
편집 조현주
디자인 김경수

인쇄 · 제본 (주)현문
종이 월드페이퍼(주)

주소 서울시 영등포구 양평로21가길 19 선유도 우림라이온스밸리 1차 B동 512호
전화 02-3141-6553
팩스 02-3141-6555

출판등록 2008년 3월 18일 제313-1990-12호
이메일 gwang80@hanmail.net
블로그 http://blog.naver.com/dkffk1020

ISBN 979-11-5930-050-9 (03000)

이 도서의 국립중앙도서관 출판예정도서목록(CIP)은 서지정보유통지원시스템 홈페이지(http://seoji.nl.go.kr)와
국가자료공동목록시스템(http://www.nl.go.kr/kolisnet)에서 이용하실 수 있습니다.(CIP제어번호: CIP2017028329)

옛 천문학 - 인문학, 과학, 문화예술의 뿌리

별자리,
인류의 이야기
주머니

문재현＊문한뫼 지음

살림터

우리 마을에서 건져 올린 우리 옛 천문학

우리가 어렸을 때는 별이 쏟아지는 밤하늘이 우리 삶의 배경이고 무대였다. 해와 달, 별을 보고 노래와 놀이를 하고, 이야기를 나누는 것은 함께 살아가는 느낌을 공유하는 것이었다. 그때는 별을 본다는 것이 남들과 다른 취미를 가지려는 것이 아니라 생활 속에서 다양한 천체 현상에 몸과 마음을 여는 것이었다. 그것은 달이 나날이 바뀌어가는 모습을 함께 보는 것이고 계절에 따라 별자리가 바뀌는 것을 발견하는 것이었다. 겨울에는 해가 낮게 뜨고 여름에는 높게 뜨는데 달은 여름에는 낮게 뜨고 겨울에는 높게 떠서 하늘에서 시소 놀이를 하는 모습을 찾는 것이기도 했다.

이와 달리 요즘은 별을 보려면 자신이 살고 있는 곳을 떠나야 한다. 도시 사람들만 그런 것이 아니라 시골 사람들도 마찬가지이다. 보는 방법도 그냥 맨눈으로 별을 보는 것이 아니라 망원경을 통해서 별을 보려고 한다. 그렇게 망원경을 통해 별과 사랑에 빠진 사람들의 마음을 잘 보여주는 글을 전용훈의 『천문대 가는 길』에서 읽은 적이 있다.

'별빛 바이러스 증후군'이라는 일종의 발작성 질환이 있다. 우주 공간의 별들로부터 지구로 쏟아지는 별빛 바이러스가 원인이다. 발작이 시작되면 밤마다 한적한 산과 들로 나가려는 충동을 억누를 길이 없다. 또 불빛이 화려한 도시에 있을 경우에는 삶의 의지마저 사라지는 무력감에 시달린다. 일단 별빛 바이러스에 감염된 사람은 달의 삭망 주기와 완전히 일치된 발작과 정상 상태를 오간다. (중략) 다행히 이 병은 생명에는 지장이 전혀 없을 뿐 아니라, 정기적으로 별빛을 쐬어주기만 하면 되므로 병을 안고 적응해 살아가는 편이 낫다. 또한 환자들이 밤하늘로부터 새로운 별빛 바이러스를 다량 체내에 축적했을 때 느끼는 희열감은 담배나 마약보다 중독성이 강하다. 강한 중독성에 이끌려 환자들은 자신도 모르게 별빛이 좋은 곳으로 좋은 곳으로 나가 우주에서 온 별빛 바이러스를 흠씬 받아들인다.

 그래서인지 내가 별자리에 관한 책을 쓴다고 하니 많은 사람들이 "천문대에 자주 가느냐?", "천체망원경을 가지고 있느냐?"고 물었다. 과학이 만들어낸 새로운 눈이라고 할 수 있는 망원경을 빼놓고는 하늘을 이야기할 수가 없게 된 것일까? 하지만 나는 지금까지 한 번도 천문대를 간 적이 없다. 연구소에 있는 천체망원경을 아들이 조립해주면 가끔 하늘을 보는 정도이다. 망원경으로 보는 우주의 모습은 아름답다. 하지만 나는 망원경으로 별을 보는 것보다는 마을에서 가까운 사람들과 함께 별을 보는 것이 더 좋다. 요즘도 가끔 가족들과 동네를 거닐면서 별을 본다. 마을 사람들과 별과 관련된 이야기도 나누고 별똥비가 내릴 때는 함께 모여서 볼 수 있는 기회를 만들고 싶다. 내가 바라는 것은 과학의 눈이 아니라 사람과 사람을 연결하는 마음의 눈, 문화의 창으로 별을 보는 것이다. 마을에서 별이 쏟아지는 어두운 밤하늘을 함께 만들고 그 속에서 함께 이야기를 나눌 수 있는 환경과 문화를 복원하는 것이 내 꿈이다.

과학의 눈으로 보는 별자리뿐만 아니라 서양인의 눈, 제국주의의 눈으로 보는 별자리도 문제이다. 서점에 가서 우리 별자리라는 제목을 가진 책을 찾아보면 대부분 서양 별자리 이야기이다. 우리의 눈으로 우리 역사와 문화를 보지 못하고 타인의 눈, 제국주의의 눈으로 봐왔으니 이제는 서양 이야기를 우리 이야기인 양 착각하는 것이다.

본디 앎은 삶에서 비롯되고 앎이 참다우면 삶도 깊고 넓어진다. 이러한 선순환이 끊어져 앎과 삶의 관계가 비틀리면 앎과 삶이 모두 파괴되어 사람됨이 무너진다. 천문학이나 별을 보는 취미도 우리 문화 속에 깊이 뿌리박고 있는 식민성과 그 식민성에서 벗어나지 못하는 우리 자신의 자화상을 확인하는 것은 씁쓸하기 짝이 없는 일이다.

내가 이 책의 초안을 써놓은 것이 2009년이다. 그해에 책을 내려고 했으나 2016년까지 손을 대지 못했다. 8년간 학교폭력과 일진 문제에 대한 연구에 내 열정을 쏟아부었기 때문이다. 오랜 연구를 통해서 자본의 이윤 동기와 그로 인한 공동체 문화의 상실이 아이들의 삶을 파괴하는 원인이라는 것을 알 수 있었다.

자본은 우리에게 필요한 장소와 사람, 가치를 파괴한다. 내가 어렸을 때까지만 해도 사람들은 장소에 뿌리내리고 서로 협력하면서 삶의 기쁨을 누렸다. 기업의 힘이 점점 커지면서 자본이 주인이 되자 장소는 투기의 대상이 되었고 사람들은 경쟁하고 공동체가 만들어온 가치는 빛을 잃고 말았다.

우리는 자기가 사는 곳에서 별을 볼 줄 모르고 함께 놀지 못하고 서로를 경계하고 적대시하게 되었다. 밤하늘의 별을 보지 못하는 것이나 아이들이 함께 놀지 못하고 권력관계를 만드는 것은 자본의 운동이 만들어낸 다양한 현상 가운데 하나일 뿐이었다.

이러한 깨달음을 가지고 2009년에 써놓았던 초안을 살펴보니 마음에 들지 않는 것이 너무 많았다. 2009년에 쓴 글은 별에 대한 개념과 지식에 관한 것이었다. 그래서 내 삶의 이야기를 담아 새로 글을 썼다. 앞서 이야기한 것처럼 과학의 눈이 아니라 마음의 눈, 문화의 창을 통해 글을 쓰려고 노력했다. 그래서 관심을 가지게 된 것이 우리 민속 안에 있는 천문학 이야기였다.

사람의 개별 경험이나 문화는 다양한 방식으로 전승된다. 양반들은 글을 통해 자신들의 경험과 사상을 전달한다. 『천문류초』, 『천상열차분야지도』 등을 통해 나는 그들의 사상과 감정을 알 수 있었다. 하지만 나는 그러한 자료가 우리 문화의 뿌리를 드러낼 수 있는지에 대해 의심하고 있다. 그러한 책은 중국 문화의 영향을 받은 것이라 민중들의 생각과 감정을 드러낼 수 없기 때문이다. 그래서 우리 옛 별자리를 공부하기 위해서 새롭게 시도한 것이 나의 마을 경험 안에서 옛 천문학의 뿌리를 찾은 것이다. 민중들은 자신의 집단 경험과 기억을 이야기, 몸짓, 세시풍속과 통과의례를 통해 전달한다. 별자리와 관련된 문화 역시 다르지 않다. 보기를 들어보자. 북두칠성이 인간의 생명과 죽음을 주관하고 달이 곡식의 풍흉을 관장한다는 생각은 처음에는 별자리를 예민하게 관찰하던 한 사람의 생각이었을 것이다. 하지만 그 사람이 주변 사람과 이야기를 하고 그래서 집단 모두가 그 이야기를 공유하게 되어 생활 세계에 쌓이게 되면 그것은 문화의 유지와 생성을 좌우하는 근본 규칙이 된다. 비손과 같은 몸짓, 신화와 전설, 민담과 같은 이야기, 고인돌과 바위그림, 세시풍속의 바탕에 북두칠성과 달에 관한 이야기와 신앙이 있는 것이다. 그러한 이야기와 그 바탕이 되는 신앙이 겨레를 묶는 하나의 마음자리를 만들고 어떤 사건에 공감하는 마음씨, 함께 행동할 수 있는 힘을 주는 것이니 옛 천문학은 우리 문화, 과학, 예술, 인문학의 뿌리라고 보아도 좋을 것이다.

내가 어렸을 때부터 경험한 별자리 이야기와 놀이, 세시풍속, 고인돌, 음식문화가 그렇게 쌓여온 '문화 지층'이고 여전히 내 삶과 우리 겨레의 문화적 정체성을 형성하고 있다는 것을 발견한 것은 새롭고 놀라운 경험이었다. 그러한 즐거움 속에서 마을의 문화 지층에 담겨 있는 우리 문화의 바탕과 속살을 건져 올리고 고구려 고분벽화와 바위그림과 같은 고고학 유적을 결합하여 우리 고대문화에 대한 상상력을 전개해본 것이 이 책이다.

신기한 것은 생각이 바뀌자 말투도 바뀐 것이다. 처음에 썼던 글은 개념이 중심이었기 때문에 사람들에게 가르치고 일러주는 내용이었다. 다른 사람을 가르치려는 계몽적 말투였다. 별자리에 관한 지식을 사람들에게 알려주려고 했을 때는 그것을 당연하게 생각했다. 하지만 별자리와 관련된 우리 민속 문화 전통을 중시하게 되자 '나는 이런 것을 경험했고 이러한 것을 느꼈어. 당신은 어떤 경험과 느낌을 가지고 있지?', '우리 모두의 생각을 이야기해보자'고 묻고 제안하는 말투가 되었다. 객관성과 중립성, 초연한 태도를 강조하면서 절대적인 지적 권력을 누리고자 하는 학자들의 말투를 벗어난 것이다. 학자들이 쓰는 말투의 기원은 플라톤과 아리스토텔레스이다. 그들의 말투를 벗어나 내 이야기를 할 수 있게 된 것이 이 책을 쓰면서 내가 얻은 가장 큰 소득이다. 이 책의 초안을 먼저 읽고 의견을 낸 연구원들도 이 책에서 가장 인상적인 것으로 말투를 들었는데 이는 내 시도가 실패하지 않았다는 증거일 것이다.

이 책은 나와 아들인 한뫼의 공동 저작이다. 내가 글을 쓰긴 했지만 한뫼의 제안이 많았고 연구할 때도 역할이 컸다. 컴맹인 아빠를 위해 스텔라리움으로 여러 시기의 별자리 모습과 변화 과정을 보여주지 않았더라면 이 책을 쓰기가 힘들었을 것이다. 함께 연구를 진행해온 연구원들의 역할도 컸다. 내 이야기에 공감과 지지를 보내주었고 자기 경험을 드러내고 함께 토론하면서 서로의 생각을 확장시킬 수 있었기 때문이다. 초안이 나온 다음에 교정하는 데도 많은 도움을 주었다. 아내인 김명신 연구원은 내 글의 문제점을 날카롭게 지적하여 새로 생각할 수 있게 했고 서영자 연구원은 문장 하나하나까지 자세히 살피면서 고칠 수 있게 해주었다. 김채희 연구원은 원고를 타자로 치고 별자리 그림들을 예쁘게 그려주었다. 허정남 선생님도 내 이야기를 담은 그림을 그려주어 뒷표지 배경을 돋보이게 해주었다. 이러한 도움이 없었다면 이 책을 낼 수 없었을 것이다. 이 고마움을 말로 표현하기 어려울 정도이다. 김수업 선생님에게는 별과 관련된 우리말에 대한 새로운 생각이 떠오를 때마다 전화로 자문을 구했다. 귀찮게 생각하지 않으시고 그때마다 격려와 토론을 해주어 글이 더 풍부해질 수 있었다. 그리고 이 글에 들어간 여러 사진과 연구 자료들을 제공해준 분들에게 고마운 마음을 전한다. 국립중앙박물관, 국립경주박물관, 동북아역사재단, 복천박물관, 충북대학교 박물관과 오랜 연구 성과를 기꺼이 제공해주신 김일권, 이하우 교수님, 안장헌 사진작가님, 천상열차분야지도 모사도를 사용하게 해주신 정주완 선생님, 그리고 이집트 여행 중 피라미드와 미라 사진을 찍어 보내주신 김진수, 장영란 님의 배려 덕분에 이 책이 더 풍성해질 수 있었다. 마지막으로 이 책을 펴내는 데 도움을 주신 살림터 식구들과 편집부 여러분에게도 고마운 인사를 드린다.

2017년 10월
청주 수곡재에서
문재현

3장 별자리에 담긴 이야기

1장

달과 해의
장단과 함께한
우리 문화

빛나는 어둠과
빛의 그늘

초등학교 1학년 때였다. 어느 날 장에 갔던 아버지가 귀여운 송아지를 사 오셨다. 이제 초등학생이 되었으니 송아지를 길러보라는 것이었다. 대가족을 이루어 살고 있는 친구들은 형이나 삼촌이 있어서 소를 기르거나 텃밭을 일구는 것은 초등학교 고학년이 되었을 때 하는 일이었다. 그런데 나는 큰아들인 데다가 아버지 나이 마흔다섯 살에 태어났다. 삼촌도 없었기 때문에 나는 적게는 몇 살, 많게는 열 살 더 먹은 형들이 하는 일들을 해야 했다. 그래도 좋았다. 송아지가 아주 귀여워서 마음에 들었기 때문이다. 그날부터 소를 돌보는 것이 내 일과의 중심이 되었다.

내 일과는 아침에 일어나 송아지를 끌어다가 뒷산에 매어두는 것으로 시작되었다. 내가 학교에 간 뒤에는 아버지와 어머니가 한두 번 옮겨 매었다. 그러면 내가 점심시간에 다시 한 번 옮겨주었다. 소를 길러본 사람은 알겠지만 한곳에 매어두면 한두 시간 이후에는 풀을 뜯지 않기 때문이다.

학교가 끝나면 다른 아이들은 책 보따리를 던져놓고서 신나게 놀았지만 나는 그럴 수가 없었다. 저녁과 밤에 먹일 쇠꼴을 먼저 마련해놓아야 했기 때문이다. 그리고 한두 시간 놀다가 오후 네 시 무렵이 되면 송아지를 끌고 뒷산으로 올라갔다. 소들이 좋아하는 신선한 풀들이 많았기 때문이다. 가끔은 친구들이 나를 찾아올 때도 있었지만 대부분은 나 혼자 있었다. 송아지를 기르면서 잃은 것도 있었지만 얻은 것도 많았다. 잃은 것은 놀이 시간이었다. 다른 친구들은 집에서 정해진 일이 없었기 때문에 내가 자기들과 어울려 놀지 못하는 것을 잘 이해하지 못했다. 그래서 가끔은 친구들 사이에 끼어들기 어려울 때도 있었다.

얻은 것도 많았다. 소를 기르다 보면 자연을 깊이 관찰할 수 있는 기회가 생긴다. 쇠꼴을 벨 때 어떤 풀은 소가 좋아하고 어떤 풀은 먹지 않는지 가리는 것은 아주 중요했다. 방동사니 같은 풀은 절대 안 먹었고 바랭이는 좋아하기는 하는데 많이 먹으면 설사를 해서 다른 풀과 섞어 주어야 했다. 신기하게도 우리 고장에서 '삘기'라고 불렀던 띠를 섞어주면 설사를 하지 않았다.

소가 똥을 누면 쇠똥구리들이 달려들었다. 쇠똥구리들이 똥을 뭉치고 굴리는 것은 어렸을때 일상적으로 볼 수 있는 풍경이었다. 소에 달라붙는 등에나 쇠파리를 처리하는 것도 문제였다. 소의 긴 꼬리가 어떤 역할을 하는지 그때 확실히 알았다. 긴 꼬리로 찰싹찰싹 자기 몸을 치면서 쫓아냈는데 그래도 많이 몰려들면 내가 파리채로 잡아주었다. 오랫동안 소와 지내다 보면 소가 말을 참 안 들어서 답답할 때도 있었다. 물을 먹이려고 물가로 데려가도 안 먹겠다고 버티기 시작하면 어떻게 할 수가 없었다. 소를 맬 때 절대 비탈에 매면 안 된다는 금기도 있었다. 네 다리를 가진 데다가 몸이 무거운 소가 비탈에서 잘못 넘어지면 일어날 수가 없기 때문이다.

소와 관련된 미시적인 생태 관찰도 좋았지만 그보다 더 좋았던 것은 저녁에서 밤으로 넘어가는 시간이 주는 놀라움과 아름다움이었다. 뒷산 능선에서 날마다 보는 것이 저녁노을이었다. 우리 마을 서쪽에 있는 산이 매방산이다. 봄에는 매방산 남쪽에서 지던 해가 여름이면 매방산 북쪽에서 졌다. 해가 산 뒤로 순식간에 사라지면서 남기는 노을은 날마다 그 모습이 달랐다. 그날 끼어 있는 구름 종류에 따라 다양한 색채와 분위기가 만들어지기 때문이었다. 그래서 구름을 보고 그날 노을이 어떤 모습일까 추측해보기도 했다.

　해가 지면 송아지를 데리고 바로 우리 집 뒤에 있는 돼지무덤으로 내려왔다. 그 무덤은 다른 무덤보다 몇 배 컸는데 어렸을 때는 진짜 돼지가 묻혀 있는 줄 알았다. 무덤에 묻힌 사람이 욕심 많은 지주라는 것을 알게 된 것은 나중의 일이다. 마을 땅을 거의 다 가지고 있는 지주였는데, 다른 지주보다 더 야박해서 돼지라고 불렀다고 한다. 마을 사람들은 그가 죽은 뒤에는 무덤을 돼지무덤이라고 불렀다는 것이다. 지주의 무덤은 다른 무덤보다 높고 넓었기 때문에 아이들에게는 아주 좋은 놀이터였다. 그 무덤 주변은 내가 봄에서 가을까지는 아침에 소를 매어놓고, 겨울이 되면 눈썰매를 타는 곳이었다. 그 무덤 상석에 앉아 마을 앞으로 펼쳐진 경치를 보는 것은 또 다른 재미였다. 초가지붕들이 겹쳐 있고 그 앞에 냇물과 논, 저 멀리서 멧부리들이 흘러가는 모습은 우리 마을에 대한 내 어릴 적 기억 가운데 가장 아름다운 장면이다. 『상록수』의 시인 심훈이 1926년에 발표한 '나의 강산이여'라는 시가 떠오르는 풍경이었다.

> 높은 곳을 올라 이 땅을 굽어보니
> 큰 봉우리와 작은 멧부리의 어여쁨이여
> 아지랑이 속으로 시선이 녹아드는 곳까지

오뚝오뚝 솟았다가는 굽이쳐 달리는 그 산줄기에

안겨 뒹굴고 싶도록 아름답구나!

'땅거미'라는 말이 있다. 해가 넘어간 뒤, 땅이 검어지는 것을 어른들은 '땅거미가 진다', '땅거미가 깃든다'고 했다. 땅거미가 진다는 것은 해가 넘어가면서 그 반대편인 동쪽이 지구 그림자에 깔리는 것이었다. 마치 검은 구름이 퍼져나가듯 동쪽 낮은 땅으로부터 생겨난 어둠은 서쪽 하늘 노을을 없애가면서 우리 마을을 둘러싼 세상을 깊고 두텁게 덮어버렸다. 몇십 분 동안이지만 그 변화 과정을 느끼고 새기는 과정은 다른 사람들이 모르는 나만의 즐거움이었다. 모든 것을 또렷하게 드러내는 햇빛이 사라지고 우리 마을을 둘러싼 세계가 서서히 어두워지면 모든 물체의 구별이 사라지기 시작한다. 세부적인 것들이 점점 뭉개지고 가장 크고 일반적인 윤곽만 보이다가 나중에는 저 멀리에 있는 산들이 하나의 거대한 선으로 이어진다. 이윽고 산의 윤곽마저도 어둠에 잠기면 또 다른 세상이 열렸다. 낮의 밝음은 세상을 탐색하는 힘을 주지만 어둠은 나만의 느낌을 만들어내는 시간이 된다. 눈이 세상의 윤곽과 빛깔을 구분하지 못하게 되면 내 몸 전체가 하나의 감각 기관이 된다. 어두워지기 시작하면 그전에는 들리지 않던 소리들이 생생하게 살아난다. 새들이 날개 치는 소리, 숲 바닥에서 바삭거리는 소리…….

이윽고 하늘에서 별들이 내려앉는다. 서양에서는 지평선이 사라지고 우리가 별들 속으로 빠져드는 것처럼 느끼는 것을 '천상의 도약'이라고 한다. 나는 하늘로 뛰어오르는 것이 아니라 하늘의 별들이 내려와 그 속에 내가 잠기는 듯한 느낌이었다. 그 느낌에 젖은 상태로 집에 들어가면 어머니에게 "너 무슨 일 있냐?"는 말을 들었다. 가끔 분위기에 젖어서

늦게 내려가면 어머니가 나를 찾으러 돼지무덤으로 올라오셨다.

여름에는 저녁밥을 먹고 평상에 누웠다. 그러면 다시 한 번 별들의 잔치다. 내가 초등학교 고학년이 되어서야 우리 마을에 전깃불이 들어왔기 때문에 어렸을 때는 어두운 밤하늘을 항상 볼 수 있었다. 지평선 가까운 데까지 별들이 보이고 은하수는 지금처럼 희미한 것이 아니라 뚜렷한 윤곽을 가지고 빛났다. 여름 하늘에는 은하수가 두 갈래로 굽이치는 모습이 내 눈에도 뚜렷하게 보였다.

가을이 되면 하늘 한가운데 네모반듯한 별자리가 보였다. 28수 가운데 실수와 벽수 사이, 서양 별자리로는 페가수스 별자리이다. 그 네모꼴 안에 여러 개 별들이 있었다. 그래서 동생과 함께 그 별들을 세는 놀이를 가을마다 몇 년에 걸쳐서 했지만 끝내 다 세어보지는 못했다. 누님들과 함께 별 헤는 노래도 불렀다.

별 하나 나 하나
별 둘 나 둘
별 셋 나 셋
별 넷 나 넷
별 다섯 나 다섯
별 여섯 나 여섯
별 일곱 나 일곱
별 여덟 나 여덟
별 아홉 나 아홉
별 열 나 열
다 세었다!

숨을 쉬지 않고 한 번에 열까지 다 세면 백 살을 살고 여덟까지 세면 여든까지 산다고 해서 서로 지지 않으려고 용을 썼다. 그리고 아버지를 졸라서 북두칠성 이야기를 들었다.

이러한 경험은 초등학교 5학년 이후에는 거의 없었다. 우리 마을 동쪽으로 경부고속도로가 생기고 죽암 휴게소가 생기면서 빛 공해가 심각해진 것이다. 별과 달은 떠오를 때 더 크고 웅장하다. 하지만 동쪽 하늘이 항상 밝으니 그 장관을 다시 볼 수 없었다. 남쪽에 있는 신탄진에도 공단이 생기면서 남쪽 지평선의 별자리도 보기 어려워졌고, 마을 뒤쪽에 진로 공단이 생기면서 북극성도 희미해졌다. 그래서 어렸을 적 별에 관한 기억은 가장 어두운 밤하늘에서 별들이 제법 많은 밤하늘로, 그러고는 드문드문 별들이 보이는 밤하늘로 이어지는 안타까운 과정이었다.

좋아하는 사람들과 함께 수많은 별들과 얼굴을 마주하는 경험은 우리 어렸을 때는 시골에 사는 사람이라면 누구나 할 수 있었던 것이었다. 그러나 기성세대는 그 경험을 잃어버렸고 새로운 세대는 그러한 경험이 있었는지도 모른다. 이러한 현실이 왜 문제가 될까. 플라톤은 해와 달, 별들을 보는 의미를 이렇게 정리한 적이 있다.

그것은 우리에게 시간 개념을 알게 했으며 우주의 성질을 연구하게 만들었다. 그리고 그것으로부터 철학 곧 신이 인간이라는 유한한 존재에게 또렷하게 주었고, 앞으로도 줄 가장 위대한 선물을 끌어낼 수 있었다.

인류는 쏟아져 내리는 밤하늘의 신비 속에서 철학과 과학, 문학, 예술을 발전시켜왔다. 근대 과학기술혁명은 결국, 별을 좋아하는 사람들이 만들어낸 천문학 혁명이 아니었던가. 그리고 동서양 모든 민족과 부족의 신화는 별자리에 기대어 있다. 따라서 별과 관련된 이야기는 문명과 문화의 가장 기초적 요소이고, 사람들의 영감의 원천이었다.

나는 쏟아져 내리는 별을 보는 것은 그 자체가 인간의 권리로, 삶의 질을 보장하는 기본적인 환경이라고 생각한다. 내가 어렸을 때 그러한 환경에서 자라나지 않았다면 하늘에 대한 관심은 훨씬 더 건조했을 것이고 땅에 대한 애착도 덜했을 것이다.

다행히 최근에는 국제어두운밤하늘협회의 주도 아래 어두운 밤하늘을 하나의 문화유산으로, 권리로, 환경으로 만들자는 운동이 확대되고 있다. 국제어두운밤하늘협회에서는 별빛보호구역을 다섯 가지 유형으로 정하여 보호하려고 한다. 별빛자연구역, 별빛천문구역, 별빛유산구역, 별빛경관구역, 별빛오아시스-인간거주구역이다. 별빛자연구역은 밤에 생활하는 조류와 포유류, 곤충들을 위한 서식지를 보호하기 위한 것이고, 별빛천문구역은 별을 잘 볼 수 있는 현재의 장소를 보호하는 것이다. 별빛유산구역은 천문학과 관련된 고고학적 문화적인 장소와 기념물을 보존하기 위한 것이고, 별빛경관구역은 인공물과 하늘 풍경이 조화를 이루는 경관을 보호하려는 것이다. 그리고 별빛오아시스-인간거주구역은 농촌 마을의 어두운 밤하늘을 보존하기 위한 장소이다.

우리나라에서도 마을공동체 운동의 주요 주제로 어두운 밤하늘을 지키는 운동을 전개할 만하다. 도시에서도 주민들이 함께 달을 본다든가, 계절별 별자리를 보기 위해 여러 가지 방법들을 찾아볼 수 있을 것이다. 가로등 키를 낮추고 위로 빛이 뻗어나가지 않도록 시설을 설치할 수 있다. 그리고 별을 잘 볼 수 있는 장소도 찾고 인근 거주지와 도시가 동시에 불을 꺼서 함께 어두운 밤하늘을 만들 수도 있다. 천문대에 가는 것보다 마을 사람들과 함께 보는 별자리가 훨씬 더 아름답고 지속 가능하며 더 많은 이야기를 만들어낼 수 있다. 천문대에서는 사람들과 함께 과정을 만들어가는 것이 아니라 설명을 할 뿐이기 때문이다. 망원경으로 우주의 신비를 탐색하는 것은 아주 흥미로운 일이다. 하지만 마을 사람들이 어두워지는 밤하늘을 경험하며 그 안에서 생기는 미묘한 변화를 함께 느낄 수 있다면 밤하늘은 우리 마음을 다시 설레게 하고 문화를 생성하는 토대가 될 수 있을 것이다.

세시놀이는
해와 달의 운행을
모방한다

지금도 단오 무렵이면 마을에서 떡을 치는 장면이 떠오른다. 단오에 먹는 떡은 쑥떡이다. 쑥은 날것으로 먹기 어려우니까 먼저 삶아야 한다. 흐물흐물할 정도로 푹 삶는다. 삶아낸 쑥을 뭉쳐서 물기를 짜낸 후, 멥쌀가루와 함께 절구에 넣고서 찧어 절편으로 만들면 쑥떡이다. 찹쌀가루로는 쑥 인절미를 해 먹는다. 찹쌀가루와 삶아낸 쑥을 섞어 절구에 찧은 다음 떡판으로 옮긴다. 어른들 몇 명이서 떡을 치고 있으면 아이들이 몰려든다. 쑥 냄새나는 절편이나 인절미를 몇 개씩 받아들고 먹으면 세상을 다 가진 듯 즐거웠다. 매년 그러한 과정을 반복했으니 그 분위기가 몸에 새겨지고 그 맛도 입에 박혔다. 그래서 단오 무렵이 되면 쑥떡이 생각나는 것이다. 나와 같은 세대라면 대부분 이러한 감각을 가지고 있을 것이다.

언젠가 마을에서 만든 쑥떡과 함께 흰 절편을 먹으면서 왜 쑥떡이 더 차지고 쫄깃쫄깃한 맛이 나는지 궁금증을 가진 적이 있다. 어른들에게 물었지만 "본디 쑥떡은 그런 거야"라는 말을 들었을 뿐 시원한 대답을 듣지 못했다. 그 답을 알게 된 것은 그로부터 20년이 지나서였다. 쑥에

난 털 때문이었다. 현미경으로 살펴보면 쑥의 털은 알파벳 T자 모양이다. 그 T자 모양의 털들이 서로 엉키면서 생겨나는 것이 쫄깃쫄깃한 맛이다.

쑥이 털을 만들어낸 것은 메마른 환경에서 진화했기 때문이다. 쑥이 호흡을 할 때면 잎 뒷면에 있는 숨구멍으로 물이 빠져나간다. 건조한 환경에서 물이 계속 빠져나가면 살길이 없다. 그래서 쑥은 빠져나가는 물을 막기 위해서 가는 털을 촘촘히 얽어놓았다.

쑥에 난 털은 추위를 막는 기능도 있다. 가을날, 산책을 하다가 잎을 세워서 하얗게 된 쑥을 보았다. 낮에 보던 쑥과 너무 달라서 처음에는 다른 식물인 줄 알았다. 쑥이 그렇게 잎을 세운 것은 잎 뒷면을 바깥쪽으로 내밀면서 방사냉각으로부터 자기를 보호하기 위한 것이다. 쑥 냄새도 벌레와 균을 막기 위해서 만들어낸 성분이다. 쑥을 말려서 약초로 사용하고 모깃불로도 썼던 것은 일종의 경험 과학이었던 것이다.

여름이 본격화되는 시기에 건강하게 살고 싶은 사람들의 욕망은 쑥의 약효에 대한 기대와 더불어 쑥떡이라는 명절 음식을 만들어냈다. 그 음식을 모두 함께 먹음으로써 우리는 감각과 인식을 함께 나눌 수 있게 되었다. 어디 단오뿐인가. 모든 명절은 맛과 냄새와 더불어 기억된다. 설날의 떡국, 대보름의 약밥과 부럼, 나물밥, 삼월 삼짇날의 진달래화전, 단옷날의 쑥떡, 유둣날의 수단과 유두국수, 추석의 송편, 중양의 국화전, 동지의 팥죽은 각기 다른 계절감각과 맛을 가지고 내 몸에 깊이 새겨져 있다. 아니 우리 겨레의 몸속에 깊이 새겨져 있다. 우리가 어렸을 때는 명절 음식을 싫다고 하는 아이들이 없었다. 먹을 것이 없어 항상 배고프다가 명절이 되면 충분히 먹을 수 있으니 모두가 그때를 기다렸다. 가족, 친구, 이웃 사람들이 함께 나누어 먹으니 그 분위기 때문에도 맛이 없을 리가 없었다. 어떤 음식은 반드시 먹도록 하는 일종의 금기도 있었다. 설날에 "떡국을 먹지 않으면 머리가 센다"는 말이 그것이다. 떡국을 먹어야 나이를 먹는다고 해서 먹기를 부추기는 말들도 있었다. 빨리 어른이 되고 싶은 아이들에게 이것은 아주 강력한 유혹이었다. 어렸을 때 먹었던 명절 음식의 감각과 경험 때문에 나는 세시 음식이 가진 사회적인 기능에 대해 쉽게 깨달을 수 있었다. 이규태는 세시 음식의 기능에 대해 "한 나라 사람들 모두가 한날한시에 같은 재료로 만든, 같은 맛을 내는, 같은 음식을 먹는다는 이 동시, 동질, 동 체험은 그 나라 사람들에게 일체감을 주고 동질성을 강화시키는 힘을 발휘한다"라고 했는데 그 구절을 보자마자 바로 공감할 수 있었다. 세시 음식은 이렇게 같은 감각, 같은 감정, 같은 지식을 만들어냄으로써 우리가 함께 살아가는 느낌, 곧 정체성을 만드는 것이다.

요즘 마을 만들기를 하면서 단오축제를 하는 곳이 많다. 축제를 주관하는 사람들과 이야기해보면 한결같이 아이들에게 떡을 나누어줄 때 보이는 반응에 가슴 아파한다. 떡을 주면 "이거 얼마예요?", "이거 먹어도 돼요?"라고 말한다는 것이다. 태어나서 주위에 있는 마을 사람들 누구한테든 손을 내밀고 나누어주는 음식을 아무런 부담감 없이 당당하게 먹는 경험을 가지지 못했기 때문일 것이다. 당연히 공동체에 참여하고 그 안에서 느끼는 행복을 배울 수도, 느낄 수도 없었을 것이다. 집에서 떡을 싫어하는 아이들도 마을 축제나 학교에서 함께 만들어 먹으면 누구나 맛있게 먹는다는 말에서 공동체의 희망을 본다. 음식이 사회적이라는 것, 그 맛이 자신의 정체성, 공동체적 감각과 닿아 있다는 것을 증명해주는 사례라고 보기 때문이다.

그 맛, 냄새와 함께 세시풍속 하면 떠오르는 것이 놀이이다. 세시풍속이 공동체를 만들어냈다면 절반 이상의 공이 놀이에 있을 것이다. 설날의 윷놀이, 대보름의 줄다리기, 석전, 쥐불놀이, 달집태우기, 삼월 삼짇날의 화전놀이, 단오의 씨름과 그네, 유둣날의 물맞이(물놀이), 백중의 씨름, 추석의 강강술래, 거북놀이는 마치 나날이 바뀌어가는 밤하늘의 별처럼 세시풍속을 수놓는다.

어렸을 때는 그저 놀았을 뿐이지만 문화를 연구하면서 왜 명절마다 다른 놀이를 했는지 궁금해졌다. 호이징하의 『호모 루덴스』를 읽다가 이 대목에서 무릎을 쳤다.

> 고대인들은 맨 처음에는 동물 세계와 식물 세계의 현상을 의식 속에 받아들였고, 그다음에는 시간과 공간의 질서에 대한 관념, 달과 해(年), 해와 달의 운행에 대한 관념을 갖게 되었다. 그들은 성스러운 놀이 속에서 존재의 이러한 위대한 진행질서를 놀이하고, 이 놀이 속에서 또 이 놀이를 통하여 재현된 사건들을 새로이 현실화 또는 재창조함으로써 우주 질서의 유지를 돕는다는 것이다. 프로베니우스는 이 "자연을 놀이한다"는 것으로부터 좀 더 광범위한 결론을 끌어내고 있다. 그는 그것을 모든 사회질서와 사회제도의 출발점으로 보았다. 이러한 제의 놀이를 통하여 미개 사회는 미개한 형태의 정부를 가지게 된다. 왕은 해이며, 왕권은 해의 운행을 상징한다. 평생토록 그(왕)는 "해"를 놀이하며 마지막에는 해의 운명을 겪는다. 곧 그는 자신의 백성들에게 제의의 형식으로 죽음을 당해야 하는 것이다.

모든 세시 의례와 놀이는 천체의 운행을 모방한다는 것이다.
별자리와 명절, 놀이의 관계를 이해하는 데는 숫자에 대한 배경지식이 필요하다. 동양에서는 예로부터 홀수를 남성의 수, 짝수를 여성의 수라고 보았다. 음양오행설에서도 −를 양효(陽爻), −−를 음효(陰爻)라고 한다. 서양도 마찬가지이다. 수를 만물의 근원으로 인식했던 피타고라스는 "홀수는 선하고 올바르며 하늘의 성질을 가진 남성의 수이고, 짝수는 악하고 구부러지고 땅의 성질을 가진 여성의 수"라고 말했다.

천문학적으로 보면 홀수는 해와 관련된 숫자이고, 짝수는 달과 관련된 숫자이다. 이러한 상징체계가 역법에 적용되면 홀수가 두 번 겹치는 날에 '성스러운 날', '생명력이 넘치는 날'이라는 뜻과 속살이 부여된다. 양이 겹친 날이라고 해서 중양절이라고도 한다. 수리체계의 상징성에 관한 문화 전통이 강한 중국과 해 신앙이 강한 일본에서는 3월 3일, 5월 5일, 7월 7일, 9월 9일이 중요한 명절이고 보름 문화의 전통은 약하다. 이와 달리 달 신앙이 강했던 우리나라는 달과 관련된 명절, 곧 보름명절이 발달하고 해와 관련된 명절은 약한 것이 특징이다. 중국에 견주어 수리체계의 상징성이 약했던 한국에서는 보름명절이 짝수 달뿐만 아니라 홀수 달에도 있다. 홀수 달 보름명절은 나중에 중국 역법의 영향을 받거나 벼농사가 중요해지면서 만들어진 것으로 보인다. 삼한 시기 이전까지는 짝수 달 보름명절이 더 중요했을 것이다. 유월 유두와 팔월 한가위는 물론 고구려의 동맹과 동예의 무천, 마한의 시월제는 10월 보름, 부여의 영고는 12월 보름에 진행된 축제이기 때문이다. 그러다가 삼국시대에 중국의 역법을 받아들이면서 기존 태음태양력의 1월 1일이 한 해의 시작이 되었다. 하지만 정월 초하루는 문화적 뿌리가 약했기 때문에 국가 차원의 조회나 관리들의 휴가가 중심이 된 명절이었을 것이고 대다수의 민중들은 나라굿의 여러 문화 요소들을 정월 보름날로 옮겨 큰 명절로 삼았을 것이다. 칠월 백중은 불교의 우란분절(불교에서 지옥에 떨어진 조상을 위해 재를 올리는 날)의 영향과 그 시기가 논매기가 끝나 벼농사에서 일종의 매듭을 짓는 시기였기 때문에 부각된 명절이다. 밭농사가 아니라 벼농사가 점점 중요해지면서 커진 명절인 것이다.

세시놀이를 할 때도 해와 관련된 명절은 해를 모방하는 놀이, 달과 관련된 명절은 달을 모방하는 놀이를 하기 마련이다. 그런데 세시풍속 놀이를 살펴보면 달 놀이도 시기에 따라 다르다는 것을 알 수 있다. 그래서 그 까닭이 무엇인지 생각해보았다. 그 결과 대부분의 세시놀이가 농작물의 생태주기와 관련이 있음을 알 수 있었다. 농작물, 특히 주곡의 생태적 주기에 따라 한 나라의 농경의례는 풍농기원의례, 파종의례, 성장기원의례, 추수감사의례로 나뉜다.

대보름은 대표적인 풍농기원의례이다. 옛날 사람들은 정월 대보름을 달이 그냥 둥글게 된 날이 아니라 신성한 날로 보았다. 이날을 왜 풍농을 기원하는 날로 삼았는지 이해하려면 이 시기의 생태적 흐름을 이해할 필요가 있다. 이때가 되면 얼었던 땅이 녹으면서 풀들이 땅 위로 머리를 내민다. 버드나무에 물이 오르면 농부들은 논에 거름을 낸다. 이때보다 더 늦어지면 농사일에 바빠져서 마을 전체가 함께하기가 어렵고 더 빠르면 아직 겨울이라서 분위기가 무르익지 않는다. 이렇게 들에서 풀이 자라나고 버드나무에 물이 오르는 것을 옛날 사람들은 죽은 신이 부활하거나 멀리 떠났던 신이 다시 돌아오는 것으로 보았다. 정월 대보름은 죽어가던 해가 살아난 뒤 첫 번째로 떠오른 꽉 찬 보름달이다. 이날이 아니고서 어떤 날을 공동체 모두가 풍요를 기원하는 날로 생각할 수 있을까. 그래서 이날 집안과 마을의 풍요를 비는 행사를 하는 것이다.

나도 어렸을 때 보름날이면 세워진 낟가릿대를 돌면서 "천 섬이요!", "만 섬이요!" 하고 노래했다. 줄다리기 역시 풍년을 비는 놀이이다. 남자는 동편, 여자는 서편으로 나누어서 하는데 여자가 이기면 풍년이 든다고 했다. 줄다리기 줄을 만드는 것도 마을 전체가 협력하는 과정이다. 정월 초사흘 무렵부터 어린아이들이 동네방네 다니면서 짚을 모으고 다 모아지면 청년과 장년들이 새끼를 꼰다. 나중에 여성들까지 놀이에 참가하면 온 마을의 대동이 이루어지는 것이다. 서양의 명절이 해의 운행, 예수의 삶을 중심으로 배열되어 있다면 우리 명절은 달의 운행, 풍농기원과 공동체의 화합을 축으로 배열되어 있다. 쥐불놀이도 땅 위에 달을 그리는 것이고, 달집태우기도 달이 가진 생생력을 마을로 가져오기 위한 놀이이다. 정월 대보름날 지내는 동제를 보름달이 하늘 한가운데로 떠오르는 자정 무렵에 지내는 것도 달의 원리를 반영한 것이다.

삼월 삼진날은 파종의례이다. 본격적으로 씨를 뿌리기 전에 마음을 모아 놀이를 한다. 이때는 대동놀이가 아니라 남녀가 각기 놀이를 한다. 여성들은 화전놀이를 하고 남성들은 들에 가서 하루를 신나게 노는 것이다.

단오는 해와 관련된 세시풍속 가운데 가장 큰 명절이며 성장의례에 속한다. 왜 그 무렵에 성장의례를 할까? 단오 무렵은 여러 가지 농작물을 심었거나 심는 과정에 있다. 농사짓는 사람들이 이때 가지고 있는 바람은 심어놓은 곡식이 병에 걸리지 않고 잘 자라는 것이다. 그래서 사람들은 곡물이 잘 자라도록 신에게 제사를 지내고 함께 놀이를 한다. 단옷날 대표적인 놀이는 씨름이고 씨름은 남성들의 놀이이다. 하늘에 해가 가장 높이 떠 있는 정오 무렵, 땅 위에서 해를 상징하는 남성들이 최소한의 옷만 걸치고서 남성적 에너지를 드러낸다. 해의 생산력과 에너지를 공동체 또는 만물의 성장에 활용하고 싶은 욕구를 이보다 더 상징적으로 표현한 놀이가 있을까. 여성들은 그네뛰기를 했다. 그네뛰기는 여성의 놀이 가운데 가장 많이 몸을 비트는 놀이이고, 하늘을 향해 치솟는 것이 특징이다. 1년 가운데 해의 힘이 가장 강한 날에 여성들이 해를 향해 솟구치는 것은 음양화합을 통해 곡식의 성장과 풍요를 이루려는 강렬한 욕구가 그 몸짓 속에 담겨 있다.

추석은 추수감사의례이다. 많은 곡식이 여물어가고 이른 곡식들은 수확을 할 때이다. 넉넉한 마음으로 새로 나온 햇곡식을 조상에게 올리고 가족 및 이웃들과 나누어 먹기 좋은 때이다. 풍년을 가져온 달님에게 어찌 감사하는 마음이 없을까. 이날 여성들은 밤에 함께 모여서 달을 그린다. 하늘엔 여성을 상징하는 달이 떠 있고 땅 위에는 여성들이 달을 상징하는 둥근 원을 그리면서 뛰어오른다. 신을 맞이하는 기와밟기 놀이가 있고, 달의 운행을 모방하면서 달신의 내력을 푸는 노래와 놀이가 있다. 진강강술래와 자진강강술래는 보름이 된 달을, 고사리꺾기와 청어엮기 놀이는 달이 사라졌다가 초승달로 나타나고 반달과 보름달을 거쳐 다시 반달이 되고 사라지는 운행과정을 모방하는 것이다. 이처럼 풍년을 가져온 달에 대한 고마움과 동질감, 공동체의 유대감으로 강강술래는 그렇게 다채롭고 아름답다.

한국인들은 이렇게 한 해에 한 달 간격으로 배열되어 있는 세시풍속을 통하여 함께 놀았다. 혼자 노는 것이 아니라 신과 함께, 자연과 함께, 이웃과 함께 놀았다. 같은 마당에 모여 같은 음식을 먹으면서 함께 노는 것은 무엇을 위한 것일까? 마을 사람들이 함께 음식을 만들어 먹으면서 서로를 가족으로 느낀다. 함께 노래를 부르고 줄다리기를 하고 같은 장단에 맞추어 춤을 추면서 함께 살아가는 감각을 생생하게 경험하는 것이다. 내가 알고 있는 모든 사람들이 하나의 몸이, 하나의 마음자리가 되어서 느끼는 충만함과 설렘, 두근거림, 하나가 되는 일체감이 곧 신명이다. 공동체는 그렇게 감각을 공유할 때 만들어진다. 항상 같이 살아가는 마을 사람들이 아니라 민족 집단이 같은 감각을 공유하는 것은 무엇 때문일까. 천체의 운행과 관련된 공유된 신화가 있고, 그 신화를 축제를 통해 반복함으로써 인식과 감각을 공유하기 때문이다. 해와 달, 별은 누구나 보고 느낄 수 있는 것이다.

달,
우리말의 높고 깊은
뿌리

운명애를 터득하려면 일상의 현존성을 놓치지 않는 치열한 훈련, 그리고 몸과 우주가 상응하는 원대한 비전 탐구가 함께 이루어져야 한다. 고전의 위대한 멘토들과 접속해야 하는 이유도 거기에 있다. 왜 하필 고전인가?

인문학자 고미숙 선생의 글이다. 고미숙 선생은 우리 몸과 우주가 상응하려면 옛날 책을 읽어야 하는데 그냥 읽어서는 안 되고, 소리 내어 읽어서 몸에 스며들게 해야 한다고 제안한다. 그럴듯하지만 나는 그 제안에 동의할 수 없다. 나 역시 고전을 읽고 소리 내어 읽어봤지만 그런 방식으로는 이웃과 마을, 밤하늘 등 내 몸과 구체적이고 감각적인 삶의 지평을 구성하는 것들과 점점 거리만 멀어졌을 뿐이다.

내 몸과 우주가 상응하는 생활을 했던 것은 어린 시절이었다. 그때는 아침에 해가 뜨면 일어나고 해가 지면 잤다. 어두운 그믐날 밤에는 이웃집으로 놀러 가지 않았지만 보름에는 밝은 달빛 아래에서 마실을 가고 늦게까지 놀았다. 그리고 집에 돌아갈 때는 모두 달과 함께 그 빛을 받으며 돌아갔다. 조지훈의 '달밤'이라는 시의 느낌 그대로였다.

달밤

순이가 달아나면
기인 담장 위로
달님이 따라오고

분이가 달아나면
기인 담장 밑으로
달님이 따라가고

하늘에 달이야 하나인데……

순이는 달님을 다리고
집으로 가고

분이도 달님을 다리고
집으로 가고.

　달밤에 여자애들은 그렇게 조용하게 집으로 돌아갔는지 모르겠지만 남자애들은 훨씬 더 소란스러웠다. 어느 날 집으로 가는데 달이 나를 따라왔다. 다른 친구들도 그렇게 느끼나 궁금해서 물어보았더니 모두 그렇다고 한다. 그리고 재미있는 놀이가 시작되었다. 모두가 함께 모여 있다가 동시에 집으로 흩어지면서 모두 다 한마디씩 소리치는 놀이였다.

"야, 달이 나를 따라온다."

"아니야, 나를 따라와."

마치 달이 요술을 부리는 것처럼 모두를 따라가는 현상을 알게 된 뒤에는 보름달 아래 놀다가 헤어질 때마다 이 놀이를 즐겼다. 이름도 붙였다. '달 따가는 놀이.' 그렇게 달에 젖어 생활하면서 '햇볕'과 '달빛'의 차이도 온몸으로 느낄 수 있었다. 우리말 가운데 달볕이라는 말이 없는 것은 '땡볕, 뙤약볕'이라는 말이 가지고 있는 뜨거운 느낌의 속살이 어슴푸레하면서 서늘한 달빛의 느낌과는 맞지 않기 때문일 것이다. 그러고 보면 우리 세대는 달빛 아래에서 신나게 놀았을 때만 얻을 수 있는 풍경 한 자락을 가지고 있다. 우리네 마을 생활의 모든 장단이 달과 연결되어 있기 때문일 것이다.

주요한 명절이나 세시풍속은 달의 장단에 따라 이루어졌다. 사당에 제사를 지내는 날도 삭망례라고 해서 초하루와 보름에 있었고, 중요한 명절들도 보름에 많다. 어른들의 약속도 그믐이나 보름 등 달의 주기에 따라 이루어졌다. 하지만 우리가 학교를 다닐 때는 누구도 이러한 우리의 삶과 문화의 가치를 긍정적으로 이야기해주는 사람은 없었다. 학교 선생님들은 마을 어른들을 '농투산이 무지렁이'라고 얕보았고 마을 문화를 야만적이고 미개하다고 비웃었다. 당연히 학교 교육이나 학문을 통해서는 어렸을 때 경험을 깊이 있게 성찰하고 구조화할 수 있는 기회를 얻지 못했다.

내가 달에 대해 깊게 생각하게 된 것은 우연히 달력을 보다가 궁금한 것이 생겼기 때문이다. 역법을 공부하다가 영어로 'month'라는 단어가 'moon'으로부터 갈라져 나왔고 둘 다 '측정한다'는 뜻을 가진 라틴어 'mensis'에 뿌리를 두고 있다는 것을 알게 되었다. 우리 토박이말 달에도 그런 뜻이 있지 않을까 궁금해졌다. 측정하다라는 말에 대응하는 우리 토박이말에는 '재다'가 있다. 그 말이 달과 관련이 있다고 보기 어렵기 때문에 오랫동안 고민할 수밖에 없었다.

그러다가 언젠가 추곡 수매를 하기 위해서 쌀의 무게를 잴 때 아버지가 "저울로 달아보자"라고 말씀하시는 것을 듣고 '아하!' 하고 무릎을 쳤다. 높은 곳에 무엇을 매거나 붙여 떨어지지 않게 할 때 '달다'라는 말을 쓴다는 데 생각이 미쳤기 때문이다. 단추도 달고, 사과도 달려 있고, 저울에 물건도 달고. 하늘에 걸려 있는 달이 그 모든 말들의 뿌리였던 것이다. 고구려 말 '달(達)'은 '땅'을 뜻할 뿐만 아니라 '높고 크다'는 뜻을 가지고 있어 하늘의 달과 뚜렷한 관계가 있었다. 고조선의 '아사달' 역시 같은 속살을 가지고 있어서 고조선과 고구려 사이에 문화적 연속성이 있다는 것도 확인할 수 있었다. 그런데 고조선과 고구려 시기에는 아직 받침 글자가 없어서 본디 글자 모습이 '다라' 또는 '더러'였고, 아사달 역시 실제 발음은 '아사다라'였을 것이다. 이렇게 우리말 '땅'은 '다(다라) → 따 → 땅'으로 바뀌어왔을 것이다.

달이란 낱말은 참으로 많은 가지를 뻗었다. '양달, 응달, 다락논, 다락말, 다락밭' 등등. '양달'과 '응달'은 한자말과 결합하긴 했지만 햇빛이 비치는 땅과 그늘지는 땅을 뜻한다. '다락'이라는 말은 높은 곳에 있는 땅을 말한다. '달'과 이름씨끝인 '악'이 결합된 것이다. '다락논'은 산골짜기에 계단처럼 만든 작은 논배미를 말하고, '다락말'은 높은 곳에 있는 마을이다. 부엌과 천장 사이에 이층처럼 만들어 물건을 넣어두는 곳도 '다락'이라고 한다. 비스듬하게 기울어진 땅을 말하는 '비탈' 역시 '빗+달

(땅)'로 이루어진 말이다.

땅을 뜻하는 달은 여러 가지 모습으로 바뀌는데 평평하고 넓은 땅을 말하는 '들', 집 안에 있는 땅을 말하는 '뜰'도 달에서 나온 것이다. '뜨락'은 '뜰'과 이름씨끝인 '악'이 붙어 생긴 말이다. 마을 이름인 '길소뜸, 양지뜸'에 나오는 뜸 역시 모음교체와 거센 소리를 통해서 바뀐 말이라고 볼 수 있다. 사람이 쓰는 땅의 뜻과 속살이 조금씩 달라질 때마다 이런 방법을 통해서 그 쓰임새를 구분해왔던 것이다.

어떤 곳이나 자리를 나타내는 '터' 역시 뿌리가 같은 말로 '텃밭, 텃새, 터전, 터주, 샘터, 싸움터, 일터, 장터, 절터, 실터' 등으로 확산되었다. '실터'라는 말은 집과 집 사이에 남은 좁고 빈터로 실처럼 가는 땅을 뜻한다.

이렇게 달과 땅에 관한 생각을 이어나가다 보니 어느 순간엔가 '달'과 '땅', '딸'이 같은 뿌리를 가지고 있는 말일 것이라는 생각이 들었다. 옛날 사람들은 비슷한 것은 같은 것이라고 생각하는 유감 주술적 사고를 가지고 있었다고 한다. 농경신은 유화부인이나 데메테르에서 볼 수 있는 것처럼 땅과 곡물을 관장하는 여성 신이었고, 하늘에 있는 달의 신이기도 했다. 생명을 잉태하고 출산하는 여성은 씨앗을 심으면 싹을 틔우고 열매를 맺게 하는 땅과 같은 것으로 보았던 것이다.

옛말 '다라'는 정치적인 뜻으로도 가지를 뻗어나갔다. '다스리다'라는 말이 그것이다. 옛날에는 시간은 하늘의 뜻이고 하늘의 뜻을 받아서 백성들에게 시간을 알려준다는 생각과 함께 땅을 분배하고 다스리는 것이 임금의 일이라고 생각했다. 따라서 '다스리다'라는 말은 땅을 나누고 제 기능을 할 수 있도록 한다는 뜻이었을 것이다. '다투다'에서 '다' 역시 뜻과 속살은 '땅'이었을 것이다. 땅을 두고 소유권을 만들고 확산하는 것이 계급사회, 곧 국가가 만들어지는 과정이었다. '따지다'도 같은 뜻과 속살을 가지고 있는 말이다. '땅따먹기'의 따먹기 역시 땅을 딴다는 뜻이었을 것이다.

달에 관련된 말을 찾으면서 해와 비교해보니 빛깔과 관련된 말이 없었다. 달이 햇빛을 반사하는 것이므로 그 반사되는 하얀 빛에는 온갖 빛깔이 다 들어 있다. 그럼에도 빛깔과 관련된 말이 없는 것은 무엇 때문일까? 달 밝은 밤이 흐린 낮만 못하다는 속담에서 알 수 있는 것처럼 보름달의 밝기에 그 까닭이 있을 것이다. 달빛은 햇빛에 비해서 45만분의 몇 정도의 밝기이다. 이 정도로 희미한 빛은 우리 망막이 색을 구분할 수 없게 만든다. 그래서 밝아 보이는 보름달이라도 그 빛을 비추면 빛깔은 다 날아가버리고 하얗고 파리한 그림자만 남는 것이다. 그래도 보름이라는 말은 '붉음'에서 나온 것이니 명암과 관련된 뜻과 속살은 어느 정도 갈무리하고 있는 셈이다.

시간과 관련해서도 달과 관련된 말이 있다. 그믐, 초하루, 보름처럼 달의 위상 변화는 한 달을 정하는 기준으로 쓰였다. 달에 대해 공부하면서 '그믐달과 보름달은 우리 토박이말인데 초승달은 왜 한자말로 남아있는 것일까?' 궁금해졌다. 그리고 보면 초하루도 한자말과 토박이말이 함께 쓰이고 있었다. 초승달의 토박이말이 어떤 모습이었을까? 우리말로 처음 시작을 '아시'라고 하니 '아시달'이 아니었을까 생각해보았지만 뚜렷한 근거를 찾을 수는 없었다.

내가 이렇게 깊게 탐색할 수 있었던 것은 우리 문화 안에서 달이 가진 뜻과 속살을 마을 사람들과 함께하는 세시풍속, 그리고 그 안에서 살아가는 이야기와 놀이 속에서 경험했기 때문이다. 모든 문화는 자신의 독자적인 우주관과 인생관을 가지고 있다. 따라서 사람들이 자신과 구체적이고 감각적인 관계를 이루는 장소와 인간관계로부터 삶의 지평을 열어나가는 것이 인간다운 삶의 조건이고 권리이기도 하다는 것을 깨닫는 것이 참다운 실천 인문학의 길이 아닐까 생각해본다.

하늘에서 펼쳐지는
죽음과 부활의 드라마

　우리 마을 한가운데에 있는 작은 언덕에는 큰 배나무가 서 있었다. 그 앞으로는 너른 마당이 있었다. 담이 없는 주변의 몇 집 마당까지 더하면 자치기를 할 수 있을 만큼 넓었다. 마을 안에 초등학교가 있었지만 운동장에 가서 노는 아이들은 거의 없었다. 물가에서 노는 여름을 빼놓고는 그 마당이 아이들이 가장 많이 노는 곳이었다.

　그곳에서 했던 많은 놀이 가운데 내 기억에 또렷하게 살아 있는 것이 강강술래이다. 초등학교 2학년 때였다. 추석날이었는데 저녁때 마을 아이들이 거의 모여들었다. 이 놀이 저 놀이를 하다가 한가위 달이 뜨자 한 누나가 강강술래를 하자고 했다. 노래와 놀이 방법을 간단하게 배운 다음 손을 맞잡고 빙빙 돌았다. 강강술래를 구성하는 여러 놀이 가운데 강강술래 원무만 했는데도 모두가 신이 났다. 나도 신나고 주변 친구들도 신나고 주변의 배나무, 하늘에 뜬 달까지 모두 놀이에 참여해서 하나가 된 느낌이었다. 내가 놀이를 연구하고 되살리려고 오랫동안 실천하는 가운데 특히 대동놀이에 관심을 가졌던 것은 어렸을 때 그 기억 때문일 것이다. 전라도의 강강술래와 경상도의 '놋다리밟기', '월월이청청'을 연구할 때 정말 즐거웠다. 하지만 혼란도 있었다. 우리 마을에서 놀 때는 남녀 구분 없이 함께 놀았는데 학자들은 여성들의 대동놀이라고 규정하고 있었기 때문이다. 그들의 설명을 요약하면 강강술래는 여성원리를 대표하는 보름달이 떴을 때 생명을 탄생시키는 여성들이, 여성을 상징하는 땅 위에서, 보름달을 상징하는 원을 그리면서 뛰어오르는 의례이며 놀이이고 그 기원은 원시시대의 원무라는 것이었다. 풍년을 빌고 풍년에 감사하는 축제를 하면서 공동체가 모두 어울려 놀지 않고 여성들만 놀이를 했다는 것이 이해가 되지 않았고, 내 감각과 정서에 맞지 않았지만 달리 반박할 근거가 없었다.

강강술래를 몸으로 배우고 그 기원과 원리를 공부하면서 우리 충북 지방에도 여성 중심의 대동놀이가 있었는지 조사해봐야겠다는 생각을 하게 되었다. 그것이 원시시대로부터 비롯된 춤이라면 모든 공동체가 공유한 춤이었을 것이고 우리 충북지역에서도 당연히 연행되었을 것이라는 확신 같은 것이 있었기 때문이다. 그래서 충북 여러 시군을 답사하면서 할머니들한테 어렸을 때의 대동놀이 경험을 물었다. 마침내 충북 영동군에서 '너리기펀지기'를 만났다. '너리기펀지기'는 강강술래처럼 다채롭고 우아하지는 않지만 아주 활달한 놀이였다. 노래하는 방식도 달랐다. 강강술래는 선소리꾼이 먼저 소리를 하면 나머지 사람들이 후렴을 따라 부르는 메기고 받는 선후창(先後唱)이다. 경상도 '월월이청청'은 이와 달리 노랫말을 서로 주고받는 교환창(交換唱)이 특징인 데 비해 '너리기펀지기'는 모두가 동시에 부르는 제창(齊唱) 방식이다. 왜 이런 차이가 날까? 강강술래는 평야나 해변, 섬 지역에서 했던 대동놀이이다. 평야지대에서는 마을의 규모가 크다. 마을이 커서 많은 사람들이 모여 살면 내부 권력관계가 생긴다. 선소리를 하려면 사회적 지위도 있고 이끄는 사람의 음악적 기량도 높아야 했을 것이다. 논이 적고 밭이 많아 자작농이 많은 곳에서는 서로 자기주장이 강하기 때문에 '월월이청청'과 같은 교환창 방식을 선택할 가능성이 높다. 충북 영동은 화전이 중심이고 함께 놀 사람도 적은 데다가 사회적 기능이 분화되지 않았기 때문에 모두가 함께 부르는 사회관계의 평등함을 제창으로 드러냈던 것이다.

강강술래든 너리기펀지기든 달이 뜰 때 놀아야 제 맛이 난다. 달춤이기 때문이다. 옛날 사람들은 달이 없어졌다 나타나고 커졌다 사라지는 과정을 단순히 물리적인 현상만으로 보지는 않았다. 그믐에 사라진 달이 초사흘에 나타나는 것을 달신이 죽었다가 부활하는 것으로 믿었기 때문이다. 그래서 달이 죽었다가 다시 태어난 날짜인 숫자 3은 죽음과 탄생, 부활의 상징이 되었다. 그래서 한 사람의 삶과 관련된 통과의례는 3의 상징성이 반영되어 있다. 삼신할미, 삼월 삼짇날, 삼칠일, 삼일장, 삼우제 등등.

옛날 사람들은 달의 모양이 바뀌는 것과 동식물, 인간 생활의 변화가 서로 유기적인 연관을 가지고 있다고 믿었다. 인류공동체가 오랜 관찰을 통해서 여성의 생리 주기와 달의 삭망 주기, 조수간만의 주기가 비슷한 것을 발견한 것은 그러한 믿음을 강화하는 계기가 되었을 것이다.

강강술래에는 여러 가지 놀이가 있는데 이를 네 가지 유형으로 나눌 수 있다. 둥글게 손을 잡고 추는 춤인 강강술래가 있고, 기와 밟기와 같은 직선 춤도 있다. 고사리꺾기, 덕석몰기, 청어엮기 등은 소용돌이 춤이고 쥔쥐새끼는 대결놀이이다. 직선 춤은 신을 맞이하는 굿에서 추는 춤이었고, 소용돌이 춤은 초승달에서 반달, 보름달, 반달, 그믐달로 가는 위상 변화와 순환과정을 상징하는 놀이였을 것이다. 쥔쥐새끼는 달의 순환과정에 개입하는 악령과 대결에서 승리하는 과정을, 그리고 강강술래는 드디어 재생과 승리가 이루어지고 풍요를 가져올 만큼 생생력이 극대화된 달에 대한 찬미를 나타내는 놀이였다.

농경이 시작되었던 신석기시대에는 거의 모든 마을에 이러한 달춤이 있었을 것이다. 그렇게 왕성했던 달춤이 지금은 왜 마을에서 사라지고 없는 것일까? 농경은 여성이 시작했지만 국가가 생기고 농사에 쟁기를 사용하면서 남성들의 영역이 되었다. 하나의 국가가 생겨나고 유지되기 위해서는 무력 이상으로 오랫동안 저장할 수 있는 식량의 존재가 필수적이다. 동북아의 권력자들은 왕실과 관료들을 먹이고 군량미로 사용할 수 있는 양식으로 쌀을 선호했다. 그래서 남성들에게 농사를 짓도록 강제했다. 그렇게 남성이 농업노동의 중심이 되면 여성 중심의 농사와 의례는 점점 쇠퇴했을 것이다. 가부장적인 사고가 우리보다 더 강했던 중국에서는 여성이 중심이 된 놀이나 남녀가 함께 놀이하는 전통이 일찍 사라졌다. 한나라 초기에 이미 유교가 국가이념이 되었기 때문이었다. 남녀칠세부동석이 윤리의 바탕이 되는 사회에서 여성이 중심이 된 축제도 음란한 것으로 비난받았다.

이와 달리 우리나라에서는 고려 말까지도 남녀가 어울려서 노래와 놀이를 했다는 기록이 있다. 당시의 결혼제도가 남성이 여성의 집으로 장가를 가는 것이었기 때문에 마을 사람들이 모계와 처가를 중심으로 친척관계를 이루고 있어서 남녀가 함께 어울려 노는 것이 문제가 되지 않았던 것이다.

조선시대가 되면 가부장제를 강화하면서 여성들의 바깥나들이를 제한한다. 여성들이 절에 가거나 들판에 나가서 남자들과 어울리는 것이 범죄가 되었다. 국가와 양반 남성들은 여성이 가정 밖에서 능동적이고 주체적으로 해방 경험을 표출할 수 있는 시간과 기회를 결코 허용하려 하지 않았다. 우리 마을에서도 너리기펀지기나 강강술래를 했는지 동네

아주머니들한테 물어보면 나오는 말이 모두 같았다. "놀아? 양반집 처녀나 새댁이 어디를 나가. 아버지한테 맞아 죽지. 우리 어렸을 때는 처녀가 노래만 불러도 혼났어." 충청도처럼 양반문화가 강한 곳일수록 남녀가 함께 노는 대동놀이는 물론 여성들만의 놀이도 쉽게 사라졌을 것이다. 그래도 마을 어른들이 이해심이 있던 곳은 새댁과 처녀들이 추석날 큰 방에 모여서 놀이를 했다고 한다. 음성의 고을출 할머니한테 들은 이야기인데 그것이 양반의 고장이라는 충청도에서 여성들의 신명이 분출되는 한계였을 것 같다.

호남에서는 분위기가 달랐다. 몇십 년 전까지도 진도는 물론 전남 신안군의 비금도 같은 작은 섬에서 15~20살 남녀가 어울려 강강술래를 했다는 연구 결과가 나오고 있다. 그러한 작은 섬에서는 유교문화가 거의 영향을 끼치지 못했고, 마을 안에서 적령기의 짝을 구하기도 어렵고 중매도 쉽지 않아 남녀가 어울려 노는 대동놀이의 전통이 지속되었을 것이다. 섬이나 해변에서 강강술래가 전승되었던 것은 양반 마을이 거의 없었고 여성들이 사회적 노동에서 중요한 역할을 했기 때문이다. 그런 곳은 여성들이 원초적 해방 경험을 기억하고 지속시킬 수 있는 힘을 가질 수 있었던 것이다. 심지어 양반마을인 장흥 방촌에서도 이웃 마을의 처녀와 새댁들이 서로 초대를 하면서 '중로보기'라는 강강술래를 했다. 충청도보다는 많이 열린 분위기였던 것이다.

한편 평민들의 마을인 민촌에서는 남성이 중심이 된 대동놀이가 강화되었다. 함께 협력해서 농사를 지어야 먹고살 수 있는 마을에서는 달의 생생력(생명을 탄생시키고 유지, 번성시키는 힘)에 기대어 풍요다산을 비는 굿이 마을공동체를 유지하는 필수적인 기능이었기 때문이다.

경북 영덕의 남정마을 아랫말, 윗말에서 벌어지는 '달봉놀이'는 남성을 중심으로 한 대동놀이의 특성을 잘 보여주는 놀이이다.

정월 대보름날 동해바다에 보름달이 떠오를 때가 되면, 마을 사람들은 모두 달을 맞이하는 달봉재로 간다. 달봉재에서 마을 한가운데 있는 당나무(신목)까지 양쪽 능선을 따라 편을 나누어 30미터 간격으로 몇 명씩 늘어선다. 드디어 보름달이 뜨면 마을 이장의 신호에 따라 양편이 경쟁적으로 달봉을 던지면서 마을로 내려온다. 달봉은 길이 60센티미터, 지름 6센티미터 크기의 참나무로 만든 방망이다. 30미터 간격으로 늘어선 것은 성인 남자의 힘으로 달봉을 던질 때 날아가는 평균거리이기 때문이다. 앞사람이 달봉을 던지면 그 아래에 서 있던 사람들이 달봉을 주워서 더 아래쪽에 있는 마을 사람들한테 던진다. 달봉재에서 당나무까지는 약 500미터 거리이다. 달봉을 당나무에 던져서 맞힐 수도 있고 뛰어가서 댄 쪽이 승리하는 것이다.

달봉 던지기에 참가한 사람들은 성인 남성들이지만 여성과 아이들, 노인들도 주변에 늘어서서 열렬하게 자기편을 응원한다. 마을의 풍요와 다산이 걸려 있다고 믿기 때문에 양보는 있을 수 없다. 달봉이 하늘 높이 솟아오르면 "달봉이다!" 하고 소리 지르며 신명을 돋운다.

달봉놀이를 하는 과정을 살펴보면 달의 생생력을 마을을 수호하는 동신에게 옮기려는 놀이라는 것을 누구나 쉽게 이해할 수 있다. 대동놀이 연구자인 한양명이 주장한 것처럼 이 놀이에는 두 개의 달이 있다. 하늘에 떠 있는 달과 그 생생력을 옮겨 담은 달, 달봉이 있는 것이다. 이제 막 떠오르는, 그래서 싱싱하고 힘 있는 달의 생생력을 동신과 결합시킴으로써 마을 전체의 안녕과 풍요 다산을 보장받게 되는 것이다. 이쯤되면 한국의 명절이나 마을굿의 근간이 달 노래, 달 놀이라고 해도 지나친 말이 아닐 것이다.

실제로 우리 전통문화는 달의 장단을 따르고 있다. 해와 별 역시 우리의 시간 의식과 생활양식에 영향을 주었지만, 우리 문화의 시간과 심리 구조 속에서 달의 역할은 결정적이다. 명절을 보더라도 달의 주기를 반영하는 보름이 압도적이다. 정월 대보름, 유월 유두, 칠월 백중, 팔월 추석 등등. 보름날에 명절이 많은 것은 그때가 달의 생생력이 정점에 달한 때라고 믿었기 때문이다. 달맞이와 소원 빌기, 달집태우기, 달봉 던지기 등은 모두 달의 생생력을 공동체가 받아들이기 위한 의례이다.

특히 정월 대보름은 세시에 진행되는 한국 전통놀이 대다수가 이때에 거행될 정도로 세시풍속의 기준점 역할을 한다. 이는 옛날에 정월 대보름이 지금의 정월 초하루와 같은 역할도 했음을 뜻한다. 우리나라 고대문화는 태음력을 바탕으로 형성된 것이었다. 그러다가 중국에서 태음태양력이 들어오면서 가족과 국가의 시작의례는 정월 초하루로 마을과 지역공동체의 시작의례는 정월 대보름으로 분리되었을 것이다.

우리와 달리 중국과 일본은 해와 관련된 의례인 1월 1일, 3월 3일, 5월 5일, 7월 7일 등 양수가 두 번 반복되는 중양절이 중요한 명절로 자리 잡고 있다. 일본에는 보름주기와 관련된 명절은 칠월 보름밖에 없다. 이조차도 불교 행사인 우란분절의 영향을 받은 것이다. 같은 중국 역법을 바탕으로 해서 명절체계가 형성되었는데 이러한 차이가 생긴 것은 일본에서는 달신인 츠쿠요미보다 해신 아마테라스에 대한 신앙이 훨씬 더 강했기 때문일 것이다. 서양에서도 우주관과 세계관, 인생관, 생활습속이 형성되는 데 해가 중심적 역할을 했다. 고대 게르만과 켈트족의 가장 중요한 명절이 동지제와 하지제이다. 예수의 탄생일이라고 하는 크리스마스는 동지제가 변형된 것이다.

한국인은 개인의 삶과 집단의 삶에서 자신의 소망을 달에 붙이고 살아온 전통을 가지고 있다. 달과 관련된 문화 요소들이 풍요로운 것은 달이 오랜 세월 우리 생활력의 원점이고 생명과 풍요다산 원리의 바탕이 되었음을 보여주는 것이다.

용 문화의
뿌리

모를 심어놓고 일주일, 열흘이 지나도 비가 오지 않으면 논물이 마른다. 그 뒤에도 비가 오지 않으면 논이 쩍쩍 갈라지면서 모가 타 들어갔다. 모가 타 들어가면 농사짓는 사람의 마음도 타기 때문에 마을 분위기는 전에 없이 무거워졌다. 어린아이들은 개의치 않고 골목에서 신나게 놀지만 집에 가면 부모님의 표정을 보고 뭔가 심각한 문제가 생기고 있다는 것은 알 수 있었다.

모두가 참을 수 없는 상태가 되면 마을 아주머니들이 솥단지 같은 것을 들고 마을 뒷산 꼭대기로 올라갔다. 남자 어른들은 모른 척하고 집에 들어앉아 있다. 어머니도 같이 올라갔기 때문에 나도 따라가려 했지만 절대 와서는 안 된다고 말리셨다. 그렇다고 가만히 있을 내가 아니다. 호기심과 궁금증을 참을 수 없어 마을 뒷산에 몰래 올라가서 무슨 일을 하나 살펴보았다. 산꼭대기 주변에 예비군들이 파놓은 참호가 있다. 마감을 시멘트 블록으로 해놓아서 작은 틈이 있었는데 그 틈으로 마을 아주머니들이 하는 행동을 지켜볼 수 있었다.

아주머니들은 치마저고리를 벗고 춤을 추었다. 어떤 아주머니는 솥단지를 뒤집어쓰고 춤을 추었다. 평상시에 점잖아 보이는 아주머니도 정말 미친 듯이 춤을 추었다. 평상시에 남자 어른들의 눈치를 보던 모습이 아니었다. 음악도 없이 한참을 그렇게 춤을 추더니 다시 마을로 내려가는데 '이게 뭐지?' 하는 느낌에 어안이 벙벙했다. 그런데 며칠이 지나도 비가 오지 않았다. 그러자 아주머니들이 또 모였다. 이번에는 각자 키나 체 같은 것을 들고 있었다. 그리고 마을 서쪽으로 걸어갔다. 멀리서 따라갔더니 우리 마을에서 약 5리쯤 떨어진 금강 변으로 가는 것이었다. 그러더니 강변에 도착해서는 쭉 늘어서서 키로 물을 담아 뿌렸다. 그러기를 한참을 했다. 나 먼저 집에 돌아와 있다가 홀가분한 얼굴로 돌아오는 어머니에게 여쭈어보았다.

"엄마, 왜 산에 가서 속옷만 입고 춤을 추는 거야?"
"봤니? 지금 비가 안 오잖아. 그래서 비를 내려달라는 기우제를 지내는 건데 여자들이 그렇게 하는 것을 보고 용왕님이 꼴 보기 싫지 않겠니? 그렇게 하면 빨리 비를 내려주실 거라고 믿는 거야."
"그러면 키로 물은 왜 뿌리는 거야?"
"그것도 예전부터 마을 아줌마들이 비가 안 오면 지내는 기우제야. 여자들이 마음을 모아서 함께 물을 뿌리면 용왕님도 물을 뿌려주신다고 생각하는 거지."

신기한 것은 어머니의 말이 전혀 허황되게 들리지 않았다는 것이다. 어렸을 때부터 용에 대한 이야기를 많이 들었기 때문일 것이다.

마을 사람들은 여름이 되면 마을 우물을 청소하고 굿을 하는데 그것을 용왕굿이라고 했다. 정월 보름 새벽이 되면 어머니는 우물에서 물을 떠왔다. 한 사발은 부뚜막에 올려놓고 나머지 물로 밥을 하셨다. 가장 먼저 용알을 뜨면 그해 운수가 대통하고 그 물로 밥을 해 먹으면 풍년이 든다고 믿었기 때문이다. 그래서 마을 아주머니들끼리 용알을 먼저 뜨려는 경쟁이 치열했다. 어머니가 가장 먼저 떠오는 경우가 많았는데 그날이 되면 거의 뜬눈으로 밤을 지새웠다.

아버지의 이야기에도 용에 관한 것이 많았다. 우물이나 강에 살던 용이 하늘에 올라가서 행패를 부리는 이야기도 있었고, 흑룡과 백룡이 싸우는데 백룡이 이겨야만 비가 내린다는 이야기도 있었다.

우리 마을 주변에서 보이는 산 가운데 용산이라는 이름이 붙어 있는 것만 해도 계룡산, 구룡산, 용덕산 등 세 개나 된다. 산에 소가 있으면 용소라는 이름이 붙어 있는 경우가 많았다. 하늘에 흐르는 은하수도 미리내라고 불렀다. 미리내는 용이 사는 시내라는 뜻이다. 아버지는 강이나 연못, 우물에 사는 용들이 승천하면 머무는 곳이 미리내라고 하셨다.

이렇게 용 문화가 생활 속에 깊이 뿌리박혀 있었기 때문에 어릴 때에는 용 문화가 우리 문화가 아니라는 생각을 해본 적이 없었다. 그런데 커서 용과 관련된 책이나 논문을 읽다 보니 대다수 학자들이 우리 용 문화가 독자적인 기원을 가진 것이 아니고 중국 문화의 영향을 받아서 생긴 것이라고 주장하고 있었다.

그래서 중국의 용 문화에 대한 자료를 찾아보았다. 확실히 중국의 용 신앙은 뿌리가 아주 깊었다. 옛날 중국의 신화적인 존재들인 복희·여와·신농·황제는 사람의 머리에 용의 몸을 한 모습으로 표현되었다.

용은 천자의 권력도 상징했다. 용기, 용안, 용의, 용곤, 용상이란 말에서 볼 수 있는 것처럼 용은 곧 천자였다. 심지어 한족들은 자신들을 용의 후예로 여겼다. 그래서 고고학 발굴을 할 때에도 용과 관련된 유물을 발굴하는 데 더 힘을 기울인다.

1987년 하남성 복양시 서수파 유적 1호 무덤에서 서기전 4400년 무렵의 용 형상물을 발견했다. 가운데 무덤 주인을 사이에 두고 동쪽에는 용, 서쪽에는 호랑이 모습을 조개껍데기로 쌓아 만든 형상물이었다. 용은 1.78미터, 호랑이는 1.39미터 정도 되는 크기였다. 다리 쪽에는 북두칠성도 있었는데 이는 용과 호랑이를 하늘의 별자리, 곧 동방청룡과 서방백호로 볼 수 있는 근거를 제공하는 것이었다. 이 발견은 중국인들이 가지고 있는 문명관, 곧 아시아 문명의 중심지가 황하 부근이고 모든 문명은 중국에서 시작하여 주변으로 확대된다는 관념을 확인해주는 것처럼 보였다.

10년 뒤인 1994년, 황하 일대가 아니라 그들이 동이족의 근거지라고 보았던 요녕성 부신 사해에서 서수파 유적보다 천 년 전에 만들어진 것으로 보이는 서기전 5600년 무렵의 용 형상물을 발굴했다. 사해유적에서는 56개의 집 자리와 10여 개의 무덤이 함께 발견되었는데 그 한가운데에 돌을 쌓아 만든 용 형상물이 있었다.

이 용 형상물은 서수파에서 발견된 무덤에 비해서 아주 컸다. 길이가 19.7미터나 되었는데 이는 복양시 서수파의 용보다 열 배 이상 더 긴 것이다. 발견된 장소도 달랐다. 서수파 용은 무덤에서 발견되었는데 사해 용은 마을 한복판에서 발견되었다. 그만큼 용 신앙이 마을 신앙과 의례에서 절대적이었음을 짐작할 수 있다. 이는 사해유적의 용이 죽음과 관련된 의례가 아니라 마을 농경의례의 대상이었다는 점을 보여주는 것이다.

사해유적을 보면서 나는 두 가지 깨달음을 얻을 수 있었다. 하나는 사해유적이 옛 동이의 땅에서 발견된 것이므로 용 문화는 중국 문명에서 비롯된 것이 아니라 동이족과 관련된 문화라는 것이다. 중국의 은나라 사람들을 포함해서 황하 하류와 산동성, 하남성까지 동이족이 살고 있었으므로 그들의 문화를 한족이 흡수했다고 본다면 용 문화는 최소한 동이족과 한족의 공통 문명인 것이다.

다른 하나는 용 문화의 뿌리를 중국과 우리가 공유하고 있다면 중국의 기록이나 민간 속담을 통해서 우리 옛 신앙의 모습을 부분적으로 복원할 수 있겠다는 생각이었다. 우리는 용과 관련된 문화적인 자료가 『삼국유사』에 실린 기사와 사찰연기담, 민간신앙으로 남아 있다. 이와 달리 중국은 그와 관련된 자료를 상대적으로 풍부하게 가지고 있어서 우리 옛 용 신앙의 흔적을 발견할 수 있다고 본 것이다. 하지만 내가 중국의 용 문화를 연구하면서 가장 인상적이었던 것은 문헌 기록이 아니라 아래에 있는 민간 속담이었다.

2월 2일, 용이 머리를 쳐든다. 나라의 곳집이 가득 차고 집집마다 곳집이 가득 차 각 곡식이 밖으로 흘러나온다.

용이 머리를 든다는 것이 무슨 뜻인지 처음에는 도무지 알 수가 없었다. 그러다가 별자리에 대한 공부가 깊어지면서 이 말이 동방청룡 별자리가 하늘에 떠오르기 시작하는 장면을 뜻한다는 깨달음을 얻었다. 옛 중국인들은 봄에 동방청룡이 자신의 머리를 드러내는 음력 2월이 되면 밭갈이를 하고 종자를 뿌렸다. 이때는 벌레나 개구리, 뱀도 겨울잠을 자던 굴을 떠나 밖으로 나온다. 이렇게 동방청룡 별자리가 떠오르면서 생명들이 왕성하게 활동하는 것을 보고 옛날 중국 사람들은 이 별자리에 모든 생명을 관장하는 힘이 있다고 믿었을 것이다.

청룡 별자리는 기우제하고도 관련이 있다. 음력 2월에 모습을 드러내기 시작하는 동방청룡은 음력 4월 초저녁이면 자신의 모습을 완전히 드러낸다. 이때가 중국의 장마철이다. 이때 비가 오지 않으면 농작물이 다 타버리기 때문에 기우제를 지낸다. 그 기우제의 대상이 동방청룡이었다.

중국인들은 동방청룡 별자리가 하늘 한가운데 가장 높이 떠 있을 때 곡식의 성장이 왕성해지는 것에도 특별한 뜻과 속살이 있다고 믿었다. 하늘 높이 떠오르는 것을 동방청룡의 힘이 가장 커지는 것으로 생각했기 때문이다. 가을이 되어 동방청룡 별자리가 서쪽 하늘로 기울어지면 청룡 별자리는 힘을 잃어 더 이상 곡식을 키울 수 없다고 믿었다.

사해유적에서 확인할 수 있는 것처럼 용이 생명을 탄생시키고 성장시키는 기운이라고 보는 관념은 황하유역에서 생겨난 것이 아니다. 옛 동이족의 땅에서 생겨나 황하 유역으로 확장된 것이다. 황하 상류의 한족들은 하류에 사는 동이족의 영향을 받으면서 용과 관련된 신앙을 받아들였고 그 결과 만들어진 것이 복양시 서수파 유적의 용인 것이다.

한반도의 용 문화는 중국의 용 문화의 영향을 받아서 생겨난 것이 아니라 독자적인 기원을 가지고 있다. 그래서 중국 문화가 우리의 민간신앙에 영향을 미치기 전이었던 삼한시대에도 용 문화의 흔적을 발견할 수 있다. 남원의 '용마놀이'는 그 기원을 삼한시대 이전으로 소급할 수 있는 놀이이다. 용마놀이는 섣달그믐부터 준비해서 정월 보름날에 하는 대동놀이이다. 이 지역 사람들은 사는 곳에 따라 남과 북으로 편을 가른다. 대나무와 나무를 재료로 50~100미터 정도의 크기로 남쪽은 백룡, 북쪽은 청룡을 만든다. 장정들은 이 용을 어느 골목이나 누빌 수 있게 수레에 싣고 여러 가지 놀이로 승부를 겨루었다고 한다. 백룡이 승리하면 풍년이 들고 청룡이 승리하면 흉년이 든다고 했다.

옛날에 남원은 용성, 용국이라고 했다고 하는데 우리말로는 '미르다라'라고 했을 것이다. 당시 남원 사람들은 시내 한가운데를 흐르는 요천을 용이 사는 미리내라고 보았을 것이다. 그래서 나는 용마놀이가 요천, 곧 미리내 주변에서 열렸던 작은 나라 용성의 나라굿이었을 가능성이 높다고 생각한다. 남원에는 용 신앙의 흔적이 지금도 많이 남아 있다. 남원의 진산은 교룡산이다. 그 동쪽에는 청룡산이 있고, 남원 곳곳에 구룡폭포, 구룡대, 용두산, 용담사, 용추마을 등 용과 관련된 땅이름이 서른 개도 넘는다. 남원뿐만 아니라 전국 곳곳에 용산과 용지라는 이름이 많이 남아 있다. 나는 이러한 땅이름 유산들이 옛날 소국 단위로, 또는 읍락 단위로 용과 관련된 신화와 의례가 있었음을 알려주는 증거라고 믿는다.

미리내라는 말도 용 신앙이 우리의 토착적인 문화였다는 근거가 된다. 중국의 영향이 절대적이었다면 '미리'나 '미리내'라는 말이 존재할 필요가 있었을까? 나는 우리말 미리내와 중국말인 은하수를 비교해볼 때, 미리내라는 말이 훨씬 더 원초적이고 신화적인 의미가 있다고 생각한다. 옛날 사람들은 하늘나라가 있다고 믿었고 그 하늘나라 한가운데를 흐르고 있는 강 이름을 미리내라고 불렀다. 그 안에는 용이 살고 있어서 비도 내려주고, 가뭄도 들게 한다. 미리내에 살고 있는 용들 가운데는 착한 용도 있고 나쁜 용도 있다. 그들은 서로 싸우는데 착한 용이 이기면 비를 내려주지만 나쁜 용이 이기면 가뭄이나 홍수가 일어난다. 이 우주의 드라마는 해마다 되풀이된다. 그렇게 되풀이되는 시간의 마디에서 사람들은 이 우주의 드라마에 참여하여 착한 용을 도우려고 했다. 착한 용이 이길 수 있도록 북돋우는 놀이가 줄다리기와 용마놀이 같은 대동놀이였을 것이다.

그런데 왜 이 땅의 학자들은 우리의 독자적인 문화를 중국 문화의 영향 아래 만들어진 것으로 믿는 것일까?

삼국시대 이후 지배계급은 중국 문화를 적극적으로 받아들이려고 했다. 중국 황제로부터 용포를 하사받고 한자말을 적극적으로 받아들였다. 그 결과가 스스로를 오랑캐로 여기고 중국에서 태어나지 않은 것을 한으로 생각했던 것이 조선 선비들이다. 그들은 중국의 사상과 학문을 받아들일 뿐만 아니라 일상생활도 중국식으로 뜯어고치려고 했다. 그런 사람들이 자신의 문화에 대해 애정을 가지고 접근하거나 정리할 까닭이 없다. 그들은 중국과 한국의 기층문화 사이에 존재하는 용과 관련된 개념이나 느낌의 차이, 기우제에서 드러나는 차이를 볼 수도 없었고 보려고도 하지 않았다. 그렇게 자기를 부정하는 사람들이 남겨놓은 책으로 용을 공부하니 중국 문화의 영향만이 보일 뿐이었다. 우리 지식인들은 옛날이나 지금이나 사대주의 문화를 벗어나지 못하고 있는 것이다. 자신의 것을 낯설게 보고 남의 것을 자신의 것으로 여기는 것을 학문이라고 한다면 그 학문이 겨레의 삶을 어떻게 소통케 할 수 있을까?

나는 해와 달의 아들
─주몽 이야기

주몽 신화와 별자리의 관계에 관심을 가지게 되면서 고구려 고분벽화를 다시 살펴보았다. 그때가 2005년 무렵이었다. 다시 살펴봤다고 하는 것은 1990년대 중반에도 고구려 고분벽화를 공부한 적이 있기 때문이다. 그때 관심은 민속에 관한 것이었다. 고구려 고분벽화에 나오는 집과 옷, 생활도구 등을 통해 우리 문화의 뿌리를 찾으려 했기 때문이다. 별자리도 흥미로웠지만 깊이 살펴보지는 못했다.

지금까지 발견된 고구려 고분벽화는 105기인데, 별자리가 그려진 고분은 25개이다. 그 가운데 덕화리 1호분이 흥미로웠다. 덕화리 1호분을 살펴보니 무덤 한가운데 연꽃이 있고 북쪽에는 북두칠성, 남쪽에는 남두육성, 동쪽에는 삼족오가 그려진 해, 서쪽에는 옥토끼와 두꺼비가 그려져 있는 달이 있다.[그림 1] 이 벽화를 보면서 고구려인들은 이러한 별자리의 배치를 통해서 무엇을 말하려고 했는지, 주몽 신화가 어떻게 이 그림에 담겨 있는지를 오랫동안 고민했다.

북두칠성이 하느님 또는 하느님이 있는 곳을 상징하는 별자리라는 것은 쉽게 알 수 있었다. 해와 달 그림도 해모수와 유화라는 것을 알아내는 것도 어렵지 않았다. 하지만 남두육성이 어떠한 뜻과 속살을 가지

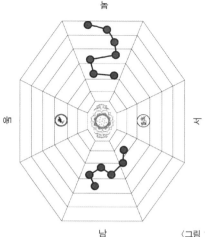

<그림 1> 덕화리 1호분 내부 별자리 모사도(ⓒ 김일권, 2008)

고 있는지는 알아내기가 어려웠다. 이리저리 생각하다가 『천문유초』를 읽으면서 실마리를 잡을 수 있었다.

옛 천문학에서는 어떤 별자리에서 해와 달, 행성들이 만날 때 '범했다'라는 말을 쓴다. 아들의 도움으로 별자리 프로그램인 스텔라리움을 돌려보니 고구려 수신제가 벌어지던 음력 구월 그믐날 해와 달은 구리 집, 곧 저수(천칭자리)에서 만나고 있었다. 한두 해가 아니라 고구려의 전 시기를 통해서 그랬다. 고구려인들이 그 모습을 보고 저수 부근에서 해와 달의 신성한 혼인이 있었다고 생각하지 않았을까. 그들은 고구려의 왕실이 그러한 천문학적 사건으로부터 비롯되었음을 믿었을 것이다.

신화로 보나 벽화 그림으로 보나 해모수와 유화의 천문학적 위상은 뚜렷했다. 문제는 주몽이었다. 고구려인들에게는 당연히 주몽도 하늘의 별자리였을 것이다. 그렇다면 벽화에서 주몽 별자리를 찾을 수 있어야 한다. 주몽 별자리는 하느님의 손자이면서 하백의 외손이라는 관념에 맞는 자리여야 하기 때문이다. 하느님의 손자라면 북극성 주변에 있어야 한다.

하백의 외손이기 때문에 은하수와도 관련이 있어야 한다. 주극성 가운데 그러한 조건을 충족하는 별자리가 과연 어떤 것이 있을지 고민하다가 그 실마리를 덕흥리 고분에 찾을 수 있었다. 덕흥리 고분벽화의 별자리들은 아름답고 다채로웠다. 견우, 직녀 그림도 있고 오행성도 찾을 수 있다. 하지만 천장의 동, 서, 남, 북에 그려진 많은 별자리 가운데 나의 관심을 끈 것은 V자와 W자 형태의 별자리였다.

그 두 별자리는 언뜻 보기에 서양 별자리의 케페우스와 카시오페이아를 닮았다. 두 별자리가 모두 주극성이기 때문에 주몽 별자리의 두 가지 조건 가운데 한 가지 조건은 이미 충족하고 있었다. 은하수와는 어떤 관계를 가지고 있을까 찾아보았더니 두 별자리 다 은하수에 걸치고 있었다. 그래서 그다음 확인해본 것이 방향이다. 동쪽이 남성을 뜻하므로 V자형 별자리가 주몽 별자리라는 확신을 가질 수 있었다. 바로 아래에 있는 삼족오가 그려진 해와 그 옆의 목성은 V자형 별자리가 주몽 별자리라는 것을 뒷받침해주는 것이다. 나중에 전관수의 『주몽 신화와 고대 천문학적 연구』를 보니 그도 역시 V자형 별자리를 케페우스이면서 주몽 별자리로 판단하고 있었다. 그는 W자형 별자리는 서양의 카시오페이아자리이면서 주몽의 활이 하늘의 별자리로 나타나는 것이라고 보고 있었다.

여기서부터 나와 전관수의 생각이 달라진다. 그 별자리가 주몽의 활이라면 동쪽에 주몽과 함께 그려져 있어야 하지 않을까? 나는 두꺼비가 그려진 달 바로 위에 있는 W자형 별자리는 유화부인일 것이라고 추정한다. 전관수는 이 두 별자리를 통해 고구려 천문학에 끼친 서양 천문학의 영향을 찾으려고 한다. 고구려가 중국을 통하지 않고 독자적으로 서양의 별자리를 받아들였다고 보는 것이다. 역사적으로 볼 때 그럴 가능성이 아주 없는 것은 아니다. 덕흥리 고분벽화는 광개토대왕의 재위기간인 408년에 만들어졌다. 모두가 알다시피 광개토대왕은 군사적인 역량뿐만 아니라 외교적인 역량도 탁월했던 왕이다. 돌궐과 거란, 사막에 사는 부족들과 독자적인 외교관계를 맺었고 그 과정에서 서양 별자리를 접했을 가능성이 있는 것이 사실이다. 당시 왕권 강화를 위한 상징 조작이 필요했던 광개토대왕이 서양 별자리 가운데 케페우스와 카시오페이아를 선택하여 주몽과 유화부인이라고 이름 지었을 수도 있는 것이다. 하지만 나는 그러한 생각에 동의하지 않는다. 북두칠성과 함께 북쪽 하늘을 도는 두 별자리는 조금만 관심을 가지고 살펴보면 누구나 쉽게 찾을 수도 있고 형상화할 수 있다. 다시 말하면 중위도에 있는 나라에서는 누구든지 그 별자리에 자신들의 삶이 담긴 이야기를 담을 수 있는 것이다.

유화부인은 천제의 며느리이므로 주극성으로 자리 잡을 자격이 있다. 하백의 딸이라는 정체성도 담아야 한다. 따라서 주극성과 은하수에 걸쳐 있는 W자 모양의 별자리에서 유화부인을 상상할 수 있었을 것이다. 주몽의 왕비가 아니라 유화부인이 별자리가 된 것도 까닭이 있다. 고구려의 신화나 나라굿을 보면 주몽의 왕비는 별다른 존재감이 없다. 따라서 고구려 사람들에게는 주몽의 왕비가 아니라 곡모신인 유화부인을 별자리로 만드는 것이 더 중요했을 것이다. 일본에서 아마테라스가 자신의 손자인 니니기를 통해 벼이삭을 내려주었다고 믿었듯이 곡모신인 하늘의 유화부인이 곡식을 내려주었다고 믿는다면 왕실에 대한 백성들의 존경과 일체감은 더 커졌을 것이기 때문이다.

덕흥리 고분에는 중국 별자리보다 서양 별자리와 같은 모양의 별자

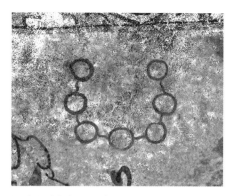

〈그림 2〉 덕흥리 고분 일곱 개의 별

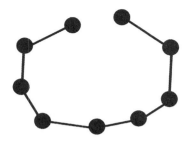

〈그림 3〉 천문유초 '관삭'

리가 한 개 더 등장한다. 덕흥리 고분 서쪽 천장에 그려져 있는 왕관자리 모양의 일곱 개의 별이다.^{그림 2} 중국의 옛 천문학에서는 이 별자리를 '관삭'이라고 한다.^{그림 3} 고구려 고분벽화에 나오는 것과 달리 아홉 개의 별로 이루어져 있다. 전관수는 이 별자리를 서양의 왕관자리로 보면서 유리의 활이 하늘에 형상화된 것이라고 본다. 나는 별자리를 잘 아는 사람이라면 아홉 개의 별로 이루어진 관삭보다 일곱 개로 이루어진 별자리 모양을 더 쉽게 판별할 수 있다고 믿는다. 고구려 사람들이 독자적인 관측을 통해서 그 별자리를 유화부인이 주몽에게 준 오곡주머니 또는 비둘기의 모이주머니를 형상화한 별자리라고 생각한다. 주몽 신화를 다시 한 번 살펴보자.

한 쌍 비둘기가 보리 물고 날아 신모의 사자가 되어 왔다. 주몽이 이별할 때 차마 떠나지 못하니 어머니가 말하기를, "너는 어미 때문에 걱정하지 말라." 하고 오곡 종자를 싸주어 보내었다. 주몽이 살아서 이별하는 마음이 애절하여 보리 종자를 잊어버리고 왔다. 주몽이 큰 나무 밑에서 쉬는데, 비둘기 한 쌍이 날아왔다. 주몽이, "아마도 신 모께서 보리 종자를 보내신 것이리라." 하고, 활을 쏘아 한 화살에 모두 떨어뜨려 목구멍을 벌려 보리 종자를 얻고 나서 물을 뿜으니 비둘기가 다시 소생하여 날아갔다.

이 장면은 고구려의 국중대회에서 유화부인이 곡모신으로 자리 잡는 내력을 푸는 본풀이 장면이었을 것이다. 주몽 신화를 보면 유화부인의 초기 모습은 신으로서 위엄을 찾을 수 없다. 한 남자에게 배신당하고 여기저기 치이는 불쌍한 여성일 뿐이다. 이와 달리 주몽에게 말을 골라줄 때의 유화부인은 강하고 현명한 어머니의 모습으로 나타난다. 주몽이 떠날 때는 망설이는 아들을 떠밀면서 격려한다. 오곡주머니를 전달하는 장면을 보면 농경사회의 운명을 좌우하는 곡모신으로 위엄이 넘친다. 내가 왕관자리 모양을 오곡주머니로 보는 것은 바로 이 장면이 유화부인의 신격을 고구려인들에게 가장 생생하게 드러내는 장면이라고 생각하기 때문이다.

전관수는 카시오페이아자리를 주몽의 활이라고 주장한다. 카시오페이아자리가 은하수에 놓여 있어 주몽이 엄체수를 활로 치는 장면을 형상화하고 있다는 것이다.

이규보의 『동국이상국집』 '동명왕편'에서는 그 장면을 이렇게 그리고 있다.

남쪽으로 향하여 엄체수에 이르러 건너려 해도 배가 없었다. 건너려 하나 배는 없고 쫓는 군사가 곧 이를 것을 두려워하여 채찍으로 하늘을 가리키며 개연히 탄식하기를, "나는 천제의 손자요. 하백의 외손인데, 지금 난을 피하여 여기에 이르렀으니 황천과 후토는 이 외로운 아들을 불쌍히 여기시어 속히 배와 다리를 주소서.” 하고, 말을 마치고 활로 물을 치니 고기와 자라가 나와 다리를 이루어 주몽이 건넜는데 한참 뒤에 쫓는 군사가 이르렀다.

W모양의 별자리를 주몽의 활이라고 하는 것도 가설이고, 유화부인이라고 믿는 내 생각도 가설이므로 앞으로 더 깊은 연구가 필요한 대목이다. 전관수는 주몽이 엄체수를 건너던 다리도 하늘의 별자리로 나타난다고 주장한다. 은하수를 가로지르는 별자리인 백조자리가 그 다리라는 것이다. 그럴듯한 추정이다.

주몽 신화 가운데 유리 이야기를 빼놓고는 가장 인상적인 장면이 비류의 송양왕과 주몽의 싸움 장면이다. 송양왕과 주몽은 몇 차례에 걸쳐 다툼을 벌인다. 말싸움이 시작이었다. 주몽은 자신이 세운 나라를 속국으로 만들려고 하는 송양왕에게 “나는 천제의 뒤를 이었지만 당신은 신의 자손도 아니면서 억지로 왕으로 칭하니 내게 복종하지 않으면 하늘이 반드시 죽일 것”이라고 위협한다. 왕이 하늘과 혈연관계여야 된다는 것은 주몽의 생각일 뿐만 아니라 당시 사람들의 일반적인 관념이었을 것이다. 요즘 이야기로 하면 송양왕이 의문의 1패를 당한 것이다.

송양왕은 이에 불복하고 활쏘기 시합을 제안하지만 이번에도 주몽이 승리한다. 그렇다고 주몽이 완전히 승리한 것은 아니다. 제도를 제대로 갖추고 있지 못했기 때문이다. 왕실이 제대로 위엄을 갖추려면 고각, 곧 북과 나팔을 갖춘 의장대가 필요하다. 이 문제는 일종의 속임수를 통해 해결한다. 신하들이 송양왕의 궁궐에 가서 뿔나팔을 훔쳐온 것이다. 비류 사람들이 혹시나 알아볼까 두려워 빛깔도 검게 칠해두었다. 그래서 의심을 가지고 찾아온 송양왕이 어쩔 수 없이 돌아갔다.

송양왕은 이번에는 나라의 역사를 따져서 어느 나라가 속국이 될지를 결정하자고 했다. 그래서 주몽이 먼저 송양왕의 궁전에 갔다가 오랜 나무 기둥을 보고 기가 죽고 말았다. 위기를 벗어나기 위해서 주몽은 왕궁을 지을 때 썩은 나무로 기둥을 세워 천년 묵은 것처럼 위장을 했다고 한다. 그것을 보고 송양왕은 다시는 따지지 못했다고 한다.

하지만 신화에 의하면 주몽의 최종 승리는 하늘의 도움을 얻은 후에나 가능했다. 흰 사슴을 얻어 해원에 거꾸로 달아매고 기우제를 지냈더니 비류국이 완전히 물에 잠겼다는 것이다. 당시 사람들이 볼 때는 송양왕이 하늘의 버림을 받은 것으로 비쳤을 것이다. 이에 송양왕은 더 이상 버티지 못하고 항복했다.

전관수는 이 대목에서 나오는 뿔나팔과 북, 해원, 흰 사슴도 하늘의 별자리였다고 주장한다. 뿔나팔은 필수, 곧 서양 별자리로는 황소자리이고, 북은 그 모양으로 볼 때 오리온자리로 볼 수 있다는 것이다.^{그림 4~5} 그리고 보면 고구려의 북은 오리온자리와 아주 닮았다.

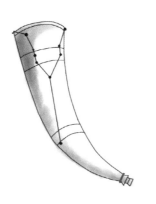

〈그림 4〉 뿔나팔(필수, 황소자리)

〈그림 5〉 고구려 북(삼수, 오리온자리)

해원은 우리말로 바꾸면 '게 들판'이다. 서양 별자리로는 게자리 주변이다. 전관수가 고구려 별자리가 서양 별자리의 영향을 받았다고 주장하는 또 하나의 근거이다.

전관수는 사자자리를 흰 사슴이라고 본다. 홍수가 오는 7월에 서쪽 하늘에 매달려 있는 모습이 신화에 나오는 거꾸로 매달린 사슴을 닮았다고 보는 것이다.그림 6 충분히 개연성 있는 주장이라고 생각한다.

요즘 내 관심은 주몽 신화가 고고학적 발굴로 뒷받침되고 있는가에 있

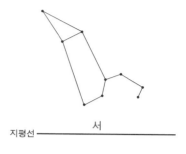

지평선 ────────── 서

〈그림 6〉 거꾸로 매달린 흰사슴(사자자리)

다. 송양왕과 주몽의 싸움이 벌어진 곳은 고구려의 첫 수도인 요녕성 환인현이다. 환인현에는 주민들이 고려묘라고 부르는 돌무지무덤(적석총) 6기가 있다. 높은 지대에 있어서 방어에 유리한 곳이다. 고려묘에는 고구려왕이 묻혀 있다는 전설이 함께 전해지고 있다. 이 돌무지무덤에서 나온 유물들은 토기조각, 철제도끼, 청동장식품, 유리장식, 옷장식 등이 있다. 그 가운데 동병철검은 손잡이는 청동으로 만들고 낮은 쇠로 만들었다. 이러한 유물은 이곳 원주민이 아닌 동부여 귀족들이 가지고 있던 문화이다. 따라서 주몽집단의 이주는 역사적 사실인 것으로 보인다. 그들은 지역 원주민들을 정치적으로 배제한 것이 아니라 가능하면 끌어안으려고 했을 것이다. 무덤의 형태가 부여의 돌널무덤(석곽묘)이 아니라 이곳 원주민들의 전통적인 무덤인 돌무지무덤인 것이 이를 증명한다. 주몽이 이곳 원주민 연타발의 딸이었던 소서노와 결혼했다는 이야기도 그러한 종족과 문화의 융화과정을 보여준다. 주몽과 다퉜던 송양왕은 그 뒤 주

몽의 아들인 유리왕의 장인이 되었다.

신화에서 주몽은 활을 잘 쏠 뿐 전쟁에서 승리하는 모습도 보여주지 않고, 사람관계도 능동적으로 풀어가는 모습을 보이지 않는다. 중요한 순간에는 하늘에 빌면서 위기를 벗어나거나 문제를 해결한다. 그렇다고 고향을 떠나서 스물두 살에 왕이 된 주몽이 무능했던 것일까? 신화에는 사람들이 살지 않는 곳에 몇 사람이 자리를 정하고 나라를 세웠다고 하지만 사회관계의 복잡화가 높은 수준에 이르지 않고서 나라를 세운다는 것은 말도 되지 않는다. 소서노와의 결혼에서 볼 수 있는 것처럼 주몽은 혼인동맹과 온갖 정치 전략을 통해서 왕이 된 사람이다. 그리고 그러한 힘의 바탕에는 자신이 하늘의 자손이라는 확신이 있었을 것이다. 주몽을 따르는 무리들도 그러한 믿음을 공유하였음은 당연한 것이다. 주몽 신화는 주몽이 나라를 세운 뒤, 기본 틀이 잡히고 죽은 다음에야 신성화 과정에서 완성되었을 것이다. 신성화 과정에서는 연애나 혈연동맹 같은 인간적인 능력이 아니라 왕과 그 자손이 하느님과 해, 달과 곡모신과 혈연관계에 있다는 이야기가 중요하다. 그러한 배경을 가지고 있는 왕실에 도전하는 것은 하늘의 뜻에 거역하는 것이며 천벌을 받을 것이라는 담론이 주몽 신화에 담긴 정치이념이기 때문이다.

서쪽 하늘에 떠오른
유화부인

  국어국문학자들은 이야기의 갈래(장르)를 세 가지로 나눈다. 민담, 전설, 신화이다.

  민담은 "옛날 옛적에"로 시작해서 "행복하게 살았다더라"로 끝나는 것이 특징이다. 아버지는 이런 이야기를 아주 잘하셔서 그때마다 나는 다른 세계로 여행하는 즐거움을 맛볼 수 있었다. 민담의 속살은 어린아이가 괴물, 거인, 나쁜 사람들과 대결을 하는데 온갖 꾀와 말솜씨로 이겨내는 것이다. 지금 생각하면 그것은 현실을 담아내는 이야기였다. 어릴 적 마을에는 거인과 괴물들이 우글거렸으니까. 어른들은 나보다 키도 두 배 이상 크고 못하는 일이 없어서 내가 이길 수 있는 것이 없었다. 하지만 이야기 속에서 나는 주인공에 대한 감정이입을 통해서 그 주인공과 함께 항상 이길 수 있었다.

  전설은 "신라 적에", "고려 적에"로 시작해서 지금도 "어디에 ○○가 남았다"로 끝나는 이야기이다. 내가 사는 마을은 옛날 문의현이다. 문의현은 신라와 고구려, 백제가 대치했던 곳이기 때문에 성도 많고, 전설도 많다. 우리 마을에서 해 뜨는 방향에 있는 고남산에는 김유신 전설이 있고, 북쪽 독안산 밑과 서쪽의 소문산에는 연개소문에 관한 전설이 남아 있다. 노고봉에는 장군이 던진 칼이 바위가 되었다는 칼바위가 있고, 우리 마을에서 옆 마을인 모약골로 가는 길목에는 장군 발자국도 남아 있다. 이러한 전설은 내가 우리 마을과 그 주변을 끊임없이 찾아다니게 부추겼다. 우리 마을 어른들은 학교를 다닌 사람들이 별로 없는데도 신라, 고구려, 백제를 다 알고 있었다. 우리 고장에는 삼국시대에는 성 쌓기 전설과 장군 이야기, 고려시대에는 절과 스님 이야기, 조선시대에는 서원과 선비 이야기가 전해온다. 나는 공동체의 장소와 관련된 전설을 들으면서 역사적 기억을 공유할 수 있었다.

신화는 신들의 이야기 또는 신들에 대한 이야기다. 제주도에서는 본풀이라고 한다. 본풀이는 굿을 할 때 신의 내력을 풀이하는 이야기이다. 건국 신화는 '동맹'이나 '영고'와 같은 나라굿에서 노래로 불렸을 것이다. 그러한 의례의 목적은 나라를 세운 시조가 신성한 존재, 곧 하느님 또는 하느님의 아들이라는 것을 백성들에게 주입하는 것이었다. 왕들은 최고신과 혈연관계를 통해서 국가의 신성함과 지속성을 보장받으려 했다. 따라서 옛날에 신화는 일반인들이 언급하면 불경에 해당하는 범죄였을 것이다. 하지만 아버지가 내게 해주었던 단군 신화나 주몽 신화는 재미있는 이야기, 민담이나 다름없었다. 나는 유리가 '일곱 고개, 일곱 골짜기의 돌 위 소나무 밑에 있는 칼'을 찾기 위해서 산골짜기를 헤매는 대목에 꽂혔다. 그래서 뒷산과 고장에 있는 여러 산을 올라갈 때마다 바위를 유심히 살펴보고 혹시 칼 같은 것이 있나 찾아보았다. 그 때문에 내가 살고 있던 고장의 구석구석을 다 가보았다. 주몽이 수수께끼를 통해서 유리의 지리적 사고와 슬기를 기르려고 했다면 그를 위대한 교육자라고 해도 지나치지 않을 것이다.

나는 신화를 그 집단의 대다수가 공유하는 이야기로 집단의 정체성을 드러낼 뿐만 아니라 그 시대의 생활습속, 신앙까지 알 수 있는 문화 연구의 자료라고 생각한다. 그래서 지배 이데올로기라는 측면보다는 민중의 생활사라는 측면에서 접근한다. 단군 신화를 볼 때도 그랬지만 주몽 신화를 볼 때도 수수께끼의 기능과 결혼제도, 기우제와 같은 민간신앙을 먼저 살펴본다. 『삼국지위서동이전』을 보니 고구려의 혼인제도는 여자가 시집을 가는 것이 아니라 남자가 장인 집에서 살다가 아이를 다 기르면 분가하는 것이 특징이었다. 이는 성리학이 생활풍속에 결정적인 영향을 미친 조선 후기 이전까지 우리나라의 일반적인 혼인제도였다. 이러한 제도에서는 여성의 지위가 좀 더 높고 그 풍습도 자유로웠다. 중국 역사책 『북사』를 보면 다음과 같은 대목이 나온다.

풍속에 음란함을 즐겨 부끄러이 여기지 않는다. 습속에 유녀(遊女) 가 많은데 남편으로 일정한 사람이 없으며 밤이면 남녀가 무리 지어 재미있게 노는데 귀천의 구분이 없다.

유화부인과 유리의 어머니 예씨 부인은 유녀(遊女)였을 것이다. 유리가 어머니에게 "내 아버지가 누구냐"고 물었을 때 예씨 부인은 "네게는 특별히 정해진 아버지가 없구나"라고 대답한다. 나는 이 대목이 예씨 부인이 유녀였음을 증명하는 것이라고 생각한다. 유화부인도 특별히 정해진 곳 없이 다녔으니 유녀로 생활하다가 금와왕을 만났을 가능성이 높다.

본디 건국 신화는 나라가 세워진 다음에 만들어지는 것이다. 그렇다고 마음대로 만들 수도 없다. 그 집단 모두가 공유하는 신앙을 바탕으로 할 때만 받아들여지기 때문이다. 따라서 왕을 당시의 최고신인 하느님의 아들이면서 땅과 곡식의 여신 사이에서 태어난 신성한 존재로 높여야 했다. 인간 유화부인은 아들이 왕이 된 뒤 그 신성화 과정에서 집단 모두가 숭배하는 땅과 곡식의 여신으로 자리 잡게 된 것이다. "알고 보니 유화부인은 달신이었대"라는 입에서 입으로 전하는 이야기가 왕실의 기획 아래 전 고구려로 퍼졌을 것이다.

　주몽이 흰 사슴을 거꾸로 매달고 비를 기원하는 기우제 장면을 이규보는 이렇게 노래했다.

> 동명왕이 서쪽으로 순수할 때
> 우연히 흰 사슴을 얻었다.
> 해원 위에 거꾸로 달아매고
> 감히 스스로 저주하기를
> 하늘이 비류에 비를 내려
> 그 도성과 변방을 표몰시키지 않으면
> 내가 너를 놓아주지 않을 것이다.

　하늘에 기원하기보다는 협박하는 모습이 우리 마을의 기우제와 다르지 않다. 주몽 신화의 속살이 민속이라는 측면에서는 오늘날 우리 문화와 그렇게 친근하게 연결되는 것이다.

　별자리에 관심을 가지면서는 유화와 해모수의 천문학적 정체에 대해서 관심이 생겼다. 신화는 별자리의 운행원리를 바탕으로 한 상상력의 소산이기 때문에 주몽 신화를 깊게 이해하면 고구려인들의 별자리와 관련된 신앙을 알 수 있을 것이라고 믿었기 때문이다. 생각보다 자료가 풍부했다. 그 가운데에서도 후대의 자료인 『삼국유사』나 『삼국사기』가 아니라 당대의 자료였던 '광개토대왕비문'과 '모두루 묘지명', 중국의 『위서』

가 흥미로웠다.

> 왕이 나룻가에 이르러 "나는 황천의 아들이며, 어머니는 하백의 따님인 추모왕이다. 나를 위하여 갈대를 잇고 거북이를 띄워라"라고 하였다. 소리에 응하여 곧 갈대가 이어지고 거북들이 떠올랐다.
>
> (광개토대왕 비문)

> 하백의 손자이자 일월의 아들이신 추모성황은 본래 북부여로부터 나왔다.
>
> (모두루 묘비명)

> 부여인의 추격이 매우 급박하여 주몽이 강에 고하여 말하기를 "나는 해의 아들이며 하백의 외손이다. 오늘 도망함에 추격병이 가까이 이르니, 어떻게 하면 건널 수 있겠는가." 하자, 이에 물고기와 자라가 함께 떠올랐다. 그를 위해 다리를 이루니 주몽은 건널 수 있었다. 물고기와 자라는 곧 흩어져 추격병은 건널 수 없었다.
>
> (『위서』 권100. 연전 제88 고구려조)

고구려 사람들은 하늘의 해를 주몽의 아버지인 해모수, 달을 주몽의 어머니인 유화부인으로 믿었다는 것을 보여주는 사례들이다. 이규보의 동명왕편은 특히 아름다운데 그는 해모수가 나타나는 장면을 이렇게 노래하고 있다.

> 첫여름 북두가 사방을 가리킬 때

해동 해모수는

참으로 하느님의 아들

처음 공중에서 내려오는데

자신은 다섯 용이 끄는 수레를 타고

오우관을 쓰고 용광검을 찼다.

따르는 사람 백여 인은 고니를 타고

깃털 옷을 화려하게 입었다.

맑은 풍악소리 쟁쟁하게 울리고

채색 구름은 뭉게뭉게 떴다.

옛날부터 천명을 받은 임금이

어느 것이 하늘에서 준 것이 아닌가.

대낮 푸른 하늘에서 내려온 것은

옛적부터 보지 못한 일이다.

아침에는 인간세상에서 살고

저녁에는 하늘나라로 돌아간다.

세상에서는 하늘의 아들이라고 불렀다.

    까마귀 깃털을 쓴 관이나 용광검은 해를 상징한다. 아침에 나왔다가 저녁에 하늘로 돌아가는 것은 왕이 민간에 들고나는 의례가 해를 중심으로 이루어졌음을 보여주는 것이다. 유화와 해모수의 만남은 해와 달의 운행 속에서 설명이 가능하다. 해모수가 놀러 나갔다가 웅심 물가에서 하백의 세 딸을 만나는 장면은 해 앞에 달이 있는 장면을 묘사한 것이다. 해 앞에 달이 있다가 그 빛과 함께 바로 사라지는 모습은 그믐달을 빼고는 생각할 수가 없다.

해모수가 구리집을 지어서 하백의 세 딸을 가두고 함께 지냈다는 것은 전관수가 『주몽 신화의 고대 천문학적 연구』에서 말한 것처럼 특정한 별자리에서 해와 달이 만나는 장면으로 볼 수 있다. 전관수는 구리집을 '저수' 서양 별자리로는 '천칭자리'라고 보았고, 유화부인과 해모수가 신방을 차렸던 용이 끄는 수레는 '두수' 서양 별자리로는 '궁수자리'라고 보았다. 하지만 전관수는 서기전 1세기의 밤하늘을 중심으로 설명하고 있어서 표본이 부족했다. 그래서 아들의 도움을 받아 서기전 1세기에서 7세기까지 음력 9월 그믐과 그다음 날에 해와 달이 어떤 별자리에 머무르는지 '스텔라리움'을 통해서 확인해보았다. 그 기간 동안 해와 달은 그믐날에 '저수' 주변에서 만나고 있었다. 해와 달의 거리가 상당히 떨어져 있는 장면은 거의 몇백 년에 한 번 발견할 수 있을 뿐이었다.

해모수가 가죽 그물을 찢고 하늘에 떠오르는 것은 초사흘에서 초나흘 사이에 해가 떠오르는 모습이다. 그리고 해가 지면, 그제야 달이 서쪽 하늘에 나타난다. 해모수와 유화의 이별이다. 초승달, 곧 하늘에 떠오른 유화부인을 보고 고구려인들은 유화부인의 운명을 슬퍼했을까, 아니면 고구려 건국의 위대한 계기라고 생각했을까.

전관수는 금와왕이 유화를 맞아들이는 장면도 천문학적으로 설명했다. 동명왕편을 다시 한 번 살펴보자.

어부 강력부추가 고하기를
"근자에 어량 속의 고기를 도둑질해 가는 것이 있는데 무슨 짐승인지 알 수 없습니다."
하였다. 왕이 어부를 시켜 그물을 끌어내니 그물이 찢어졌다. 다시 쇠그물을 만들어 당겨서 돌에 앉아 있는 여자를 얻었다.

이 장면을 전관수는 보름달이 된 유화부인이 하늘의 별자리를 이동하면서 나타나는 것이라고 보았다. 서기전 100년 15일에는 '필수', 16일에는 '오거성', 17일에는 '정수'에 보름달이 나타나는 모습이 이를 증명한다는 것이다. '필수'가 통발의 모습을 닮았고, '오거성'은 찌그러진 그물, '정수'는 쇠그물을 닮은 모습이라는 설명과 함께. 나도 오랫동안 주몽 신화를 별자리와 연결시켜 생각해왔지만 그렇게 구체적으로 특정하지는 못했다. 내 상상력의 부족이었을까? 전관수의 주장을 검증하기 위해 아들과 함께 서기전 1세기부터 서기 7세기까지 음력 15일부터 17일까지 보름달이 어떤 별자리에 나타나는지 확인해보았다. 전관수의 말이 맞았다. 그래서 아들과 나는 고구려의 건국과 전성기, 망하는 시기에도 달이 그렇게 나타나는지 알아보기 위해 스텔라리움을 돌려보았다. 고구려가 건국되었다고 기록되어 있는 서기전 37년, 광개토대왕이 왕권을 확립한 400년 전후, 광개토대왕비가 세워지는 시기인 414년에도 보름달은 그 세 별자리에 자리 잡고 있었다. 위치가 조금씩 변하긴 했지만. 신화적으로 말하면 고구려인들은 서기전 100년부터 나라가 망하는 668년까지 거의 전 기간 동안 유화부인을 그 별자리에서 발견할 수 있었던 것이다.

아들은 별자리에 보름달이 나타나는 모습을 그림으로 그렸다. 아들역시 나처럼 주몽 신화를 이야기로 구연할 수 있는 힘이 있기 때문인지더 특별한 느낌을 받았던 것 같다. 나를 보더니 눈을 별처럼 빛내면서말했다.

"아빠, 이렇게 별자리를 이해하니 주몽 신화가 밤하늘의 애니메이션처럼 펼쳐지는 것 같아요."

흙인형에 담긴
신라 사람들의 이야기

　농촌에서 자란 내게 흙은 가장 친숙한 물질이다. 거의 모든 놀이를 땅바닥에서 했고, 모래가 있으면 씨름과 두꺼비집 놀이를 했다. 어렸을 때 했던 일도 주로 흙을 다루는 일이었다. 밭에서 풀을 뽑을 때는 흙의 상태가 중요했다. 비가 오지 않아서 땅이 딱딱할 때는 풀 뽑기가 아주 힘들었지만 비라도 오면 쑥쑥 뽑혀서 일하기가 쉬웠다. 논매기할 때 하루 종일 만지는 진흙은 부드러운 어머니의 젖가슴 같았다. 발바닥에 느껴지는 부드러운 질감과 발가락 사이로 흙이 빠져나올 때 느껴지는 간지럼도 특별했다. 그래서인지 문화유산 가운데 흙으로 만든 것에서 특별한 친근함과 애착을 느낀다.

　내가 국립경주박물관을 갈 때 먼저 신라역사관 제1전시실을 찾는 것도 그 때문이었을 것이다. 제1전시실에는 수많은 토기와 토우가 전시되어 있다.^{그림 7~9} 토기가 무언가를 담는 도구라면 토우는 사람이나 동물, 집 등을 흙으로 빚은 것이다. 경주박물관에 있는 토기와 토우는 신라 고분에서 출토된 것이다. 신라 사람들은 왜 무덤 속에 토기와 토우를 넣었을까?

　신라 사람들이 지닌 계세사상 때문이었을 것이다. 계세사상이란 사

〈그림 7〉 토우장식장경호

〈그림 8〉 토우장식장경호 토우들

〈그림 9〉 성행위하는 토우

람이 죽은 뒤에도 살아 있을 때의 신분관계 그대로 저승에서 삶을 지속한다는 생각을 말한다. 그러한 생각을 가진 사람들이라면 저승에서 생활할 수 있도록 온갖 생활 물품들과 심부름할 수 있는 사람들을 데려가야 한다고 믿었을 것이다.

경주박물관에 전시된 토기와 토우를 살펴보다가 문득 깨달은 것이 있다. 토기보다 토우가 계세사상과 관련된 신라 사람들의 생각을 더 잘 알려준다는 것이다. 토우에는 다양한 인간 형상이 표현되어 있다. 노래 부르는 사람, 노 젓는 사람, 악기 연주하는 사람, 성행위를 하는 사람들, 자기 성기를 과시하는 남자, 젖가슴을 드러낸 여자, 춤추는 여자들도 있다.

토우로 만들어진 동물들도 특별한 뜻과 속살을 가지고 있다. 뱀, 개구리, 오리, 거북이, 고래를 닮은 물고기 등이 많이 나오는데 그러한 동물들은 종교학자 엘리아데에 따르면 모두 '달 동물'이다. 달 동물이란 달의 주기, 곧 달이 차고 이지러져서 완전히 사라졌다가 다시 커지는 그 주기를 흉내 내는 동물을 말한다. 대부분은 겨울잠을 자는 동물들이다. 옛날 사람들은 이러한 동물들을 달이 죽었다가 살아나듯이 죽음을 이기고 부활한 존재라고 보았던 것이다.

그러면 겨울잠을 자지 않는 오리는 어떻게 달 동물이 된 것일까? 오리는 철새이다. 옛날 사람들은 특정한 시기에 사라졌다가 돌아오는 것을 죽었다가 다시 살아오는 것이라고 여겼다. 오리가 물과 하늘, 땅을 오가는 동물이라는 것도 중요했다. 이러한 능력 때문에 신과 인간세계를 연결하는 존재라고 믿었던 것이다. 오리가 신으로부터 가져오는 소식은 비바람이 순조로워 풍년이 든다는 약속이었다. 얼마 전까지도 마을 입구에 서 있는 솟대를 농민들은 우순풍조와 풍요다산을 기원하는 신격으로 숭배했다. 솟대는 이미 청동기시대에 생겨났다는 증거가 있다. 대전 괴정동에서 발견된 농경문 청동기에서 우리는 오늘날의 솟대처럼 나뭇가지 위에 앉아 있는 새를 볼 수 있다.^{그림 10}

고래 또한 많은 종이 특정한 계절에는 볼 수 없는 특성을 가지고 있다. 귀신고래와 혹등고래, 북방긴수염고래 등 우리나라 주변에서 많이 발견할 수 있거나 잡혔던 고래들은 더운 여름에는 베링해협까지 올라갔다가 추운 겨울에는 남쪽으로

〈그림 10〉 대전 괴정동 농경문 청동기

돌아오는 회유 특성이 있기 때문에 달 동물이라고 해도 무리가 없다.

토우 가운데에는 배 모양 토우, 기마 토우, 수레모양 토우, 집모양 토우도 있다.^{그림 11~12} 이를 볼 때 신라 사람들은 죽은 사람이 산도 넘고 물도 건너 저승 세계로 가려면 교통수단이 필요하다고 믿었을 것이다. 흙인형 가운데 기마인물형 토우는 무덤의 주인이 하늘에 승천한다는 믿음을 담고 있는 것이다. 그러한 부활에 대한 확신은 의례를 통해 가능했을 것이다.

〈그림 11〉 기마인물형 뿔잔　　　　　〈그림 12〉 집모양 토기

　　이러한 모든 뜻과 속살을 압축적으로 담아놓은 토기가 흙인형꾸밈 긴목항아리(토우장식장경호)이다. 이 토기는 1976년 미추왕릉지구의 한 고분에서 나온 것이다. 높이가 34센티미터이고 입지름은 23센티미터쯤 되는 큰 항아리이다. 이 항아리는 어깨와 목 주변에 흙인형들을 꾸며놓고 있어 발견 당시부터 많은 관심을 받았다. 그래서 지금도 경주박물관 신라역사관 제1전시실의 중심 공간에 유리 상자에 씌워져 특별한 대우를 받고 있다. 항아리 어깨와 목 주변에 자리 잡고 있는 사람과 동물 흙인형들은 1600년의 역사를 넘어 어떤 이야기를 전해주고 있다. 가장 눈에 띄는 것은 한가운데서 악기를 연주하고 있는 여성이다. 처음엔 그 악기가 가야금인 줄 알았다. 하지만 그러한 추정에 문제가 있다는 것을 금방 알 수 있었다. 이 토기는 5세기쯤 만들어진 것인데 신라에 가야금이 전해진 것은 훨씬 뒤였다. 우륵이 신라에 귀화한 것은 6세기 중반인 것이다. 또 연주하는 방식도 달랐다. 가야금의 경우 가운데가 아니라 한쪽으로 치우친 자세로 연주하는데 이 여인은 한가운데 앉아서 연주하고 있다. 악기의 줄도 가야금처럼 일곱 개가 아니라 여섯 개였다. 이 모든

것들을 종합할 때 가야금이라기보다는 신라금이라고 하는 것이 옳다고 생각한다.

그런데 토기를 자세히 살펴보다가 이상한 점을 발견했다. 흙인형들 가운데 악기 연주에 관심을 기울이는 청중이 없었다. 연주하는 여인 외에도 사람이 셋이 더 있는데 둘은 연주를 듣기보다는 이제 막 성행위를 시작하려는 모습이다. 연주하는 여성의 반대쪽에 있는 남성도 자신의 성기를 과시하는 데만 관심이 쏠려 있다. 새나 개구리 등 동물들도 서로에게 관심이 없었다. 동물들의 숫자를 세어보니 뱀이 세 마리, 새가 다섯 마리, 개구리 세 마리, 개 한 마리, 고래 비슷한 물고기 한 마리, 거북이 한 마리 모두 합해서 열셋이었다. 뱀은 무심히 악기 위로 기어오르고 있는데 만약 현실에서 이런 일이 생긴다면 여인은 무서워서 연주할 수 없었을 것이다. 임신한 여성이라면 더욱더. 따라서 이 여인의 연주는 사람들의 즐거움을 위한 일상적인 연주가 아니라 다른 목적을 가진 것이다. 그 수수께끼를 풀기 위해서 고대의 악기들이 어떤 기능을 가지고 있는지 알아보았다. 고대에는 악기들이 인간의 감상 이전에 신을 불러내거나 찬미하기 위한 종교적 기능이 있었다. 음악이 우주를 창조하는 원초적 소리였고 창조의 배후에 있는 질서와 조화를 상징했기 때문이다. 이여인 역시 사람들을 즐겁게 하기 위해 연주하는 것이 아니라 풍요와 다산을 위한 제의에서 신을 불러내고 즐겁게 하기 위해 연주하는 것으로 보인다.

동서양을 막론하고 씨앗을 심으면 성장의례를 거행한다. 그때 남녀가 성행위를 하거나 흉내 내는 습속이 있는데 이 토우에서 성행위하는 남녀 모습은 신라에도 그러한 풍속이 있었다는 것을 보여주는 것이다.

오랜 연구를 통해서 나는 이 흙인형꾸밈긴목항아리가 불교가 들어오기 이전 신라 사람들의 신앙과 정신세계를 밀도 있게 표현한 문화유산이라는 생각을 하게 되었다. 이 토우에 담긴 장면은 풍요기원제였을 것이다. 풍요기원제에서 가장 중요한 상징은 여성과 남성의 성기이다. 아이를 출산하는 여성의 성기는 대지의 풍요와 생생력을 의미했고 남성의 성기는 생명력의 원천을 상징했다. 여성이 아이를 출산하듯이 곡물을 생산하는 땅은 여성으로 이해되었다. 이 항아리를 연구하면서 가장 이해하기 어려웠던 것은 임신한 여성이 굿에서 맡고 있는 역할이었다. 불교와 유교가 들어온 다음부터는 임신한 여성은 제의에 참여할 수 없었다. 임신하거나 출산한 여성의 제의 참여는 금기였기 때문이다. 그래서 임신한 여인이 악기를 연주하고 모든 존재가 그 음악에 따라 생명을 예찬하고 있는 장면을 담고 있는 이 토기는 우리 전통문화의 속살을 보여주는 자료로서 손색이 없다고 생각한다.

이 항아리가 무덤의 부장품이라는 점에서 또 다른 해석도 가능하다. 토우에 표현된 장면이 죽은 사람이 저승에서 부활하기를 기원하는 장례의식 또는 씻김굿이었을 수도 있는 것이다. 나는 노래하고 춤추고 악기를 연주하는 토우들을 볼 때마다 우리의 전통적인 장례의식이 떠오른다. 재생과 부활을 위한 장례의식의 바탕에 달과 해에 대한 신앙이 있었을 것이다. 토기 가운데 점이 찍힌 원과 그 사이사이 그려진 여러 선들이 해와 달, 달빛과 햇살을 상징하는 것으로 보인다.[그림 8 참고] 점이 찍힌 원은 중국 상형문자에서도 해를 나타내는 날일 자의 본디 모습이다. 점이 찍힌 원 사이에 있는 금은 다섯 개나 있는데 이것을 하늘의 다섯 행성의 기운이 땅에서 오행으로 나타난다는 뜻과 속살을 담은 것으로 보인다.

달 축제를 시각적이고 입체적으로 표현하는 이 흙인형꾸밈긴목항아리를 통해서 나는 달의 순환과 여성의 생산력, 동식물의 생태를 연결시키는 거대한 상상력을 만날 수 있었다. 신라 사람들의 우주관과 세계관, 인생관을 이 항아리를 매개로 접속한 것이다.

지금도 가끔 경주박물관에 가면 풍요를 기원하는 여인의 음악 소리를 들으며 사람과 자연이 함께 어울리면서 빚어내는 신명을 온몸으로 느낀다.

삼국유사에서 달 신앙을 찾다
─원왕생가와 가락국기

　나는 공자와 공자를 가진 중국이 부럽다. 지금부터 2500년 전에 공자는 중국에서 전해 내려온 시와 글을 모아 『시경』, 『서경』, 『역경』을 편찬하였다. 그의 제자들도 스승의 말과 행동에 관련된 자료들을 모아 『논어』를 편찬하였다. 이 책들은 한나라 이후 중국의 정전이 되었고 공자가 살던 시대는 물론 그 앞 시대의 이야기까지 생생하게 복원할 수 있는 바탕이 되고 있다. 우리도 공자와 같은 사람이 있어서 고조선 시대의 노래와 이야기, 신화를 알 수 있었으면 얼마나 좋을까. 아니 고구려 초기에 만들었다는 무려 백 권에 달하는 역사서 『유기』와 4세기 후반에 백제의 고흥이 펴냈다는 『서기』, 6세기 거칠부의 『국사』만 남아 있었어도 우리 겨레의 삶과 역사를 찾아가는 길이 이렇게 어렵지는 않았을 것이다. 그나마 다행인 것은 공자보다 1758년이나 뒤에 태어난 일연 스님이 옛날 기록과 자신이 수집한 이야기를 통해 겨레의 이야기 일부를 정리해놓은 것이다.

　내가 『삼국유사』를 읽은 것은 초등학교 4학년 때였다. 『삼국사기』와 함께 읽었는데 두 책을 읽는 것은 대조적인 경험이었다. 『삼국사기』는 왕과 장군들의 이야기가 중심이었고 연대별로 건조하게 나열되어 있어 재미가 없었다. 이와 달리 『삼국유사』는 읽고 또 읽게 하는 책이었다. 아마 수십 번은 읽었을 것이다. 그렇게 몰입해서 읽었던 까닭을 지금 생각하면 두 가지로 정리할 수 있을 것 같다. 먼저, 일연이 역사적 사실이나 가치를 이야기 속에 풀어 넣을 수 있는 탁월한 이야기꾼이었기 때문일 것이다. 왕들의 역사를 다룬 열전을 보면 한 왕의 치세를 한두 가지 이야기로 정리하는 솜씨를 보여준다. 또한 왕족이나 귀족들의 이야기뿐만 아니라 효녀 지은이나 종 욱면 이야기처럼 평범한 사람들의 이야기가 많았던 것도 『삼국유사』를 계속 찾게 하는 까닭이었을 것이다. 그래서 나는 우리 겨레의 문화적 정체성을 찾을 때마다 『삼국유사』를 찾는다.

달에 관한 신앙 역시 마찬가지다. 『삼국유사』에는 달 신앙의 모습을 복원할 수 있는 여러 가지 이야기가 실려 있다. 그 가운데서도 광덕과 엄장 이야기는 새로운 신앙인 불교를 받아들였지만 그 뿌리에는 전통 신앙인 달 신앙이 유지되고 있었던 상황을 잘 보여준다. 광덕과 엄장 이야기의 무대는 분황사 주변이다. 내가 아들에게 분황사에서 해준 이야기다.

옛날에 광덕이라는 사람이 분황사 서쪽 마을에서 살고 있었대. 밭한 뙈기도 없을 정도로 가난해서 신발을 만들어서 아내와 함께 근근이 살았지. 그런데 광덕한테는 소원이 있었어. 죽어서 아미타부처가 있는 극락정토에서 왕생하는 것이 꿈이었거든. 그래서 밤이 되면 아미타불을 외면서 밤을 새워 빌었대. 허공에 둥근달이 창으로 들어오면 그 달빛에 밤을 새우면서 공부를 했다는 거야. 그 친구인 엄장은 스님이었는데 저 앞에 있는 남산에서 수도를 하고 있었대. 화전 농사를 지으면서. 그런데 이 사람은 광덕처럼 열심히 수도하지는 않고 대충대충 하는 성격이었나 봐. 염불도 설렁, 참선도 설렁. 그러니 무언가 얻을 리가 없지.

어느 날, 창밖으로 광덕의 소리가 들렸어.

"여보게 나는 벌써 서방으로 간다네. 자네도 빨리 따라오게."

엄장은 광덕이 죽은 것을 알고 분황사 옆 마을로 갔더니 과연 광덕이 죽어 있었어. 시체를 수습한 다음에 엄장은 광덕의 아내랑 함께 살자고 했어. 광덕의 아내가 고개를 끄덕여서 함께 살게 되었는데 밤이 되어 함께 자려고 했대. 그런데 광덕의 아내가 매몰차게 거절했어. 광덕은 함께 살기는 했지만 한 번도 동침한 적이 없다고. 그러고는 찬찬히 충고를 했대.

"스님이 극락정토를 구하는 것은 물고기를 잡으려고 나무 위에 올라가는 것과 같습니다."

부끄러워진 엄장은 분황사의 원효 스님을 찾아가서 수도하는 방법을 배웠어. 용맹 정진해서 극락세계에 태어났대.

일연은 이 이야기와 함께 원왕생가를 소개하고 있다. 이 이야기의 뜻과 속살을 온전히 이해할 수 있는 열쇠로 '원왕생가'를 제시하고 있는 것이다.

달님 이제
서방 극락세계에 가시거든
무량수부처님 앞에
발원의 말씀을 한없이 아뢰어주소서.
다짐 깊으신 아미타부처를 우러러
두 손 모두어 비옵니다.

원왕생 원왕생

그리워하는 사람이 있다고 아뢰어주소서.

아! 이 몸을 버려두시고

어찌 마흔여덟 가지 큰 원을 이루실까.

당시 신라의 지배적인 신앙은 미륵상생신앙이었다. 미륵상생신앙은 미륵보살이 살고 있는 도솔천에 태어나려면 경전을 읽고 부처의 화신인 왕에게 충성해야 된다는 신앙 운동이었다. 글자도 모르고 화랑이나 낭도가 될 수 없었던 사람에게는 구원이 약속되지 않는 신앙이었다. 이때 원효가 누구나 아미타불만 암송하면 불국토에 태어날 수 있다는 아미타 신앙 운동을 펼쳤다. 그래서 글을 모르는 사람들과 여성들의 열렬한 환영을 받을 수 있었다.

원왕생가는 당시 사회의 신앙적 분위기, 민중들의 기원과 소망을 알 수 있게 해주는 실마리를 제공해준다. 국문학자 조동일은 원왕생가에 등장하는 달을 자기 느낌을 구체화하려고 한 시적 표현일 따름이라고 말했다. 나는 민중 신앙의 원형이었던 달님을 통해 새로운 신(아미타불)에게 호소하는 내용을 담고 있는 노래라고 생각한다. 불교에는 이렇게 떼쓰기 식으로 기도하는 전통이 없다. 소원을 들어달라고 떼를 쓰거나 위협을 가하는 것은 우리 전통 신앙의 모습이다. 불교에서는 개인적 욕망은 욕(慾)이라고 하고 민중과 사회를 위한 맹세나 서약을 원(願)이라고 한다. 원을 내는 것을 발원(發願) 또는 서원(誓願)이라고도 하는데 아미타불은 중생을 구원하기 위한 서원을 마흔여덟 가지를 한 부처이다. 그런 아미타불에게 당신이 나를 구원하지 않고서 어떻게 마흔여덟 가지 대원(大願)을 실현할 수 있느냐고 떼쓰듯 빌고 있는 것이 원왕생가의 속살이다. 일연 스님이 둥근달 아래서 수도하는 광덕의 모습을 이야기한 것은 민중들이 친밀하게 이야기할 수 있는 대상이 달님이라는 것을 암시하는 장면이다.

『삼국유사』 가운데 달 신앙의 흔적이 가장 밀도 있게 드러나는 것은 수로왕에 관한 이야기다. 수로왕을 맞이하기 위해서 당시 구야국 사람들이 불렀다는 '구지가'를 살펴보자.

龜何龜何　　　　거북아 거북아
首其現也　　　　머리를 내어라
若不現也　　　　내놓지 않으면
燔灼而喫也　　　구워서 먹으리

이 노래는 구야국의 아홉 촌장이 임금을 맞이하기 위해 땅을 파면서 불렀던 노래이다. 몸은 보이지 않고, 목소리만 들리는 신의 요구대로 이 노래를 불렀더니 하늘에서 금합이 내려왔고, 그 안에 알이 6개가 있었다는 것이다. 하늘에서 금합이 내려왔고 그 알에서 사람이 태어났다는 이야기는 건국 신화가 해 신앙을 중심으로 형성됐다는 것을 보여준다. 그런데 그 이야기에 관련된 수로왕의 성장 이야기에서는 달 신앙의 모습이 보인다.

『삼국유사』 '가락국기'를 보면 제사를 지낸 날이 삼월 삼일이다. 이틀이 지나서 알이 깨어났고, 그로부터 십주야(十晝夜), 곧 열흘이 지나니 알에서 나온 아이가 다 성장해서 왕이 되었다는 것이다. 삼일에 내려와서 보름에 왕이 되었다는 것은 달의 위상 변화를 모방한 것이다. 해 신앙이라는 새로운 관념만으로는 민중을 설득할 수 없었기 때문에 달의 리듬과 관련된 의례 속에서 새로운 임금과 제도가 신성화되었음을 잘 보여주는 이야기인 것이다.

나는 이 이야기를 읽으면서 어렸을 때 우리 마을 할아버지에게 들었던 줄다리기 이야기를 생각했다. 일제는 마을 대동제나 놀이를 '미신'이니, '시국이 문제'니 하면서 하지 못하게 막았다고 한다. 우리 마을은 면사무소가 있었기 때문에 더 빨리 사라졌다. 그래서 웬만한 어른들도 우리 마을에 줄다리기가 있었다는 걸 몰랐다. 1905년에 태어난 할아버지가 우리 집에 왔을 때 우리 마을 줄다리기 이야기를 들을 수 있었다.

줄다리기를 할 때면 아이들이 제일 신났어. 정월 초사흘부터 아이들이 집집마다 돌아다니면 골목마다 들썩들썩하지. 그리고 며칠 지나면 마을 장정들이 모여서 새끼를 꼬기 시작해. 그 옆에서 아이들은 작은 새끼줄을 가지고 줄다리기를 하는데 그것을 애기줄다리기라고 했어. 십 일이 넘어가면 좀 큰 애들도 좀 더 길고 굵은 줄을 갖고 줄다리기를 했어. 중 줄다리기지. 그리고 보름이 되어야 어른, 애, 남자, 여자 할 거 없이 모두 참여하는 거야. 그때는 뭐 온 마을이 하나 되는 것이지. 아버지와 아들, 며느리와 시어머니의 구분도 그때는 없어졌어.

신기하지 않은가. 마을이든 나라이든 하나의 공동체가 탄생하고 재생되는 과정이 초사흘에서 시작해서 보름에 완결되는 것이다. 김부식이었다면 이런 이야기는 허황된 것이라고 해서 기록하지 않았을 것이다. 일연 스님이니까 이런 이야기들을 기록으로 남겼고, 그 덕에 우리는 겨레의 신앙과 사고의 뿌리를 추적할 수 있게 되었다. 이것이 바로 사람과 역사를 살릴 수 있는 이야기의 힘이다.

달의 육지와 바다
그 탄생의 비밀

경주로 수학여행을 갔을 때 먼저 들른 곳이 첨성대였다. 세계 최고의 천문대라고 들었기 때문에 특별한 것을 기대하고 있었다. 그런데 넓은 광장에 그리 높지도 않은 돌 건축물이 덩그러니 있는 모습이 실망스러웠다. 주변에 있는 친구들 가운데는 "차라리 언덕에 가서 보는 것이 낫지 저기서 무슨 별을 보나", "야, 차라리 땅에서 보는 게 낫겠다"라고도 하였다. 그때는 문화해설사도 없었고 선생님들도 첨성대에 대해서 아는 것이 없어서 아무도 우리의 실망스러운 마음을 해결해주지 못했다. 그 뒤 고려시대와 조선시대의 관천대에 대한 자료를 보았는데 첨성대보다도 낮았다. 첨성대는 9.1미터라도 되었지만 고려의 관천대는 2.45미터, 조선의 관천대는 3.46미터밖에 되지 않는다. 옛날 천문학에 대한 이해가 깊어진 지금에 와서 생각하면 그 천문대들이 별을 보는 데 아무런 지장이 없었을 것 같다. 지금처럼 빛 공해와 높은 건물이 없었을 테니까. 더구나 망원경이 생기기 전까지는 누구나 맨눈으로 하늘을 보았다. 내가 그것을 알았더라면 왕궁 주변이라는 첨성대의 장소성만으로도 그 뜻과 속살을 찾았을 텐데⋯⋯.

망원경의 등장은 렌즈 기술의 발달 때문이었다. 망원경 원리는 1607

년 무렵 네덜란드의 리퍼세이라는 렌즈 기술자가 발견했다. 우연히 두 개의 렌즈를 가지고 사물을 보다가 멀리 있는 물체가 가까이 보이는 현상을 발견했다. 그는 돈을 벌기 위해서 망원경을 만들어 팔았지만 상업적으로 성공을 거두지 못했다. 그런데 그 망원경이 1609년에 갈릴레이 손에 들어가면서 굉장한 성공을 거두게 된다. 갈릴레이는 기획력과 손재주가 있었다. 더구나 당시 갈릴레이가 살던 피렌체는 유럽 유리공업의 중심지라서 성능이 좋은 망원경을 만들 수 있었다. 개량된 망원경으로 갈릴레이는 달과 금성, 목성, 은하수, 묘수(플레이아데스)를 관찰했다. 이를 통해 코페르니쿠스의 지동설이 옳다는 것을 증명할 수 있었다. 그의 발견 가운데 내가 가장 관심을 가지고 본 것은 달에 대한 관찰이었다. 어렸을 때부터 달을 살펴보면서 밝게 빛나는 부분과 그림자처럼 보이는 어두운 부분이 어떤 차이를 가지고 있는지 궁금했기 때문이다. 갈릴레이는 밝은 부분을 육지, 어두운 부분을 바다라고 불렀다. 또한 육지가 바다나 운석 구덩이(크레이터)보다 지형적으로 훨씬 높다는 것도 발견했다.

하지만 달의 바다와 육지에 관한 여러 가지 비밀이 밝혀진 것은 아폴로 우주인들이 달에서 가져온 암석 때문이다. 그들이 달의 바다에서 가져온 돌들은 모두 현무암이었다. 검은 현무암이 빛을 흡수하기 때문에 달의 바다가 어둡게 보이는 것이다. 이와 달리 육지에서 가져온 돌들은 밝은 백색을 띠는 사장암이었다. 별똥별을 연구하는 존 우드가 달의 흙 샘플을 일일이 분석해서 사장암을 찾아냈다고 한다. 사장암은 백색 광물인 알루미늄이 많은 것이 특징이다. 사장암은 마그마의 바다가 있었던 곳에서만 발견되는 광물이다. 대충돌과 그 뒤에도 지속적으로 부딪혀 오는 운석 때문에 달의 표면은 다 녹아 마그마의 바다를 이루었을 것이다. 이때 무거운 물질은 가라앉고 가벼운 물질은 떠올랐다. 달의 고지대는 전체가 사장암으로 이루어졌기 때문에 달 표면 전체가 마그마 바다였을 것이다. 마그마의 바다는 섭씨 1,500도 아래로 내려가면 철과 마그네슘이 중심인 감람석을 만들어낸다. 감람석은 주변 마그마 바다보다 밀도가 높기 때문에 마그마 바다 깊숙이 가라앉는다. 마그마의 바다는 얼마나 깊었을까? 론지라는 학자가 달에서 발견한 감람석을 통해서 알아보았다. 감람석의 순도가 마그마 바다의 깊이와 관련이 있다는 것을 이용한 것이었다. 그전까지 달의 마그마 바다가 어느 정도의 깊이를 가지고 있는가에 대해서 여러 가지 견해가 있었다. 달 전체가 마그마 바다가 된 것이 아니라 부분적으로만 덮였을 것이라고 생각하는 학자도 있었기 때문이다. 론지의 연구 결과 마그마 바다의 깊이가 965킬로미터였다는 것이 증명되었다. 달의 반지름이 1,700킬로미터였으니 반 이상이 녹아 마그마가 되었던 것이다.

감람석이 계속 만들어지면 마그네슘이 점점 줄어든다. 그러면 칼슘과 알루미늄 농도가 높아지면서 칼슘, 알루미늄, 규소로 이루어진 사장암이 만들어진다. 사장암은 가볍기 때문에 마그마 바다 위로 높이 떠오른다. 따라서 달 표면을 모두 덮었던 사장암이 달에 있는 육지의 기원이다. 달의 육지가 흰빛을 내는 것은 사장암에 포함된 알루미늄 성분 때문이다.

바다는 어떻게 만들어졌을까? 소행성이 충돌하면 달 지각 표면의 사장암에 구멍이 뚫리고 깊은 곳에 있는 감람암을 녹이면서 현무암질 마그마가 분출한다. 현무암질 마그마는 점차 굳으면서 평평한 대지를 만들었다. 현무암은 무거웠기 때문에 사장암 지대에 비해 낮은 지형을 이루었다. 지름 수십 킬로미터가 넘는 커다란 소행성 여러 개가 부딪친 곳은 많은 현무암질 마그마가 분출되어 지름이 수백 킬로미터 이상 되는 대지를 만들었다. 이렇게 만들어진 대지를 바다라고 부른다. 바다가 만들어진 다음에는 달에 충돌해오는 소행성이 줄어들었다. 그래서 바다가 육지에 비해서 더 평평하고 운석 구덩이가 적은 것이다. 망원경으로 달을 보면 육지에 운석 구덩이가 훨씬 더 많다는 것을 발견할 수 있다. 달 전체에서 바다가 차지하는 비중이 16퍼센트밖에 안 되는 것도 바다가 육지보다 더 늦게 만들어졌다는 증거이다.

지구에서는 조금 다른 과정이 펼쳐졌다. 지구 역시 처음에는 마그마 바다에서 감람석이 태어났다. 하지만 지구에서는 이어서 휘석이 나타났고 그것이 감람석과 섞이면서 감람암이 되어 땅속 깊숙이 가라앉았다. 당시 지구의 마그마 바다 깊이는 적어도 2,900킬로미터는 되었을 것이라고 생각한다. 그렇게 생각하는 근거는 맨틀을 이루는 암석이 감람암이기 때문이다.

감람암 다음으로 만들어진 암석이 현무암이다. 현무암은 사장석과 휘석으로 이루어진다. 감람암보다 가벼워서 위로 떠오를 수 있다. 감람암이 섭씨 1,100도 정도로 가열되면 녹기 시작하면서 현무암이 생겨난다. 현무암 지각이 생기면 지구 표면에 산악지형이 나타난다. 감람암은 밀도가 높고 일종의 곤죽 상태라서 산을 만들어낼 수 없다. 이와 달리 현무암은 감람암보다 밀도가 10퍼센트 정도 낮기 때문에 바다에 뜬 얼음처럼 위로 솟아 산을 이룰 수 있었다.

그다음에 생겨나는 암석이 화강암이다. 화강암은 현무암이 다시 한 번 녹고 거기에 물이 섞이면 만들어진다. 현무암보다 밀도가 10퍼센트 정도 낮은데 거대하게 만들어지는 화강암질 마그마와 그것이 굳은 화강암 덩어리는 적어도 3~4킬로미터 높이의 산을 만들어냈을 것이다. 30

킬로미터 크기의 덩어리를 가진 화강암이라면 그 10분의 1인 3킬로미터 정도가 지구 표면 위로 솟아올랐을 것이기 때문이다. 암석으로 이루어진 지구형 행성 가운데에서 화강암은 지구에서만 유일하게 발견할 수 있다. 그 까닭은 현무암질 마그마에 물이 섞여야 화강암질 마그마가 만들어지기 때문이다. 초기 바다가 형성된 뒤 소행성의 충돌은 현무암질 마그마를 만들어내고 그 웅덩이 속에서 바닷물과 섞이면서 화강암질 마그마가 되었다. 이러한 화강암 씨앗들이 곳곳에서 섬을 만들고 점점 덩치를 키워가면서 대륙의 형성과 함께 판구조가 만들어졌다. 그리고 화강암의 탄생은 생명의 탄생을 가능하게 하는 기반이 되었다. 바다에서 만들어진 염소와 황 등 음이온과 육지에서 만들어진 칼슘, 장석 등 양이온이 바다에서 만나 생명을 만들어내는 화학작용이 활발해질 수 있는 조건이 만들어진 것이다. 이러한 이론은 화성만 한 원시행성 테이아가 지구와 충돌하면서 달이 탄생했다는 대충돌설에 근거한 것이다.

대충돌설 이전에는 분리설이 다수설이었다. 다윈의 둘째 아들인 조지 다윈은 천문학자였는데 그의 관심사는 달이 만들어진 원리였다. 조지 다윈은 지구와 달이 본디 한 몸이었다고 가정했다. 한 몸체를 이루어 빠르게 자전하고 있었는데 자전 주기가 2시간 정도가 되자 양극에서 적도 쪽으로 압력이 가해지면서 적도가 크게 부풀어 오르고 그 일부가 떨어져 나갔다는 것이다. 분리설을 취하는 어떤 학자는 그렇게 떨어져 나간 자리에 물이 고여 태평양이 되었고 그 흔적으로 하와이 제도가 남았다고 주장하기도 했다. 분리설이 우세했던 것은 지구는 중심핵이 지구 전체 질량의 3분의 1을 차지하지만 달의 중심질량은 달 전체 질량의 3퍼센트 미만으로 속이 가볍다는 것이 밝혀졌기 때문이다. 달이 지구 맨틀에서 떨어져 만들어진 것이라면 충분히 수긍이 가는 이론이다. 하지만 지구의 맨틀 및 지각과 달의 구성 성분은 휘발 성분에서 근본적 차이가 있다. 열을 가하면 증발하는 질소, 산소, 황, 탄소, 수소를 휘발성 원소라고 하는데 달의 먼지와 암석에는 이 성분이 보이지 않았다. 그래서 어떤 사람은 달에서 채취한 먼지를 뼈보다도 더 말랐다고 묘사한다. 달에서 가져온 암석 표본에는 물 한 방울, 수증기 한 방울도 없었던 것이다. 이런 상태는 달이 거대한 충돌과 압력을 받아 구워졌을 때나 가능한 일이다. 그래서 분리설은 달 탄생을 설명할 수 있는 유력한 이론에서 탈락했다.

그럼에도 아직 분리설을 따르는 사람이 없는 것은 아니다. 요즘 슈타이너가 만든 발도로프 교육이 많은 학교에서 유행하고 있다. 슈타이너는 19세기의 주류학설인 분리설의 추종자이며 자신의 우주론을 이를 바탕으로 전개한다. 슈타이너의 이야기를 들어보자.

사람들이 보통 달에 관해서 알고 있는 것은 달이 햇빛을 자신의 표면에 받아들여서 지구로 다시 되비쳐준다는 것 정도입니다. 우리가 볼 수 있는 것은 되비쳐진 햇빛을 눈으로 받기 때문입니다. 지구도 되비치는 햇빛인 달빛을 받습니다. 달이 비쳐주는 것은 사실 햇빛입니다. 그러나 그 속에는 달의 기운이 꿰뚫고 들어가 있습니다. 달이 지구에서 떨어져 나간 뒤로부터는 바로 이런 식으로 달 기운이 지구로 옵니다. 바로 이 달 기운은 우주에서 땅 요소를 강하게 하는 영향을 미칩니다. 달이 아직 지구와 하나로 맺어져 있을 때 이 땅 요소는 훨씬 더 살아 있었고 훨씬 더 열매를 잘 맺을 수 있었습니다. 현재 우리가 가지고 있는 것과 같은 강한 광물 성분은 달이 아직 지구와 하나로 맺어져 있었던 그때는 없었습니다. 그러나 달이 지구에서 떨어져

나간 뒤부터 지구 자체의 상태로는 생명존재의 성장밖에 힘이 미치질 못했습니다. 이런 지구에 달이 이제 바깥에서 작용해서 성장이 번식까지 올라가도록 이끕니다. 이런 생명체가 자란다는 것은 그 생명체가 크게 된다는 것을 뜻합니다. 성장에 작용하는 힘은 번식에 작용하는 힘이나 마찬가지입니다. 생명체가 크게 자랄 때는 똑같은 생명체가 생길 정도로 자라지 않을 뿐입니다. 세포가 늘어날 뿐입니다. 성장은 약한 번식입니다. 그리고 번식은 강한 성장입니다. 지구 자체는 이제 약한 번식인 성장밖에 이끌 수 없습니다. 달이 없으면 강한 성장을 이루지 못합니다.

전형적인 분리설이다. 슈타이너는 달이 지구랑 한 몸이어야 온전한 생명을 길러낼 수 있다고 주장한다. 지구의 힘만으로는 식물의 영양 성장만 가능하다는 것이다. 슈타이너는 식물과 동물이 달빛을 받지 않고서는 생식작용, 곧 꽃을 피워내고 열매를 맺거나 새끼를 낳을 수 없다는 강한 확신을 가지고 있다.

유기농 단체인 정농회에서는 슈타이너의 생명역동농법에 따라 농사를 짓는 실험을 하고 있다. 생명역동농법은 일종의 점성농법이다. 생명이 자라는 것은 별의 기운이며 퇴비의 성분도 별의 영향을 식물에 전달하는 수단에 불과하다고 한다. 풀들을 자라게 하는 것은 금성과 수성 등 내행성이고 나무를 자라게 하는 것은 외행성이라는 것이다. 정농회는 이러한 논리를 한자 농(農)에 대한 해설을 통해 정당화하고 있다. 농(農)은 악곡을 뜻하는 곡(曲)에 별진(辰) 자를 합친 글자이니 동양에서도 농사를 별의 노래라고 본 것이 아니냐는 것이다. 그 자체로만은 틀린 것은 아니다. 동서양을 막론하고 별을 보고 농사를 지었으니까. 그래서 욕(辱)이라는 한자말도 나온 것이다. 욕(辱)은 별진(辰) 자와 마디 촌(寸)이 합쳐서 만들어진 말이다. 별자리를 알고 농사를 지어야지 그렇지 않으면 관에 가서 벌을 받는다는 뜻이다. 우리말로 하면 '철들지 않은 사람'이라는 말과 같다. 철들었다는 것은 해와 달, 별의 운행을 알아서 제때 일을 해 낼 수 있는 힘을 뜻하기 때문이다.

언젠가 슈타이너 사범학교에 유학을 갔던 사람에게 영국에서 사실상 폐강되었던 생명역동농법이 한국 사람들이 몰려가면서 다시 살아났다는 말을 들었다. 그곳에서도 이미 현실성을 잃어버린 생명역동농법을 환경이 다르고 주곡과 농사짓는 방법이 다른 이곳에서 적용하려고 하는 것이 과연 옳은지 다시 한 번 생각해보게 하는 이야기이다.

슈타이너의 인류 진화이론도 문제이다. 그의 이론은 아틀란티스 대륙 침강설을 바탕으로 한다. 아틀란티스 대륙이 대서양에 가라앉을 때 탈출한 사람들이 아리안족이고 그들에 의해서 인류 문명이 건설되었다는 것이다. 동양인과 같은 유색인종은 레무리아 대륙에서 왔다고 했다. 레무리아 대륙은 19세기에 아시아와 아프리카, 호주 사이에 있다가 가라앉았다는 대륙의 이름이다. 영국의 한 조류학자가 그 세 대륙에서 발견된 원숭이 화석에 레무리아라는 이름을 붙인 데서 비롯된 것이다. 판구조론에 의하면 세 대륙이 함께 뭉쳐 있다가 떨어진 것인데 슈타이너와 같은 지구 수직운동론자들은 세 대륙 사이에 육교 역할을 하던 대륙이 있다가 가라앉았다고 믿는다. 세 대륙에서 발견된 공통의 화석은 레무리아 대륙을 육교 삼아 다니던 원숭이 화석이라는 것이다.

슈타이너는 아틀란티스 인종은 이성적이며 문명을 창조하는 존재로, 레무리아 인종은 감정에 의존하며 인간적인 문화를 만들어낼 수 없는 인종으로 분류하였다. 그 당시 대다수 독일의 지식인들이 인종주의를 신봉했던 것처럼 슈타이너도 인종론을 적극적으로 주창한 것이다. 아니 슈타이너의 인종론은 나치 인종론의 바탕이 되었다. 나치의 인종이론가인 헤스와 농업장관 다레가 슈타이너주의자들이다. 요즘 발도로프 교육이 널리 확산되는 것을 보면서 몇 가지 질문을 하고 싶다.

"판구조론과 지각평형론을 부정하고 있는 발도로프 교육에서 현대 과학교육이 가능한가?"

"아틀란티스인 중심의 인류 진화 과정과 우리 역사가 양립 가능한가?"

"슈타이너를 추종하면서 우리 시대의 과제인 식민성 벗어나기 작업을 할 수 있는가?"

모든 사람은 자신이 발을 딛고 있는 그 장소에서 자연과 관계를 맺고, 사회적으로 교류하면서 함께 성장해야 한다. 19세기 과학이론과 인종론, 점성학 등이 뒤범벅이 된 이론으로 어떻게 현재와 미래를 함께 이야기할 수 있을까.

해야 해야 나오너라

　내가 어렸을 때까지만 해도 우리 마을 시냇물은 아주 맑았다. 마을을 휘돌아가는 시냇물은 곳곳에 소와 여울을 만들어놓았다. 그 소들이 마을 개구쟁이들의 여름 놀이터였다. 그 가운데 가장 큰 소는 10살 먹은 아이가 완전히 잠길 정도로 깊은 데다가 헤엄을 칠 수 있는 공간이 20여 미터 정도 되었기 때문에 여름이 되면 모든 마을 아이들이 모여들었다. 아침밥을 먹고, 조금 있다가 헤엄을 치고 배가 고프면 점심 먹으러 갔다 와서 다시 저녁때까지 물놀이를 했다. 오후 4시가 넘으면 기온이 많이 내려가서 해가 구름 속에 들어가면 소름이 돋을 정도로 서늘해진다. 심하면 입술이 새파래지고 몸이 떨리는데, 그때 배를 두드리며 이런 노래를 불렀다.

　　해야 해야 나오너라
　　김칫국에 밥 말아 먹고
　　장구 치고 나오너라

　나중에 일식과 관련된 세계 곳곳의 민속을 공부하면서 우리가 어렸을 때 했던 노래가 옛날에는 일식 때 해를 불러내는 굿놀이였을 가능성이 있다는 생각을 하게 되었다.

　나는 아직 개기일식을 경험해본 적은 없지만 해가 달에 의해서 거의 가려지는 일식은 본 적이 있다. 달이 해를 가리자 컴컴해졌다. 달 뒤로 보이는 해의 빨간 불꽃과 코로나의 밝은 빛은 금방이라도 무슨 사건이 일어날 것 같은 분위기를 자아냈다. 온도도 단숨에 떨어져 서늘해졌다. 개기일식에는 온도가 단숨에 10~15도쯤 떨어지기도 한다는데 그 정도는 아니라도 6~7도쯤은 떨어진 것 같았다. 감각에 혼란을 느낀 것은 나뿐만 아니었다. 새들도 혼란스럽게 날았고 개들도 큰 소리로 짖었다.

　해에 비해 지름이 400분의 1밖에 되지 않는 달이 해를 가리는 신비는 어렸을 때부터 내가 궁금했던 것 가운데 하나이다. 알고 보니 달이 해보다 지구에서 400배 가깝기 때문이었다.

　요즘에야 개기일식은 관광 상품으로 개발되어 좋은 구경거리가 되지만 옛날 사람들에게는 우주의 종말을 가져올 수도 있는 대재앙으로 받아들여졌다. 그때 사람들의 두려움을 전하는 은나라 시대의 갑골문자 기록을 살펴보자.

　　정묘일에 점을 쳤다. 무진일에 다시 밝아질까? 다시 밝아지지 않고
　　계속 어두울까?

　은나라 이후에도 고대 중국에서는 일식과 월식이 발생한 날은 반드시 기록했다고 한다. 황하의 범람보다 더 큰 사회·정치적 재앙으로 받아들였기 때문이다.

　당연히 일식을 미리 예측하고 대응하는 특별한 의식이 마련되었다. 그 의식은 대개 깃발과 창과 칼, 북을 차려놓고 두드리는 것이었다. 북을

두드리는 것은 그 행동이 음기에 침해된 양기를 되살리는 것이라고 믿었기 때문이다.

그러면 우리나라는 어땠을까? 『삼국사기』에 일식에 관한 자료가 나온다. 중국 기록에 나오지 않는 기록도 있는 것으로 보아서 중국의 일식 기록을 옮겨놓은 것이 아니라 독자적으로 관찰한 것이다. 일식에 관련된 구체적 의례는 기록되어 있지 않지만 신라의 일월제나 연오랑 세오녀 이야기를 통해서 해에 관한 신화와 제사가 있었음을 알 수 있다.

조선시대에는 일식이 있을 때 왕이 어떤 의식을 행하는지에 대한 내용과 절차가 『국조오례의』에 기록되어 있다. 일식 때 왕이 행하는 의식을 '구식례'라고 한다.

조선시대 국가적인 예제는 길례, 군례, 빈례, 흉례, 가례 다섯 가지가 있다. 길례는 제사를 말하고, 군례는 군대의 운용과 관련된 절차이며, 빈례는 외교 절차, 흉례는 국상이 났을 때 상장례와 관련된 제도, 가례는 혼인과 관련된 제도이다. 특이한 것은 구식례가 군례에 속한다는 것이다. 구식례를 하나의 전쟁으로 인식한 것인데 해가 군주를 상징하기 때문에 일식을 반역이나 국가의 대재난으로 받아들인 것이다. 따라서 왕은 이 전쟁을 지휘하는 사령관이 되어야 했다.

구식례를 구체적으로 살펴보자. 관상감에서는 일식이 예측되면 그 날짜를 왕에게 보고한다. 일식이 예정된 당일에는 근정전 앞에다가 구식례를 치르기 위한 기물을 배치한다. 여기에 사용되는 물품은 군례답게 북, 깃발, 창, 도끼 등 전쟁용 무기이다. 북은 왕이 자리 잡고 있는 북쪽을 빼고 동쪽과 서쪽, 남쪽에 배치한다. 동쪽에는 푸른 북, 서쪽에는 흰 북, 남쪽에는 붉은 북을 놓는다. 각각의 북 안쪽에는 같은 빛깔의 깃발을 세워놓는다. 이 북들은 하늘의 사방을 지키는 수호신인 동방청제, 서방백제, 남방적제, 북방흑제를 상징한다. 북의 바깥쪽에는 각 방위에 따라 병기도 배치하는데 동쪽에는 모(외날창), 서쪽에는 월(도끼), 그리고 남쪽에는 극(세 갈래 창)을 놓아둔다.

일식이 시작되기 5각(1시간 15분) 전에는 병조에서 군사들을 거느리고 와서 진을 친다. 그리고 일식이 시작되기 1각(15분) 전에 왕이 흰 옷을 입고 나와 북쪽에 자리를 잡고 해를 향해 앉는다. 왕이 앉은 자리는 호천상제가 있는 하늘의 중심으로 여겼다. 왕은 그곳에 앉아 사방의 하늘 수호신들을 지휘하여 하늘의 질서에 도전하는 사악한 기운과 전쟁을 벌이기 위한 준비를 마친 것이다.

전투는 일반 전쟁과 마찬가지로 세 곳에 벌여놓은 북을 치는 것과 동시에 시작한다. 북을 치는 것은 왕이 하늘의 군대와 지상의 병사들을 이끌고 전투를 벌이는 것을 상징한다. 이때 중요한 것이 왕과 병사들이 자신들의 자리를 지키는 것이다. 두려워서 이탈하면 나쁜 기운에 제압될 수 있기 때문이다. 일식이 끝날 때까지 왕은 북을 계속 쳐야 하는데 개기일식의 경우 한 시간가량을 북을 쳐야 했기 때문에 체력이 많이 필요한 일이었다.

일식이 끝나고 해가 다시 찬란한 모습을 드러내면 전쟁에서 승리한 것이다. 그때 백성들과 관리들은 어떻게 하고 있었을까? 백성들은 재앙이 두려워 집 안에서 숨을 죽이고 있었다. 백성들도 일식이 재앙을 가져오는 것이라고 믿었기 때문이다. 만약 백성들이 일식을 바라보면서 즐거워했다면 위를 능멸하는 행위 또는 왕에 대한 불경으로 받아들여졌을 것이다. 관리들은 자기가 근무하는 관아에서 도열하여 소복 차림으로 북을 치면서 왕을 응원했다.

왜 조선시대에는 일식과 같은 천문학적인 현상을 왕에 대한 하늘의 경고로 받아들였을까? 제나라 관중과 관련된 기록인『관자』'사시'에 그 내용이 나온다. "하늘의 양기를 관장하는 것이 해이고, 음기를 관장하는 것은 달인데 양의 기운은 덕이 되고, 음의 기운은 형벌이 된다"고 기록되어 있다. 다시 말하면 임금이 덕을 잃으면 일식이 일어나고, 형벌이 적절히 집행되지 못하면 월식이 일어난다는 것이다. 일식은 왕의 덕이 부족함에 따라 일어난 것이기 때문에 왕은 행동을 조심하고 자신의 잘못에 대한 신하들의 의견을 들어야 했다. 이것을 '구언'이라고 한다. 구언을 구하는 범위는 재앙의 정도에 따라 달랐는데 일반적인 경우는 정3품 이상에게 구언을 통해 시국에 대한 자신의 의견을 제출하게 했고, 좀 더 심각한 재앙이라고 판단하면 범위를 넓혀 정6품 이상에게 의무적으로 구언에 응하도록 했다.

구언에 대해서는 설령 왕에 대한 비판이 지나치더라도 벌하지 않는 것이 관례였다. 구언을 요청하고도 이에 대해 형벌을 가한다면 '암군', '혼군'으로 비난받았다. 따라서 일식과 월식이 있을 때, 구언을 하는 것은 소통하지 않는 왕을 합법적으로 비판하고 조정을 소통적인 분위기로 만들 수 있는 사회·정치적 장치였다. 왕보다 더 높은 존재인 하늘의 뜻을 빌려 잘못된 정사를 비판하는 것이기 때문에 왕은 겸손한 태도로 임해야 했다.

왕이 일식을 미리 알지 못하면 그 권위가 손상되기 때문에 일관들이 일식을 제대로 예측하지 못했을 때는 곤장을 맞기도 했다. 일관이 일식을 미리 예측하고 재앙을 예방하는 조치를 취할 수 있다면 큰 상을 받았다. 왕에게는 일식이 흐트러졌던 조정의 분위기를 바꾸고 권력을 집중시킬 수 있는 기회가 되었기 때문이다. 일식이 예보되면 국가 전체가 계엄과 같은 상태가 되었다. 이러한 분위기에서 임금은 자신을 중심으로 마음을 모으고 행동을 일치시키는 정치적 상징 조작을 할 수 있었다. 따라서 당시 왕들이 천문학자나 점성술사, 승려들을 고용하여 천변지이를 관찰하게 하고, 이를 보고하게 한 것은 가장 중요한 정치행위였다. 매일 아침 가장 먼저 왕에게 보고되는 것이 지난밤 관상감의 천문관측 자료였다는 것을 보아도 이를 알 수 있다.

서양에서는 일식이 생겼을 때 어떻게 대처했을까? 그리스에서 가장 먼저 일식을 예언한 사람이 탈레스였다. 그의 예언대로 일식이 일어나자 당시 전쟁 중이던 국가들이 전쟁을 중지했다고 한다. 전쟁보다 일식이 더 큰 재난이라고 믿었던 것이다. 물론 일식을 단지 자연현상이라고 본 사람들도 있었다. 아테네의 최고 지도자였던 페리클레스가 150여 척의 배에 병사들을 태우고 출정하려고 할 때였다. 갑자기 일식이 일어났는데 병사들이 두려움에 떨기 시작했다. 전쟁의 패배를 예고하는 사건으로 보았던 것이다. 떨어진 사기를 회복하기 위해 페리클레스는 자신의 망토를 벗어 한 병사의 머리에 씌운 후 물었다.

"망토로 빛을 가리니 두려운가?"

병사가 그렇다고 대답하자, 페리클레스는 일식은 망토보다 규모가 큰 자연현상일 뿐이라고 말하면서 출전을 강행했다. 페리클레스가 일식을 자연현상이라고 본 것은 그가 아낙사고라스의 제자였기 때문이다. 아낙사고라스는 해와 달은 신성한 존재가 아니라 단지 불타는 돌이라고 주장했다. 그리고 이러한 주장은 소크라테스 등 보수파의 반발을 불러일으켰다. 그들은 이러한 신성모독을 용납할 수 없었다. 하지만 최고 지도자이면서 인기 절정이었던 페리클레스를 법정에 세울 수는 없었기 때문에 아낙사고라스를 대신 재판정에 세웠다. 아낙사고라스는 페리클레스의 도움을 받아 아테네를 탈출함으로써 그 위기를 벗어날 수 있었다고 한다.

　로마시대에도 일반 민중들은 일식과 월식 같은 현상에 대한 두려움을 가지고 있었다. 서기 14년 겨울, 로마에서 일어난 반란이 그들의 두려움을 잘 보여준다. 반란군이 달밤에 시가지로 향하고 있었는데 갑자기 월식이 시작되었다. 혼란에 빠진 병사들은 누가 먼저랄 것도 없이 청동으로 된 무기를 두드리고 호각을 불어대기 시작했다. 그런 행동을 통해서 달이 빛을 되찾을 수 있다고 믿었던 것이다. 하지만 달이 완전히 사라지자 모두 주저앉아서 통곡했다고 한다. 반란은 진압되고 그들은 벌을 받았다고 한다.

　여기서 흥미로운 것은 일식과 월식에 대처하는 방식이 동서양이 같았다는 것이다. 동양에서 황제나 왕을 중심으로 북을 쳤던 것처럼 서양에서도 모두가 함께 청동기를 두드림으로써 대재앙이 물러나기를 기대했다. 내가 어렸을 때, 배를 두드리며 노래를 불렀던 것처럼. 내가 '해야 해야 나오너라'라는 놀이를 원시시대에 일식, 월식이 생겼을 때, 재앙을 벗어나기 위해 노래했던 것에서 비롯되었다고 믿는 까닭이다.

햇살과 함께 뻗어온
우리말

　우리말의 신세는 불쌍한 백성과 함께 서러움과 업신여김에 시달리며 짓밟히고 죽어 나갔다. 헤아릴 수 없이 죽어 나간 우리말을 어찌 여기서 모두 헤아릴 것인가! 셈말만을 보기로 들어보면, '온'은 '백(百)'에게, '즈믄'은 '천(千)'에게, '골'은 '만(萬)'에게, '잘'은 '억(億)'에게 짓밟혀 죽어 나갔다. '온'에 미치지 못하는 '아흔아홉'까지는 아직 살아서 숨이 붙어 있다지만, '스물, 서른, 마흔, 쉰, 예순, 일흔, 여든, 아흔'으로 올라갈수록 한자말인 '이십, 삼십, 사십, 오십, 육십, 칠십, 팔십, 구십'에 짓밟혀 목숨이 간당간당하다. 그래서 우리는 지금 우리말을 짓밟아 죽이고 그 자리를 빼앗아 차지한 한자말 세상에서 살아가는 것이고, 국어사전에 실린 낱말의 열에 일곱이 한자말이라는 소리까지 나올 지경이다.

　한평생 우리말을 살리고, 우리말로 학문하기를 실천해온 김수업 선생이 『우리말은 서럽다』라는 책에서 한 말이다. 우리말의 처지에 대한 안타까움을 넘어 분노를 함께 느낄 수 있다. 나 역시 공감하는 내용이기 때문에 하늘과 관련된 말도 이러한 처지에 놓여 있지 않은지 살펴보았다. 중국 글자인 한문을 끌어다 쓰면서 사라져버린 하늘 관련 말이 적지 않겠지만 그래도 '해, 달, 별, 미리내, 살, 살별, 좀생이별, 별똥별, 별찌, 짚신할머니, 짚신할아버지, 샛별, 개밥바라기, 닻별, 붙박이별' 등이 남아 있었다. 그 가운데서도 해 관련 낱말의 뜻과 속살은 아직도 우리말과 문화에 깊은 영향을 끼치고 있다.

해와 관련된 낱말은 먼저, 시간에 관련된 말을 찾아보는 것이 순서이다. 역법은 '연, 월, 일'을 정하는 규칙이고, 이 가운데 '연'과 '일'이 해와 관련된 것이기 때문이다. 해 관련 낱말 가운데 '날'은 아직도 생생하게 살아 있다. 쉽게 찾아볼 수 있는 말이 '날짜, 나중'이다. '하루, 이틀, 사흘'로 이어지는 날짜 세기 역시 '날'이란 말로부터 비롯되었다. '한날, 두날, 세날'이 오랜 역사를 거치면서 바뀐 낱말이기 때문이다. '닷새, 엿새'라는 말 역시 새가 '히'로부터 나온 것이고, '이레, 여드레' 역시 같은 뿌리에서 나온 것이 변화 과정에서 지금의 모습으로 굳어진 것이다. '오늘, 모레' 역시 '오늘'은 '온 날'이라는 뜻이고, '모레'는 '먼 날'이라는 뜻이기 때문에 같은 뿌리에서 나온 말이다. 그런데 이상하게도 내일과 명일은 한자말이 우리말을 밀어내고 자리를 잡았다. 내일의 한자 '來'가 '올 래'라서 오늘과 뜻이 겹쳐 한자말을 빌려서 뜻을 구분할 수밖에 없었던 것으로 보인다.

'해'와 관련된 말 역시 살아 있다. '한 해, 두 해, 세 해'로 세어가는 것이 '일 년, 이 년, 삼 년'으로 세어가는 것보다 훨씬 더 정겹고 울림이 있어서인지 여전히 힘을 지니고 버티고 있는 것이다. '해'와 관련된 말로 또 다른 뿌리를 가지고 있는 것이 '돌'이다. 어린아이 돌잔치를 할 때의 그 '돌'인데, 지구가 해를 한 바퀴 돌아오면 새해가 되는 것에서 그 말이 생겼을 것이라고 짐작해본다.

방향에 관한 말에서도 우리 문명과 문화에 미친 해의 영향을 확인할 수 있다. 방향에 관한 말은 한자말에 완전히 먹혀서 흔적만 남아 있다. 우리는 방향을 이야기할 때 '동쪽, 서쪽, 남쪽, 북쪽'이라고 말하는데 공간을 뜻하는 '쪽'이라는 말은 한자에 붙어서 살아남아 있지만, '동서남북'의 본디 우리말은 실제 생활에서 사용하지 않고 있다. 어떤 사람들은 본디 우리말 가운데 방향을 가리키는 말은 없었을 것이라고 믿는다. 하지만 셈말에서 '잘(억)'까지 헤아리던 수준 높은 문화를 누리던 사람들이 기본적인 방향 관련 낱말을 가지고 있지 않다고 보는 것이 과연 옳은 것일까? 우리가 만들어온 문명의 바탕과 뿌리를 너무 무시하는 발상이라 하지 않을 수 없다. 동쪽은 우리말로 '새쪽'이었고, 서쪽은 '하늬쪽', 남쪽은 '마쪽', 북쪽은 '높쪽'이라고 했다. 동남쪽은 '새마쪽', 남서쪽은 '마하늬쪽', 북서쪽은 '높하늬쪽', 북동쪽은 '높새쪽'이다. 이러한 방향 관련 낱말 가운데 해와 관련된 것은 새쪽과 하늬쪽일 것이다.

'하늬'의 뜻이 무엇인지 또렷하지 않지만 '해가 지는 쪽'이라는 뜻이었을 것이라고 짐작해본다. 서양도 그렇다. 라틴어로 '동쪽'을 나타내는 '오리엔트'는 '떠오르다'는 뜻이다. 서쪽은 '옥시덴트'이며 '지다'라는 뜻이다. 동서양을 막론하고 동쪽은 '탄생, 창조'를, 서쪽은 '죽음과 시들어감'을 뜻했던 것이다. 이 땅에 살았던 옛날 사람들은 해가 동쪽에서 떠오르는 것을 보고 하루의 시작뿐 아니라 모든 것의 시작이라는 뜻을 담았다. '새날, 새해, 새아침, 새옷, 새롭다' 같은 말들은 지구가 자전하면서 해가 솟아오르는 생명의 행진에서 얻은 환희를 잘 보여주는 것이다.

그러면 '높쪽'은 과연 어떤 자연현상에 뿌리를 둔 말일까? '높쪽'은 달리 '뒤쪽'이라고도 했다. 그 맞은편이 곧 '마쪽' 또는 '앞쪽'이다. 여기서 '높쪽'은 배산임수에서 말하는 것처럼 북쪽에 산이 있고 앞쪽에 물이 흐르는 명당을 떠올릴 수도 있다. 하지만 옛날 사람들에게 방향의 뜻과 속살은 사람의 일상생활에서 비롯된 것이 아니라 천문학적인 것이었다. 높은 것은 단지 산이 아니라 '신', 곧 '고마'이며 별인 것이다. 우리 민족 모두가 우러르며 따랐던 북두칠성이 북쪽에 있기 때문에 높은 쪽이라는 속살을 가지게 된 것이다. 북두칠성을 뒤로하고 앞쪽을 보면 맞은편이 되기 때문에 남쪽을 '마쪽'이라고 했을 것이다. 마을 뒷산에 묻힌 선조 역시 조상신이니 북쪽이 높은 쪽일 수밖에 없고, 권력이 탄생하면서 국왕은 '남면'한다고 했으니 북쪽은 왕권과 더불어 더욱 신성화되었다.

그런데 왜 해와 달리 달은 방향과 관련된 말의 흔적을 남기지 않은 것일까? 달은 방향을 특정하기가 어려웠기 때문일 것이다. 북두칠성은 항상 북쪽 하늘에 떠 있고, 해는 항상 동쪽에서 떠서 서쪽으로 진다. 이와 달리 달은 어떤 때는 동쪽에서 나타나고 어떤 때는 하늘 한가운데서 어떤 때는 서쪽 하늘에 나타난다. 이렇게 종잡을 수 없으니 기준으로 삼기에는 적절하지 않았던 것이다.

'해'라는 말은 빛깔에 관한 우리말에도 결정적인 영향을 끼쳤다. 햇빛은 무지개에서 보는 것처럼 다양한 빛깔을 가지고 있지만 그 빛깔을 하나로 모으면 흰색이 된다. 그래서 우리는 지금도 햇빛을 하얗게 느낀다. 우리만 그렇게 느낀 것이 아니라 중국 사람들도 그렇게 느꼈다. 한자말에서도 '대낮'을 '백주(白晝)'라고 하지 않는가. 이 땅에 살았던 옛사람들 역시 우리와 같이 햇빛에서 그러한 빛깔 감각을 공유했던 것이다. 그러한 느낌이 빛깔에 관한 우리말에 그대로 담겼다. '희다'라는 말이 그것이다. '희다'라는 말은 하늘에 떠 있는 해의 옛 우리말 이름씨 '히'에서 그림씨 '히+다 → 희다'로 바뀌었다고 한다. 그 '희다'에서 '하얗다, 허옇다, 해오라기' 같은 낱말들이 생겨났다. 검은 머리 가운데 난 흰 머리카락을

'새치'라고 하는데 여기서 '새'는 '히'에서 바뀐 말이다. 어찌씨 '희끗희끗, 희나리, 희아리' 역시 해에서 나온 말이다. '희나리'는 채 마르지 않은 장작의 흰 얼룩을 말하고, '희아리'는 말랐는데 희끗희끗하게 얼룩이 진 고추를 뜻하는 말이다. 결국 흰색과 관련된 모든 말들은 해로부터 비롯된 것이다. '검은색' 역시 해가 없는 상태를 뜻하니 해와 관련이 있다고 하겠다.

해와 관련되어서 또 하나 강력한 세력을 이루면서 살아 있는 말이 '붉다'는 빛깔 말이다. '붉다'는 옛말 '블'에서 나온 말이다. 타오르는 '블'에서 붉은색의 이미지를 가져온 것이다. '블'이 '붉다'라는 말로 바뀌는 과정을 한번 살펴보자. '블'은 다른 말과 겹씨(합성어)를 이룰 때 'ㄱ'이 붙는 특징이 있다. 민둥산이 된 섬을 '블근섬(赤島)'이라고 한다든가, 붉게 물든 연못을 '블근못(赤池)'이라고 하는 것처럼. '블근'이 '붉은'으로 'ㅡ'가 'ㅜ'로 모음교체가 되면서 지금과 같은 모습이 되었다.

'붉'과 관련된 낱말들은 하나의 커다란 동아리를 이루어서 붉은색에 대한 다채로운 영상을 만들어낸다. '불그스름하다, 불그죽죽하다, 불그레하다, 불그데데하다, 불끈거리다, 붉히다' 등등. 다른 말들은 붉음의 정도를 나타내는 말인데, '붉히다'라는 말에 이르면 수치나 분노와 같은 심리 상태까지 표현하는 말로 그 뜻이 넓어진다. '불곰, 불여우, 불개미'와 같은 낱말들도 같은 뿌리를 가지고 마치 나뭇가지처럼 뻗어간 낱말들이다. 'ㅂ'을 'ㅃ', 곧 된소리로 바꾸어주면 '뿔그스름하다, 뿔그죽죽하다'라는 말처럼 느낌이 훨씬 더 세진다.

'블'은 '붉다'라는 말로도 쓰였다. '빨갛다'는 말의 뿌리이다. 옛 우리말에는 된소리가 없기 때문에 '발갛다, 발가벗다, 발간, 발강이'라고 쓰였을 것이다. 그 뒤 사회 변화 속도가 빨라지면서 된소리가 나타났고 '발갛다

→ 빨갛다', '발가벗다→빨가벗다', '발강이→빨강이' 등 오늘날의 모습으로 바뀐 것이다.

'밝다'라는 말은 빛깔과 관련된 말뿐만 아니라 명암에 관련된 말로도 쓰였다. '어둡다'에 대비되는 '밝다'라는 말은 명암과 관련된 말이기 때문이다. 해가 뜨면 밝고 해가 지면 어두워지니 이 말이 해에서 나왔다는 것은 누구나 쉽게 공감할 수 있다.

어디 이뿐일까? 하늘을 나는 '새' 역시 해로부터 나온 말일 가능성이 높다. 중력의 영향을 받는 우리들은 무게를 가진 물체가 땅에 떨어진다는 것을 잘 알고 있다. 해가 하늘에 떠 있으면서도 떨어지지 않는 것을 보면서 그것을 설명할 수 있는 이야기를 만들어내야 했을 것이다. 그들의 일상적 경험에 비추어 보건대 하늘을 나는 것에는 날개가 있고, 해 역시 하늘을 날기 때문에 날개를 가졌을 거라고 생각하지 않았을까? 날개를 가진 해신이라는 공유된 관념의 탄생이다. 우리나라에서 해를 삼족오로 표현하는 것이라든가, 아시리아에서 제국의 최고신 아수르를 날개 달린 원반으로 표현하고, 이집트에서 하늘에서 원을 그리며 도는 매를 해신이라고 숭배했던 것은 고대인들의 그러한 심상을 잘 보여주는 것이다. 옛날 사람들의 사고방식으로는 '해'는 '새'이고, '새'는 '해'였던 것이다. '힘이 세다'에서 '세'라는 말 역시 해에서 나왔을 가능성이 높다. 작열하는 햇빛, 그 햇빛이 만들어내는 생명의 찬가에서 해의 힘을 느낀 사람들은 어떤 사람이 큰 힘을 가지게 되었을 경우 해처럼 세다고 생각하지 않았을까?

나는 '임금'이라는 말 역시 '해'로부터 나왔을 가능성이 있다고 본다. 일본에서는 해와 관련된 말이 두 가지가 있다. 일본, 곧 '닛뽄'의 '니', 일장기 '히노마루' 할 때 '히노'가 그것이다. 해와 관련된 일본말은 가야와 삼한 시기, 많은 사람들이 일본으로 집단 이주할 때 그들이 사용한 말의 흔적일 것이다. 이 가운데 '니'가 주목된다. '니'는 우리말에도 '닉다(익다), 니(이), 님, 니마(이마)'라는 말에 그 흔적이 남아 있다. '익다'라는 말은 열에 의해서 변하는 것이기 때문에 '불'과 관련된 현상이다. 그리고 씹는 '이'는 그 흰색이 해와 연관된 것이고, '님'은 해신을 뜻하는 말이었을 것이라고 나는 생각한다. '니마(이마)'도 우리 몸 가운데 가장 높이 있다는 측면에서 그 높고 빛나는 해와 관련되어 생긴 말일 수 있다. 이렇게 '님'을 해로 본다면 '님금'은 해신인 '님' 또는 '니마', '니무'와 달과 땅의 신을 뜻하는 '고마'의 겹씨일 수도 있는 것이다. 우리말 '고맙다'는 말이 '곰답다'라는 말에서 나왔고, 그 '곰'은 '고마', 곧 신이라는 것은 이제는 널리 알려져 있다. '곰답다'는 말이 당신은 나에게 신과 같은 분이라는 뜻이 담겨 있다면, 우리가 평상시 쓰는 '님'이라는 말에는 주인이라는 말과 함께 당신은 내게 해신과 같이 밝은 분이라는 뜻이 담겨 있었던 것이 아닐까?

해는 사람을 포함한 모든 생명의 삶에 결정적 영향을 미치는 기준이며, 규칙이다. 우리 모두는 햇빛에 잠겨서 살고 햇빛 속에서 살아가며 힘을 얻는 해의 아들딸들이기 때문이다. 우리 삶이 그러하기 때문에 우리말에도 해가 미치는 영향은 높고 깊었다. 지금도 우리는 생활 속의 가장 기본적인 표현들은 우리말을 쓰고 있다. '해, 달, 별'이라는 말을 '일, 월, 성'이라고 바꾸어 대화에서 쓰면 어떻게 될까? 아이들은 그게 무슨 뜻인지 계속 물을 것이고, 어른들도 일상적 대화 상황에서 한자말이 나오면 '너 잘났다'는 느낌으로 그 사람을 다시 한 번 바라볼 가능성이 높다. 당연히 분위기가 썰렁해진다. 그래서 하늘과 관련된 한자말들은 학자들이 쓴 책이나 논문, 또는 강의와 같은 공식적인 자리에서 나오기 마련이다. 이렇게 일상적인 말과 학문적인 개념 사이에 심각한 벽이 생기게 된 것은 우리 학자들이 우리 역사와 우리들이 맺고 있는 관계, 우리말에서 연구를 시작하지 않고 한자말, 서양말로 시작하기 때문이다. 그들은 아름다움의 뜻과 속살을 공부할 때도 우리말의 탐색에서 시작하는 것이 아니라 한자말인 '아름다울 미(美)'에서 시작한다. 서양 학문을 하는 사람들은 우리말이 가진 뜻과 속살에는 관심이 없고 학문의 개념에 대한 설명을 할 때 라틴어나 그리스어에서 뿌리를 찾는다. 하지만 해와 관련된 낱말에서 볼 수 있는 것처럼 토박이말들은 여전히 우리 삶과 정서에 근본적인 영향을 미치고 있다. 단지 우리가 사용하면서도 그 뜻과 속살들을 깊게 이해하지 못하거나 의도적으로 외면하고 있을 뿐이다. 설레지 않는가! 이 아름다운 말들, 이 깊은 뜻과 속살을 가진 말, 그래서 우리 삶과 역사를 뿌리로부터 드러낼 말들이 그 자리에서 우리를 기다리고 있다는 것이.

해를 구해준 쇠비름

콩밭이나 고추밭에 잡초가 웃자라면 어머니의 마음이 바빠지는 것이 눈에 보였다. 밭을 매는 것은 온전히 어머니의 일이기 때문이다. 아버지와 어머니는 같이 농사를 지었어도 서로 맡은 일이 달랐다. 논농사는 모내기나 벼 벨 때를 제외하고는 아버지가 거의 혼자 짓다시피 했다. 밭농사는 밭갈이를 제외하고는 어머니의 일이었다.

하지만 어머니는 집안일도 해야 되고 논농사에 사람을 얻을 경우 뒷바라지도 해야 했기 때문에 밭농사에 손이 가지 못할 때가 많았다. 우리 집은 친척도 없어서 바쁠 때 도울 사람이 없었기 때문에 일요일이 되면 나는 두 누님과 함께 밭에 가서 잡초를 뽑아야 했다.

잡초를 뽑는 일은 지루하고 성가신 일이었다. 다른 잡초들보다 바랭이 뽑기가 힘들었다. 바랭이는 빨리 자라서 제때에 뽑아주지 않으면 콩과 고추를 덮어버렸다. 뽑는다고 문제가 다 해결되는 것도 아니었다. 바랭이는 줄기 가운데 마디를 내어서 마디마다 뿌리를 내리는데 그것을 다 뽑아주어야 했기 때문이다. 뿌리가 조금 남거나, 마디가 꺾어져서 땅에 떨어져도 마디에서 다시 뿌리를 내리고 살아남는다. 바랭이를 완전히 제거하는 것은 불가능에 가까웠다. 그래서 우리는 바랭이를 잡초의 왕이라고 불렀다. 잡초들 가운데는 쇠비름도 있었다. 쇠비름은 아주 재미있고 신기한 풀이었다. 쇠비름을 뽑아서 "테테 불켜라 신랑방에 불켜라 각시방에 불켜라" 노래를 부르면서 손으로 문지르면 흰 뿌리가 붉게 바뀌었다. 좀 더 붉게 바뀐 것은 각시방의 등이고 그렇지 않은 것은 신랑방의 등이라고 했다. 도라지꽃에 개미를 몇 마리 넣고 흔들면서 노래하기도 했다. 그러면 스트레스를 받은 개미가 내는 개미산 때문에 꽃이 붉어졌다. 그것을 진짜 신부 방에 켜는 홍등이라고 부르면서 놀았다.

쇠비름 꽃은 노란색이고 아주 작다.^{그림 13} 게다가 점심때가 되기 전에 꽃이 시들었다. 아버지는 쇠비름 꽃을 두고 밭에 가기도 전에 지는 꽃이라고 말씀하셨다. 시골에 살았어도 쇠비름 꽃을 자세히 아는 사람이 적은 까닭이다.

쇠비름 수술을 가지고 노는 것도 재미있었다. 쇠비름 꽃 수술을 작은 나뭇가지로 건드리면 열 개가 넘는 수술이 건드리는 쪽으로 몸을 굽힌다. 그 반응이 재미있어서 밭을 맬 때 쇠비름 꽃이 피어 있으면 몇 번이고 시도해보았다. 하지만 네 번쯤 하면 더 이상 속지 않겠다는 듯이 반응을 하지 않았다. 이 꽃 저 꽃 그렇게 반응을 끌어내는 것만으로 한참을 재미있게 놀 수 있었다. 쇠비름 수술의 특이한 움직임은 곤충이 찾아왔을 때 꽃가루를 좀 더 잘 묻히기 위한 행동인 것이다.

어머니는 쇠비름을 싫어하셨다. 평생 쇠비름에 시달렸기 때문일 것이다. 개비름이나 왕바랭이 같은 잡초는 쉽게 뽑을 수 있었지만 쇠비름은 뿌리가 굵은 데다가 깊이 박혀 있어 뽑기가 어

〈그림 13〉 쇠비름 꽃

려웠다. 손으로 뽑으면 끊어지기 일쑤였다. 문제는 땅속에 실뿌리 하나라도 남으면 다시 살아난다는 것이다. 그 징한 생명력 때문에 어머니는 쇠비름의 붉은 줄기만 봐도 싫어하셨다. 언젠가 쇠비름을 뽑아서 밭 주변에 던져놓았는데 며칠 지나서 다시 밭을 맬 때 보니 여전히 꽃을 피우고 있었다. 다른 풀들은 뽑자마자 마르기 시작하는데 쇠비름은 며칠이 지났는데도 여전히 싱싱했다. 그때 어머니께 했던 말이 지금도 기억난다.

"엄마, 진짜 엄청난 놈이네요."

쇠비름은 뙤약볕이 심할수록 더 인상적인 모습을 보여주었다. 다른 풀들이 말라죽을 정도로 심한 가뭄에도 쇠비름은 푸르름을 잃지 않았다. 뜨거운 여름날 다른 풀들을 보면 축 늘어져 있는데, 쇠비름만은 그 뙤약볕 속에서도 아침에 맑은 얼굴을 내밀듯 홀로 생생했다. 독야청청이라는 말은 이런 경우에 적절할 것이다. 그래서 쇠비름이 햇빛에 저항할 수 있는 힘의 원천이 뭔지 궁금했다. 나뿐만 아니라 옛날 사람들도 그것이 궁금했나 보다. 중국 신화에서 관련된 이야기를 찾을 수 있었다.

해가 어떻게 뜨는지 알아? 동쪽으로 계속 가다 보면 해가 뜨는 나라가 있는데 그곳에 부상이라는 큰 나무가 있어. 그 나무의 가지에는 10개의 해가 쉬고 있대. 하나만 떠오르고 나머지 아홉 개는 자기가 떠오를 때를 기다리는 거지. 아침마다 해들의 어머니인 희화가 여섯 마리의 용이 이끄는 수레를 끌고 왔지. 그 수레에는 딱 한 개만 태워서 하늘로 올라갔기 때문에 나머지는 나무 위에서 놀고 있었대. 그래서 해가 열 개지만 사람들이 보는 해는 항상 한 개였던 거지. 그런데 어느 날, 나머지 아홉 개의 해가 기다리기 너무 심심하다며 모의를 했어.

"우리 모두 함께 하늘로 가서 놀자."

여름에 해 하나만 떠올라도 그렇게 뜨거운데 열 개의 해가 한꺼번에 뜬다고 생각해봐. 세상이 말라붙기 시작했대. 처음에는 곡식이 말라죽었고, 그다음에는 잡초들이 시들기 시작했어. 조금 더 지나니 강물이 말랐고, 산에 있는 나무들이 죽어갔지. 그 뜨거운 열기 때문에 돌덩이까지 녹아내릴 지경이었대.

먹을 것이 없어져 사람들은 배가 고프고 더워서 숨도 못 쉴 정도였어. 얼마나 뜨거운지 몸속에 피까지 끓는 듯했대. 그래서 당시 왕이었던 요 임금한테 가서 재앙을 없애달라고 했어. 당신이 왕이라면 이런 문제를 당연히 해결해야 하는 것 아니냐는 거였지. 그래서 요 임금은 하늘의 상제인 제준에게 기도를 했어. 제준도 문제의 심각성을 느끼고 있었기 때문에 하늘에서 활을 제일 잘 쏘는 예라는 신선을 인간 세상에 내려보냈대.

하늘에서 내려온 예는 해들에게 그만 부상으로 돌아가라고 경고를 했지만 해들은 노느라고 바빠서 들은 척도 안 했어. 그러자 예는 어깨에 멘 활을 꺼내 들고 붉은 해를 향해 활을 쏘기 시작했어. 조금 있으니까 하늘에서 금빛 깃털을 휘날리면서 떨어지는 게 있었는데 가서 보았더니 황금빛의 거대한 세발 까마귀였어.

처음에는 해들이 예를 우습게 보았지만 한 마리가 화살을 맞고 떨어지자 우왕좌왕 피하려고 했거든. 하지만 천하의 명궁인 예의 화살을 피할 수가 없어서 하나하나 차례로 땅으로 떨어졌어. 예가 활 쏘는 데 너무 몰입해서 마지막 남은 해까지 쏘려고 했지 뭐야. 그래서 요 임금이 화살 하나를 빼돌려서 해가 하나라도 남게 됐대. 해가 다 없어졌더라면 열 개가 한꺼번에 나온 것보다 더 큰 재앙이 있었을 테지?

그런데 마지막 남은 해가 너무 무서워서 잠깐 땅으로 피했다는 이야기도 있어. 하지만 해가 너무 큰 데다가 뜨거워서 어떤 나무와 풀도 해를 숨겨주지 못했대. 괘씸하기도 했겠지. 쇠비름만이 유일하게 해를 숨겨주었어. 얼마나 고마웠겠니? 그래서 해는 쇠비름에게 특별한 힘을 주었어. 햇볕이 아무리 뜨거워도 끄떡없이 견딜 수 있는 힘을 주었던 거지. 지금도 쇠비름은 모두가 해의 힘에 숨을 죽이고 있는 한낮에도 홀로 싱싱한 거야.

신화가 자연과 사물에 대한 세심한 관찰과 결부되어 탄생했음을 짐작할 수 있게 하는 이야기이다. 과학이 발달하지 않았을 때에는 이처럼 세상을 신화적이고 주술적인 측면에서 이해할 수밖에 없었을 것이다.

그러면 쇠비름이 햇빛에 강한 것을 요즘 과학의 원리로는 어떻게 설명할 수 있을까?

쇠비름은 보통 식물에서 볼 수 없는 'CAM'이라는 특별한 광합성 시스템을 가지고 있다. 모두가 알다시피 광합성이란 빛에너지를 이용하는 시스템이다. 빛에너지를 이용해서 물과 이산화탄소를 합성시켜 당으로 만들어낸다. 물은 뿌리로 빨아올리고 숨구멍으로는 이산화탄소를 받아들인다. 햇빛이 비치는 낮 동안에만 광합성을 할 수 있기 때문에 식물들은 낮에는 숨구멍을 열고 밤에는 닫는다. 문제는 사막과 같은 건조지대에서는 낮에 숨구멍을 잘못 열어두면 수분이 다 빠져나가 죽을 수 있다는 것이다. 이러한 문제를 해결하기 위해 등장한 것이 CAM 시스템이다. CAM 시스템은 수분 증발이 적은 밤에 숨구멍을 열고 이산화탄소를 받아 저장한 뒤에 낮이 되면 숨구멍을 닫고 뿌리로 끌어올린 물과 합성시켜 광합성을 하는 것이다. 가뭄과 건조를 이기기 위한 새로운 발명인 셈이다. 선인장 역시 이러한 시스템을 가지고 있기 때문에 사막에서 살아갈 수 있다. 쇠비름을 자세히 살펴보면 잎 표면이 단단한 왁스로 되어 있고 그 잎 속에 끈끈한 물질까지 있어 이중, 삼중으로 물이 빠져나가는 것을 막는다는 것을 알 수 있다.

이를 통해 나는 쇠비름이 사막이나 건조지대에서 진화한 식물이라는 것을 알 수 있었다. 토박이식물이 아니라 귀화식물인 것이다. 그래서 우리는 쇠비름을 산에서는 발견할 수 없다. 그렇게 강해 보이는 쇠비름이 밭과 그 주변을 벗어나면 도무지 힘을 쓰지 못하는 것이다.

어머니는 쇠비름을 무척 싫어하셨지만 먼저 찾으실 때도 있었다. 벌레에 물렸을 때 쇠비름을 으깨어 즙을 내어 바르면 금방 좋아지기 때문이다. 그러면서 꼭 한마디 하셨다.

"쇠비름도 약에 쓸 때가 있어."

내가 종기가 나거나 뱀에 물렸을 때에도 쇠비름 즙을 발랐는데 꼭 살아 있는 잎을 썼다. 쇠비름을 두고 아버지랑 이야기한 장면이 떠오른다.

"저 풀 이름이 오행초야."

"왜 오행초라고 하는 거예요?"

"쇠비름 꽃이 무슨 색인지 알지?"

"노란색이잖아요."

"자세히 보면 열매는 검은색, 뿌리는 흰색, 줄기는 붉은색, 잎은 푸른색이야. 그래서 청, 황, 적, 백, 흑 오방색을 다 가지고 있다고 해서 오행초라고 하는 거야."

옛날 사람들은 쇠비름을 하늘의 다섯 별, 곧 목성과 화성, 토성, 금성, 수성의 기운이 담긴 풀이라고 믿었던 것일까? 하늘에 있는 다섯 별의 기운이 땅에서는 오행이 된다는 것을 생각해보면 아버지가 해준 말은 신화적 사고를 좀 더 체계화하는 과정에서 생겨난 논리였던 것으로 보인다.

나는 쇠비름에 관한 이야기를 통해 과학 못지않게 신화가 사람들의 물음에 대한 해답을 주는 설명 방식이었음을 깨달을 수 있었다. 쇠비름에 대한 어렸을 때의 경험과 이야기가 아니었던들 내가 이렇게 세상을 재미있게 탐색하지 못했을 것이다.

삼족오에 담긴 뜻은

텃밭에서 어머니와 일하는 중이었다. 까마귀 두 마리가 '까악까악' 울었다. 까마귀는 빛깔이 검은 데다가 울음소리도 을씨년스럽다. 까마귀 소리를 듣더니 어머니의 표정이 변했다. 까마귀를 보면 나쁜 일이 생긴다고 보지도 못하게 하면서 방으로 들어가라고 재촉하셨다. 어린 마음에 이해가 되지 않아서 나중에 아버지께 여쭈어보았다.

"아버지, 왜 까마귀를 보면 피하라고 하는 거예요?"

"옛날부터 까마귀가 울면 재수가 없다거나 사람이 죽는다고 했거든."

"왜 까마귀가 울면 사람이 죽는다고 생각했어요?"

"까마귀는 사람 시체를 먹기 때문에 옛날 전쟁터에는 까마귀들이 새까맣게 날아들었거든. 또 어떤 사람이 죽을 때면 까마귀가 그걸 어떻게 알았는지 집 주변에서 맴돌았대. 그러니 사람들이 좋아할 리가 있나."

아버지와 어머니의 말과 태도에서 보이는 것처럼 까마귀는 내가 알고 있는 새들 가운데 사람들이 가장 싫어하는 새였다. 나 역시 까마귀를

〈그림 14〉 해 속에 있는 세발 까마귀

좋아하지 않았다. 내 생각이 바뀐 것은 고구려 고분벽화에 그려진 세 발 달린 까마귀, 곧 삼족오를 보면서였다.그림 14 해신을 상징하는 '삼족오'를 보면서 옛날 고구려 사람들은 까마귀를 불길한 새가 아니라 우주의 신성함과 조화를 상징하는 길조로 받아들였다는 것을 알게 된 것이다.

주몽 신화와 고구려의 동으로 된 모자, 곧 동관이 까마귀에 대한 고구려 사람들의 의식을 잘 보여준다. 주몽 신화에는 해신인 해모수가 '오룡거'를 타고 '오우관'을 쓴 채로 하늘에서 내려오는 장면이 나온다. '오우관'은 까마귀 깃털로 만든 모자이다. 고구려 왕이나 귀족이 썼던 것으로 보이는 평양 력포구역 용산리 7호 고분에서 출토된 금동절풍이 '삼족오'의 상징성을 잘 보여준다.그림 15 금동 절풍 한가운데는 해를 상징하는 동심원이 있고 그 안과 위쪽에 삼족오가 새겨져 있다. 아래에는 두 마리 용이 힘차게 꿈틀거리면서 '삼족오'를 떠받치고 있다. 해모수가 오룡거를 타고 하늘에서 내려오는 과정을 고스란히 재현하고 있는 것이다. 고구려 왕들은 이 금동절풍을 통해 자신들이 해의 자손으로 왕위를 계승할 만한 자격이 있음을 보여주려 했을 것이다.

고구려와 같은 계통의 문화를 공유하고 있던 동예에서도 까마귀를 해신으로 숭배했다. 『삼국유사』에 나오는 '연오랑 세오녀(延烏郎 細烏女)' 이야기에서 동예(東濊)의 해 신앙 흔적을 발견할 수 있다.

〈그림 15〉 고구려 해뚫음무늬
금동절풍장식

　　신라 아달라왕 때 동해 바닷가에 연오랑과 세오녀가 살고 있었거
든. 하루는 연오랑이 바다에서 미역을 따고 있었어. 이 바위 저 바위
에 붙은 미역을 따고 있는데 갑자기 바위가 움직이는 거야. 내리려고
했지만 우물쭈물하는 사이에 일본까지 갔대. 일본 사람들이 바위를
타고 오는 연오랑을 보고 신성한 존재라고 생각할 수밖에 없지 않겠
어. 그래서 왕으로 삼았대. 그런데 세오녀는 집에서 아무리 남편을 기
다려도 돌아오지를 않자 바닷가에서 몇 달이고 찾아다녔어. 하루는
한 바위 위에 남편이 벗어놓은 신발이 있지 뭐야. 그래서 그 바위에
올라갔더니 그 바위가 세오녀를 태우고 또 일본으로 가버린 거지. 그
래서 부부가 다시 만났고 세오녀는 왕비가 되었대.

　　그때부터 신라에 이상한 일이 생겼어. 해와 달의 빛이 없어진 거
야. 아마 일식과 월식이 자주 일어났나 봐. 하늘의 별자리를 관찰하
는 일관이 임금에게 말했대. 일관이 하는 말이 "우리나라에 있었던
해와 달의 정기가 지금 일본으로 가버렸기 때문에 이러한 괴변이 일
어났습니다." 왕이 놀라서 일본으로 사람을 보냈는데 연오랑은 "내가
이 나라에 온 것은 하늘이 시킨 일이니 돌아갈 수는 없으나 나의 비

가 짠 명주비단으로 제사를 지내면 될 겁니다." 했다는 거야. 사신이 그 비단을 가지고 돌아와서 제사를 지냈더니 해와 달이 그전과 같아졌대.

연오랑은 평범한 사람이 아니라 바위를 타고 여행을 할 수 있고 해와 달이 빛을 잃을 때 그것을 해결할 수 있는 방법을 제시할 수 있는 특별한 사람이다. 연오랑 세오녀 이름에는 까마귀 오(烏) 자가 들어 있다. 사람들은 연오랑과 세오녀를 해와 달의 신 또는 해와 달의 신을 모시는 무당이라고 믿었을 것이다. 연오랑 세오녀 이야기를 이해하기 위해서는 당시의 시대 상황을 이해할 필요가 있다. 이병도는 포항 일대에 근기국이 있었다고 비정하고 있다. 요즘 학계에서는 근기국이 진한이 아니라 동예의 소국이었다고 추정하고 있다. 포항시 신광면 흥곡 2리에서 발견된 '진솔선예백장(晉率善濊伯長)'이라는 구리 도장이 이를 뒷받침하는 자료이다. 구리 도장은 이름 그대로 백장이라는 지위를 가진 예족 수장이 사용하던 것이다. 이 밖에도 흥해읍 대련리에는 큰 무덤이 있는데 예국왕의 무덤이라는 전설이 전해 내려오고 있다. 이렇게 독자적인 문화를 가지고 있던 근기국이 신라의 침략으로 멸망했을 때 그 주민들은 어떤 선택을 했을까? 일부는 고국에 남았지만 지배자를 중심으로 그를 따르는 백성들은 일본으로 망명을 했던 것으로 보인다. 포항에서는 멀리 수평선에 여러 척의 배들이 행렬을 이루어가고 있을 때 '왜(倭) 가는 배 같다'라는 말을 사용한다고 한다. 이 말에서 연오랑과 세오녀가 자신을 따르는 백성들과 함께 여러 척의 배를 타고 일본으로 가던 모습을 떠올린다면 지나친 상상력일까?

그런데 정치적, 종교적 지도자였던 연오랑과 세오녀가 떠난 뒤 신라에는 하늘에서 일식과 월식 같은 천변이 계속 일어났다. 『삼국사기』에는 그 어떤 왕보다 아달라왕 때 일식과 월식이 많이 일어났던 것이 기록되어 있다. 당연히 민심이 흉흉해졌다. 이런 상황에서 신라 왕실은 정치적, 종교적 상징 조작이 필요했을 것이다. 일본에서 실제 비단을 가져왔든 아니든 간에 민심을 다스리기 위해 해와 달에 관한 제사를 다시 복원했을 것이다.

해와 새를 동일시하는 문화는 다른 문화에서도 찾아볼 수 있다. 이집트에서 해신 레의 아들인 호루스도 매이다. 하늘을 날면서 원을 그리는 모습을 보면서 해를 상상했던 것이리라. 메소포타미아에서도 해신을 날개 달린 원반으로 표현했다.[그림 16] 하늘에 떠 있는 것에는 날개가 있다는

〈그림 16〉 날개 달린 원반

생각은 인류의 무의식에 담긴 원형적 사고였던 것으로 보인다.

까마귀를 신성한 존재로 숭배했던 것은 그 낱말의 뜻을 통해서도 짐작해볼 수 있다. 까마귀라는 말의 본디 모습은 '가마괴'이다. '검다', '신성하다'는 뜻을 가진 '감'에 이름씨끝인 '아괴'가 결합되어서 만들어진 낱말이다.

우리 겨레가 신성한 새였던 까마귀를 재수 없고 불길한 존재로 보게 된 것은 조선시대였다. 전통적인 신화의 전승력이 약해진 것도 하나의 원인이 되었겠지만 검은색을 불길하게 보는 유교적 관념의 영향이 컸을 것이다. 시조에도 까마귀는 소인배에 비유되고 있다.

까마귀가 싸우는 골짜기에 백로야 가지 마라

성낸 까마귀가 흰 빛을 샘낼까 염려스럽구나

맑은 물에 기껏 씻은 몸을 더럽힐까 하노라

(「백로가(白鷺歌)」-정몽주 어머니)

고구려 사람들은 왜 해를 다리가 세 개 달린 까마귀로 표현했던 것일까? 현실의 까마귀는 다리를 두 개 가지고 있으니 삼족오는 상상의 동물이고 생태적인 사실보다는 문화적 상징성을 담고 있는 새라고 볼 수 있다. 달 안에 두꺼비나 개구리를 그려 넣은 것은 그들이 여성원리로 이해되기 때문이다. 엘리아데는 두꺼비나 개구리처럼 겨울잠을 자는 동물들을 달 동물이라고 이해했다. 죽었다가 살아나는 달과 씨앗이 썩으면서 새로운 새싹을 돋우는 땅, 그리고 아기를 탄생시키는 여성을 동일 원리로 이해했기 때문이다. 달이 물-달-땅-여성과 같은 원리로 파악된 것처럼 해-남성-새 역시 하나의 원리로 받아들여졌다. 중국어 사전에는 참새를 뜻하는 '작(雀)'을 남성 성기로 풀이하고 있다. 우리말 가운데 알을 뜻하는 중국어 '난(卵)'도 남자가 가지고 있는 두 개의 알, 곧 불알의 모습을 상형화한 것이다. 이쯤 되면 요즘 사람들이 하는 우스갯소리가 의미심장하다.

남자와 여자가 택시를 타려고 함께 서 있었는데 택시가 오자 남자가 먼저 택시를 잡았다. 그걸 보고 여자가 남자에게 한마디 했다.

"다리가 세 개라서 동작이 빠르군."

남자도 대답했다.

"여자는 입이 두 개라 그런지 역시 말이 많군."

실제로 중국 학자들 가운데는 남근은 음경과 두 개의 불알로 이어졌기 때문에 이에 대한 상징이 세 개의 선으로 그려질 수밖에 없다고 설명하는 사람도 있다.

나는 홀수가 남성이고 짝수는 여성이라는 오랜 인류의 집단의식이 반영된 것이라고 생각한다. 증거는 많다. 인류 문화에서 숫자 셋이 해와 관련된 상징이라는 것은 쉽게 확인할 수 있기 때문이다. 금강 유역에서 출토되는 삼족토기, 곧 세발 달린 토기도 해와 관련된 유물일 가능성이 높다. 유물의 특성이나 출토된 장소들을 고려하면 일상생활에 쓰인 토기가 아니라 의례에 쓰였을 것이다. 나는 해 신앙과 관련된 의기일 거라고 생각한다.

고대 그리스 신화에서도 해신과 까마귀 그리고 세발 상징의 연관성을 찾을 수 있다. 그리스 신화에서 해신은 아폴론이다. 아폴론을 주신으로 모시는 곳이 신탁으로 유명한 델포이 신전이다. 델포이 신전 박물관에는 '신주헌작'이라는 제목이 붙은 접시가 진열되어 있다. 지름이 25센티미터쯤 되는 접시에는 아폴론이 걸상에 앉은 채 술을 뿌리는데 횃대에는 까마귀가 앉아 있는 그림이 그려져 있다.^{그림 17} 왜 아폴론 옆에 까마귀가 앉아 있는 것일까?

〈그림 17〉 술을 따르는 아폴론과 까마귀

서양 그림을 보면 그리스 신들은 새들과 함께 나타날 때가 많아. 제우스는 독수리와 함께 나타나고 헤라는 공작, 아테네는 부엉이, 아프로디테는 백조나 비둘기와 함께 나타나지. 아폴론은 까마귀와 함께 다녔어. 그런데 옛날에는 까마귀 날개 빛깔이 지금처럼 검은색이 아니었대. 황금색의 아름다운 날개를 갖고 있었다는 거야. 왜 검은색이 됐을까? 거기에는 사연이 있어. 아폴론이 코로니스라는 예쁜 여자랑 결혼을 했어. 하지만 매일 해마차를 운행하느라 바쁜 데다가 신들의 회의도 있고 해서 같이 있기가 어려웠대. 그래서 까마귀한테 네가 코로니스랑 함께 있다가 나한테 소식을 전해달라고 했어. 하루는 까마귀가 코로니스한테 갔더니 어떤 남자랑 이야기하고 있거든. 사정을 알아보지도 않고 까마귀는 아폴론한테 일러바쳤어. 아폴론은 화가 나서 코로니스를 향해 화살을 쏘았어. 명궁인 아폴론의 활이 빗나갈 리가 없잖아. 가슴에 화살을 맞고 말았어. 그런데 알고 보니 그 남자는 코로니스의 오빠였어. 자기가 오해했다는 것을 알고 서둘러 찾아온 아폴론에게 코로니스가 말했어. "나는 죽어도 괜찮지만 배 속의 애는 꼭 살려주세요." 아폴론이 슬피 우는 가운데 코로니스가 숨을 거두었어. 코로니스가 낳은 아이가 죽은 사람도 살릴 수 있는 의술의 신인 아스클레피오스였대. 어쨌든 아폴론이 까마귀한테 얼마나 화가 났겠어. 까마귀의 황금색 날개를 검게 만들고 사람의 말도 하지 못하게 만들었어. 그래서 까마귀가 옛날처럼 사람의 말을 하려고 해도 "까악까악" 하고 흉측한 소리만 내게 되었던 거야.

그리스 로마 신화에서도 까마귀는 해신 아폴론을 상징하는 동물이었다. 아폴론 신앙에도 세발 상징에 관한 것이 있다. 그리스인들은 자신의 운명을 점치기 위해 신전에 가서 신의 뜻을 물었는데 이를 신탁이라고 한다. 아폴론은 해신일 뿐만 아니라 점술의 신이기도 했기 때문에 그를 모시는 델포이 신전은 신탁을 받으려는 사람들로 항상 북적였다고 한다. 그 델포이에서 신탁을 전하는 여사제의 이름이 '퓌티아'이다. '퓌티아'는 신탁을 전할 때는 특별한 의자에 앉는다. 그 의자가 '트리포도스', 곧 세발 달린 의자이다. 동서양을 막론하고 해와 남성의 원리가 세 개의 발로 표현되어 있다는 것을 발견했을 때의 그 즐거움은 지금 다시 생각해봐도 유쾌한 경험이었다.

신라 금관은
시베리아의 영향을 받은 것일까

국립경주박물관에 처음 간 것은 중학교 2학년 수학여행 때였다. 거기서 많은 유물을 보았지만 이상하게도 기억에 남아 있는 것은 신라 금관뿐이다.^{그림 18} 왜 그렇게 금관이 인상적이었던 것일까? 그때까지 내가 알고 있던 모자는 아버지가 쓰고 다니던 밀짚모자와 중절모, 마을 할아버지가 쓰고 있던 탕건과 갓이 전부였다. 전체를 금으로 만들고 많은 곡옥과 잎사귀 모양의 장식이 달린 금관은 특별한 경험이었다. 게다가 학교에서 신라의 찬란한 문화를 강조할 때마다 등장하는 유물 가운데 금관이 있었으니 잊으려야 잊을 수도 없었다. 그 뒤에도 경주박물관에 여러 번 갔다. 그때마다 보았던 신라 금관은 우리 문화를 다시 생각해볼 수 있는 기회를 제공하는 창이었다.

처음 금관을 보았을 때는 저런 모자를 쓰고 다니면 참 불편하겠다는 생각이 들었다. 옆에서 같이 보던 친구도 같은 생각이 들었는지 "야! 저거 쓰고 다니면 굉장히 무거웠겠다"라고 속삭였다. 나도 공감하면서 "맞아. 저 모자 쓰고 다니면 햇빛에 번쩍이고 소리도 많이 났을 것 같아. 모자가 너무 높아서 고개를 숙이기도 힘들지 않았을까? 할아버지들은 상투를 탕건으로 가리고 갓을 쓰잖아? 금관만 쓰는 것도 이상해."

이러한 질문을 할 수 있었던 것은 우리 집에 오는 할아버지들이 평상시에는 탕건을 쓰고 있다가 외출할 때는 갓을 쓰는 모습을 늘 보았기 때문이다. 내가 가졌던 궁금증은 한참 뒤에 풀렸다. 신라를 포함한 삼국 사람들이 상투를 가리는 모자인 '절풍'을 썼다는 연구 결과를 보았기 때문이다.^{그림 19} 신라 왕들도 평상시에는 금으로 된 절풍을 쓰다가 의식이 있으면 금관을 썼던 것이다. 최근에 와서는 고조선과 홍산 문화에 대한 연구가 진행되면서 고조선 사람들도 절풍 비슷한 모자를 쓰고 있었다는 것이 밝혀졌다. 고조선시대부터 이 땅에 살았던 사람들은 머리를 땋아 올려 정수리에서 고정시키는 상투머리를 하고 있었던 것이다.

〈그림 18〉 서봉총 금관

금관에 대한 또 하나의 궁금증은 '왜 그 많은 재료 가운데 금으로 왕관을 만들었을까?' 하는 것이었다. 먼저 생각해본 것이 금의 특성이다. 금은

〈그림 19〉 천마총 금제관모

광택이 있는 데다가 영원히 변하지 않는 금속이다. 결혼식을 할 때 금반지를 주고받는 것도 이런 금의 속성대로 사랑이 영원하기를 바라는 소

망이 담긴 것이다. 신라 왕들도 나라의 안전과 왕의 권위가 그렇게 영원하기를 바라는 기원을 담았을 것이라고 생각해보았다. 하지만 아무리 생각해도 이러한 일반적인 추론만으로는 신라에서, 그것도 특정한 시기에 금관이 만들어졌다는 것을 설명할 수는 없었다. 여기에 대한 해답은 『삼국유사』를 다시 읽다가 '기이편 김알지조'에 대한 기사를 통해서 찾을 수 있었다.

> 탈해왕 때였다. 영평 3년 경신년(60년) 8월 4일, 호공이 밤에 월성 서쪽 마을을 지나다가 시림(계림) 한가운데에 매우 밝은 빛이 비추는 것을 보았다. 자줏빛 구름이 하늘로부터 땅에 드리우는데, 구름 속에 황금 궤짝이 나뭇가지에 걸려 있고, 궤짝에서는 빛이 새나왔다. 또한 흰 닭이 나무 아래에서 우는 것이었다. 왕에게 이 같은 사실을 알렸다. 왕이 친히 숲에 와서 궤짝을 열어보니 어린 사내아이가 누워 있다 일어나는데, 마치 혁거세의 옛일과 같았다. 그래서 알지라고 이름을 지어주었다. (중략) 황금 궤짝에서 태어났으므로 성을 김씨로 하였다.

신라에서 황금귀걸이와 같은 금 공예품이 나타나는 것은 2세기부터이지만 금관이 나타나는 것은 5세기 마립간 시대부터였다고 한다. 마립간 시대에는 석씨, 박씨, 김씨가 돌아가면서 왕으로 즉위하는 것이 아니라 김씨가 독점적으로 대를 이어 왕위를 계승한다. 김씨 성을 가진 마립간들은 자신들의 신성성과 왕위계승의 정당성을 김알지 신화에서 찾았다. 그러한 정치 프로젝트 가운데 하나가 김알지 신화를 바탕으로 왕관을 디자인한 것이다. 알지가 금궤 안에서 태어나 성을 김씨로 삼았으니 그 왕관의 재료를 금으로 하는 것이 당연했던 것이다. 신라 고분의 출토품을 보면 평민들의 무덤에서는 철 이외의 금속은 발견하기 어려운데 지방의 수장층 무덤에서는 은과 동이 많이 나온다. 금은 왕이나 왕비의 무덤에서 많이 나오는데 이는 금에 부여된 정치적, 종교적, 주술적 상징성이 반영된 것이다. 신분에 따라 각기 다른 금속을 사용한 것은 그들이 금속 역시 고귀한 금속과 비천한 금속으로 나뉘어 있다고 믿었다는 것을 보여주는 것이다. 이러한 사고방식의 바탕에 연금술적 사고가 깔려 있다는 것을 알게 되면 금관 역시 천문학적 사고와 관련 있다는 것을 알 수 있다.

연금술은 평범한 또는 비천한 금속들을 완전하고 고귀한 금속인 금으로 바꾸려는 비밀스러운 방법이다. 요즘에는 마그마가 식어가는 과정에서 광물이 생겨난다는 것을 모르는 사람이 거의 없다. 하지만 옛날 사람들은 우리와는 아주 다른 사고방식을 가지고 있었다. 광물 역시 별들의 영향으로 생겨나며 해는 금, 달은 은, 목성은 주석, 화성은 철, 금성은 구리, 수성은 수은을 탄생시킨다고 믿었다. 마치 인간을 잉태할 때 하늘에 떠 있는 해와 달과 별의 기운이 체질과 운명을 결정하듯이 광물 역시 천체에서 뻗어나오는 기운의 영향을 받아 그 운명이 결정된다는 것이다. 실제로 연금술사들은 광물들을 어머니 대지 배 속에 있는 살아있는 태아로 보았다고 한다. 태아가 열 달의 기간을 거친 후 어머니의 배 속에서 탄생하듯이 모든 광물은 충분히 성숙할 시간이 주어지면 최종 단계에서는 금이 된다고 믿었던 것이다. 그들은 금을 자연의 과정을 거친 완전한 아이에 비유하고, 다른 금속들은 조산아나 기형아 같은 불완전한 산출물이라고 보았다.

사람들 가운데는 자연 속에서 거치는 긴 과정이 아니라 짧은 시간에 그 성숙 과정을 인위적으로 촉진시켜 일반 광물을 금으로 만들려는 이들도 있었다. 이것이 연금술의 시작이다. 평범한 돌이나 광석을 바로 금으로 변화시켜 부자가 되려는 꿈은 사람들의 관심을 끌었다. 그러한 생각은 어떤 사회세력들에게는 위협으로 간주되었던 것 같다. 1405년 영국 의회에서는 금, 또는 은을 만드는 행위는 중범죄가 된다는 법을 만들었다고 한다. 왕이 연금술사의 도움으로 싼 값에 금을 만들어 부유해지면 의회를 중심으로 한 귀족들의 지위가 하락할 것이라고 생각했기 때문이다.

연금술을 통해 금이 가진 뜻과 속살을 알게 되면서 금이 가진 희소성의 원인이 뭘까에 대한 생각을 해보았다. 금이 쉽게 찾을 수 있는 금속이었다면 왕실의 상징이 되지는 않았을 것이기 때문이다. 그래서 천체물리학과 지질과학의 차원에서 금이 가진 희소성의 원인을 찾아보았다. 금은 친철원소에 속한다. 다시 말하면 금은 철과 같이 있기를 좋아하는 중금속이다. 지구상의 철이나 니켈 등 대부분의 중금속이 핵 속에 포함되어 있는 것처럼 금 역시 핵 안에 있는 것이 정상이다. 지구 형성 과정을 생각해볼 때 지금 우리가 발견하는 금은 너무 많다. 지구 표면에는 왜 생각보다 많은 금이 포함되어 있을까? 물을 포함하여 지구상의 모든 물질들의 기원은 우주의 먼지이다. 그 먼지 안에 쇠와 니켈, 금과 은이 될 씨앗이 있었다. 초신성 폭발로 그 먼지들이 충격을 받고 돌기 시작하면 먼지들끼리 뭉쳐지고 작은 돌멩이나 바위 같은 소행성들이 만들어졌다. 지구의 씨앗이 된 소행성들이 주변 소행성들을 통합하면서 커졌는데 그때 충돌에 의한 열과 압력으로 지구는 점점 녹기 시작했다. 지구가 현재 크기의 50퍼센트를 넘어섰을 때는 지구 전체가 녹기 시작했을 것이다. 그 과정에서 화성 크기의 소행성이 충돌하면서 거대한 마그마 바다가 형성되었다. 그러한 조건에서 중금속은 아래로 내려가 핵이 되고, 가벼운 장석과 석영 등은 위로 올라가 맨틀의 상부와 지각을 이루었다. 따라서 초기 단계의 지구에서는 지각과 맨틀 상부에 금을 찾기 어려웠을 것이다.

그렇다면 현재 지각에 존재하는 금은 어디로부터 온 것일까? 지구의 크기가 현재의 80퍼센트가 되면 주변의 대다수 소행성들을 흡수했기 때문에 소행성 충돌의 횟수가 급격히 줄어든다. 지구 형성 초기에는 지름 10킬로미터의 소행성이 하루에 세 개 정도씩 지구와 부딪쳤지만 지구의 크기가 80퍼센트가 되면 1년에 몇 번 충돌했다고 한다. 그 정도의 충돌은 지구를 완전히 녹여 그 소행성 내에 있는 중금속들이 지구의 핵 속에 들어갈 수 있을 정도로 강력하지 않다. 이처럼 지구와 충돌하는 소행성이 줄어든 것이 지각 곳곳에 금이 분포하게 된 까닭이다.

요즘 내가 관심을 갖고 있는 것은 금관의 세움 장식이 사슴뿔인가, 아니면 김알지 신화를 반영하여 계림의 나무를 형상화한 것인가에 대한 학자들의 논의이다. 내가 어렸을 때부터 들어왔던 것은 금관의 세움 장식 기원이 시베리아 샤먼의 사슴뿔을 모방한 것이라는 학설이다. 이를 주장하는 학자들은 그 근거로 시베리아 샤먼의 모자 가운데 철로 테를 만들고 사슴뿔 두 개를 꽂은 관을 제시한다.[그림 20] 하지만 아무리 봐도 시베리아 샤먼의 모자와 신라 금관은 닮지 않았다. 시베리아 샤먼의 모자는 쇠로 된 둥근 테

〈그림 20〉 시베리아 샤먼의 철관

위에 십자형의 얼개가 있고 실제 사슴뿔 두 개가 꽂혀 있다. 이와 달리 신라 금관은 세움 장식이 세 개 또는 다섯 개인 데다가 많은 장식품이 달려 있다.

재료도 다르다. 각기 쇠와 금으로 모자를 만들었는데 신라에서는 쇠로 모자를 만든 적이 없고 시베리아에서는 금으로 모자를 만든 적이 없다. 더 큰 문제는 시베리아 샤먼의 모자가 19세기에 만들어졌다는 것이다. 19세기에 시베리아에서 만들어진 모자가 천오백 년의 시간을 뛰어넘어 신라 왕실에 영향을 미쳤다는 황당한 주장이 오늘날 우리나라 학계의 다수설이다. 얼마 전, 시베리아 샤머니즘 연구의 권위자가 경주 박물관에 들른 적 있었다. 박물관 관계자는 그에게 신라 금관의 기원이 시베리아 샤먼의 모자에 있다고 설명을 했다고 한다. 시베리아 샤먼 연구자는 바로 반박을 했다고 한다. 시베리아에서는 가죽이나 쇠로 모자를 만들지 금으로 모자를 만들지 않는다는 것, 시베리아 샤먼은 종교적 지도자일 뿐 정치적 지도자였던 적도 없고 지도자가 될 수도 없었다는 것이다.

임재해는 『신라 금관의 기원을 밝힌다』라는 책에서 신라 금관이 눌지마립간 때 고구려의 영향을 받아 만들어졌을 것이라고 추론한 바 있다. 나도 전적으로 동의한다. 눌지마립간 시기에 신라와 고구려는 정치적, 군사적, 문화적으로 밀접한 관계를 맺고 있었다. 백제와 가야, 왜가 신라를 공격했을 때 눌지마립간이 고구려에 구원을 요청하였기 때문이다. 광개토대왕은 5만 명의 철기군을 동원하여 그들을 물리쳤다. 그리고 상당 기간 신라 영토 안에 고구려군을 주둔시켰다. 우리가 미국 문화의 영향을 받는 것처럼 신라도 고구려 문화의 영향을 받을 수밖에 없었다. 눌지마립간은 광개토대왕의 권위와 그 권위를 표현하는 방식이 부러웠을 것이다. 눌지마립간은 왕관을 포함한 고구려의 선진 문화를 적극적으로 수용하여 신라 왕실의 권위를 높이려 했을 것이다.

눌지마립간 시대에 나타나는 돌무지덧널무덤(적석목곽묘)을 살펴보자. 그때 신라의 무덤양식은 덧널무덤(목곽묘)이었다. 구덩이를 파고 관을 넣은 다음 나무 곽을 세우고 봉분을 만드는 것이 덧널무덤이다. 그런데 눌지마립간부터는 무덤양식이 돌무지덧널무덤으로 바뀐다. 나는 이것을 신라 왕실이 전통의 덧널무덤에 고구려 돌무지덧널무덤양식을 결합시킨 것으로 본다. 무덤의 크기도 중앙 귀족이나 지방 수장을 압도할 수 있는 크기로 만들었다.

신라 금관의 기원을 고구려에서 찾아야 할 까닭은 고구려 금관이 신라보다 조금 앞선 시기에 만들어졌다는 증거가 계속 나오고 있기 때문이다. 고구려에서는 이미 2세기부터 왕관에 금장식을 하기 시작했다. 소수림왕 또는 고국양왕의 능으로 추정되는 마선구 2100호 무덤에서는 금으로 된 관테와 함께 말과 새장식이 나왔다.^{그림 21~22} 주몽 신화에 나오는 말과 비둘기일 것이다. 신라에 큰 영향을 미쳤던 광개토대왕의 무덤

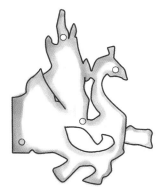

〈그림 21〉 마선구 2100호 무덤 금관 새장식

〈그림 22〉 마선구 2100호 무덤 금관 말장식

에서도 금으로 된 절풍과 관테가 나왔다. 강서군 보림면에서 출토되었다고 전해지는 고구려 금관은 화려한 불꽃이 타오르는 듯한 일곱 개의 세움 장식이 특징이다. 불꽃문양이 태양을 상징한다는 걸 생각하면 고구려 금관도 주몽 신화를 바탕으로 디자인했다는 것을 보여주는 것이다.

　신라는 고구려로부터 무기 제조술, 축성술, 금속공예기술을 받아들여 새로운 문명을 이룩할 수 있었다. 이러한 여러 가지 근거를 종합해볼 때 신라 금관이 고구려 금관의 영향을 받아 만들어졌다는 이론이 시베리아 샤먼의 모자로부터 영향을 받았다는 주장보다는 훨씬 설득력이 있다. 눌지마립간을 중심으로 신라 김씨들은 해모수 신화가 담긴 고구려의 금동관이나 금관을 보면서 자신들도 시조인 김알지 신화를 형상화하는 방법을 배웠을 것이다. 금궤에서 나온 아이니 재료를 금으로 만들고, 계림에서 알지가 발견되었으니 그 숲의 신성함을 여러 그루의 나무로 표현했다. 따라서 세움 장식은 임재해 교수의 주장처럼 사슴뿔이 아니라 나무라고 봐야 한다. 앞부분의 나무와 옆과 뒤의 나무 생김새가 다른 것은 디자인상의 문제였을 것이다. 곡옥과 잎사귀 등의 장식은 신성한 나무의 생명력을 상징했을 것이다.

〈그림 23〉 서봉총 금관 새모양 장식

　진평왕의 무덤으로 알려진 서봉총 출토 금관을 보면 세 마리의 새가 가지 위에 앉아 있다.그림 23 새를 자세히 살펴보면 머리에는 볏이 달려 있다. 앉아 있는 모습도 닭과 흡사한 점으로 보아 김알지의 탄생을 알려주었다는 흰 닭을 표현한 것으로 보인다. 고구려에서는 해의 상징이 삼족오였다면 신라에서는 흰 닭이었던 것이다.

김민수는 디자인을 이렇게 정의하고 있다.

디자인이란 한 사회를 이루고 있는 구성원들이 삶의 방식을 구체적으로 드러내고 서로 소통하기 위해 문화적 상징을 해석하고 창조해내는 작업이다.

신라 사람들은 자신의 이야기도 만들고 스스로의 삶과 문화를 디자인할 수 있는 능력이 있었다. 그런데 이 땅의 많은 학자들은 아직까지도 신라인이 문화 창조 능력이 없어 멀리 시베리아에서 금관 문화를 가져왔다고 한다. 신라 금관이 자신의 문화와는 아무 상관없는 외부의 산물이 아니라 신라 사람들이 자신의 삶의 방식을 드러내고 소통하기 위해서 만들었다고 보는 사람들의 주장은 여전히 소수설로 머물거나 무시되고 있다. 이 기막힌 사태를 어떻게 해석해야 할까? 나는 한국의 주류 학자들이 한국 문화의 정체성과 독자성을 부정하는 데 모든 힘을 쏟는 것을 보면 일제가 우리에게 강요했던 타율성론과 정체성론이 떠오른다. 실제로 한국 문화를 해명하는 역사학과 고고학은 식민사학의 영향을 벗어나지 못하고 있다. 해방 이후 한국 역사학과 고고학의 태두로 존경받은 사람은 식민사학을 추종하는 이병도와 김원룡이었다. 그들의 영향은 광복 70년이 지난 지금까지도 계속되고 있다. 일제강점기 마지막 총독이었던 '아베 노부유키'가 패전 이후에 일본으로 돌아가면서 한 말이 떠오르는 요즘이다.

일본은 졌다. 그러나 조선이 승리한 것은 아니다. 장담하건대 조선이 제정신을 차리고 찬란하고 위대했던 옛 조선의 영광을 되찾으려면 100년이란 세월이 훨씬 더 걸릴 것이다. 우리 일본은 조선 국민에게 총과 대포보다 더 무서운 식민사관을 심어놓았다. 결국 조선인들은 서로 이간질하며 노예적 삶을 살 것이다. 보아라! 조선은 위대했고 찬란했지만 현재의 조선은 결국 일본 식민교육의 노예로 전락했다. 그리고 나 아베 노부유키는 반드시 다시 돌아올 것이다.

하늘도 둥글고,
처마선도 둥글고

내가 고등학교까지 살던 집은 초가집이다. 부엌 한 칸과 방 두 칸, 마루로 이루어진 삼 칸 집이었다. 그러니 내 어렸을 때 공간 경험은 초가집이 다였다고 해도 지나치지 않다. 초가집은 좁긴 했지만 따스한 장소였다. 방은 좁고 천장은 낮았지만 그래서 이야기하기 좋았고 놀이할 때도 꽉 차는 느낌이었다. 지붕이 짚으로 되어 있기 때문에 신기한 사건도 많이 일어났다. 유기물인 짚으로 얹은 지붕은 그 안에 많은 곤충을 길렀고, 새들도 집을 지었다. 그들을 잡아먹는 구렁이도 살았다.

어른들은 집에 사는 구렁이가 집안에 복을 가져오는 업이라고 해서 절대로 해를 끼치지 못하게 했다. 하지만 가끔 짓궂은 아이들이 구렁이를 괴롭힌 일이 생겼다. 물론 그 아이들은 눈물이 쏙 빠질 정도로 혼이 났다. 초가집 지붕이 가장 아름다울 때는 가을로 접어들 무렵이었다. 집집마다 박이 열리고 보름달이라도 휘영청 뜨면 그대로 그림이 되었다. 달빛에 비치는 박꽃도 숨 막힐 정도로 아름다웠다.

흙벽이기 때문에 겨울에 아주 춥지 않았고 여름에도 생각보다는 시원했다. 이러한 초가집 경험은 나 개인이 아니라 우리 마을에 사는 대다수 아이들이 함께 가진 경험이었다. 우리 마을에 있는 집들 대부분이 초가집이었기 때문이다. 초등학교 2학년 때 즈음 우리 마을에 몇 집이 사는지 세어본 적이 있었는데 마흔다섯 집이었다. 그 가운데 마흔두 집이 초가집이었다. 기와집은 딱 세 채였는데 양조장집 삼형제가 살았다. 그들을 제외하고는 마을 사람 모두 초가집에 살았다. 그 세 집 가운데서도 안채와 사랑채, 넓은 대청과 높은 다락인 내루를 가진 격식을 갖춘 기와집은 양조장집 주인이 사는 집뿐이었다. 그 집 주인은 도의원을 지냈는데, 아버지와 마을 의사결정에서 항상 대립하는 사이였다. 당연히 사이가 좋지 않았다. 그래서 그 어른이 살아 있을 때는 그 집에 놀러 가지 않았지만 초등학교 1학년 때인가 그분이 돌아가신 뒤에는 가끔 놀러 갔다. 그 집 며느리와 우리 어머니 사이는 나쁘지 않았기 때문이다.

기와집의 느낌은 아주 좋았다. 집이 아주 넓고, 방들은 깨끗했다. 그리고 구석구석 뜰이 있어 숨바꼭질을 하기도 좋았다. 기와집에서 특히 좋았던 것은 처마였다. 우리 집은 초가집이라 처마가 얕았지만 깊은 처마를 가진 기와집은 그늘도 깊었고 햇살과 그늘이 변해가면서 만들어내는 분위기는 초가집에서는 느낄 수 없는 것이었다. 처마는 여름에는 깊고 넓은 그늘을 만들어내었고, 겨울에 사람들이 방에 들어가 있을 때는 깊고 적막한 분위기를 만들어주었다. 처마 끝에 걸린 가을 달과 처마 아래 장독대에 흰 눈이 내릴 때의 고요한 느낌은 특히 좋았다.

처마를 중심으로 이루어지는 빛과 그늘이 펼쳐내는 계절감각도 좋았다. 겨울에는 처마 안쪽으로 깊숙이 햇빛이 들었고, 방 안까지 밝고 따듯했다. 봄이 되면 방 안의 햇빛이 점점 사라졌고, 봄이 깊어지면 방 안에 햇빛이 들지 않아 밖에 있을 때보다 안에 있을 때 더 추웠다. 여름에는 흰 모래가 깔린 마당의 밝은 햇살과 처마 안쪽에 만들어진 넓은 그늘이 선명하게 대비되어 아주 깊은 공간감을 가져다주었다. 그러다가 가을이 되면 조금씩 집 안으로 햇빛이 들기 시작하고 겨울이면 다시 환하게 밝아졌다. 그래도 요즘과 같은 유리창이 아니라 창호지를 발라놓은 문이기 때문에 눈부시진 않았다. 처마와 문이 해가림막 역할을 완벽히 해내기 때문일 것이다.

어렸을 때는 그저 막연하게 가졌던 느낌일 뿐이었는데 어른이 돼서 건축에 관한 책도 읽고 건축답사를 하면서 우리 건축 요소 가운데 처마야말로 위대한 창조물이었다는 생각을 하게 되었다. 그것은 외부 자연을 조절하는 장치였다. 서양에서는 집을 햇빛과 비바람, 추위를 막아주는 기계장치라고 생각하지만 채와 마당으로 이루어지는 우리 건축은 대자연과 함께 소통하는 느낌이 강하다. 태극기의 음양처럼 건축과 자연이 어우러지고 집을 이루고 있는 재료들도 자연적인 소재라서 그 집에 사는 사람이라면 자연에게 스스로 마음을 열 수 있기 때문이다. 한때는 우리 건축이 가진 빛깔이 무채색 계통인 것이 마음에 들지 않았다. 나이가 들어서야 우리나라처럼 사계절의 변화가 뚜렷한 곳에서는 계절의 변화와 색채를 담아내는 데 흰 벽과 검은 기와, 갈색 초가집 같은 무채색이 더 어울린다는 것을 깨달았다.

우리 건축에 담긴 모든 원리를 음양 조화라는 측면에서 설명할 수 있겠다는 생각도 해보았다. 겨울은 음은 강한데 양은 쇠약한 시기이다. 따라서 겨울에는 햇살을 깊숙이 받아들여서 양기를 북돋아야 한다. 이와 달리 여름은 양이 강하고 음이 약한 시기이다. 이럴 때는 햇살을 차단하고 그늘을 만드는 것이 자연의 조화로움을 이룩할 수 있는 것이다. 우리 전통 건축에서는 건물은 양, 마당은 음으로 보기도 한다. 옛사람들은 건물만 있고 마당이 없다면 음양의 조화를 상실한 공간이라고 보았기 때문에 반드시 마당을 두었다. 안채에는 안마당, 사랑에는 사랑마당, 행랑채에는 행랑마당을 갖추었던 것이다.

　건축에 대한 공부를 넘어서 전통 신앙과 민속에 대한 공부를 하니 어렸을 때 집에서 했던 장소 경험의 뜻과 속살을 이해할 수 있었다. 부뚜막을 더럽히거나 부뚜막에 올려놓은 물그릇을 건드리면 어머니가 왜 기겁을 했는지, 화장실에 갈 때는 왜 반드시 인기척을 내야 했는지. 그렇게 하지 않으면 조왕신이 노여워하고 측도부인이 해코지한다고 믿었던 것이다. 집 안에 있는 신들 가운데 터주신 같은 토지신도 있지만 나머지 신들, 곧 성주신, 칠성신, 삼신, 제석신은 신화로 볼 때 하늘에서 온 신이다. 따라서 집은 하늘과 땅, 사람을 연결하는 신성한 곳이다. 이렇게 신이 좌정하는 곳이기 때문에 집이 들어서는 장소 역시 하늘과 땅의 조화, 곧 별자리의 상서로움이 이루어진 곳이 명당인 것이다.

　집이 들어서는 장소가 우주적인 조화가 이루어지는 곳이어야 할 뿐만 아니라 집의 입면이나 형태 역시 우주의 모습을 반영하였다. 한옥을 자세히 살펴보면 모든 요소가 동양의 전통적인 우주관에 따라 배치되어 있다는 것을 알 수 있다. 한옥의 구성에 가장 많은 영향을 미친 우주관은 개천설이다.

　개천설은 중국 한나라 때 왕충(AD27~97)에 의해서 정리된 우주론인데, 달리 '천원지방(天圓地方)'이라고도 한다. 천원이란 하늘이 둥글다는 것으로 우리가 하늘을 쳐다보면 마치 둥근 구를 반쪽으로 쪼개놓은 모습이기 때문에 생긴 관념이었다. 그래서 하늘을 상징하는 도형은 원이 되었다. 땅은 하늘과 달리 평평하고 모가 나 있는 모습이기 때문에 사각형으로 표현했다. 도시를 만들 때나 농지를 나눌 때, 또 집을 지을 때 사각형은 기본이 되는데 이는 '땅이 네모지다'라는 관념을 더 강화하는 계기가 되었을 것이다.

집의 입면에서 땅을 상징하는 것은 기단이다. 기단은 직사각형으로 구성되어 있고 그 재질 역시 돌이나 흙을 가지고 만들었다. '땅이 네모지다'라는 관념을 그대로 반영하고 있다.

주춧돌과 기둥, 주두로 이루어진 부분은 사람의 모습을 닮았다. 주춧돌은 발이고, 기둥은 몸체이며, 주두는 머리 모양을 닮았다. 창문은 사람의 눈, 벽체는 사람의 얼굴, 흙은 살과 피부에 해당한다. 기둥과 벽을 하늘과 땅을 잇는 인간의 모습으로 표현한 것이다.

하늘의 모습을 구현한 것으로 여겨지는 지붕은 하늘에 대한 상징으로 가득 차 있다. 기와집 앞에 서서 자세히 살펴보면 먼저 기와지붕의 빛깔이 검은 것을 발견할 수 있다. 이는 천자문의 첫 번째 구절처럼 하늘은 검다는 관념이 반영된 것이다.

하늘은 둥글다는 관념이 지붕의 형태에는 어떻게 반영됐던 것일까? 서양에서는 하늘을 상징하는 반구를 가지고 지붕을 표현했다. 그리스정교회나 회교 사원에 나타나는 돔이 그렇다. 이와 달리 우리나라에서는 하늘을 상징하는 원을 좀 더 상징적으로 표현한다. 완전한 원을 건축적으로 표현하기 어려우므로 그 원의 일부만으로 하늘이 둥글다는 뜻을 드러내는 것이다. 그렇게 하늘을 향한 곡선이기도 하지만 그 자체가 하늘을 상징하는 것을 현수선이라고 한다. 지붕의 용마루선, 추녀선 모두가 역시 하늘을 향한 무한히 큰 원의 일부였다. 세부적으로 살펴보면 암막새와 수막새 역시 원이거나 원의 일부를 형상화하고 있었다. 기왓골 역시 자세히 살펴보면 원을 이루고 있는 것을 발견할 수 있다.

기와에 새겨진 문양 역시 다를 것이 없다. 암막새나 수막새, 치미 등을 보면 그 문양의 내용이 구름이나 새, 연꽃 등 하늘나라, 또는 해를 상징하는 것이다.

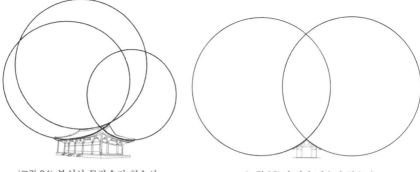

〈그림 24〉 부석사 무량수전 현수선   〈그림 25〉 수덕사 대웅전 현수선

　이렇게 하늘을 상징하는 둥근 원의 이미지가 가장 아름답게 표현되어 있는 전통 건축이 부석사 무량수전과 수덕사 대웅전이다.^{그림 24~25}

이렇게 하늘을 상징하는 둥근 원의 이미지가 가장 아름답게 표현되어 있는 전통 건축이 부석사 무량수전과 수덕사 대웅전이다.[그림 24~25]

　20여 년 전 부석사 무량수전에 올라갔을 때의 기억이 떠오른다. 낮에 무량수전에 갔다가 숙소에서 쉬고 있는데 보름달이 떠올랐다. 보름달 아래 보이는 무량수전이 어떤 모습일지 궁금해서 후배와 함께 올라갔다. 한밤중 절은 낙엽 지는 소리가 들릴 정도로 고요했다. 그 적막을 뚫고 무량수전에 오르자 낮에 보았던 것과 아주 다른 모습으로 건물이 다가왔다. 낮에도 무량수전을 보았지만 그때는 그 앞에 있는 안양루에서 산천을 조망하는 느낌이 더 좋았다. 그런데 보름달 아래서 보니 무량수전의 모습이 압도적으로 다가왔다. 옆에 있던 후배가 감동받은 표정으로 말했다.

　"마치 큰 새가 날아가는 것 같아요."

　하늘을 향해 솟은 온갖 곡선들이 달빛 아래에서 큰 맛으로 드러나자 건물 전체가 하늘을 향해 날아가는 것처럼 보였다. 나도 같은 마음이었기 때문에 말없이 고개를 끄덕일 뿐이었다. 이 세상이 아니라 부처의 세계 또는 이상세계로 날아가려는 염원을 표현하려던 것일까.

그때까지만 해도 팔작지붕은 곡선미를 잘 표현하지만 맞배지붕에서는 그렇지 않을 것이라고 생각했었다. 내 판단이 잘못되었다는 것을 수덕사 대웅전을 보고 알 수 있었다. 곡선이 좀 약하긴 하지만 직선이라고 느꼈던 수덕사 대웅전의 추녀선, 처마선, 용마루선이 모두 큰 원호를 그리고 있었다. 단지 부석사 무량수전과 달리 맞배지붕이라 좀 더 직선미가 강해 더 커다란 원을 그리고 있었고, 단순 소박한 주심포와 강한 배흘림기둥, 길게 빠진 양쪽 처마 끝이 이루는 조화 때문에 좀 더 간결하고 상쾌한 느낌을 주는 것이 다를 뿐이었다. 부석사 무량수전이 봉황새가 날아오르는 모습이라면 수덕사 대웅전은 날렵한 두루미가 나래 펴고 날아가는 모습이었다.

물론 우리 전통 건축 가운데 기와지붕만 원호를 그리는 것은 아니다. 초가지붕 역시 둥근 선을 보여준다. 기와지붕과 다른 것이 있다면 기와지붕이 하늘을 향해 올라가는 현수선을 취하고 있는 데 비해 초가지붕은 땅을 향해 내려오는 곡선을 취하고 있다는 것이다.

건축가 강영환은 "한옥의 지붕은 하늘의 시작이며, 하늘의 일부이며, 하늘을 향한 인간 의지의 표현"이라고 하였는데, 전적으로 공감한다.

이러한 천원지방의 우주관은 우리가 살고 있는 집에만 표현된 것이 아니라 정원이나 탑에도 나타난다. 선비들이 조성한 연못을 보면 상당수가 못은 네모지고 그 가운데 있는 인공 섬은 둥근데 이 역시 초기 우주관인 개천설이 영향을 미친 것이다.

내가 본 문화재 가운데 천원지방 사상을 가장 완벽하게 표현한 건축은 다보탑이다. 천원지방의 본뜻은 '천원지방인각(天圓地方人角)'이다. 하늘은 둥글고 땅은 네모지며 사람은 삼각형이라는 것이다. 실제로 다보탑

＜그림 26＞ 금봉반조

을 자세히 살펴보면 기단은 사각형이고 몸체는 정삼각형, 상륜부는 둥근 원을 이루고 있다.

왕이 사는 궁전은 집이 하늘 세계라는 것을 더 직접적으로 표현하는 것이 특징이다. 북경의 자금성은 말 그대로 자미원을 상징한다. 곧 황제가 사는 궁전은 하늘 세계이고 궁전 밖은 땅으로 보는 것이다. 이를 상징하는 의식이 '금봉반조(金鳳頒詔)'이다.그림 26

금봉반조는 황제가 칙서를 내릴 때 치르는 거창한 의식이다. 환관은 천안문 위에 서고 문무백관들은 천안문 아래 서 있다. 이윽고 음악이 울리면 환관이 금박을 입힌 나무 봉황에 황제의 조서를 물리고 비단실로 내려준다. 밑에 있는 신하들은 구름 문양을 새긴 쟁반으로 칙서를 받든다. 그리고 다른 종이에 옮겨 쓴 다음 전국에 배포하는 것이다.

조선의 궁궐에서도 왕이 사는 곳을 하늘 세계로 여기게 하는 다양한 상징을 발견할 수 있다. 경복궁에 들어가다 보면 문을 통과하거나 월대를 올라갈 때 답도를 발견할 수 있다.^{그림 27} 답도는 왕이 드나드는 곳이다. 걷지 않고 연을 타기 때문에 가마꾼들은 계단으로 올라가지만 왕은 연도를 통과해서 근정전으로 들어선다. 답도에는 구름과 봉황무늬가 새겨져 있다. 따라서 궁전은 구름 위에 떠 있는 하늘 세계이다. 또한 만춘전 뒤에는 자미당이라는 건물이 있었다. 중국의 자금성처럼 궁전 전체를 옥황상제가 사는 자미원으로 표현하지 못하지만 조선의 왕도 천명을 받은 존재라는 것을 알리려는 것이다.

정도전이 한양 신도를 건설한 후 읊은 '신도팔경(新都八景)'에도 경복궁과 육조거리를 하늘의 별자리로 표현하고 있다.

列署崒嵂相向 벌여 있는 관서는 높고 우뚝하여 서로 향하니
有如星拱北辰 여러 별들이 북극성을 둘러싼 것 같도다.

〈그림 27〉 경복궁 답도

하늘나라를 보여주는
석굴암

    나는 초등학교 때 수학여행을 가지 못했다. 아버지가 가진 공부에 대한 독특한 생각 때문이다. 아버지는 교과서만 읽으면 되지 전과와 참고서도 필요 없고 수학여행도 중요하지 않다고 하셨다. 돌이켜 보면 아버지의 고지식한 생각이 내가 성장하는 데는 오히려 도움이 된 것 같다. 전과도, 참고서도 읽을 필요가 없고 시골이라서 학원이나 과외 같은 건 들어본 적이 없으니 기능적인 공부에 매몰되지 않을 수 있었던 것이다. 그래서 나는 많은 여유 시간을 가질 수 있었고 주변의 현상들을 주의 깊게 관찰할 수 있었다. 하지만 아버지의 요구와 달리 나는 교과서를 읽어본 적이 없다. 어렸을 때부터 책 읽는 것을 밥 먹는 것보다 좋아했던 내가 교과서를 읽지 않은 것은 그 책이 재미없고 지루했기 때문이다. 다른 책은 밤을 새워서라도 읽었지만 교과서는 단 한 페이지도 읽기 싫었다. 그러다가 내가 읽고 싶은 책을 만나면 열 번이고 스무 번이고 읽었다. 『삼국유사』, 『삼국사기』, 『동국병감』, 『한국위인전』 같은 책들이다. 하도 여러 번 읽어 내용을 거의 다 외우다시피 했다. 이러한 경험이 중학교 수학여행을 갈 때 도움이 되었다. 초등학교 때, 수학여행 보내지 못했던 것을 한스러워했던 어머니는 아버지를 끝내 설득해서 중학교 수학여행을 보내주었다. 그때 수학여행지가 경주였다.

『삼국유사』를 거의 다 외우고 있는 데다가 경로에 석굴암과 불국사가 포함되어 있다는 것을 알고 나서는 마음이 설레었다. 첫날은 첨성대와 천마총, 안압지, 경주박물관을 들렀다. 첨성대를 보고는 실망했고, 천마총은 그저 어두운 데를 들어갔다 나온 기분이었다. 박물관에서는 금관이 인상적이었지만 내 관심은 이미 석굴암과 불국사로 가 있었다.

석굴암에 간 것은 둘째 날 새벽이었다. 다섯 시가 좀 넘었던 것으로 기억한다. 지금과 달리 그때는 석굴암 안으로 들어가서 볼 수 있었다. 입구로 들어서니 네모난 방에 처음 보는 조각들이 벽에 새겨져 있다. 나중에 들으니 네모난 방은 전실이고, 벽에 새겨진 조각들은 팔부중상이라고 했다. 팔부중상은 조각도 인상적이지 않았고 내 관심에 없던 대상들이라 그냥 지나쳤다. 하지만 법당 입구에 새겨진 금강역사상은 눈에 확 띄었다.^{그림 28}

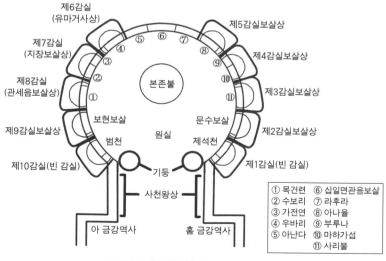

〈그림 28〉 석굴암 법당 구조

〈그림 29〉 석굴암 금강역사상(사진 안장헌)

　금강역사는 내가 읽었던 불교 설화에서 최고의 힘을 가진 신장이었다. 들고 있던 금강저가 얼마나 무거운지 제석천도 들어 올리지 못했고 금강역사가 그것을 내려놓으니 삼천 대천세계가 흔들렸다는 이야기를 기억하면서 한참을 바라보았다. 그런데 내 생각과는 다르게 두 명의 금강역사는 자신의 무기인 금강저를 들고 있지 않았다.[그림 29] 맨손으로 공격, 또는 수비를 나타내는 택견 비슷한 자세로 서 있을 뿐이었다. 그래도 금강역사의 힘을 표현하기에는 부족함이 없었다. 거의 환조에 가까운 고부조의 금강역사상은 분노한 얼굴, 바람에 휘날리는 듯한 옷자락, 꿈틀거리는 듯한 근육을 뽐내며 내가 바로 우주 제일의 장사라고 선언하는 것 같았다.

　발의 표현도 대단했다. 연꽃이나 연잎이 아니라 그냥 단단한 바위를 맨발로 밟고 있는 모습은 넘치는 힘을 생생하게 보여주고 있었다. 그 발은 바위보다도 더 단단해 보였다.[그림 30]

　그런데 비도의 사천왕을 지나 법당의 첫 번째 조각 앞에 서니 금강저

를 들고 있었다. 순간 그 조각이 제석천
이라는 것을 알았다.^{그림 31} 제석천은 리그
베다 시대의 최고신이다. 그의 무기인 금
강저는 벼락을 상징하는 것이었다. 그리
스 신화의 제우스와 같은 존재라고 보
면 된다. 그런데 제석천의 시선이 이상했
다. 부처를 호위하려면 석굴암의 제석천
처럼 부처를 보고 있으면 안 된다. 금강
역사처럼 바깥을 향해 서 있어야만 호위
가 가능하기 때문이다. 금강저를 자기가
가지고 있으면서 호위할 생각도 하지 않
은 채 부처만 보고 있는 모습이 이해가
되지 않았지만 밀려드는 인파 속에서 그
자리에 오래 있을 수는 없었다.

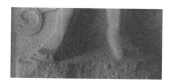

〈그림 30〉 금강역사상 발(사진 안장헌)

〈그림 31〉 금강저를 들고 있는 제석천
(사진 안장헌)

　문득 고개를 드니 내려다보는 부처
모습이 나를 압도한다.^{그림 32} '장엄하다',
'압도한다'는 말이 이렇게 어울리는 모습

을 처음 보았다. 어머니와 함께 법주사에 자주 가서 본 대웅전 불상들
이 떠올랐다. 그 불상들은 석굴암 부처보다 더 컸다. 하지만 석굴암 불
상이 보여주는 당당하고 압도적인 느낌이 없었다. 부처의 얼굴은 엄숙했
지만 그렇다고 무섭지도 않았다. 깊이 생각에 잠긴 모습이 슬기로워 보
였고 따뜻한 마음이 담겨 있는 것으로 보였다.
　제석천과 그 옆의 보살상, 그리고 승려상을 살펴보면서 이상하다는
생각이 들었다. 제석천과 보살상은 이국적인 화려한 옷과 장식을 하고

〈그림 32〉 석굴암 부처(사진 안장헌)

있음에도 친근해 보였던 반면 십대 제자는 현실적인 인간을 표현한 것임에도 무언가 낯설었다. 그때에는 몰랐지만 어른이 되어서 석굴암에 관한 사진을 세부적으로 관찰하면서 그 까닭을 알 수 있었다. 제석천이나 보살상들은 우리나라 사람의 얼굴을 하고 있었다. 이와 달리 십대 제자들은 매부리코와 깊은 눈 등 인도인의 얼굴을 사실적으로 표현하고 있었다. 신고 있던 샌들도 모두 달랐다. 같이 생활하고 있던 제자들 사이에 신발이 다른 것은 개성이 아니라 다른 부족 출신임을 보여주는 것이다.

십대 제자들이 각기 다른 모습에, 다른 방향으로 새겨진 것도 재미있었다. 다른 모습으로 새겨진 것은 제자들의 나이와 관련이 있을 것이다. 사리불이나 목건련 같이 나이 먹은 제자들은 노인으로, 아난다와 라후라 같은 젊은 제자들은 청년으로 표현하였다.^{그림 33} 자세는 참배자의 시

선을 유도하는 느낌이었다. 어떤 제자는 합
장을 하고 어떤 제자는 향로를 들고 어떤 제
자는 손을 높이 들고 있었다. 마치 '나를 봐
주세요', '이쪽으로 가면 됩니다', '이쪽으로
오세요', '저리로 가세요'라고 안내하는 듯했
다. 불상 뒤로 돌아가니 말로만 들었던 십일
면 관음상이 있었다.^{그림 34} 머리에 열한 개의

얼굴이 새겨져 있어 처음에는 괴물을 보는
느낌이었지만 자세히 보니 아주 아름다운
얼굴이었다. 오른손으로는 염주를 살짝 들고
왼손에는 꽃병을 들고 있었는데 연꽃 세 송
이가 있었다. 하나는 완전히 피었고, 다른 하
나는 반쯤 피었고, 또 다른 하나는 봉오리였
다. 사람들은 관음보살 앞에서 가장 많이 머
물러서 흐름이 정체되었다.

한 바퀴를 다 도니 제석천과 반대편에 하
나의 보살상과 범천, 곧 인도의 브라만 신으
로 보이는 조각이 있었다. 제석천을 볼 때에
는 미처 생각하지 못했던 그 표현의 아름다
움을 확인할 수 있었다. 범천과 제석천의 몸
과 옷자락은 아래쪽에서는 저부조로, 얼굴
쪽에서는 고부조로 표현되었는데 그 모습
이 꼭 바위 속에서 금방이라도 나오는 모습
처럼 보였다. 다시 전실로 가서 불상을 한참

보다가 다시 한 번 법당에 들어가서 한 바퀴 돌 정도로 나는 석굴암 불상들에 푹 빠져버렸다. 시간만 있었다면 몇 번이라도 그렇게 했을 것이다. 석굴암을 나오려다가 문득『삼국유사』의 한 대목이 떠올랐다.

대성이 장차 석불을 조각코자 큰 돌 하나를 다듬어 덮개돌을 만들다가 갑자기 세 토막으로 갈라졌다. 대성이 통분하여 잠도 채 들지 않고 어렴풋이 졸았는데 밤중에 천신이 내려와서 다 만들어놓고 돌아갔다. 대성이 막 자리에서 일어나 급히 남쪽 고개에 올라 향나무를 태워 천신께 공양하였다. 이로써 그곳을 향령이라고 한다.

그래서 다시 한 번 법당에 들어갔다. 고개를 들어보니 천장 한가운데 연꽃으로 조각된 덮개돌이 보였고 세 조각으로 갈라진 모습이 보였다.

그 뒤로 석굴암은 나에게 끊임없는 의문을 던져주었다. 첫 번째 의문은 앞에서도 이야기했던 것처럼 '왜 제석천이 금강저를 들고 있을까?' 하는 것이었다. 거기에 대한 의문은 석굴암을 처음 본 지 20년이 지난 다음에야 풀렸다.『화엄경』을 읽다가 '불승수미정품'에서 이런 내용을 발견했다.

그때 부처님은 그 위신력으로 그 자리에서 일어나지 않고 수미산 정상에 올라 제석천왕의 궁전으로 향했다. 그때 제석천은 멀리서 부처님이 오시는 것을 보고 승묘전 위에 온갖 보배로 사자좌를 만들어 갖가지 보배로 장엄하였다. (중략) 그리고 일만 천인들은 그 앞에 모시고 섰으며, 일만 범천들은 그것을 둘러쌌고, 일만 광명이 찬란하게 빛났다.

화엄경의 구조는 석가모니가 보리수 아래에서 깨달음을 얻은 후, 그 자리를 뜨지 않은 채 하늘과 땅의 여러 세계로 그 모습을 나타내면서 일곱 장소에서 아홉 번의 설법을 펼치는 내용으로 되어 있다. 위의 장면은 그 가운데 제석천이 주재하는 도리천 설법의 장면을 묘사한 것이다. 이것을 보면서 석굴암의 범천과 제석천은 호위를 하기 위해서가 아니라 청중의 모습으로 법회에 참여한 장면을 형상화한 것임을 알 수 있었다. 그리고 그 장소가 도리천이니 주인인 제석천이 자신의 신물인 금강저를 들고 있었던 것이다.

제석천에 대한 존중의 밑바탕에는 전통적인 하느님 신앙이 있었을 것이다. 석굴암은 도리천, 곧 하늘나라를 형상화한 것이기 때문에 원형으로 평면을 삼고 지붕을 돔으로 덮었다. 그런데 인도에서 중국에 이르기까지 불교 사찰을 그런 모습으로 표현한 것은 유례가 없는 일이다. 그래서 석굴암미학연구소의 성낙주는 석굴암의 원형이 로마의 판테온에 있다고 주장하기도 한다. 콘크리트로 만든 판테온과 화강암을 정으로 쪼아서 쌓아 올린 석굴암을 같은 기원을 가진 것으로 보는 상상력이 이해가 되지 않지만……

또 어떤 사람들은 본당은 원형으로, 전실은 네모꼴로 만든 것이 중국의 천원지방 사상의 영향 때문이라고 주장하기도 한다. 과연 그럴까? 천원지방 사상의 발원지는 한족이 아니라 동이족이다. 서기전 3500년 무렵의 우하량 유적에는 이미 3층의 원형 제단과 네모꼴의 제단이 나타난다.^{그림 35} 원형 제단은 하늘에 대한 제사, 네모꼴 제단은 지신에 대한 제사를 올리던 장소였을 것이다. 이렇게 이미 어떤 사상이 시각적으로 구현되었다면 그 기원이 훨씬 더 오래되었을 것이라는 것은 누구나 쉽게 짐작할 수 있는 일이다.

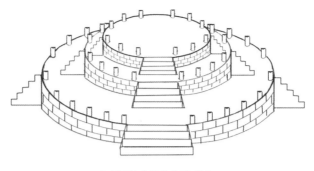

〈그림 35〉 우하량 유적 제단

하늘에 대한 관념은 고조선을 거쳐 삼한시대에도 이어진다. 고조선 후기에서 삼한시대로 추정되는 우리 고대유적에는 돌로 동그라미를 만들고 그 안을 돌로 채운 돌 돌림 제단이 많이 나타난다. 돌 돌림 제단은 산마루에서 발견된다. 그 제단들의 모습이 원형인 것은 하늘에 제사하는 곳임을 보여주는 것이다. 따라서 석굴암을 원형으로 만든 것은 우리의 전통적인 문화유전자가 드러난 것이라고 보는 것이 옳다고 믿는다. 그런데 왜 학자들은 우리의 사상을 바탕으로 창조적인 재구성을 했다는 것을 믿지 못하는 것일까?

나는 제석천과 그가 주재하는 도리천은 전통적인 하느님과 하늘나라에 대한 사고를 불교적인 이름으로 바꾸었을 뿐이라고 생각한다. 불교가 들어오기 전 삼국의 신앙체계에서 최고신은 하느님이었다. 당시 왕들은 자신들이 하느님의 자손이라는 논리로 지배를 정당화하고 있었다. 문제는 왕뿐만 아니라 삼한시대 작은 나라의 왕들, 그리고 작은 나라를 구성하던 읍락의 촌장들도 하늘에서 내려왔다는 신화를 가지고 있었다는 것이다. 일연의 『삼국유사』에도 육촌의 촌장들이 다 하늘에서 내려왔다는 신화를 전하고 있다. 이러한 조건에서 하느님 신앙은 삼국의 왕들이 자신들만이 유일하고 절대적 존재임을 증명할 수 있는 신앙이 되지 못했을 것이다. 그래서 필요한 것이 불교였다. 불교 신앙체계에서는 하느님은 부처의 제자, 또는 호위병일 뿐이기 때문이다. 중국을 거쳐 온 불교는 당시 지배계급에게 왕이 곧 부처라는 이데올로기를 제공하였다. 귀족이나 작은 나라의 왕들과 격이 다른 존재임을 절실히 요구하고 있던 왕들에게는 이러한 불교의 가르침이 감로수 같았을 것이다. 게다가 왕에게 충성하는 것이 내세에 불국토에 태어나는 조건이 된다는 것을 설득할 수만 있다면 화랑도의 사례에서 볼 수 있는 것처럼 자발적인 충성도 얼마든지 이끌어낼 수 있었다. 하지만 이러한 종교적 논리는 미르와 하느님을 믿으면서 농사를 짓고 의례를 행하던 대다수 민중들에게 크게 영향을 미치지 못했을 것이다. 대다수 민중들은 여전히 자신의 신앙을 유지하고 있었기 때문이다. 왕이나 스님들은 하느님 신앙을 제석천 신앙으로 바꿈으로써 전통 신앙을 불교적으로 개조하려고 했지만 결국은 성공하지 못했다. 아니 지배층들의 제석천 신앙도 근본적으로는 전통적인 하느님 신앙을 벗어나지 못했다.

선덕여왕은 자신이 죽은 뒤, 도리천에 태어나고 싶다고 했다. 그래서 당시 사람들이 도리천이라고 생각했던 경주 동쪽에 있는 낭산에 묻었다고 한다. 그 신앙이 과연 인도적 속살을 가진 불교신앙이었을까? 아니면 껍질만 불교였을 뿐 속살은 전통적인 하느님 신앙이었던 걸까?

신라인들에게 하느님은 먼 곳에 있는 존재가 아니었다. 빌기만 하면 비를 내리고 아들도 낳게 해주는 존재였다. 심지어 빌지 않아도 나서주는 친절한 존재였다. 깨진 석굴암 덮개돌 때문에 고민하고 있는 김대성의 문제를 해결한 것이 누구였는가. 제석천이라는 이름의 하느님이었다. 석굴암이 하늘나라이고 하느님이 내려와 그 공사를 마감했다는 이야기만큼 민중들에게 쉽게 받아들일 수 있는 이야기 구조는 없을 것이다. 그 밖에도 석굴암에는 하늘과 관련된 이야기가 여럿 있다. 석굴암의 초대 주지였던 표훈 스님의 사연도 그렇다. 표훈 스님은 하늘나라를 오르내릴 수 있는 신통력이 있었다고 한다. 이 이야기를 듣고 경덕왕은 표훈 스님을 통해 하느님에게 아들 하나를 점지해줄 것을 부탁한다. 그 결과 딸이 될 운명이었던 혜공왕이 남자로 태어났지만 하늘의 법칙을 어긴 대가로 표훈 스님은 하늘로 올라갈 수 있는 신통력을 잃었고 나라가 어지러워졌다는 것이다. 경덕왕의 아버지인 성덕왕 때부터 경덕왕 초기까지는 신라의 전성기인데 그 이후 나라가 어지러워진 것에 대한 민중들의 담론이 그렇게 표현되었을 것이다.

요즘 석굴암에 대해 내가 가지고 있는 관심은 부처가 보고 있는 방향이 어디인가 하는 것이다. 석굴암에 대한 초기 연구자들은 미술사학자들이었는데 그들은 석굴암 부처의 시선이 문무대왕릉이 있는 대왕암을 향하고 있다고 주장하였다. 그런데 과학자인 남천우 교수가 실측한 바로는 석굴암 부처가 보고 있는 방향이 대왕암이 아니라 동짓날 해가 뜨는 장소였다. 다시 말하면 석굴암 부처는 동짓날 해 뜰 때 햇살이 가장 먼저 비치는 그 장소에 앉아 있는 것이다. 불교 경전에 나오는 부처가 깨닫는 장면에 대한 묘사에도 천문학적인 속살이 담겨 있다. 막 깨달음을 얻었을 때 이마에 있는 백호에서 빛이 나오면서 동쪽에 있는 샛별과 부딪쳤고 바로 해가 떴다는 것이다. 불교인들에게는 이 순간이 진리를 모르던 무명 상태에서 벗어나 진리를 접하게 된 위대한 순간, 광명의 순간이다. 동짓날 새벽, 캄캄한 밤이 지나고 해가 떠오르면서 석굴암 깊숙이 빛이 비치는 순간은 부처가 깨달음을 얻는 순간을 형상화한 것이다.

불교인들은 바로 그 순간의 위대함을 드러내기 위해 바로 이 장소에 석굴암을 만들었다. 경주에서 보면 해는 항상 동쪽에 있는 토함산에 뜨고, 토함산에서도 해를 가장 잘 볼 수 있는 곳, 그곳이 바로 석굴암이다. 이러한 신앙은 부처를 해라고 여기는 대일여래 신앙의 영향도 있겠지만 왕을 해, 또는 하느님의 아들이라고 보았던 신라인들의 신앙과 더 깊은 관계가 있을 것이다.

나는 석굴암의 비례미에는 깊은 관심이 없다. 신라 사람들이 아름다움을 만들어내는 독자적인 조형원리는 있었겠지만 그것이 그리스 예술의 비례미는 아니었을 것이라고 믿기 때문이다. 불교인들이 그런 비례미를 바탕으로 석굴암을 보았을까? 나는 그런 비례미론이 우리 전통에 서양 미술이론을 일방적으로 적용한 것이라는 의심을 지울 수 없다. 나는 그런 논리에서 벗어나지 못하고 있는 우리 모습에서 식민성을 발견한다.

아직 우리는 석굴암 조형의 전통적인 원리를 발견하지 못했다. 그것을 우리의 사상과 논리로 발견해야 한다. 서양의 고전적인 미학이론을 바탕으로 하고 있기 때문에 위대하고 아름답다고 주장한다면 우리의 전통과 감성, 사상은 어디에서 찾을 수 있을까.

하늘의 별자리가
내려앉은 운주사

대학생 때 활동했던 동아리가 불교학생회였다. 그때 불교 공부를 많이 했다. 아함부, 반야부, 화엄부, 열반부 등 기본적인 불교 경전들을 훑어보았고, 방학이면 명산대찰을 순례했다. 1990년대 들어서는 역사기행과 문화유산 답사를 많이 했다. 그 과정에서 많은 문화유산을 보았지만 그 가운데에서도 경주 남산과 운주사의 경험은 아주 특별했다. 경주 남산과 운주사는 산 전체, 또는 능선에서 능선을 잇는 골짜기 안쪽이 탑과 불상으로 가득 차 있는 공간이다.

물론 두 유적 사이에 차이도 있다. 경주 남산에 있는 부처들은 하나하나가 탁월한 조형미를 자랑한다. 불교가 공인된 지 500여 년 동안 수도의 지위를 가진 경주에서 만든 불상과 탑인 만큼 그 조각이 섬세하고 화려하다. 불상들이 가진 개성들도 뚜렷이 드러난다. 이와 달리 운주사 탑과 불상들은 못난이 불상이라고 불릴 정도이다. 세련미라고는 조금도 없고, 불상들을 서로 구분하지 못할 만큼 비슷한 표정으로 서 있을 뿐이다. 한마디로 개성이 없어 보인다.

유적의 분포 밀도에서도 차이가 있다. 아마도 환경 차이 때문일 것이다. 경주 남산은 500미터가 넘는 바위산이고 능선과 골짜기가 많다. 그래서 불상과 탑들이 한곳에 집중되어 있는 것이 아니라 곳곳에 흩어져 있다. 산길을 걷다가 아름다운 꽃을 발견하듯 아름다운 탑과 불상을 만나는 즐거움이 남산에는 있다. 이와 달리 운주사를 품고 있는 영구산은 200미터쯤 되는 낮은 산이다. 그 산에서 동서로 두 개의 능선이 이어지고 그 사이로 골짜기가 이루어져 있다. 그 골짜기 사이에 13개의 석탑과 100여 기의 불상이 늘어서 있다. 비슷비슷한 얼굴 표정을 가진 거친 불상과 석탑들이 골짜기를 가득 채우고 있어 강렬한 장단과 역동성을 느낄 수 있다.

1942년까지만 해도 석탑은 30기, 석불은 230기가 있었고, 조선시대에는 그것보다 더 많았다고 하니 지금보다도 훨씬 더 삼엄했으리라. 안타깝게도 그 많은 불상과 탑들은 주변 사람들이 축대로 쓰거나 무덤 상석, 또는 주춧돌로 사라져버렸다.

그런데 다른 어떤 절과도 다른 운주사의 독특한 모습과 분위기는 나에게는 풀기 어려운 과제 같은 것이었다. 혼란스러우면서도 운주사의 독특한 느낌에 이끌려 다섯 번이나 찾았다. 처음에는 풀리지 않던 의문들이 답사 경험이 쌓이다 보니 하나하나 머릿속에서 정리가 되었다.

운주사 안에서 가장 인상적인 문화유산은 칠성돌과 와불이다. 서쪽 산 능선을 따라 올라가다 보면 하늘에서 내려앉은 듯한 북두칠성 형상을 볼 수 있다. 평균지름 2~4미터가량, 두께 20~60센티미터 되는 대형 돌을 원반형으로 다듬어서 하늘의 북두칠성과 대칭된 모습으로 배치해놓았다. 원반 크기는 각각 다른데 북두칠성의 밝기에 따라 돌 크기를 달리했다. 이 칠성 돌을 만든 사람들이 별자리를 잘 아는 사람들이었다는 것을 보여주는 증거이다. 세 번째 답사 때는 가족들과 함께 갔는데 칠성돌 앞에 탑이 서 있는 것을 보고 둘째 아들에게 질문을 했다.

"칠성돌 앞에 있는 탑은 몇 층이 맞을까?"

"7층."

아들은 짧게 대답하더니 앞에 있는 탑의 층수를 세어본다. 7층이었다. 칠성돌에서 북쪽으로 100여 미터 정도 올라가면 누워 있는 불상을 볼 수 있다. 그전에도 누워 있는 불상을 여러 번 본 적 있다. 석가모니의 열반상인데 옆으로 누운 것이 특징이다. 따라서 이것이 와불이라면 옆으로 누워 있는 모습으로 만들어져야 한다. 그런데 앉아 있는 모습으로 조각되어 있고 시선도 정면을 바라보고 있다. 다시 말하면 앉은 불상이 누워서 일어나지 못하고 있는 것이다. 천불천탑 이야기는 그래서 생겨났을 것이다. 하룻밤 사이에 천 개의 불상과 천개의 탑을 쌓으면 민중들이 바라는 세상이 온다는 소문이 퍼졌다. 이에 고무된 많은 민중들이 힘을 합쳐 하룻밤 사이에 불상을 완성하려고 했다. 마치는 시간은 동자가 북을 울려서 알려주기로 했다. 그런데 동자가 지루했나 보다. 누워 있는 불상 둘을 일으켜 세우기 전에 끝을 알리는 북을 쳤다는 것이다.

황석영의 『장길산』을 통해서 알려진 이 이야기는 운주사가 미륵 신앙의 근거지로 널리 알려지는 계기가 되었다. 참으로 매력적인 이야기지만 나는 쉽게 동의할 수가 없었다. 칠성돌이 마음에 걸렸기 때문이다. 남쪽으로 칠성돌이 있고 북두칠성 별자리 가운데 첫 번째, 두 번째 별을 이은 선을 연장한 곳에 불상이 있다. 과연 그 불상이 미륵불일까. 수인, 곧 부처의 손 모양을 보면 합장을 하고 있어 언뜻 비로자나불이라고도 생각할 수 있다. 하지만 불교 신앙에서 북두칠성은 칠원성군, 약사여래 칠불이다. 그리고 칠원성군을 거느리고 있는 부처는 북극성을 상징하는 치성광여래이다.

불교에는 북극성에 대한 신앙이 두 가지가 있다. 하나는 북극성을 치성광여래로 보는 것이고 다른 하나는 북진보살, 또는 묘견보살이라고 보는 신앙이다. 우리나라는 치성광여래 신앙이 중심이고 가까운 일본에서는 백제에서 전래된 북진, 묘견보살 신앙이 중심이다. 치성광여래 신앙은 『고려사』 권1 세가의 작제건 이야기와 『고려사』 세가 1의 고경도참 대목에서 확인할 수 있다.

신라의 감양정이 당나라 사신으로 들어가는데 작제건은 마침 그 배에 탔다.

(중략)

한 노인이 나타나 절을 하면서 다음과 같이 말하였다.

"나는 서해의 용왕입니다. 그런데 요사이 매일 저녁나절이면 늙은 여우 한 마리가 치성광여래의 형상을 하고 공중으로부터 내려와서 일월성신을 운무 중에 늘어놓고 소라 나팔을 불고 북을 쳐 음악을 하면서 이 바위에 앉아서 옹중경을 읽습니다. 그러면 나의 두통이 심하게 됩니다. 듣건대 낭군이 활을 잘 쏜다고 하니 원컨대 그 궁술로 나의 피해를 덜어주시오."

(중략)

작제건이 활을 매어 쏘았더니 시위소리와 함께 떨어지는 것이 있었는데 그것은 과연 늙은 여우 한 마리였다.

중국 상인 왕창근이 철원 시장 한가운데서 한 노인을 만났다. 수염과 머리는 희고 왼손에는 도마 3개, 오른손에는 사방 한 척 크기의 옛날 거울을 들고 있었다. 노인은 왕창근에게 거울을 쌀 2말에 팔았다. 그리고 그 쌀을 길가에 있는 거지들에게 나눠주고 어디론가 사라져버렸다. 왕창근이 거울을 담벼락에 걸어놓았는데 햇빛이 비치자 글자가 나타났다. 그 내용은 '황천상제가 아들을 내려보내 대업을 이룰 것이고 이 글을 밝은 임금에게 보이면 나라와 백성이 평안하고 임금은 길이 창성하리라'는 것이었다. 그래서 그 거울을 당시 임금인 궁예에게 바쳤는데 궁예는 그 거울 판 사람을 찾아보도록 하였다. 한 달이 다 되도록 찾지 못했는데 우연히 철원 부근에 있는 발삽사에 갔다가 그 노인과 비슷한 신상을 발견했다. 치성광여래를 모시는 불전 안에 토성을 상징하는 신상이 있었는데 양손에 도마와 거울을 들고 있는 모습이 똑같았다. 창근이 기뻐하여 이 사실을 궁예에게 보고하니 궁예가 술사들에게 해석하도록 하였다. 그런데 그들이 보니 궁예가 망하고 왕건이 왕이 되어서 흥할 것이라는 내용이라 잘못하면 자신들도 죽고 왕건에게도 해가 될 수 있어 그 내용을 속여서 보고했다.

이 이야기를 통해서 적어도 고려 초기에는 치성광여래 신앙이 있었고 독자적인 불전을, 전각을 갖추었다는 것을 알 수 있다. 또한 치성광여래를 중심으로 하늘의 별을 나타내는 여러 도상이 하나의 만다라를 이루고 있다는 것도 확인할 수 있다. 그래서 나는 두 와불 가운데 큰 부처는 치성광여래이고 작은 부처는 석가여래로 보는 것이 옳다고 생각한다. 그렇게 생각하고 다시 계곡 전체를 바라보니 운주사 일대의 수많은 탑과 불상들은 하늘의 별자리가 내려앉은 모습으로 보였다. 서쪽 능선에 있는 북두칠성과 북극성을 상징하는 치성광여래, 그 주변의 탑과 불상들은 자미원의 별들이고 골짜기를 흐르는 계곡물은 은하수이다. 동쪽 능선의 탑과 불상들을 28수라고 본다면 이 산과 골짜기는 하늘의 모습을 이 땅에 새겨놓은 또 하나의 천문도였다. 고려와 조선 시기의 치성광여래도를 지상에 구현한 모습이었다. 소를 타고 내려오는 치성광여래 주변에 일광보살과 월광보살, 삼태육성, 남두육성, 북두칠성, 28수가 만다라를 이루는 모습을 생각해보라.

운주사 전체의 조형물이 보여주는 투박하고 무질서한 모습과 집단성, 삼엄함이 바로 하늘의 별자리 모습과 거기로부터 오는 기운을 표현하기 위한 것임이 틀림없다는 생각이 들었다. 다른 사찰들과 아주 다른 운주사의 독특한 분위기는 치성광여래 신앙을 통해서 접근할 때에만 자연스럽게 이해될 수 있다고 믿는다.

불교 경전에서는 치성광여래를 석가모니 부처의 가르침을 전하는 교령화신이라고 한다. 치성광여래 만다라는 석가여래가 수미산 위에서 깨달음을 얻었을 때 모든 하늘이 복종하는 모습을 표현하는 도상이라고 한다. 따라서 나는 이 운주사가 미륵사상의 중심지가 아니라 치성광여래 신앙의 중심지라고 판단한다. 고려시대에는 어느 정도 기반을 가지고 있던 치성광여래 신앙이 조선시대 들어 칠성각 중심으로 바뀌면서 운주사를 주변으로 한 신앙 기반이 무너진 것이라고 생각한다.

운주사를 답사하면서 이해할 수 없었던 것 가운데 하나가 석등을 찾을 수 없었던 것이다. 석등은 꽃병, 향로와 함께 부처님께 공양할 때 반드시 갖추어야 하는 의례용구이다. 그럼에도 어디에도 석등이 보이지 않아 이 사실을 어떻게 이해해야 할지 처음에는 혼란스러웠다. 오랫동안 해답을 찾지 못했는데 우연히 「운주사 원형석탑의 시원과 의미(김기용, 천득염)」라는 논문을 읽고서 '그럴 수도 있겠구나'라는 생각을 하게 되었다. 그들의 연구는 운주사에 석등이 없다는 것에서 출발하고 있었다. 그리고 운주사에서 볼 수 있는 원형탑이야말로 석등을 대신하는 특별한 등이라고 판단하고 있었다. 그 특별한 등이 윤등(輪燈)이다. 윤등이란 수레바퀴 모양의 등을 말한다. 탑을 7층, 9층으로 만들고 많은 등을 올려 놓는다. 기록을 보면 고려 팔관회에서 윤등을 만들고 등을 밝혔다고 한다. 그때의 윤등은 가설물이라서 지속성을 가진 게 아니었다. 그런데 운주사에서는 돌로 윤등을 만들어 법회 때 지속적으로 사용했다는 것이다. 그러면 윤등을 사용하는 법회는 과연 어떤 법회일까. 고려의 팔관회는 개경과 서경에서만 거행했으니 당연히 배제될 수밖에 없다. 연등회는 모든 읍에서 진행됐으므로 운주사의 특수성을 설명하기에 적당하지 않다. 그렇다면 남는 것은 약사여래를 모시는 법회뿐이다. 약사여래 법회는 약사여래 형상 일곱 분을 모시고 일곱 개의 윤등 및 49폭의 비단번과 49자 되는 번기를 세운 장소에서 진행한다. 이렇게 함으로써 지상에 '동방약사유리광정토'를 만드는 것이다. 약사여래는 이름 그대로 질병을 치료하고 사람들의 수명을 늘려주는 부처이다. 아마도 심각한 전염병이 돌 때 법회를 열었을 것이다. 수없이 많은 향을 태우는 등불과 함께.

약사신앙을 공부하면서 운주사를 치성광여래 신앙의 중심지가 아니라 약사여래 신앙의 중심지로 보아야 하는 것이 아닌가 생각해보기도 했다. 쓸데없는 생각이었다. 약사경을 읽어보니 본디 약사여래는 치성광여래이고 북두칠성은 약사칠불여래의 화현이라고 한다. 치성광여래와 약사여래는 보처보살도 같다. 해와 달을 상징하는 일광보살, 월광보살이 좌우보처인 것이다. 어느 시대인지 몰라도 치성광여래 신앙과 약사여래 신앙이 뒤섞여서 구분되지 못할 정도가 된 것이 아닌가 생각된다. 지금도 운주사에 가면 별자리가 내려와 앉아 있다.

돌판에 새긴 밤하늘,
천상열차분야지도

천상열차분야지도를 처음 본 것은 덕수궁 유물전시관에 전시되어 있을 때였다. 그 돌판은 전시관 한가운데에 있는 유리관 안에서 검푸른 빛을 띠고 서 있었다. 설명문을 보니 하늘 모습을 그린 천문도라고 쓰여 있었지만 네 귀퉁이와 비석 곳곳이 깨지고 금이 가 있어 글자를 읽기가 어려웠다.^{그림 36}

그전에 본 서양 천문도는 신화에 나오는 동물이나 사람, 신의 모습이 그려져 있어서 재밌게 감상을 할 수 있었다. 그런데 우리 전통 천문도인 천상열차분야지도는 점과 선으로 되어 있어 어떻게 이해해야 할지 몰라 당혹스러웠다. 그 뒤 천문학에 관심을 갖고 하늘의 별도 보고, 책과 논문을 찾아보면서 천상열차분야지도에 대한 여러 가지 이야기를 알게 되었다.

〈그림 36〉 천상열차분야지도 각석

천상열차분야지도는 1970년대 초까지 창경궁 명정전 처마 밑에 있었다. 지금은 국보로 지정되고 경복궁 고궁박물관으로 옮겨져 중심적인 위치에서 전시되고 있지만 그때는 국보는커녕 일반 문화재 대접도 받지 못했다. 천상열차분야지도의 중요성을 세상에 알린 전상운 교수는 천상열차분야지도를 국보로 지정할 때 있었던 사연을 이렇게 이야기한다.

제가 이 '천상열차분야지도' 석각본을 처음 대한 것이 1960년대 초가 되겠습니다. 그때 이 천문도는 창덕궁 명정전 뒤 추녀 밑 노천에 그냥 놓여 있었습니다. 얼마 후에 이것을 조사하려고 다시 가보니까, 그날 조금 가랑비가 오는 날 오후, 점심때가 조금 지난 때였습니다. 그때 석각본과 숙종 때 석각본 두 개가 거기 놓여 있었고, 그 밖에 몇 개의 돌에 새긴 천문의기가 놓여 있었습니다. 그런데 그날 가족을 데리고 소풍 나온 아주머니가 가랑비가 오니까 그 가랑비를 피해서 그 돌위에서 도시락을 가족들과 함께 먹고 있었습니다. 그 돌이 길이 2미터, 너비 1미터 반 정도 되는 넓적한 돌이니까 올라가서 도시락을 먹기에는 아주 알맞은 그러한 석판인 셈이었지요. 다음다음 날쯤인가로 기억이 됩니다만, 홍이섭 선생을 댁에 가서 뵐 기회가 있어서 그때본 이야기를 홍이섭 선생님께 드렸더니 "아, 그 정도는 오히려 약과"라고 하시면서 "내가 한번 갔을 때는 그 석판 위에다가 어린애들이 모래를 뿌리고 벽돌을 굴리면서 그런 놀이를 하면서 아주 신난다고 박수를 치고 그러는 걸 봤는데, 그 정도는 뭐"라고 말씀하시는 얘기를 들었습니다.

당시 문화재 당국자들의 과학 문화재에 대한 인식이 없어서 그렇게 방치했으니 그 위에서 밥을 먹거나 놀이하는 아이들을 누가 탓할 수 있으랴. 과학 문화재의 중요성이 알려지고 천상열차분야지도가 국보로 지정된 것은 1980년대 이후의 일이다. 그 뒤로도 수장고에 처박혀 있다가 그 중요성을 알고 있는 사람이 덕수궁 유물전시관 책임자가 되면서 유물전시관 한복판에 유리를 씌워서 세워놓은 것이다.

천상열차분야지도가 훼손된 데에는 또 다른 원인도 있다. 천상열차분야지도는 본디 경복궁에 세워져 있었다. 임진왜란과 병자호란 때 왜군과 청군이 궁궐을 약탈하고 불 지르는 과정에서 쓰러지고 그 뒤에도 관리가 되지 않아 땅에 파묻히면서 여기저기 깨지고 마모된 것이다. 천상열차분야지도가 다시 빛을 본 것은 영조 때였다. 영조는 폐허로 남아 있던 경복궁에 묻혀 있던 천상열차분야지도를 파낸 뒤, 현재 계동 현대 본사 자리에 있었던 관상감으로 옮겼다. 영조는 천상열차분야지도를 보호하기 위해 '기쁘고 공경한다'는 뜻의 '흠경각'이라는 건물을 세우고 숙종 때 만들었던 천상열차분야지도와 함께 보관했다.

천상열차분야지도가 창덕궁 명정전으로 옮기게 된 것은 언제였을까? 일본은 1920년대에 창경궁의 여러 건물을 철거하고 식물원, 동물원을 만들었다. 그러고도 남아 있는 건물들은 박물관으로 활용했는데 그때 여러 가지 석조 유물들을 명정전에 전시했다. 천상열차분야지도는 그때 옮겨졌을 것이다. 하지만 천상열차분야지도에 대한 일본인의 연구논문이 없고 일제강점기부터 시작된 국보와 보물 지정 대상에서 벗어나 있는 것으로 볼 때 전시라기보다는 그냥 방치였을 것이다.

이러한 실상을 알게 되면서 천상열차분야지도에 대해서 공부하고 싶은 마음이 크게 일었다. 관련 책과 논문을 찾아 읽어보니 생각보다 훨씬 더 중요한 문화유산이었다. 현재 돌에 새겨진 천문도 가운데 세계에서 가장 오래된 것은 중국 소주에 있는 '순우천문도'이다. 1247년에 새겨졌으니 천상열차분야지도보다 약 150년 전에 새겨졌다. 천상열차분야지도는 돌에 새긴 천문도로는 세계에서 두 번째로 오래된 문화유산이었다.

그동안 우리는 세종대왕 때 조선 천문학이 세계 최고 수준에 도달했다고 믿어왔다. 하지만 천상열차분야지도는 우리 겨레의 천문학에 대한 높은 수준의 지식이 세종 이전에 이미 형성되어 있다는 것을 보여주는 유물이다. 천상열차분야지도에 적힌 양촌 권근의 도설이 이를 증명한다.

천문도의 석본은 옛날 평양성에 있던 것으로, 병란에 강물에 빠뜨려 잃어버렸다. 세월이 이미 오래되어 그 인본(탁본)을 가진 사람도 없어진 듯하였으나 전하의 명을 받아 하나의 인본을 바치는 사람이 있었다.

전하께서 그것을 보물로 귀중하게 여겨 서운관에 명하여 다시 돌에 새기게 하였다. 관상감에서 "이 천문도는 세월이 오래되어 이미 별의 도수가 차이가 나므로 마땅히 추보하여 바르게 정하여 오늘날 사중의 새벽과 해질 때 남중하는 별을 새로운 천문도에 고쳐서 후대에 보여야 합니다"라고 보고하니.

고대 학문에서 천문학은 제왕의 학문이었다. 하늘을 관찰하고 역법을 만들고 기상을 예측하는 것은 임금이 해야 될 가장 중요한 사업이었다. 그래서 천문대를 궁궐 안팎에 설치하고 여러 가지 천문의기나 기념물을 궁궐 안팎에 세웠다. 지금 남아 있는 천문유적들인 경주의 첨성대, 고려 만월대에 있는 첨성대, 조선의 관천대가 궁궐 주변에 있는 것은 이 때문이다. 따라서 천상열차분야지도를 고려시대에 만들었다면 개경에 있어야 한다. 천상열차분야지도가 고려시대에 만들어졌다고 생각하는 사람들은 평양이 수도는 아니었지만 고려 삼경 가운데 하나였고 평양에도 고려시대 천문대인 사천감분소가 있었기 때문에 문제가 되지 않는다고 주장한다. 그러한 주장의 타당성이 검증되려면 개경과 함께 남경인 서울, 동경인 경주에도 고려의 천문도가 있었어야 할 것이다. 그래서 나는 평양이 고구려의 수도였던 시기에 천상열차분야지도를 만들었을 것이라고 생각한다.

고구려 때 새겨졌다는 것을 인정한다고 해도 고구려의 어느 시기에 새겨졌는지에 대해서는 학자들 간에 입장이 다시 갈라진다. 서기전 1세기, 서기 1세기, 6세기 말 등 다양한 주장이 나오고 있다. 그런데 서기 전후 시기에 세워졌다는 것은 역사적으로 볼 때 문제가 있다. 현재 과학적으로 증명된 것은 북극성 주변 별들은 조선 초기에 새겨진 것이고 그 밖의 별들은 고구려 시기에 새겨졌다는 것이다. 그것을 어떻게 알 수 있을까?

천상열차분야지도에는 4개의 원이 있다.^{그림 37} 한가운데 있는 것이 북극성 주변의 별들을 담고 있는 주극원이고, 그 바깥에 있는 것이 천구의 적도이다. 적도와 같은 크기이면서 약간 어긋난 것은 황도이고, 마지막 테두리를 이루고 있는 원은 밤하늘에서 볼 수 있는 별들의 한계를 나타낸 것이다.

천상열차분야지도는 결국 한 지역에서 바라본 밤하늘이기 때문에 그 위도가 주어져 있기 마련이고 그것을 계산하는 방법은 주극원의 반지름을 적도의 반지름으로 나누고, 90도를 곱해준다. 주극원의 반지름이 94밀리미터이고 적도의 반지름은 222.4밀리미터이니 $94/222.4 \times 90°$

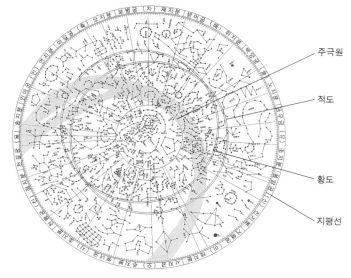

주극원

적도

황도

지평선

〈그림 37〉 천상열차분야지도 모사도

≒38도가 천상열차분야지도를 그린 관측자의 위치인 것이다. 이는 당시 조선의 수도였던 한양의 위도와 비슷하다. 주극원 바깥에 있는 별들은 박창범 교수가 북극성으로부터 각 별의 거리와 입수도를 계산해보니 39도에서 40도 사이였다고 한다. 고구려의 옛 수도였던 평양의 위도와 같다.

이러한 계산이 정확하다면 서기 전후한 시기에 새겨졌다는 주장은 타당성을 가질 수가 없다. 고구려의 초기 수도였던 국내성, 오늘날 집안은 위도가 41도이기 때문이다. 역사적으로 봐도 장수왕이 평양성으로 천도한 것이 427년이다. 무용총, 각저총 등 4세기 후반에서 5세기 전반의 고구려 고분벽화를 보면 북쪽 하늘에는 북두칠성, 남쪽에는 남두육성, 동쪽에는 동삼성이나 해의 상징인 삼족오, 서쪽에는 서삼성이나 달의 상징인 토끼와 두꺼비가 그려진다.

5세기 후반이 되면 덕화리 2호분에 28수가 나타나고 6세기 전반에는 평양에 있는 진파리 4호분에 금박으로 된 28수가 나타난다. 왜 이런 변화가 생긴 것일까? 여러 가지 근거로 볼 때 4세기 이전까지 고구려는 중국과는 구별되는 독자적인 천문학 체계를 가지고 있었던 것이 확실하다. 그런데 광개토대왕과 장수왕 시기를 거치면서 고구려의 영역이 확대되고 북극성 신앙과 28수로 대표되는 중국의 천문학 체계와 교섭하면서 기존의 천문학 전통과 새로운 천문 지식을 총체적으로 정리하고 집약하는 작업이 필요했을 것이다. 그러한 시대적 상황이 천상열차분야지도가 탄생된 역사적 배경이 되었던 것이다.

나는 천상열차분야지도가 고구려 시기였던 5세기 말 평양에서 처음 새겨졌고 그 뒤로도 있던 장소에 있다가 고려 말기 전란 중에 사라졌다고 생각한다. 다행히 탁본을 가진 사람이 있어 태조 이성계에게 바쳤던 것이다. 당시 이성계는 외교적으로 힘든 상황이었다. 조선을 의심하고 있던 명 태조 주원장이 이성계를 조선 왕으로 인정하지 않았던 것이다. 요즘으로 말하자면 새로운 나라를 세웠지만 국제적으로 인정을 받지 못한 상황이었다. 그러한 상황에서 천상열차분야지도를 본 이성계는 자신이 천명을 받아 나라를 세웠다는 것을 백성들에게 알릴 수 있는 하늘이 준 기회라고 생각했을 것이다. 더 나아가 자신이 하늘을 공경하는 것처럼 백성들도 역시 하늘의 뜻에 따라 자신에게 충성하라는 뜻을 담았을 것이다.

예로부터 천명을 받는다는 것은 하늘의 상을 올바르게 관측해서 바른 시각을 백성들에게 알리는 것인데 이를 '관상수시(觀象授時)'라고 한다. 만약 임금이 선포한 시각이 틀리다면 이는 천명에 어긋나는 것이어서 권위가 손상될 수밖에 없다. 천문도 역시 틀린 것이 있다면 권위의 손상을 피할 수 없다. 당시 대표적인 천문학자였던 유방택이 천상열차분야지도를 먼저 살펴보았는데 심각한 문제를 발견했다고 한다. 천상열차분야지도에 새겨진 '혼중성(昏中星)', '효중성(曉中星)'이 당대의 혼중성, 효중성과 달랐던 것이다. 혼중성에서 '혼'은 해가 진 후 40여 분 정도가 지난 시기를 말하고, '효'는 해 뜨기 전에 40여 분 전을 말한다. 옛날에는 초저녁과 새벽에 28수 가운데 어떤 별이 하늘 한가운데 오는지를 보아서 그 절기를 결정하는 기준으로 삼았다.

천상열차분야지도에는 입춘의 혼중성을 좀생이별인 묘수라고 기록하고 있다. 그런데 유방택을 비롯한 당시 천문학자들의 관측으로는 입춘의 혼중성은 위수였다. 천문학자들은 이러한 변화를 반영하기 위해서 주극원 안의 별자리와 바깥의 별자리 일부에 대한 계산을 다시 하고 이를 돌에 새겼다. 이처럼 혼중성이 바뀌는 데 걸리는 시간은 지구 세차운동을 감안할 때 최소 몇백 년에서 일천 년 이상의 세월이 필요하다. 한뫼의 도움을 받아 스텔라리움으로 확인하니 묘수가 입춘혼중성인 기간은 서기전 3세기부터 서기 7세기까지였다. 위수가 입춘혼중성이 된 것은 서기 7세기부터 조선 전기까지였다. 따라서 일부 학자들의 주장처럼 천상열차분야지도가 고려 후기에 새겨졌다면 혼중성을 바꿀 필요가 없었을 것이다.

일부 학자들이 천상열차분야지도가 고려시대에 만들어졌다고 주장하는 또 하나의 근거가 '두수' 주변에 있는 '立星六(입성육)'이라는 별자리이다. 중국 천문도에는 '立(입)'성이 아니라 '建(건)'성이라고 표시되어 있다. 이러한 차이에 대해 일부 학자들은 고려 태조인 왕건의 이름을 사용하는 것이 불경이기 때문에 그 비슷한 뜻의 한자말로 별의 이름을 나타냈기 때문이라고 주장한다. 이처럼 어떤 사람과 사물의 이름이 왕의 이름과 겹칠 때 그 뜻과 비슷한 다른 글자를 쓰는 것을 '피휘(避諱)'라고 한다. 왕건과 관련된 피휘를 근거로 고려시대에 천상열차분야지도가 만들어졌다고 주장하는 것이다. 하지만 고려사 천문에 관련된 자료들을 보면 충렬왕 이전까지는 모두 '건'으로 기록되어 있다. 몽골의 영향을 받는 충렬왕대에 와서야 '입성'이란 말이 나타난다. 그래서 나는 두수 주변의 '입성'이라는 글자는 조선시대에 천상열차분야지도를 새겨 넣을 때 바꾼 것으로 판단한다.

천상열차분야지도에 대해 이리저리 연구를 하면서 이 천문도가 우리 문화를 연구하는 데 얼마나 중요한 것인지 거듭 확인할 수 있었다. 천상열차분야지도는 고인돌에서 시작되는 한국 옛 천문학 전통이 총체적으로 집약된 문화유산이었다. 또한 선조와 후손의 역사적 합작품이기도 하다. 주극원 안의 그림은 조선시대 천문가들의 예리한 눈을 담고 있고, 주변부의 별들은 고구려 일관들의 총체적인 인식과 솜씨를 담고 있는 것이다. 천년에 걸친 선대와 후손들의 만남과 대화가 만들어낸 위대한 문화유산이라고 해도 부족함이 없는 것이다.

2장

사람의
삶과
별 이야기

하늘에 계신
삼신할미

내가 태어난 해는 1962년이다. 그때는 마을이 아이를 길렀다. 아이 주변에는 항상 친척이나 이웃들이 있었다. 아이는 단지 가족의 한 사람으로 태어나는 것이 아니라 마을의 구성원으로 태어난다. 그렇기 때문에 아이를 기르는 것은 엄마만의 일이 아니라 할머니를 포함한 가족과 마을 공동체 전체의 일이었다.

육아에 대한 지식도 마을 밖에서 얻을 필요가 없었다. 마을 할머니들은 적어도 대여섯 명의 아이들을 낳아 기르고 수십 명의 아이들이 자라는 것을 지켜본 육아의 달인들이었기 때문이다. 할머니들은 경험이 부족한 엄마들의 든든한 상담자였다. 손주들 똥 가리기와 옷 입기, 밥 먹기 등 생활 습관을 잡아주는 역할을 기꺼이 맡았고, 틈틈이 노래, 놀이, 이야기도 들려주었다. 둘러앉은 할머니들 무릎 사이에서 만들어지는 육아 동아리는 갓난아기들이 행복하게 자랄 수 있는 튼튼한 울타리가 되었다.

고모와 큰어머니, 작은어머니, 형과 언니들도 아이들을 데리고 놀았다. 그렇게 어릴 때부터 동생을 업어주고 데리고 놀게 되면 육아 방법은 자연스럽게 배운다. 어렸을 때부터 육아에 참여한 언니와 형이 자라서 엄마, 아빠가 되는 것이기 때문에 이제 막 아기를 갖게 된 젊은 부부도 잉태와 출산, 육아를 두려워하지 않았다. 아이가 마을공동체에서 받는 것은 입고 먹는 것만이 아니라 정서적인 공감과 사회적 정체성을 포함한 모든 것이었다. 그래서 아이는 누구라도 안심하고 손을 잡을 수 있었고, 자신이 손을 내밀면 모두가 좋아하고 환대한다는 것을 알기 때문에 세상에 대한 믿음을 가질 수 있었다.

그런데 한 세대가 넘는 시간인 34년이 지나 내가 첫아이를 갖게 된 1996년이 되자, 그러한 마을의 지원을 기대할 수 없었다. 어머니가 교통사고로 머리를 다쳐 마을 할머니들의 세계로 들어가기도 어려웠지만 할머니들의 나이가 너무 많았다. 대다수가 80~90대였기 때문에 아이들을 돌보아주기가 힘들었다. 마을이 가진 거대한 문화 바탕이 무너진 상태에서 우리 부부의 노력만으로 따뜻한 육아 동아리를 만들어야 하는 상황에 맞닥뜨린 것이다. 그래서 아내와 나는 아이를 지원할 수 있는 인간관계를 우리 부부로부터 만들어야 한다고 생각했다. 그 첫 번째 방법으로 할머니들이 아이를 길렀던 보석 같은 노래와 놀이를 찾아보기로 했다.

우리 마을 할머니, 할아버지뿐만 아니라 미원, 음성, 충주까지도 찾아갔고 『MBC 민요대전』 '우리의 소리를 찾아서'에서 전국 할머니, 할아버지들이 부르는 소리도 들어보았다. 배울 때는 노랫말과 장단뿐만 아니라 표정, 호흡, 분위기 연출 능력을 그대로 흉내 냈다. 내가 쓴 『백만 년의 육아 슬기』에 나오는 노래와 놀이들은 그렇게 수집된 것이다. 그런데 충주에서 한 할머니와 삼신할미에 관한 이야기를 하다가 '삼신할미에게 비는 소리'가 있다는 말을 들었다. 그렇지 않아도 아이 어르는 소리와 놀이들이 삼신할미에 대한 신앙과 연결되어 있을 것이라고 생각해서 조사를 할 때마다 물어보았다. 하지만 별다른 소득이 없어 답답한 참이라 아주 반가웠다. 그래서 바로 소리를 해달라고 부탁드렸다.

> 하늘에 계신 삼신할머니
>
> 우리 애기 탈 없이 자라게 해주옵시고
>
> 그저 먹고 놀고 먹고 자고
>
> 먹고 놀고 먹고 싸고
>
> 외 불듯 가지 불듯
>
> 잔병 없이 자라게 해주옵소서
>
> 나라에는 충신동이
>
> 부모에겐 효자동이
>
> 형제간엔 우애동이
>
> 동네에는 화목동이
>
> 삼신할미 공덕으로
>
> 우리 애기 잘 자라게 해주옵소서

느릿느릿한 목소리로 손자에 대한 전인격적인 소망과 기대, 기원을 담아서 부르는 '삼신할미에게 비는 소리'를 들으면서 삼신할미 신앙 역시 별자리와 닿아 있음을 알 수 있었다. 옛날 사람들은 삼신할미가 하늘에 계시면서 생명의 탄생과 보호 활동을 주관하고 있다고 믿었던 것이다.

그러면 어떤 별자리를 삼신할미라고 믿었던 것일까? 옛날 사람들은 칠성님이 탯줄을 잡고 삼신할미인 삼태성이 자식을 간절히 바라는 집으로 밀어낸다고 여겼다. 북두칠성과 삼태성을 생명 탄생을 주관하는 가

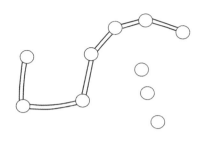

〈그림 38〉 약수리 고분-북두칠성과 삼태성　　〈그림 39〉 서곡리 고분-북두칠성과 삼태성

장 중요한 신격으로 숭배하였던 것이다. 그 증거를 고구려 고분벽화에서 찾을 수 있다. 약수리 고분 별자리에도 북두칠성과 삼태성이 함께 그려져 있다. 고려시대 고분인 서곡리 고분에도 같은 별자리가 그려져 있다. 신화와 전통이 그렇게 이어짐을 확인할 수 있었다.^{그림 38~39}

　제주도 불도맞이굿에서도 삼승할망이 하늘에 계신다는 관념을 발견할 수 있었다. 불도맞이굿에서 삼승할망을 부를 때 올리는 글에 '노각성 자부연줄'이 나오는데 이 줄은 옛 신화에서 하늘에 올라갈 때 쓰는 밧줄이다. 해와 달이 된 오누이가 잡고 올라갔던 바로 그 밧줄이다.

　옛날 사람들은 북두칠성과 삼신할미가 아이들의 생명을 보호하고 연장하는 권능을 가지고 있다고 믿었다. 무속 신앙 가운데 '명다리'를 보면 잘 알 수 있다. 명다리는 아이의 명을 길게 하기 위해 치성을 드리는 것이다. 아이 나이에 따라 석 자, 또는 여섯 자 무명천에 주소, 생년월일, 이름과 함께 무당 이름을 한자로 쓴다. 이 명다리를 무당 집에 보내면 무당이 칠성이나 삼신할미에게 바치는 것이다.

　제주도 큰 굿 열두 마당에서는 우주 탄생과 관련된 천지왕을 맞이하는 굿에 이어 두 번째로 불도맞이굿을 진행한다. 여기서 '불'은 '아기, 인

간, 생명'을 뜻한다. 생명현상과 관련된 기관인 남자의 음낭을 불알이라고 하거나 남녀 성기 언저리 두둑한 곳을 불두덩이라고 하는 것은 이러한 관념의 흔적이다. 삼신할미의 '삼' 역시 '생명'을 뜻하는 순우리말이다. 아기를 낳은 뒤 탯줄을 가를 때 '삼 가른다'고 하는데 이때의 삼은 탯줄, 또는 생명줄을 말한다.

신화에서 삼신할미는 꽃을 통해서 생명활동을 관장한다. 제주도 삼신할미에 대한 신화인 삼승할망 본풀이를 보면, 처음에는 삼신이 둘이 있어 누가 삼신할미가 될 것인지 경쟁을 했다. 은쟁반에 꽃씨를 담고 누가 더 번성한 꽃을 키우는지 내기를 하여 이긴 사람이 삼신할미가 되기로 한 것이다. 동해 용왕 따님 아기가 키운 꽃은 순도 하나요, 가지도 하나요. 꽃도 하나가 달렸는데 꽃을 피우자마자 바로 죽고 말았다. 이와 달리 명진국 명진 아기씨가 키운 꽃은 가지가 사만 오천육백 개가 나고 그 가지마다 꽃을 피워냈다. 일찍이 없었던 화려하고 생명력 넘치는 꽃이었기 때문에 당연히 명진국 명진 아기씨가 삼신할미가 되었다. 삼신할미는 취임한 뒤 아기를 점지하기 위해 서천꽃밭을 마련했다. 서천꽃밭에는 우리 현실에서 볼 수 있는 장미꽃이나 민들레가 아니라 아주 특별한 신화적이고 주술적인 꽃이 핀다. 수레멸망악심꽃, 생불꽃, 도환생꽃, 뼈살이꽃, 살살이꽃, 숨살이꽃, 피살이꽃, 웃음웃을꽃, 울음울릴꽃⋯⋯.

수레멸망악심꽃은 악한 자들을 벌하고 다스려 멸망에 이르게 하는 꽃이고, 생불꽃은 삼신할미가 새로운 생명을 점지하는 꽃이다. 제주도 세경본풀이에 보면 자청비가 하늘나라에 반란이 일어났을 때 수레멸망악심꽃을 가져다가 반란군을 무찌르는 내용이 나온다.

도환생꽃은 죽은 자를 되살리는 꽃이다. 세경본풀이에서 자청비는 남편 문 도령이 다른 신선들의 음모로 죽게 되자 서천꽃밭에서 도환생꽃을 가져다가 살리기도 한다. 조왕할머니로 좌정한 여산부인을 살릴 때도 역시 도환생꽃을 사용하였다. 그 가운데서도 가장 중요한 꽃은 생불꽃이다. 삼신할미가 아기를 점지할 때 사용하는 꽃이기 때문이다. 동쪽에 핀 푸른 꽃으로 점지하면 아들, 서쪽에 핀 흰 꽃으로는 딸을 점지한다. 남쪽에 핀 붉은 꽃을 함께 사용하면 오래 살게 되고, 북쪽에 핀 검은 꽃으로 점지하면 일찍 죽는데 가운데 핀 노란 꽃으로 점지하면 높은 지위를 얻는다고 한다.

우리 사회에서 아름답거나 가치 있는 것, 종요로운 것을 꽃에 비유해 왔다. 지금도 어떤 집에 경사가 있거나 아기가 태어나면 '웃음꽃이 피었다'고 하고, '자손이 출세하면 부모 산소등에 꽃이 피었다'고 한다. 어디 이뿐인가? 동아리에서 이야기가 흥미진진하게 이어지면 이야기꽃이 피어났다고 한다. '꽃마차', '꽃길', '꽃담', '꽃가마', '꽃신'도 있다. 불교에서도 생명과 진리를 꽃으로 표현한다. '부처가 연꽃을 들고 웃으니 가섭이 웃었다'는 이야기는 우리 문화에 결정적인 영향을 끼친 선(禪)불교의 시작이다. 더 나아가 불교에서는 연화장 세계, 화엄 세계라는 말처럼 우주를 꽃으로 표현했다. 화엄(華嚴)의 '화'에는 여러 가지 뜻이 있다. 수없이 많은 잡꽃이라는 뜻도 있고 꽃이면서 꽃이 아닌 꽃, 곧 착한 행동을 말하기도 한다. 세상 사람들이 착한 행동, 곧 보살행을 통해서 만들어가는 세상이 화엄 세계인 것이다. 사람이 죽은 다음에 극락세계에 태어날 때도 연꽃에서 태어난다. 심청이 세상에 다시 태어날 때도 연꽃에서 나오는 것은 이러한 불교적 상상력에서 비롯된 것이다. 우리 전통 신앙과 불교가 무리 없이 조화를 이룰 수 있었던 것도 이러한 생명에 대한 인식의 뿌리가 같았기 때문일 것이다.

그런데 삼신할미가 점지해주지 않으면 어떻게 할까? 제주도 불도맞이굿에서는 무당이 서천꽃밭에 가서 생불꽃을 훔쳐 와서 자식을 원하는 사람들에게 가져다주는 것으로 나온다. 생불꽃을 훔쳐 올 때 아이를 죽게 하거나 병에 걸릴 수 있는 악심꽃도 훔쳐 와서 무당의 힘으로 꺾어서 아기의 안전을 보장하는 굿을 한다. 이때 사용하는 생불꽃은 동백꽃이고 악심꽃은 띠풀과 대나무 잎을 묶어서 사용한다.

이제 하늘에 떠 있는 삼신할미, 삼태성을 찾아보자.[그림 40] 많은 사람들이 오리온자리 허리 부분에 보이는 밝은 별 셋을 삼태성이라고 하는데, 이는 잘못 알려진 것이다. 실제 삼태성은 서양 별자리 가운데 큰곰자리의 발에 해당하는 별자리이다. 마치 계단 모양인데, 동양에서는 이 별들을 '삼태육성'이라고도 한다. 서양에서는 가젤이 세 번 뛴 것이라고 보기도 한다.[그림 41] 그 주변에 있는 사자를 피해서 가젤이 세 번 뛰어올랐다는 것인데 곰을 만나면 안전할까?

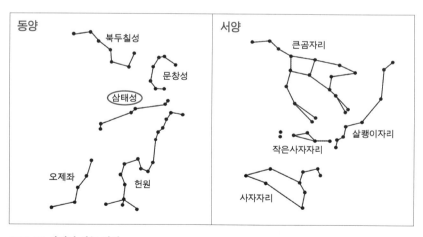

〈그림 40〉 삼태성 찾는 방법

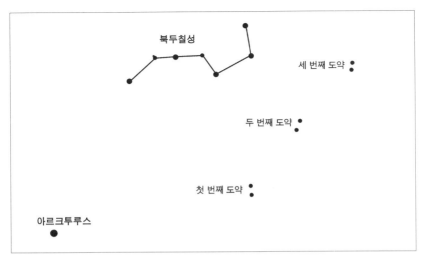

〈그림 41〉 가젤이 세 번 뛴 자리

차례로 떠서 나란히 지는 삼태성
–어머니의 삼태성 이야기

옛날 시골에는 '물꼬 싸움'이라는 것이 있었다. 모는 심어놨는데 비가 내리지 않으면 논바닥이 쩍쩍 갈라진다. 그걸 바라보는 어른들 속마음도 갈라지겠지만 아이들 마음도 뒤숭숭하다. 그리고 마을에서 물의 이용을 두고 싸움이 벌어졌다. 우리 마을은 보와 저수지가 아니라 냇물을 반쯤 막아놓고 물길을 만들어서 논에 물을 댔다. 마을 위쪽에서 흘러내려온 물이기 때문에 위에서부터 대는 것이 관습이었다. 윗논에 물을 넉넉하게 대면 물꼬를 아래로 돌리지만 가뭄이 심해져서 논바닥이 갈라지고 모가 죽기 시작하면 그러한 관습이 깨지기 마련이다. 밤에 몰래 남의 물꼬를 막고 자기 논에다가 물을 대거나 위에 있는 논둑에 구멍을 내서 자기 논에 물을 대기도 했다. 그래서 마을 사람들은 자기 논물을 지키려고 논두렁에서 밤을 새기도 했다. 아이들은 낮에 지키고 밤이 되면 어른들이 지켰는데, 어머니가 나가 있으면 나도 나가서 함께 밤을 새웠다. 그러고는 어머니 품에 안겨서 밤하늘에 뜬 별에 대한 이야기를 들었다. 하지만 초등학교 저학년 때라서 기억은 나지 않는다. 그래도 쏟아져 내리는 별빛과 함께 어머니의 눈빛과 목소리, 표정은 또렷하게 기억한다.

내가 열 살쯤 되었을 때 일이다. 칠월 칠석 무렵에 어머니가 마실을 가서 밤늦게까지 돌아오지 않으셨다. 옛날 농촌에는 농번기와 농한기가 있었다. 농번기는 농사에 눈코 뜰 새 없이 바쁜 때를 말한다. 보리를 베고 모를 심는 일이 동시에 닥쳐올 때나 벼 베기를 할 때, 집안 식구끼리 논매기를 할 때, 콩밭, 고추밭에 풀을 뽑을 때였다. 그때는 어른 아이 할 것 없이 모두가 일했다. 그때를 잘 표현해주는 말이 '부지깽이도 할 일이 있다'는 속담이다. 이때는 놀 시간이 없었어도 농사의 중요성을 다 알았기 때문에 불평하는 아이가 없었다. 바로 그러한 마음이 공동체를 지탱하는 마음자리일 것이다.

농한기는 겨울처럼 특별한 농사일이 없는 때를 말한다. 그런데 농번기 중에 농한기라는 말도 있었다. 바쁜 가운데에도 잠깐 쉴 때가 있었던 것인데 논매기를 다 하고 벼가 패기를 기다리는 팔월 초순 무렵이다. 칠월 칠석 전후인데 이때가 되면 함께 모여서 수다를 떠는 것이 마을 여자들이 사는 맛이었다. 모이는 곳을 특별히 정하지는 않았지만 어디에 모이는지는 누구나 알고 있었다. 보통 집안 어르신들이 일찍 돌아가시고 남편이 아내에게 잡혀 사는 집일 경우가 많았다. 물론 엄한 시부모가 있는 아주머니들은 그 수다모임에 참여하기 어려웠다. 아버지는 어머니가 놀러 가는 것을 반대하지는 않았지만 늦어지면 나를 시켜서 모셔 오게 했다. 이미 누님들이나 동생은 자고 있었기 때문에 나 혼자 갈 수밖에 없었다. 어머니가 있는 이씨 아주머니 집에 가려면 산자락을 타고 작은 언덕을 넘어야 했다. 내 어렸을 때까지만 해도 살쾡이가 산 아래까지 내려오는 곳이라 무서웠다. 막 달려서 어머니에게 가면 더 이야기하고 간다면서 쉽게 일어서지 않으셨다. 아버지가 빨리 오시라고 했다고 몇 번을 재촉해야 어머니는 마땅치 않은 표정을 하고 따라나섰다. 언젠가 집으로 돌아오면서 어머니가 해주신 옛날이야기이다.

옛날 옛적에 홀어머니가 살았대. 아버지는 일찍 돌아가시고 아들 셋을 어렵게 키웠는데 애들이 다 자라고 나니까 아주 외로웠나 봐. 그래서 홀아비를 찾아가서 밤새 이야기를 하고 돌아왔는데 언제부터인가 아이들이 어머니가 새벽에 집에 들어오는 것을 눈치챘어. 어머니가 어디를 갔다 오는지 궁금해진 큰아들이 밤에 몰래 나가는 어머니를 따라 나갔어. 그때가 겨울이었는데 냇물을 건너는 어머니가 "어이 추워, 어이 추워." 하면서 홀아비 집으로 들어가는 것을 보았지. 집에 돌아와서 형제들하고 이야기를 했어. 어머니가 냇물을 건너는데 너무 추워서 힘드신 것 같더라. 우리 가서 튼튼한 징검다리라도 놓아드리자. 그리고 형제들은 밤새도록 돌을 가져다가 다리를 만들었대. 새벽에 어머니가 돌아오면서 차가운 냇물을 건널 생각에 겁이 났는데 이게 웬일이야? 다리가 놓여 있잖아. 그걸 보고 어머니가 하늘에 빌었어. 누가 이 다리를 놓아주었는지 모르지만 이런 착한 일을 한 사람들은 나중에 별이 되게 해달라는 거였어. 그래서 형제들이 죽은 뒤에 별이 되었는데 삼형제가 별이 되었기 때문에 삼태성이 되었대.

그 이야기를 듣고 바로 어머니에게 물었다. "그럼 어떤 별들이 삼태성이야?" 어머니는 순간 당황한 표정이었다. 하늘을 이리저리 둘러보더니 가장 밝은 별 세 개를 가리키면서 "저게 삼태성이야"라고 하셨다. 지금 생각하면 그 별들은 여름 대삼각형인 견우별과 직녀별, 그리고 천진 별자리였다. 서양 별자리로 말하면 독수리자리의 알타이르와 거문고자리의 베가, 백조자리의 데네브이다.^{그림 42}

나중에 옛이야기에 대한 연구 논문을 보니 어머니가 한 이야기 유형을 '효불효교(孝不孝橋)'라고 정리하고 있었다. 어머니에게는 효이지만 아

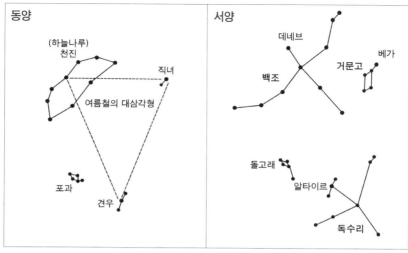

<그림 42> 여름철 대삼각형

버지에게는 불효이기 때문에 효불효교라고 한 것이다. 삼태성에 관련된 이야기뿐만 아니라 북두칠성에 관해서도 효불효교에 대한 이야기가 전해지고 있다. 북두칠성 이야기는 일곱 아들인데 그 가운데 넷째 아들이 다리를 놓으면서 어머니에게 불평을 했기 때문에 일곱 별 가운데 네 번째 별자리가 가장 어둡다고 한다.

우리 역사를 돌이켜 보면 이 이야기는 처음에는 효에 관한 이야기였을 것이다. 고려시대까지는 어머니가 재가하는 것이 죄가 아니었다. 왕조차도 과부를 왕비로 맞이했으니, 일반 사람들이야 말할 필요도 없었다. 그런데 조선시대가 되면서 사회적 분위기가 변했다. 집안에 재가한 사람이 있으면 양반 집안으로 인정받기 어려웠고 재가녀의 아들은 서자보다도 더 천대를 받았다. 과거를 볼 수가 없었던 것이다. 동학 교주 최제우가 바로 그러한 신분이었다. 최제우가 자신의 뜻을 실현하기 위해서는 조선왕조를 뒤집어야 했다. 그래서 고려 때는 효교 이야기가 조선시대에는 효불효교 이야기가 된 것이다. 그래서인지 아버지는 내게 효불효교 이야기를 해준 적이 없다. 생각건대 어머니들이 이 이야기를 전승하면서 유교의 가부장적인 '효' 담론에 구멍을 내었을 것이다.

조선 전기까지만 해도 엄마가 아이들에게 이런 이야기를 하는 것은 그렇게 힘들지 않았다. 여성들의 지위가 그렇게 낮지 않았기 때문이다. 조선 전기까지는 신랑이 신부 집에 들어가서 살았다. 장가간다는 말은 장인 집에서 산다는 말이다. 그때는 밭농사 비중이 높아서 며느리가 시어머니, 시누이와 함께 일하는 것보다 친정 엄마와 친언니들이랑 일하는 것이 사회적 생산성과 복지에서 훨씬 유리했다. 아기를 낳은 뒤 산후조리를 하는 데도 편했다. 그래서 신랑이 자녀를 다 키울 때까지 처갓집에서 살았다. 그 후에는 처가에서 상속할 재산이 많으면 처갓집 주변에서 살고, 친가에서 상속할 재산이 많으면 친가 주변에 집을 마련하는 것이 일반적이었다. 하지만 조선 후기 들어 여자가 시집으로 들어가게 되면서부터는 몰래 하는 이야기로 바뀌었을 것이다.

삼태성과 관련되어 함경도에서 전해지던 또 다른 이야기를 책에서 본 기억이 있다.

옛날 옛적에 한 부자가 살았어. 아버지와 형제들은 벼슬을 구하러 서울로 떠나고 딸 혼자서 집을 지키고 있었는데 바깥에서 목탁소리가 들리는 거야. 그래서 쌀을 가져다가 스님이 가진 바랑에 퍼 담았는데 아무리 넣어도 차지 않았어. 그러다가 결국 밤이 되었대. 스님이 잘 데가 없으니 마구간이라도 빌려 달라고 했어. 그랬는데 한밤이 되어 추우니까 "어이 추워, 어이 추워." 하면서 처음에는 부엌으로 들어가더니 딸의 뒷방을 거쳐 딸의 방 뒤에 있는 병풍 뒤에까지 와서 잠을 잤어. 딸은 무서웠지만 마음이 착했기 때문에 스님이 너무 추울까 봐 걱정이 되어서 나가라고도 못 했지. 스님은 아침에 사라졌는데 이상하게도 딸의 배가 불러오네. 아버지와 형제들이 돌아와 집안 망신이라고 죽이려고 했지만 이상하게도 도끼와 칼이 부러지는 거야. 그래서 동굴에 가두고는 굶겨 죽이려고 했어. 그리고 사람 힘으로는 절대 열 수 없는 바위로 굴 입구를 막았지. 그런데 밤마다 스님이 소리 없이 나타나서 먹을 것을 주고 보살펴서 딸은 세 아들을 낳게 되었어. 몇 년이 지나서 아버지가 이제 죽었겠지 하고 동굴에 들어가봤더니 딸과 세 아들이 생생하게 살아 있는 거야. 그래서 스님을 불러서 몇 가지 시험을 했어. 세 아들이 스님의 아들이라는 것을 증명하라는 것이었지. 삼형제가 나막신을 신고 백사장을 지나면서 나막신 자국이 남지 않아야 아들이라는 말도 안 되는 시험이었지만 세 아들은 결국 통과했어. 그 이후로 딸은 스님과 혼인을 하고 행복하게 살았대. 그리고 삼형제는 죽어서 하늘에 올라가 삼태성이 되어 하늘을 지키는 신이 되었어. 태어날 때는 배 속에서 차례로 태어났지만 죽을 때는 함께 죽었기 때문에 무덤을 나란히 만들었대. 그래서 지금도 삼태성이 하늘에 뜰 때면 차례로 뜨고 질 때는 나란히 진다는 거야.

이 이야기를 듣고 신기해서 삼태성이 뜨고 지는 장면을 자세히 살펴보았다. 봄 하늘에 북두칠성이 올라올 적 삼태성이 어떻게 뜨는가를 봤더니 이야기에 나온 대로 세로로 열을 지어서 올라왔다. 하늘 한가운데서는 비스듬하게 누웠다. 가을이 되어 삼태성이 서쪽으로 지는 모습을 관찰할 수 있었다. 서쪽에 있는 산봉우리 때문에 완전하게 볼 수는 없었지만 각도가 변하는 모습으로 볼 때 지평선에 질 무렵에는 삼태성의

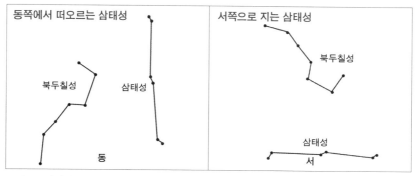

〈그림 43〉 삼태성이 뜨고 질 때의 모습

여섯 별이 거의 동시에 사라진다는 것을 알 수 있었다.^{그림 43} 이 이야기는
지금은 민담으로 전해지지만 옛날에는 삼태성이라는 신격이 탄생하는
과정을 그린 신화였을 것이다. 제주도의 삼승할망 본풀이처럼 삼태성을
청하는 굿을 할 때 그 내력을 설명하는 본풀이였을 가능성이 높다. 별
에 대한 오랜 추적을 통해서 그 운동을 깊이 이해하는 사람만이 만들어
낼 수 있는 이야기이기 때문이다. 오늘 밤도 삼태성을 보면 눈을 반짝이
며 효불효교 이야기를 하시던 돌아가신 어머니가 생각난다.

하늘을 지키는
삼태성

다섯 살 무렵 겨울 아침이었다. 아버지가 종이에 한자를 쓰시더니 따라 읽으라고 하셨다. 하늘 천, 따 지, 검을 현, 누를 황, 집 우, 집 주, 넓을 홍, 거칠 황……. 하나하나 짚어가면서 다 읽으라고 한 뒤에는 쓰라고 하셨다. 여자아이와 달라서 남자아이들은 다섯 살 때 글자를 쓸 정도로 소근육이 발달하지 않는다. 아주 힘들게 다 쓰고 나니 천지현황이요 우주홍황이라고 읊게 하셨다. 몇 번 하고 나니까 하늘은 검고 땅은 누르며 우주는 넓고 거칠다면서 그 뜻을 풀어주셨다. 어렸을 적 나를 힘들게 했던 천자문 공부의 시작이었다. 그 무렵 다른 사건은 하나도 기억나지 않는데 그 기억만 오롯이 떠오르는 것은 그 지루한 천자문 공부가 내 생애에 가장 충격적인 사건 가운데 하나였기 때문일 것이다. 요즘 아이들이야 아버지가 그렇게 가르치려고 하면 도망갈 수도 있겠지만 우리가 어렸을 때는 아버지의 말은 반드시 들어야만 하는 절대명령 같은 것이었다. 처음에는 여덟 자였지만 익숙해지자 하루에 열여섯 자로 늘어났다. 나는 그해 겨울 몇 달 동안을 아침마다 한두 시간씩 천자문을 읽고 외워야 했다. 연암 박지원은 천자문을 배우면서 하늘은 푸른데 왜 검다고 하느냐는 의문을 품었다지만 내 생각은 달랐다. 밤하늘은 어두웠으니까. 그리고 그 어두운 하늘이 나에게는 더 많은 신비와 궁금증을 불러일으키는 존재였기 때문이다.

그다음 기억은 여섯 살 봄날, 우연히 떠오른 생각과 그로 인한 여러 가지 사건들이었다. 아침에 떠오르는 해를 보다가 문득 '저 해가 다시 떠오르지 않으면 어떻게 되지?' 하는 생각이 들었다. 그래서 어른들에게 여쭈어보았다. 모두 웃으면서 그런 일은 없다고 하면서 별걱정을 다 한다는 반응이었지만 내 걱정은 사라지지 않았다. 그래서 아침마다 일어나서 해가 떠오르는지 확인했다. 그런 내 걱정의 원인 가운데 하나가 해를 삼킨 불개 이야기였을 것이다. 아버지는 내가 지루해하면 가끔 이야기를 해주셨는데 그 가운데 불개 이야기가 있었다.

옛날 옛적 갓날 갓적 호랑이 담배 피고 토끼가 춤추고 너구리가 장구 치고 귀뚜라미 포졸 할 때 그러니까 옛날이야기 가운데서도 그 끄트머리에 있었던 아주 오래전 이야기야. 세상 어딘가에 까막나라가 있었거든. 아침에는 해가 뜨지 않고, 밤에도 달이 뜨지 않기 때문에 그 나라 사람들은 칠흑같이 어두운 세상에 살고 있었지. 그래서 모든 사람들이 모여서 제발 서로 얼굴 좀 보고 살 수 있는 방법이 없을까 회의를 했어. 노인 한 사람이 까막나라를 벗어나서 여행을 한 적이 있는데 그 나라에서는 해가 있어서 모든 것을 볼 수 있다는 이야기를 해주었지. 그래서 그 해를 가져오기로 하고 그 일을 맡을 사람을 뽑기로 했어. 그런데 아무도 나서지를 않는 거야. 그 뜨거운 불덩어리를 어떻게 가져오느냐는 거지. 그때 아주 영리하고 사람 말을 할 줄 아는 삽살개 한 마리가 있었는데 자기가 가져오겠다고 나서는 거야. 사람들이 잘 대접하고 제발 해를 가져오라고 신신당부를 했어. 해를 가지러 산과 강을 무수히 넘어 동쪽으로 갔어. 드디어 해를 봤지. 용감한 삽살개가 해를 가져오려고 덥석 물었대. 하지만 너무 뜨거워서 뱉어버리고 말았어. 이건 도저히 어떻게 가져갈 수가 없는 거야. 삽살개가 실망한 채로 멍하니 앉아 있었는데 저녁때가 되자 보름달이 뜨는 거야. 뜨겁지도 않고 서늘한 느낌이라 '아, 저 정도는 가져갈 수 있겠다'고 생각하고 껑충 뛰어올라 덥석 물었지. 그런데 이건 온몸이 다 시려서 견딜 수가 없었대. 어쩔 수 없이 다시 뱉고 말았지. 그래서 까막나라 사람들은 그냥 어둠 속에서 살 수밖에 없었지만 포기하지 않고 계속 삽살개를 보낸대. 그래서 요즘에도 해와 달이 사라지는 사건이 가끔 생긴다는 거야.

또 다른 걱정도 생겼다. 우연히 여름이 지나 가을, 겨울이 되면서 해가 점점 낮게 뜨는 것을 알게 된 것이다. '저렇게 점점 밑으로 내려가다가 아예 밑으로 내려가 다시 올라오지 않으면 어떻게 하지?'라는 두려움이 생겼다. 그래서 나는 여섯 살에서 일곱 살에 이르는 긴 시기를 우주의 질서에 대한 걱정으로 지냈다. 보통 어린아이들의 궁금증은 그 맥락과 환경에 좌우되기 때문에 오래 지속되지 않는다. 하지만 천자문 배우기나 해가 사라지는 걱정은 내가 적어도 몇 달 이상을 지속적으로 경험하거나 관심을 가지고 탐색했기 때문에 지금까지도 생생한 기억으로 남아 있다.

이런 경험이 나중에 어른이 되어 공부할 때 많은 도움이 되었다. 민속학이나 인류학에 관한 책을 읽을 때 사람들의 우주관에 대한 관심을 항상 가질 수 있었던 것이다. 그 결과 우주의 안정성에 대한 두려움은 인류의 새벽부터 가지고 있던 원초적인 생각이라는 것을 깨닫게 되었다.

가장 인상적인 이야기는 북아메리카 오지브와 인디언들의 해 관련 의례였다. 오지브와 인디언들은 해가 뜰 때마다 추장과 전사들이 모여 해를 맞이하는 노래를 부르며, 해가 질 때는 하루 동안 인간에게 준 빛과 열에 대해 감사를 드리는 의식을 진행했다고 한다. 옛날 중국과 이집트에서도 해가 떠오르거나 서산에 질 때 찬양과 기도를 했다는 기록이 남아 있다. 우리나라도 죽어가는 해를 살리기 위해 붉은 팥죽을 먹고 집 주변에 뿌리는 동지 의례처럼 해와 관련된 의례를 가지고 있었다. 별자리와 관련해서도 그러한 신화가 없을까 관심을 갖고 찾다가 우연히 본 이야기에서 그 실마리를 찾을 수 있었다. 이번에도 삼태성 이야기였다. 삼태성이 생명을 낳게 하고 보호할 뿐만 아니라 하늘의 질서를 지키는 신장이라는 관념이 담긴 이야기였다.

옛날 옛적 흑룡담이라는 큰 호수가 있었는데 그 주변 마을에 삼형제가 일찍이 아버지를 여읜 채 어머니와 함께 살고 있었대. 어머니는 아비 없는 자식이라는 소리를 듣지 않게 하기 위해서 자식들을 엄하게 공부시켰어. 어느 정도 자라자 삼형제에게 집을 떠나라고 했어. 앞으로 십 년간 너희들은 스승을 찾아 세상에 없는 학문과 재주를 배워 오라는 어머니의 말에 삼형제는 떠날 수밖에 없었어. 그리고 각기 좋은 스승을 찾아 세상에 없는 재주를 배웠대. 맏이는 도사를 만나서 한 번 발을 구르면 구만리를 순식간에 갈 수 있는 축지법을 배워 왔어. 둘째는 한쪽 눈을 감고 다른 한쪽 눈만으로 구만리를 볼 수 있는 천리안을 배워 오고, 셋째는 세상에 있는 모든 무예를 통달하고 집으로 돌아왔대. 그런데 어느 날 큰 바람이 불더니 며칠 동안이나 비를 퍼부었어. 그러고는 해가 뜨지 않는 거야. 그러니 낮이고 밤이고 별들만 하늘을 가득 채웠지. 마을 사람들이 이제 세상이 망했다고 울고불고했어. 해가 사라진 지 삼일째가 되자 어머니는 세 아들에게 해를 찾아오라고 시켰어. 그런데 해를 어디 가서 찾겠어. 먼저 셋째의 스승에게 찾아갔지만 자기도 까닭을 알 수 없다고 말하는 거야. 할 수 없이 둘째의 스승을 찾아갔지만 그 역시 잘 몰랐기 때문에 맏이의 스승을 찾아갔더니 그 까닭을 알려주었대. 흑룡담에는 암수 흑룡 두 마리가 살고 있었는데 어느 날 하늘에 올라가서 암룡이 해를 지키는 청룡을 쫓아내고는 해를 삼켜버린 거지. 거기다가 숫룡까지 와서 함께 행패를 부리니 하늘나라에서도 어쩔 수가 없었어. 세 아들이 하늘에 올라가자 두 흑룡이 보였어. 그래서 몇 날 며칠을 하늘나라 곳곳을 다니면서 싸웠는데 아무리 암룡이라도 한 번에 구만리를 갈 수 있고 구만리를 볼 수 있는 형제들을 쫓아다니다가 결국 지치고 말았지. 그래서 암룡이 셋째 아들과 격렬하게 싸우다가 나중에 힘에 부쳐서 드디어 해를 토해냈어. 그리고 죽고 말았지. 이걸 보고 숫룡이 겁이 나서 흑룡담으로 도망가버리고 말았어. 그래서 세상은 다시 밝아졌지만 문제는 흑룡이 다시 하늘나라로 올라가서 언제든지 해를 다시 먹을 수 있다는 것이었어. 그래서 그런 일이 다시 생겨나지 않도록 옥황상제가 세 아들을 하늘에서 해를 지키는 신장으로 삼았어. 바로 해를 지키는 그 삼형제 별이 삼태성이래.

이 이야기는 1983년 연변인민출판사에서 출간된 민담집 『삼태성』에 나온 것이다. 민담이라고 하지만 이야기의 구조를 보면 옛날에는 별자리 신화였을 것이다. 왜 밤하늘의 삼태성이 낮에 떠 있는 해를 지킨다고 믿었던 것일까? 낮에는 삼태성이 보이지 않는데……. 이 이야기를 이해하기 위해서는 옛 천문학에 대한 구조적인 이해가 필요하다.

동양 천문학에서는 하늘의 네 방위를 지키는 수호신이 있다고 보았다. 동방청룡, 서방백호, 남방주작, 북방현무가 바로 하늘을 지키는 영물이다. 하늘 한가운데는 황룡이 있다고 믿었다. 서양 별자리의 사자자리 머리 부분에서 북두칠성으로 길게 이어가는 별자리가 황룡자리이다. 해가 동쪽에서 떠오르니 해를 지키는 것은 청룡이다. 하늘의 실제 별자리 운행을 보면 더 실감이 난다. 삼태성이 북두칠성과 함께 동쪽 하늘에 떠오를 때 함께 떠오르는 별자리들이 사자자리와 각, 항, 저, 방, 심, 미, 기로 이어지는 청룡자리이다.^{그림 44} 이 별자리들은 서쪽 하늘에서도 거의 비슷한 시각에 함께 진다. 하지만 청룡의 힘이 부족할 때는 황룡이 나서야 한다. 따라서 하늘의 해가 사라졌다는 것은 청룡이나 황룡이 제 역할을 하지 못하는 상황을 뜻하는 것이다. 이렇게 우주적 질서가 파괴되었을 때 옛날 사람들은 흑룡으로부터 청룡과 황룡을 지키는 하늘나라의 장수가 필요하다고 믿었을 것이고 그 장수가 삼태성인 것이다.

연변의 삼태성 이야기는 옛이야기의 기능이 어땠는지를 잘 보여주는

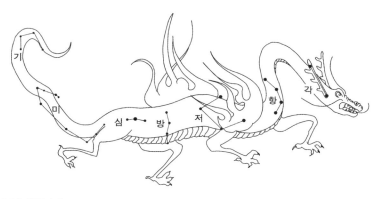

〈그림 44〉 청룡자리

사례이다. 옛날 사람들은 이해할 수 없는 하늘의 변고나 우주의 질서가 무너지는 것에 대한 두려움을 이야기를 통해 수용 가능한 것으로 바꾸어서 소통하고 공유했다. 공동체는 이러한 이야기를 하면서 세상의 질서에 대한 믿음을 함께 만들었다. 더 나아가 이야기는 우주의 안정성에 의문을 제기하는 아이들에게 공동체의 우주관을 전달하는 매체가 되었을 것이다. 그래서 별과 관련된 이야기는 우리가 옛날 사람들의 생각과 마음을 읽는 창이 되어준다.

정화수 떠놓고
별에 비는 뜻은

"변소 앞에서는 '흠흠' 하고 헛기침을 해야 돼."

"왜 그래야 되는데요?"

"변소 안에는 측도부인이라는 귀신이 살고 있거든. 이 귀신이 여자 귀신인데 성질이 아주 고약해. 사람이 없을 때는 아주 긴 머리카락을 일일이 세는 게 일인데 사람이 아무런 기척 없이 들어오면 세다가 잊어버리잖아. 그러면 화가 나서 해코지를 하거든."

"어떤 해코지를 하는데요?"

"그냥 시름시름 앓기도 있고, 변소에 빠질 수도 있어. 변소에 빠지면 측도부인의 저주 때문에 살기가 어렵대. 그래서 변소에 빠진 사람은 똥떡을 해 먹어야 돼."

"똥으로 떡을 만들어요?"

"그건 아니고, 쌀로 떡을 송편만 한 크기로 만들어. 그리고 마을 사람들에게 똥떡 똥떡 하면서 백 사람에게 돌려야 해. 그래야만 측도부인의 노여움을 풀 수가 있어."

아주 어렸을 때 변소 앞에서 어머니와 내가 나눈 마주 이야기(대화)이다. 그 이야기를 듣고 나서는 변소에 가는 것이 무서웠고 변소에 앉아 있을 때는 빨리 나오려고 했다. 우리가 어렸을 때만 해도 마당 한구석에 있는 변소는 큰 단지를 묻어놓고 그 위에 발판을 만들어놓았기 때문에 아이들이 잘못하면 빠질 수도 있는 위험한 장소였다. 측도부인 이야기는 아이들이 방심하지 않도록 해서 안전을 도모할 수 있는 방법이었을 것이다.

또 다른 까닭도 있었다. 옛날에 변소는 헛간 옆에 있었는데 제대로 된 문이 달려 있지 않았다. 아예 문이 없는 경우도 있었고 거적때기만 걸어놓거나 판자문을 달기도 했는데 판자문에 틈이 많아서 가까이 서면 얼마든지 그 안을 볼 수 있었다. 그래서 화장실 바로 앞이 아니라 일정한 거리를 두고 인기척을 내게 한 것이다.

옛날 사람들은 집을 요즘 사람들처럼 그저 살아가는 데 필요한 기계로 보거나 재테크의 대상으로 보지 않고 신과 함께 살아가는 성전으로 보았다. 화장실에 측도부인이 있는 것처럼 부엌에는 조왕신이 있었고, 마당에는 터줏대감, 그리고 마루나 방에는 성주신과 삼신, 장독대에는 칠성님이 자리 잡고 있다고 믿었다. 우리 어머니도 집안 신을 위했는데, 조왕신의 신체는 부뚜막 위의 정화수였고, 터줏대감의 신체는 뒷마당에 짚을 엮어서 세워놓은 것이었다. 성주신의 신체는 명태에 실타래를 걸어놓았고, 칠성님은 항아리에 쌀을 채워놓고 뚜껑 위에 돌을 몇 개 갖다 놓아 단을 만든 다음 정화수를 떠놓았던 것으로 기억한다. 신들의 역할은 각기 달랐는데 성주신은 가장, 곧 아버지나 할아버지의 수호신이고, 삼신은 열다섯 살 이전 아이들의 수호신이다. 터줏대감은 집터를 수호하고, 조왕신은 주부뿐 아니라 온 가족의 안전을 지키는 신격이었고, 칠성님은 온 가족의 생명과 부를 가져온다고 했다. 이러한 신들이 협력해서 집안의 안전과 풍요를 지킨다고 믿었는데 모두가 사이가 좋다고 생각한 것은 아니었다. 측도부인과 조왕신은 원수 사이라서 가까운 곳에 있으면 안 된다고 믿었다. 왜 그런가 하고 어머니에게 물었더니 조왕은 본부인이고 측도부인은 시앗, 곧 첩이라서 사이가 안 좋다는 것이다. 나중에 제주도 본풀이를 공부하면서 그 전체적인 신화의 얼개를 알 수 있었다.

이렇게 우리 가정의 안전을 지키는 신들을 위하는 의례도 있었다. 우리 마을에서는 음력으로 10월 3일, 고사를 지냈는데 이 고사를 시월상달 고사라고 했다. 옛날 사람들은 신들을 위하는 의례에도 격이 있다고 생각했는데 제대로 된 격식을 차려서 지내는 것을 민간신앙에서는 '굿', 유교에서는 '제', 불교에서는 '재'라고 했다. 그리고 좀 더 간결한 의식을 '푸닥거리, 고사'라고 했는데 굿과 푸닥거리가 무당이 하는 것이라면 고사는 누구나 할 수 있는 의례였다. 시월을 상달이라고 하는 것은 그때 신에게 떡과 음식, 과일 등 제물을 올리는 신성한 달이라고 믿었기 때문이다. 일본에서는 음력 시월을 '신월'이라고 한다. 가정에서만 시월에 제사를 지낸 것은 아니었다. 나라굿 역시 시월에 지냈다. 동예의 '무천', 고구려의 '동맹'이 시월에 있었던 것은 시월이 신에게 제사를 지내는 길한 달이라는 관념이 이미 그때 나라 차원에서 형성된 것으로 보아도 좋을 것이다.

어머니는 시월상달 고사를 지낼 때 떡 두 시루를 쪘다. 하나는 시루떡이었고 다른 하나는 백설기였다. 어머니는 떡을 찔 때면 부정을 탈까 봐 변소에 가지도 않았고, 머리카락이 떡에 들어갈까 봐 머리에 수건을 둘렀다. 다 찌면 방에서 성주신과 삼신을 위하고 그 시루를 부엌으로 가지고 가서 조왕신도 위했다. 마지막으로 뒷마당에 있는 장독대에 가서 백설기를 올려놓고 위했는데 어머니는 옆에서 기도와 염불을 하고 나에게는 절을 하게 했다. 아버지가 유교적인 소양을 가진 분이라 상달 고사를 지낼 때 절을 하지 않아서 어머니는 항상 불만이었다. 그래서 아버지 대신 큰아들인 내가 성주신에 대한 고사와 칠성에 대한 고사를 할 때 항상 옆에서 절을 했다. 다른 형제들은 절을 시키지 않아서 밖에 나가 놀았지만 맏아들인 나는 어머니에게 꼼짝없이 잡혀서 절을 해야 했다. 어머니가 집지킴이 신들을 위하는 것을 볼 때마다 이상한 것이 있었다. 고사를 지낼 때 백설기는 칠성님한테만 올렸고, 비손은 꼭 장독대에서 하는 것이었다. 어머니에게 물었더니 칠성님이 깨끗한 것을 좋아해서 백설기를 올린다고 했다. 장독대에서 비손을 하는 것에 대해서는 칠성님이 칠성줄이라는 명줄을 가지고 사람들의 수명과 복을 주관하기 때문이라고 하셨다. 아마 이러한 행위는 고인돌에 새겨진 북두칠성에서 알 수 있는 것처럼 아주 오래된 기원을 가지고 있을 것이다. 오늘날에도 무의식적으로 칠성님을 향해 비손을 하는 것은 그러한 전통이 무의식 속에 남아 있기 때문일 것이다.

나이를 먹은 다음에는 '빈다, 빌다'라는 말이 무슨 뜻인지 궁금했다. 그래서 사전을 찾아보았더니 『국어대사전』(교육도서)에서는 '빌다'를 이렇게 풀이하고 있었다.

① 자기 소원이 이루어지게 해달라고 간절히 원하다.
② 잘못의 용서를 구하다.

그리고 별에 관한 자료를 찾다가 충청도나 경상도, 전라도에서 '별'을 '빌'이라고 부른다는 것을 알게 되었다. 그 뒤로 '빌다'의 뜻과 속살이

'별'로부터 나온 것이 아닐까 생각하게 되었다. 우리말 가운데 움직임이나 상태를 뜻하는 말을 만들 때 이름씨에 '-다'를 붙여서 만든다는 것을 알고서는 더욱 확신을 가지게 되었다. 하늘에 있는 별들이 인간의 운명을 좌우하는데 인간이 그 내용을 모른다면 신의 가호를 빌 수밖에 없었을 것이다.

그 '빈다'라는 말이 가진 뜻과 속살을 속담을 통해서 찾아보았다. 속담에는 그 나라 사람들의 집단 무의식이 잘 갈무리되어 있기 때문이다. 그래서 우리들은 다른 사람들을 설득할 때 속담을 잘 사용한다. 보기를 들면 일을 하다가 배가 고픈데 그냥 배고프다고 이야기를 하면 다른 사람들한테 핀잔을 들을까 망설이기 마련이다. 이때 '금강산도 식후경인데 밥 먹고 합시다.' 하면 누구나 자연스럽게 공감하면서 일어선다. 속담이 가지는 이러한 소통의 힘은 그 집단을 이루는 대다수 사람들이 공유하기 때문이고 속담 자체가 생활의 진리로 받아들여지고 있어 행동을 강제하는 규범적 기능을 하기 때문이다. 속담을 통해서 빈다는 행위가 한국 사람들에게 가지는 그 뜻과 속살이 얼마나 뿌리 깊은지 확인할 수 있었다.

비는 놈 못 당한다.

비는 놈한테는 용빼는 재주 없다.

비는 놈한테는 칼도 소용없다.

비는 놈한테는 지기 마련이다.

비는 데는 귀신도 물러간다.

비는 데는 무쇠도 녹는다.

비는 행동이 인간관계에서 먼저 생겨났는지, 신에게 비는 것이 먼저 였는지 생각해보면 옛날에는 인간관계가 평등했기 때문에 신에게 비는 것이 먼저였을 것이다. 당시 사람들은 권력자들을 신이나 신의 아들이라고 믿었다. 그러한 신성화된 위계 관계 속에서 사람에게 빈다는 행위도 일반화되었을 것이다. 그러고 보면 우리는 어렸을 때 어른들이 잘못해서 문제가 생겨도 자식들이 무조건 빌어야 한다고 배웠다.

'빌다'가 별의 사투리인 빌에서 나왔다는 것을 알게 되자 그 말의 뿌리에 대해서 관심이 생겼다. 학자들 가운데 어떤 사람은 '붉→블→별'로 바뀌었다고 보았고, 어떤 사람은 '벋→벌→별'이라는 과정을 거쳐서 만들어졌다고 주장한다. 어쨌든 해나 달, 별이라는 말의 뿌리가 모두 '붉'에서 유래한 것이니 옛날 사람들이 생각했던 신은 하늘에서 빛나는 별 그 자체였던 것이다.

'빌미'라는 말도 '별'을 뜻하는 '빌'에서 나왔을 가능성이 높다. '빌미'는 재앙이나 병 따위의 불행이 생기는 원인이라는 뜻인데, 바로 그러한 재앙을 가져오는 존재가 옛날 사람들은 별이라고 생각했던 것이다. 그 밖에도 '비롯하다', '비로소'라는 말도 '어떤 일이 시작되다'라는 뜻이니 별 신앙과 관련이 있을 것이다. '빌어먹다'라는 말도 별한테 빌듯이 남한테 빌어서 얻어먹는 것이니 별에서 가지 쳐 나온 말이다. 고사 때 하는 말을 '비나리'라고 하는데 이 말 또한 '빌다'라는 말에서 나온 것이고, '벼르다'나 '벼름벼름'이라는 말도 어떤 일을 하려고 마음을 도사려 먹거나 벼르는 모양을 나타내니 그 뿌리가 같은 것이다. 산 이름 가운데 '비로봉'이 많은데, 이 말 역시 별처럼 높고 신성한 봉우리란 뜻이었을 것이다.

이렇게 어렸을 때 집안 고사에 대한 기억에서 시작해서 그 의례 행위가 가진 뜻과 속살을 따지고 들어가보니, 우리말과 문화가 옛 천문학에서 비롯되었다는 것을 알 수 있었다. 우리가 기억하고 있는 어머니는 장독대 정화수 앞에서 자식을 위해 비는 모습이다. 신석기시대에도 어머니들은 빗살무늬토기에 곡식을 담아놓고 그렇게 빌었을 것이다. 별이 이처럼 우리말의 저수지이고 별과 인간의 관계에서 형성된 의례가 우리 문화의 바탕이 되었다는 것을 알게 되니 하늘의 별이 더욱더 빛나 보인다.

초례-북두칠성에게
알리는 것으로부터 시작된 혼례

　전통혼례라고 하면 사모관대를 한 신랑과 얼굴에 연지를 바르고 원삼에 족두리를 쓴 신부가 서로 절하는 장면이 떠오른다. 지금도 전통혼례를 하는 사람이 있지만 어렸을 때 경험한 전통혼례와는 그 장소와 분위기가 아주 다르다.

　요즘은 예식장이나 공원에서 전통혼례를 하지만 옛날에는 신부집 마당이 혼례식장이었다. 혼례식 날은 온 마을 사람들이 다 모이는 날이었다. 노인부터 아이까지 모두가 함께 모여서 신랑신부를 축하했다. 달력의 빨간 날은 아니었지만 누구나 인정하는 마을 휴일이라서 그날 일하는 사람은 없었다. 마을 아이들도 혼례식을 남의 일로 생각하지 않았다. 가족이나 친척이 아니어도 평상시 함께 놀거나 따랐던 마을 누나나 오빠, 형이었기 때문이다. 그런 형이나 누나, 오빠가 어른이 된다는 것이 신기했고, 배불리 먹을 수도 있었기 때문에 그날은 아이들도 혼례식장 주변을 떠나지 않았다. 어른들도 어렸을 때부터 보아왔던 아이를 다른 마을로 보내거나 새로운 마을 구성원을 맞이하는 일이었기 때문에 남 일처럼 생각하는 사람이 없었다. 옛날에는 모를 심어도 함께 심고 품앗이도 하고 마을에 잔치가 있으면 함께 일해야 하는 사람들이었기 때문에 새로 들어온 신부는 누구네 집의 며느리일 뿐만 아니라 마을 구성원의 한 사람으로 환대를 받았다.

그런데 내가 기억하는 전통혼례는 몇 번 되지 않는다. 여섯 살 이전 기억은 없고 열 살이 넘어서는 마을에서 전통혼례식이 사라졌기 때문이다. 지금 생각해보면 새마을운동의 영향이었다. 새마을운동을 하면서 마을 앞길이 넓어지고 포장되고 초가지붕은 슬레이트 지붕으로 바뀌었다. 그러한 물질적 변화와 함께 전통혼례식, 마을 풍물과 지신밟기는 사라졌다.

내가 경험한 것 가운데 가장 기억에 남는 것은 초등학교 2학년 때 있었던 옆집 누나의 혼례식이다. 친했던 누나의 남편이 될 사람이 누군지도 궁금했고 어떻게 데려가나 알고 싶어서 신랑을 졸졸 따라다녔다. 노새를 타고 온 신랑이 나무기러기를 들고 가더니 방에 있는 상에 올려놓고 절을 했다. 조금 있다가 신부 어머니가 나무기러기를 들고 가서 신부가 있는 방에 던졌다. 왜 그렇게 하느냐고 물어보자 던졌을 때 나무기러기가 바로 서면 아들을 낳고 배를 보이면 딸을 낳는다고 했다. 나무기러기는 바로 섰고 마을 사람들은 신부가 아들을 낳겠다고 좋아했다. 나중에 그것을 '전안례'라고 부른다는 것을 알았다. 중국에서는 '전안례'에 사용하는 기러기를 하늘에 바치는 선물이라고 한다. 선물을 바치는 까닭은 인간의 수명을 관장하고, 복을 주고 혼례를 마련하는 것이 자미성과 북두칠성이라고 믿었기 때문이다.

'전안례'를 마치고 신랑이 마당으로 나왔다. 마당에는 멍석이, 그 위에는 돗자리가 깔렸다. 돗자리 위에는 상이 차려져 있었다. 중앙에 큰 상을 놓고 양쪽에 작은 상을 놓았는데 큰 상에는 청색, 홍색 양초를 꽂은 촛대에 불이 켜져 있었고 밤, 대추 등 과일을 담은 접시 그리고 술잔

이 있었다. 한편에는 대나무를 꽂은 꽃병이 있었고 청실과 홍실이 걸쳐 져 있었다. 그 옆에는 수탉과 암탉이 보자기에 싸여서 놓여 있었다. 사 람들은 이 상을 교배상이라고도 하고 초례상이라고도 했다. 조금 있으 니 신랑신부가 절을 하는데 신랑은 한 번, 신부는 두 번을 했다. 그러고 는 조롱박으로 술을 마셨다.

아버지는 이것을 '합근례'라고 하면서 합근이란 조롱박 반쪽이라고 가르쳐주셨다. 옛날 중국 주나라 때부터 그렇게 했다는데 나중에 중국 풍속을 알아보니 송나라 때부터는 조롱박을 사용하지 않고 도자기 술 잔을 사용했다고 한다.

떠들썩한 혼례식이 끝나고 집에 와서 아버지에게 여러 가지 궁금한 것을 여쭈어보았다.

"왜 신랑은 한 번 하는데 신부는 두 번 절해요?"

"혼례상에 닭을 왜 올려놓아요?"

"촛불도 청색과 홍색이 있고 실도 청실홍실 걸치고 주변에는 청등, 홍등을 걸어놓는 까닭이 뭐예요?"

"왜 낮에 결혼하는데 촛불을 켜놓아요?"

"왜 혼례식을 초례라고 해요?"

질문 가운데 두 가지에 대해서는 확실히 대답을 하셨지만 나머지에 대해서는 자신도 모른다고 하셨다. 아버지가 확실히 대답한 것은 닭을 초례상에 올려놓은 까닭과 청색과 홍색을 사용하는 까닭이었다. 그 가 운데 수탉이 암탉을 돌보듯 신랑이 아내와 가족을 돌보아주어야 한다 는 말이 인상적이었다. 과연 그러한지 우리 집 마당에 있는 닭 무리들을 주의 깊게 관찰해보았다. 우리 마당에는 수탉 한 마리와 암탉 몇 마리, 병아리 몇 마리가 있었는데 수탉의 행동은 놀라울 정도로 이타적이었다. 수탉이 여기저기 다니면서 먹을 것을 찾으면 '꼬끼오' 소리를 내어 자기 식구를 불렀다. 암탉이나 병아리들이 몰려가서 함께 쪼아 먹으면 자신은 다른 데로 가서 땅을 파헤치면서 또 다른 먹이를 찾았다. 만약 암탉과 병아리를 개나 고양이, 사람들이 해코지를 하려고 하면 경고신호를 보냈고 실제 해코지를 하는 상대에게 달려들었다. 자기 생명의 위협도 아랑곳하지 않고 달려드는 수탉의 공격에 고양이나 작은 개들도 놀라서 피하는 것을 보고 그 용기에 감탄한 것이 한두 번이 아니다. 그리고 암탉이 알을 낳을 때 무슨 일이 벌어지는지도 알게 되었다. 암탉은 나무를 쌓아두고 있는 부엌 한켠에서 알을 낳고는 반드시 '꼬끼오' 하고 울었다. 그러면 수탉이 바로 달려왔다. 어머니에게 왜 그런가 물었더니 예쁜 알을 낳았다고 자랑하는 것이라고 했다.

이러한 행동이 진화과정에서 생존을 위해 습득한 본능적 행동을 반복하는 것임을 알게 된 것은 인도의 숲에서 야생 닭무리를 관찰한 동물학자의 글을 통해서였다. 인도 몬순우림지역에서도 수탉이 무리를 이끄는데 이동하면서 암컷이 알을 낳으면 무리와 떨어져야 했다. 알을 낳는 동안 수탉이 이끄는 무리들은 이미 수백 미터 밖으로 가 있기 때문에 합류하지 못하면 암탉과 병아리는 천적들의 먹이가 될 수밖에 없었다. 숲에는 호랑이, 표범, 붉은 늑대, 담비, 몽구스 등 닭을 잡아먹으려는 천적들이 우글거린다. 생존이 걸린 상황에서 알을 낳고 부화한 암탉은 크게 운다. 수탉을 부르는 것이다.

수탉은 우는 암탉을 구하기 위해 무작정 달려간다. 천적에게 희생당하는 것을 무릅쓰는 것이다. 성공할 때도 있지만 천적에게 희생당하는 경우도 많다고 한다. 하지만 이러한 행동양식이 없었더라면 닭의 무리는 멸종되었을 것이다. 수탉이 그런 무모한 행동을 하는 것은 닭의 진화과 정에서 획득한 특성이고, 그 특성은 종의 생존에 결정적인 역할을 했을 것이다.

청실, 홍실이나 청등, 홍등과 같은 빛깔을 사용하는 것에 대한 아버지의 대답도 인상적이었다. 태극기 한가운데 원을 보면 빨간색과 파란색이 칠해져 있는데 각기 음양을 상징하는 것이라고 하셨다. 빨간색은 양이며 남자이고 파란색은 음이며 여자이기 때문에 태극기에 담긴 뜻은 음양 조화라고 하셨다. 그래야 가정도 화목하고 아들, 딸도 낳을 수 있다는 것이다.

혼례식에서 남자가 한 번, 여자가 두 번 절하는 것에 대해 질문을 한 것은 어린 마음에도 그것이 불공평하다고 생각했기 때문이다. 어른들에게 여쭈어보니 여자는 남자의 반쪽밖에 안 되기 때문에 절을 두 번 하는 것이라고 했다. 나중에 숫자에 대한 상징을 공부하니 여성과 땅은 짝수, 남성과 하늘은 홀수로 상징된다고 한다. 절하는 데도 그러한 상징성이 반영된 것이기 때문에 불평등한 것이 아니라는 학자들도 있지만 마을 어른들의 말처럼 실제로는 성 역할 고정관념을 강화시키는 의례였을 것이다.

아버지는 왜 낮에 초를 켜는지, 혼례식을 왜 초례라고 하는지에 대해서는 모른다고 하셨다. 어렸을 때 가진 이러한 궁금증의 해답은 별자리를 공부하면서야 해결되었다. 초례의 초(醮) 자는 '별에 제사 지낼 초'이다. 따라서 초례라는 말은 해와 달, 별자리에 대한 제사에나 쓸 수 있는 말이었다. 우리나라 사람들은 북두칠성이 사람들의 수명과 복을 관장한다고 믿어왔다. 그래서 혼례를 시작할 때도 고천(告天)이라고 해서 하늘, 곧 북두칠성에 알리는 것으로 시작했다. 그것을 알고 나니 낮에 혼례를 올리면서도 촛불을 켜는 까닭이 비로소 이해가 됐다. 밤에 혼례를 올릴 때 촛불을 켜놓았던 관습이 나중에 편의를 위해 낮에 하는 혼례로 풍속이 바뀌어도 그 습속이 바뀌지 않았던 것이다. 『삼국지위서동이전』의 '고구려조'를 보면 해 진 뒤에 혼례가 이루어졌다는 것을 확인할 수 있다.

그 풍속에 혼인할 때는 말이 이미 정해진 뒤에 여자의 집에서 큰 집 뒤쪽에 작은 집을 지어 서옥이라 이름하여 두면, 사위가 저녁에 여자의 집 문 밖에 이르러 스스로 이름을 부르며 무릎을 꿇고 절하고는 딸을 얻어 잠자리에 들 수 있기를 청하는데, 그렇게 두세 번 하면 여자의 부모가 이내 청을 들어주어 작은 집에서 자게 한다. 그러면 신랑이 가져온 돈이며 비단 등을 그 곁에 쌓아두며, 자식을 낳고 그 자식이 성장하고 나서야 부인을 거느리고 집으로 돌아간다.

중국에서도 옛날에는 해가 진 다음 신부를 맞는 것이 일반적이었다고 한다. 『설문해자』에서도 '혼'에 대해 "어두워서 아내를 맞는 것이 예였다"라고 해설하고 있다. 그래서 옛날에는 혼인할 때 혼(婚) 자를 어두울 혼(昏)이라고 쓰기도 했다. 중국의 학자들은 그러한 문화가 생긴 원인을 여러 가지로 설명하는데 강제혼인의 산물이라고 주장하는 사람들도 있다. 어두운 때를 이용해서 처녀를 납치해 결혼을 했다는 것이다. 이러한 메마른 설명은 어떤 문화의 뿌리가 신화, 곧 별자리 운행을 바탕으로 하고 있다는 것을 이해하지 못하는 것이다. 옛날 사람들은 별자리 특히 북두칠성이 한 사람을 태어나게 하고 성장시킬 뿐만 아니라 길흉화복을 관장한다고 믿었다. 따라서 그 모든 것을 관장하는 신인 북두칠성이 떠오르는 것을 보면서 혼인을 알리고 행복을 비는 것으로부터 혼인의례가 시작되었다고 보는 것이 옳다고 생각한다.

혼례식이 열리는 장소를 초례청이라고 하고 그 상을 초례상이라고 하며 혼례식을 시작할 때 하늘에 알리는 것이 그 근거이다. 신랑 신부가 함께 술을 마시기 전에 술 한 잔과 과일을 초례상에 올려놓는 것도 북두칠성을 위하는 것이다. 혼인의례에 담긴 칠성신앙의 뿌리는 그렇게 깊은 것이다.

칠성판을 까는 뜻은

초등학교 2학년 때였다. 저녁 늦게까지 가족들이 아무도 집에 돌아오지 않았다. 아버지는 옆집에 초상이 나서 상갓집에 가셨다. 어머니도 동생들을 데리고 어디로 가셨는지 알 수 없었다. 누님들은 어른들이 다 초상집 주변에 모여 있으니 기회다 싶어 밤늦게까지 친구 집에서 모여 노는 것 같았다. 우리 집은 단혼 소가족인 데다가 집에서 돌아가신 사람이 아직 없어 죽음에 대해서 막연한 생각만 하고 있을 때였다. 마을 상옛집을 지나갈 때 뭔가 섬뜩한 느낌이라든가 밤이나 비가 올 때 마을 앞에 있는 공동묘지에 갈 때 무섭다는 느낌 때문에 죽음은 두렵고 슬픈 것이라는 생각만 있을 뿐이었다.

옆집에 상이 난 데다가 집에 아무도 없으니 자꾸 무서워졌다. 조금 있으니 옆집에서 노랫소리가 들렸다. 무슨 일인가 싶어 달려가 보았더니 마을 사람들이 상여를 메고 소리를 하고 있었다. 앞마당에서 뒷마당으로 가고 대문 밖으로 나가려다가 대문간에 상여를 반만 걸치고 다시 돌아오는 등 마치 재미난 놀이를 하는 것과 같았다. 어안이 벙벙해서 아버지를 잡고 여쭈어보았다.

"아버지, 지금 뭐 하는 거예요?"

"재떨이를 하는 거란다."

"재떨이가 뭔데요?"

"재앙을 떨어버린다는 뜻인데 장례식 전날 이렇게 빈 상여를 가지고 놀이하면서 노래하는 것을 재떨이라 하는 거야."

"그런데 지난번 ○○네 집에서는 이렇게 안 했잖아요?"

"응, 아무나 하는 건 아니지. 이렇게 사람들을 모아놓고 대접을 하려면 집안이 넉넉해야 되고 호상이어야 하지. 호상이란 것은 나이가 칠십이 넘어서 돌아가시고 특별한 사고 없이 유복하게 살다가 돌아가셨을 때만 재떨이를 해."

아버지랑 이야기하는 동안 재떨이는 점점 더 소란스러워졌다. 사위를 끌어내서 상여를 태우고 흔들었다. 사위는 떨어지지 않으려고 상여를 꼭 잡고 있었고 내려오려면 돈을 내야 했다. 몇 번을 그렇게 하더니 상주 친구가 상주 앞에 가서 장난을 치기 시작했다. 머리에 쓴 건을 뺏어 쓰기도 하고 농담을 하는데 어린 내가 볼 때도 '저렇게 하면 되나' 생각이 들 정도였다. 건을 쓰고 "아이고 아이고" 곡을 하는 흉내를 내더니 "아, 잘 죽었지 뭐. 이제 사랑 차지도 하는데 이제 좀 웃어봐. 속으로 좋지 않아?" 하면서 놀리는데 상주는 뭐라고 말도 못하고 지팡이로 밀어내기만 했다. 그렇다고 불쾌한 표정도 아니었다. 웃지도 못하고 울지도 못하는 얼굴이었다. 아버지 말을 들으니 '재떨이'를 하려면 상주가 그렇게 하자고 동의를 할 때만 한다고 했다. 지금 생각해보면 상주들의 표정은 '재떨이'를 하는 여유 있는 집이라는 자부심 같은 것이 담겨 있었던 것 같다. '재떨이'는 자식들이 부모를 잘 모시는 효도라는 인식이 사람들한테 있었기 때문일 것이다.

그날은 집에 와서 자고 마침 그다음 날이 일요일이라서 장례식을 거의 다 볼 수 있었다. 아침에 일찍 일어나서 상갓집에 가니 사람들이 삼삼오오 모여서 이야기를 하고 있었고, 조금 지나니 제사를 지냈다. 그때까지는 조금 산만하고 소란스럽다 싶었는데 상여꾼들이 요령소리와 함께 상여를 들고 소리를 하자 분위기가 변했다. "어어 어화, 이제 가면 언제 오나. 어허 어화." 상엿소리가 울리자 사람들의 관심이 집중되고 모두 하나의 끈으로 이어졌다는 느낌이 들었다. 마을 사람 모두가 자기들과 함께 살아왔던 사람을 마지막으로 보내면서 일체감 같은 것이 만들어지는 것 같았다. 상엿소리는 처음에는 느릿느릿했는데 점점 빨라졌다. 무덤에 갔더니 사람들이 가래질을 하면서 땅을 파고 있었다. 가래질에도 역시 소리가 있었다. 가장 큰 장관은 달구소리였다. "어허, 달고." 하면서 무덤을 다지는데 "어" 소리에 고개를 숙이고, "허"에 나뭇대를 들고 몸을 세웠다. "달"에 발을 들더니 "고"에 발을 내리찍는 동작을 하는데 여러 사람이 동시에 같은 몸짓으로 원을 그리는 것이 아주 멋있었다. 상엿소리는 노랫말도 다양했다. '재떨이'에서부터 상여를 멜 때, 가래질을 할 때, 달구소리를 할 때 그 노랫말이 달랐다. 또, 어떤 노랫말은 죽은 사람 입장에서, 어떤 것은 산 사람의 입장에서, 또 어떤 것은 마을 사람의 입장에서 부르고 있었다. 상엿소리가 일종의 '서사시'이고 거기 모인 마을 사람들의 마음을 서로 주고받는 대화였다는 것을 알게 된 것은 나중에 어른이 되어서였다.

　　어렸을 때 이러한 경험은 옛날 자료를 볼 때 상·장례에 관한 이야기가 나오면 바로 관심을 가질 수 있게 하는 바탕이 되었다. 두 가지 관심으로 이어졌는데 하나는 우리 고장뿐만 아니라 다른 곳에서도 재떨이 소리 같은 것을 하는지 또 그렇게 시끌벅적 축제처럼 하는 장례가 언제부터 시작되었는지에 관한 것이었다. 예상대로 그러한 놀이는 전국적으로 찾아볼 수 있었다. 전남 진도에서는 '다시래기'라고 했고, 신안지역에서는 '밤다래', 경북지역에서는 '대도둠', 충남지역에선 '상여흘리기', 경남지방에서는 '상부놀림', 황해도 지방에서는 '생여도둠', 강원도는 '손모둠', 경기도는 '걸걸이'라고 했다. 그 가운데에서도 가장 인상적인 것이 진도 '다시래기'였다. 진도 '다시래기'의 난장판에 비하면 우리 마을의 '재떨이'는 아주 소박한 의례일 뿐이었다. 진도 '다시래기'에서는 온갖 놀이가 벌어졌다. 곱사놀이, 출산놀이, 노래자랑, 장기자랑, 상주 놀려주기나 웃겨주기가 있었다. 판이 시원치 않으면 상주들이 일어나 마을 사람들에게 술을 권하거나 돈을 내놓으면서 이 정도밖에 못 노느냐고 한 소리 했다고 한다. '다시래기'는 '다시 난다'는 뜻이라고 한다. 다시래기에 있는 출산놀이는 장례가 단지 죽은 사람과 이별하는 의식이 아니라 죽은 자가 새로운 세상에서 재탄생한다는 것을 축하하는 의식이라는 뜻도 가지고 있었다는 것을 보여준다. 이러한 놀이들은 죽은 지 3일째 되는 밤에 진행한다. 옛날부터 3은 재생과 부활의 숫자이다. 그믐날 밤에 사라졌다가 초승달로 다시 떠오르는 달의 재생과 부활의 주기가 3일이기 때문이다.

역사를 상고해보니 축제형 장례식에 대한 자료가 남아 있는 것은 고구려 때였다. 『수서』'동이전 고구려조'에 보면 다음과 같은 내용이 나온다.

사람이 죽으면 집 안에 빈소를 차리고 3년이 지난 뒤 좋은 날을 택하여 장례를 치른다. 부모나 배우자의 상을 치를 때는 상복을 모두 3년 동안 입으며 형제는 3개월로 한다. 초상이 난 뒤로부터 줄곧 곡하여 울다가 장례 때는 북 치고 춤추며 음악을 연주하여 죽은 자를 보낸다.

진도 '다시래기'를 연상케 하는 기록이다. 물론 그러한 장례식의 역사는 그 이전으로 거슬러 올라갈 가능성이 높다. 청동기시대 고인돌을 운반하는 장면을 단지 노동으로만 볼 수는 없을 것이다. 수많은 사람이 참가했을 때 음식과 술을 장만하는 것은 당연했을 것이고, 고인돌을 운반하고 세우는 장면, 이어서 펼쳐지는 의식은 노래와 춤으로 가득 찼을 것이다. 나는 오늘날 상엿소리가 고인돌에 쓰일 상석이나 지석의 운반에서 비롯되었을 것이라고 생각한다. 따라서 축제형 장례의 기원은 적어도 청동기시대까지는 올라갈 수 있을 것으로 보인다.

생각이 여기에 이르자 우리 겨레가 이렇게 오랜 시절 축제와 같은 장례놀이를 해왔던 것이 어떤 뜻과 속살을 가지고 있는 것일까 궁금해지기 시작했다. 그때부터 죽음에 관련된 토박이말을 검토해보았다. '죽었다', '뒈졌다', '뻗었다', '골로 갔다', '돌아가셨다' 등이 있었다. 그 가운데 '뒈졌다'와 '돌아가셨다'라는 말에 그 비밀이 숨겨져 있을 것이라는 생각이 강하게 들었다. '뒈졌다'라는 말의 뜻과 속살부터 살펴보자. 우리말에서 '뒤'는 북쪽을 말하니 북쪽으로 간다는 말이다. 북쪽이란 북망산이란 말처럼 사람이 묻히는 장소만을 뜻하지는 않을 것이다. 실제 무덤을 자기 마을 뒷산에 마련하는 경우는 많지 않다. 때문에 나는 '뒈졌다'의 뒤를 북두칠성과 관련된 것으로 생각한다.

'돌아가시다'라는 뜻에는 더 뚜렷한 속살이 담겨 있다. 지금도 그렇지만 옛날 사람들에게 가장 심각한 문제는 '죽음'이었을 것이다. 어디로 가는지도 모르는 죽음 뒤의 세계는 두려움을 불러일으키기 때문이다. 죽음 이후에 대한 느낌이 두렵다는 것은 그 느낌을 일으키는 힘이 무엇인지 잘 모를 때 빚어지는 것이다. 그 느낌을 일으키는 힘이 무엇인지 또렷이 알고 있을 때는 '무섭다'라고 한다. 눈앞에 있는 호랑이는 무섭지만 죽음 이후 세계는 두려운 것이다. 그러한 두려움을 해결하지 않으면 삶이 불안해진다. 모든 종교와 신앙은 본질적으로 이러한 죽음의 문제를 해결하기 위해 생겨난 것이다. 죽은 다음에 극락이나 천당에 가서 영원한 즐거움을 누린다고 믿는다면 죽음은 두려움이 아니라 기대와 설렘, 또는 편안함 같은 느낌을 불러일으킬 수 있기 때문이다. '돌아간다'는 말 속에 그러한 느낌이 있지 않은가? 우리 진짜 고향은 지금 살아가는 땅이 아닌 것이다. 그 이전에 진정한 본향이 있는 것이고 바로 그 본향은 장례와 관련된 여러 가지 문화 요소를 살펴볼 때 북두칠성일 것이다. 그 증거 가운데 하나가 칠성판이다. 지금도 죽은 사람의 등 밑에는 칠성판을 깐다. 칠성판은 북두칠성의 모습대로 둥근 모양을 일곱 개 뚫은 널빤지이다. 요즘은 구멍을 뚫지 않고 먹으로 북두칠성을 그려 넣기도 한다. 시신을 매장할 때 밑에 칠성판을 깔고 그 위에 일곱 자, 일곱 치의 칠성포를 덮는다. 머리는 북두칠성의 첫째 별인 천추성 쪽으로 놓고 발은 일곱째 별인 요광성 쪽으로 놓는다. 죽은 사람의 등에 칠성판을 까는 것은 이 칠성판이야말로 하늘문을 통과해서 칠성님 곁으로 갈 수 있는 일종의 여권이자 운송수단으로 생각했다는 것을 보여주는 것이다. 실제 시골에서 장례를 치를 때 지관이 가장 신경을 쓰는 것이 칠성판이다. 널판에 칠성을 제대로 표시했는가를 살펴보고 그 확인이 끝나야 상두꾼이 상여를 메고 출발할 수 있었다.

그것을 보면서 사람이 죽어서 칠성님한테로 돌아간다는 생각이 언제부터였을까라는 궁금증이 생겼다. 관련된 역사 기록은 없고 고인돌과 고분벽화에 그 증거가 있었다. 고인돌 위에 새겨진 북두칠성은 그러한 관념의 뿌리가 적어도 청동기시대에는 생겨났다는 것을 보여주는 것이다. 고구려 약수리 고분벽화[그림 38 참고]와 덕흥리 고분에도 삼태성과 함께 북두칠성이 그려져 있다. 무덤 주인의 초상화 위에 새겨진 북두칠성을 보고 나는 그것이 무덤 주인이 죽은 뒤에 어디에 있는지를 보여주는 일종의 주소 같은 것이란 생각이 들었다. 북두칠성은 우리가 죽은 뒤에 돌아가야 될 마음의 고향이란 느낌이 인간의 실존에 주는 의미는 무엇일까? 고향을 떠났던 사람이라면 고향으로 돌아갈 때의 그 느낌을 잘 알 것이다. 고향 가까이에 가면 그 마음부터 달라진다. 사람에 따라 다르긴 하겠지만 자기 고장 경계에 들어서는 순간 푸근하고 편안한 느낌이 생기기 마련이다. 한국인의 축제와 같이 시끌벅적한 장례식은 고향으로 돌아가는 사람을 축하하고 새로운 세상에서 재생과 부활을 기원하는 것이었다. 옛날 고분에서 수없이 많은 부장품들이 발견된 것은 죽음 이후에도 부활하여 새로운 삶이 이어질 것이라는 믿음이 있기 때문이었다. 그런 사상을 학자들은 계세사상(繼世思想)이라고 한다.

아버지는 상여꾼이 방울을 흔들며 부르는 상엿소리가 칠성님한테 당신 자손이 땅을 떠나 다시 하늘나라로 돌아간다는 것을 알리는 것이라고 하였다. 그 말을 듣고 상엿소리 가운데 죽은 사람의 내력을 풀어가는 노랫말의 뜻과 속살을 어림해 볼 수 있었다. 그것은 칠성님의 나라에서 새로 태어날 사람을 위한 일종의 이력서였던 것이 아니었을까? 내가 기억하는 상엿소리는 죽은 사람과 산 사람의 대화였을 뿐만 아니라 상주와 마을 사람들의 대화이기도 했고 신과의 대화이기도 했다. 따라서 상엿소리가 단순하고 지루한 노동을 즐겁고 신명나는 행위로 바꾸기 위한 것이라는 설명은 무언가 부족하다고 생각한다. 죽은 뒤 북두칠성의 세계로 가고자 하는 기원과 갈망, 그리고 그 소망을 칠성님이 받아들였다는 확신이 없었다면 죽음과 관련된 의례는 그렇게 신명나는 굿판이 되지는 않았을 것이다.

사람은 별에서 왔다

시골 사람들은 허풍이 심하다. 우리 마을에도 허풍쟁이가 한 명 있었다. 그가 하는 이야기는 사람들을 배꼽 잡게 했는데 허황한 것이 많았다. 그 가운데 하나가 '무덤 속에 누워 여우 잡기'이다.

"야, 너희들 여우 잡을 줄 아냐?"

"아니 몰라."

"여우를 잡는 것도 중요하지만 여우 가죽이 비싸잖아. 그래서 아무 상처 없이 여우를 잡는 것이 중요한데 내가 그렇게 잡아봤다니까."

"어떻게 잡았는데?"

"여우가 사람 시체를 좋아하는 거 알지? 그래서 새로 무덤이 만들어지면 와서 해골을 파먹는다고. 그걸 이용해서 잡는 거야. 얼마 전에 죽은 사람의 관 위에 또 하나의 관을 놓고 누웠어. 빛 하나 없이 컴컴한데 어느 순간인가 누가 무덤을 파헤치더라고. 그래서 여우란 놈이 온 줄 알았지. 여우가 관 뚜껑을 따기에 바로 그때 여우 머리부터 발끝까지 면도칼로 쫙 그었어. 그리고 소리를 질렀지. 그랬더니 여우가 도망을 가기에 꼬리를 붙들고 늘어졌더니 글쎄 이 여우가 가죽은 다 벗어버리고 몸만 발가벗은 채로 도망가더라고. 이게 바로 내가 개발한 여우 잡는 방법이야."

황당하기도 했지만 재미가 있었기 때문에 "또 허풍이야." 하면서도 모두가 귀 기울여 들었다. 그런 이야기 가운데 내 어렸을 적 들었던 가장 황당했던 이야기는 아버지한테 들었던 주몽 이야기였다. 주몽은 태어나자마자 말할 수 있었다고 한다. 태어난 지 3개월이 되어서는 파리가 자꾸 와서 귀찮게 하니까 어머니한테 활을 만들어달라고 했다. 어머니가 만들어주었더니 쏘는 족족 파리를 맞혔다나. 나중에 『동국이상국집』 '동명왕편'을 읽으니 이규보는 그 장면을 이렇게 이야기하고 있었다.

"파리들이 눈을 빨아서 잘 수가 없으니 어머니는 나를 위하여 활과 화살을 만들어주십시오."
어머니가 댓가지로 활과 화살을 만들어주니 스스로 물레 위의 파리를 쏘는데 화살을 쏘는 족족 맞혔다. 부여에서는 활 잘 쏘는 사람을 주몽이라고 하였으므로 이름을 주몽으로 지었다.

활쏘기를 익힌 적도 없는 어린아이가 활로 파리를 쏘아 맞혔다는 것은 일반 사람들이 할 수 있는 것이 아니다. 그 힘의 근원은 무엇일까 궁금했는데 그리스 로마 신화를 읽으면서 실마리를 찾을 수 있었다. 그리스 로마 신화에 나오는 해신 아폴론도 활의 명수였다. 주몽도 해신인 해모수의 아들이었으니 동서양을 막론하고 해신과 관련된 옛날 사람들의 인식에는 공통점이 있었던 것이다. 그러한 인식의 바탕에는 모든 방면으로 햇살을 뿌리는 해의 특성이 있었을 것이다. 여기에 생각이 미치자 화살과 햇살이라는 말의 근원이 같다는 것을 알 수 있었다.

우리 겨레는 하나의 중심으로부터 방사상으로 뻗어나가는 것들에 '살'이라는 말을 붙인다. 문살, 연살, 부챗살, 수레바퀴살 등이 그것이다. 그 살이라는 말이 햇살에서 나왔을 것이라고 생각하니 햇살과 화살의 관계에 대한 인류의 원형적 생각이 궁금해졌다.

아메리카 후이콜 인디언들에 관한 인류학자들의 기록에서 관련된 내용을 찾을 수 있었다. 후이콜 인디언들은 햇살과 화살을 같은 것이라고 믿었다고 한다. 가뭄이 들어 해신에게 기도를 올릴 때 사용하는 그림에 그들의 생각이 담겨 있었다. 그림의 가운데는 둥근 원이 있었고 그것은 아버지 해(father sun)을 상징했다. 그리고 아버지 해로부터 붉은색, 푸른색, 노란색의 빗살들이 뻗어나가는데 후이콜 인디언들은 이 그림을 '아버지-해의 화살들'이라고 불렀다고 한다.

아프리카에서도 비슷한 사례를 찾을 수 있었다. 독일의 인류학자인 레오 프로베니우스(1873~1938)가 콩고의 정글지대를 여행하고 있을 때였다. 식량을 충분하게 준비하지 못했기 때문에 여행을 계속할 수가 없었다. 할 수 없이 수행하고 있었던 원주민들에게 야생 영양을 좀 잡아달라고 부탁했다. 그들은 아주 곤란한 표정으로 지금은 안 되지만 내일 아침에는 잡을 수 있다는 말만 되풀이했다. 도리 없이 기다릴 수밖에 없었는데 원주민들은 다음 날 아침, 영양을 사냥하기 위한 의식을 진행하였다. 먼저 그들은 모래땅을 청소하여 반질반질하게 만들더니 그 위에 영양 그림을 그렸다. 해가 떠오르고 그 햇살이 영양 그림을 비추자 원주민 하나가 그림의 목 부위에 화살을 날렸다. 원주민 여인은 해를 향해 팔을 들어 올리며 기도를 하고 다른 원주민들은 활과 화살을 들고 숲 속으로 뛰어들었다. 잠시 후, 그들은 목에 화살을 맞은 영양 한 마리를 잡아왔고 모래 그림 위에 영양의 머리를 놓고서 피를 쏟았다.

여기서 내가 주목한 것은 영양 그림에 햇살이 비추자 바로 목에 화살을 날리고 사냥을 간 것이다. 그들은 사냥을 해신이 가진 힘을 빌리는 주술행위로 보았던 것이다. 그리고 잡아온 영양의 목에 화살이 꽂혀 있다는 것은 원주민들이 햇살과 화살을 같은 것으로 인식하고 있다는 것을 보여주는 것이다. 공부를 계속하다 보니 햇빛에만 그런 힘이 있는 것이 아니라 달빛이나 별빛에도 주술적 힘, 생명의 힘이 있다고 믿었던 고대인의 인식을 확인할 수 있었다. '달빛'이나 '별빛' 역시 '살'이었던 것이다. 그리스 로마 신화에서 달의 여신 아르테미스 역시 활의 명수였다. 동양 천문학에서도 빛나는 꼬리를 가진 혜성을 '살별'이라고 불렀지 않은가.

사전을 찾아보니 우리말 '살'에는 '해와 달, 빛, 물 따위가 내뻗는 기운'이라는 뜻이 담겨 있었다. '살매'라는 말도 있었다. 사람이 자신의 의지와 관계없는 초월적인 것에 의해서 그 운명이 지배되는 것을 '살매'라고 했다. 주몽 신화 가운데 유화부인이 햇빛을 받고서 주몽을 임신했다는 대목은 주몽 신화가 별자리 운행으로 주몽의 삶을 설명하고 있다는 것을 잘 보여주는 것이다. 국가 권력이 형성되기 이전에는 모든 사람들이 스스로를 별의 아들로 믿었는데 권력이 탄생하자 천문학적인 상상력이 권력자들의 소유물이 되었을 것이다.

오늘날 사람을 정의할 때 어떤 사람은 '곧선사람'이라고 하고, 어떤 사람은 '슬기 사람', 어떤 사람은 '만드는 사람'이라고 한다. 곧선사람은 네 발로 걷는 다른 동물들과 달리 두 발로 서 있다는 것을, 슬기 사람은 다른 동물들보다 좀 더 머리가 좋다는 특성을, 만드는 사람은 노동을 통해서 무엇을 만들어내는 것을 인간의 특성으로 보는 것이다. 오늘날 천체물리학은 사람이 물질적으로는 별에서 비롯되었음을 또렷하게 밝혀놓고 있다. 우리 몸을 구성하는 원소는 산소, 탄소, 질소, 수소, 칼슘, 철, 주석, 납 등이다. 이 가운데 수소는 빅뱅 순간에 태어난 것이고 탄소, 산소 등은 별의 연소과정에서 탄생하는 것이다. 철보다 더 무거운 금속들은 초신성 폭발로 인해 발생하는 것이니 우리 몸에 있는 모든 요소들은 별의 산물이다.

문화적으로도 북두칠성과 삼태성으로부터 점지 받고 그 기운으로 살아가고 죽어서는 북두칠성의 세계로 돌아간다는 인식을 공유하고 있었으니 우리 모두가 별의 아들이라고 해도 좋을 것이다.

나는 '사람'이라는 말 역시 별과 관련이 있다고 믿고 있다. 국어학자들은 사람이라는 말이 '살다'라는 움직씨에 '음(암)'이라는 이름씨끝이 붙어서 이루어진 말이라고 밝혀놓고 있다. '살다'라는 말에 '죽다'에 대비되는 '삶'이라는 뜻이 있다는 것은 누구나 쉽게 동의할 수 있을 것이다. 하지만 그 '살다'라는 말은 과연 어디에서 온 것일까. 천문학이야말로 고대문화의 뿌리가 되는 것이므로 나는 사람이라는 말이 '별'에서 나온 기운인 '살'에 이름씨끝인 '음(암)'이 붙어서 이루어진 말이라고 생각한다.

'사주팔자(四柱八字)'에도 사람이 별 기운으로부터 태어난다는 생각이 담겨 있다. 사주는 네 가지 시간기둥을 말한다. 어떤 사람이 태어난 연(年), 월(月), 일(日), 시(時)이다. 하나의 기둥마다 두 개의 글자가 붙어 있으므로 여덟 자가 되기 때문에 사주팔자라고 하는 것이다. 보기를 들면 영희는 1962년 1월 29일에 새벽 4시에 태어났다. 음력인데 만세력에서 뽑아보니 임인년, 임인월, 임인일, 임인시이다. 사주가 중요한 것은 사람이 태어난 순간 우주에 있는 별자리들이 태아의 운명을 결정한다고 보기 때문이다. 다시 말하면 음양오행(陰陽五行)의 기운이 아이에게 들어온다는 것이다. 음양오행은 해와 달, 화성, 수성, 목성, 금성, 토성의 다른 이름이다. 그래서 옛날 양반집에서는 집안 어른이 새신랑과 신부의 동침 날짜를 정해주고 태어난 날짜까지도 조정했다고 한다. 옛날 사람들은 인간이 혼과 백으로 이루어져 있는데 혼은 하늘로부터 오고 백은 땅으로부터 온다고 믿었다. 합궁을 통해서 아기가 들어설 때 백이 들어오고 태어나서 탯줄을 자르는 순간 하늘로부터 혼이 들어온다는 것이다. 이렇게 혼과 백이 결합되는 순간이 길하면 좋은 삶을 살고, 그렇지 않으면 나쁜 운명을 가지고 태어난다고 믿었기 때문에 아이가 나쁜 날짜나 시에 태어나려고 하면 일부러 엄마의 산도를 막아가면서까지 시간을 조절했다고 한다. 그러한 습속은 오늘날에는 제왕절개 시간을 조절하는 것으로 이어지고 있다. 좋은 사주팔자를 타고나게 하기 위해 만세력을 보고 수술 날짜와 시간을 정하는 사람들이 있다고 한다.

사람의 기원을 별과 연관시키고 있기 때문인지 천체와 관련된 우리말은 생명과 관련된 이미지로 가득 차 있다.

아침에 해가 뜨기 전 동쪽 하늘이 밝아질 때 '동이 튼다'라고 말한다. '튼다'라는 말은 처음에는 '동이 튼다', '싹이 튼다'라는 생명현상과 관련된 뜻과 속살을 가지고 있었지만 인류의 생활이 복잡해지면서 나중에는 '길을 트다', '벽을 트다', '친구와 마음을 트다', '은행과 거래를 트다'라는 뜻으로 확대되었다. 막혀 있던 것을 치우고 통한다는 뜻뿐만 아니라 새로운 관계를 형성하여 새로운 세계를 창조한다는 뜻까지 포괄하고 있는 것이다. 그 밖에도 해가 솟으면 '해가 돋는다', '해가 난다'라고 말한다. 조금만 관심을 가지고 보면 이런 말들이 식물의 생명현상과 관련된 말과 완전히 일치한다는 것을 발견할 수 있다. 땅에 심은 씨앗에서 어린 잎과 줄기가 나오거나 겨울눈에서 새잎이 나올 때 '싹이 난다', '움이 튼다', '싹이 돋는다'라고 하지 않는가. 사람이 태어날 때 '아기를 낳다'라고 하는데 이 역시 '난다'라는 말과 같은 뿌리를 가지고 있다. 동물 역시 알을 낳는다. 그리고 알은 곧 해이다. 박혁거세와 주몽, 김알지, 수로왕이 알에서 태어났다는 것은 그들이 해의 아들임을 상징하는 것이다.

북두칠성을 바라보는
반구대 바위그림

    내가 살고 있는 충청북도는 바다가 없는 내륙 지방이라서 바다문화라고 할 만한 것이 없다. 지금은 외식문화가 발달해서 여기저기 횟집이 들어서 있고 해물탕을 파는 곳도 생겼다. 내가 어렸을 때 알고 있는 물고기는 붕어, 메기, 잉어, 가물치 같은 민물고기가 다였다. 음식도 민물고기로 만든 매운탕이나 찜, 민물새우로 만든 새뱅이탕을 주로 먹었고 바다어류는 특별한 때만 먹는 음식이었다. 그나마도 제사 때 쓰는 명태, 조기와 잔치나 모심을 때 밥상에 오르는 청어, 고등어, 갈치가 다였다. 살아 있는 바닷물고기를 본 적도 없었고 꿈틀거리는 낙지회를 중학교 수학여행 때 본 것이 지금도 기억나는 신기한 경험이었다. 따라서 나에게 바다 경험은 일상적이거나 실존적인 것이 아니라 특별한 경험일 뿐이었다.

    내가 바다에 갔을 때 백사장에 앉아 말없이 수평선을 바라보는 것은 그 장소에 관련된 경험이나 추억이라 할 만한 것이 없기 때문일 것이다. 그런데 이상하게 고래에 대해서는 낯설지가 않다. 본 적은 없지만 생활 속에서 속담이나 관용어로 항상 접하는 말이기 때문일 것이다.

고래 등 같은 기와집

고래 그물에 새우가 걸린다.

고래 물 마시듯 한다.

고래 싸움에 새우 등 터진다.

고래 심줄과 같은 고집이다.

아버지는 옛이야기를 하다가 기와집 대목이 나오면 반드시 고래 등 같다는 비유를 하셨다. 그때마다 우리 마을에서 제일 큰 기와집을 떠올리며 고래에 대한 상상력을 키울 수 있었다.

어른들 가운데는 마을마다 술을 잘 먹어서 술고래라는 별명을 가진 사람이 있었고 엄마와 아버지가 싸우다가 아이가 혼나면 '고래 싸움에 새우 등 터졌다'는 말이 나오기 마련이었다. 그래서 고래와 관련돼서 내가 가지고 있던 심상은 아주 크고 힘센 존재라는 것이었다. 하지만 흉포한 존재라는 느낌은 없었다. 아버지가 해준 이야기에서 고래는 사람의 친구와 같은 모습으로 나타났다. 어떤 가문에서는 고래를 잡지도 먹지도 않는다고 했다. 옛날 조상 할아버지가 바다에서 표류했다가 고래가 도와줘서 살아났기 때문이란다. 그 이야기가 나의 상상력을 자극했다. 바다에 모험을 갔다가 위험에 빠졌는데 고래가 나타나서 나를 도와주는 장면을 얼마나 그려봤던지. 심지어 꿈에서 고래와 놀기까지 했다.

그런데 소설 『모비 딕』을 읽고 고래와 관련된 책을 찾아 읽을 때마다 고래에 관한 이미지가 점점 나빠졌다. 책에는 고래가 사람을 죽이는 살인자로 나와 있었다. 이를테면 범고래는 뭔가 때려 부수거나 집어삼킬 것만을 찾는 존재였고, 향유고래는 피에 굶주린 존재였다. 심지어 '피조물 가운데 그것보다 더 사나운 동물'은 없을 것이라는 내용까지 있었다.

게다가 '틸리쿰'이라는 살인 고래가 사람을 죽였다는 텔레비전 뉴스를 여러 번 접하면서 고래에 대한 나의 부정적인 생각은 더 강화되었다.

전국 방방곡곡의 지리, 역사, 문화 답사를 하면서도 반구대 바위그림을 보러 가지 않았던 것은 바다와 고래 이야기가 그다지 내 마음을 끌지 못했기 때문이다. 그런 내가 반구대 암각화를 다시 주목한 것은 옛 천문학에 대한 관심의 연장선이었다. 고인돌에 새겨진 별자리는 청동기시대에 별자리에 대한 신앙이 있었음을 보여준다. 신석기시대에도 그러한 별자리 신앙을 찾을 수 있을까 고민하다가 반구대 바위그림이 생각났던 것이다. 그래서 설렘과 기대를 가지고 언양면 대곡리로 갔지만 처음 방문은 실망스러웠다. 150미터 정도 되는 먼 거리에서 망원경을 통해서 볼 수밖에 없었기 때문이다. 그래도 두 가지 실마리를 얻은 것이 성과였다. 첫 번째 실마리는 바위그림이 북쪽을 향하고 있다는 것을 발견한 것이다.

지금까지 아시아에서 발견된 암각화는 남향이나 동남향을 하고 있다고 한다. 이와 달리 반구대 바위그림이 북향을 하고 있다는 것은 그 신앙의 뜻과 속살이 다르다는 것을 보여주는 것이다.

대곡리 사람으로 어렸을 때부터 바위그림 앞에서 물놀이를 했다는 관리인에게 들은 말은 더욱 솔깃했다. 3월 5일 4시 55분에 처음 빛이 들어와서 매일 1분씩 빛을 받는 시간이 늘어났다가 하지 이후에는 점점 줄어들어서 10월 13일 무렵에는 햇빛이 들지 않는다는 것이었다. 만약 이러한 사실을 바위그림을 새긴 사람이 인식하고 있었다면 해의 운행 주기와 제의의 연관성을 어림해 볼 수 있는 대목이기 때문이다.

좀 더 깊은 연구를 할 필요가 있었기 때문에 연구소로 돌아오자마자 울주군 문화관광과에 국가지정문화재 근접 촬영 허가 신청을 냈다. 처음 빛이 들어간 날이 3월 5일이고 1분씩 햇빛이 비추는 시간이 빨라지는 것을 고려하면 5월 3일 3시 55분 정도에 빛이 들어올 것이라고 예상할 수 있었다(뒤에 관리인은 자신이 실제 살펴보니 3월 5일이 아니라 3월 1일 오후 5시 7분에 바위그림에 햇빛이 들어오고 하루에 1분이 아니라 1분 40초씩 일찍 햇빛이 들어온다고 알려왔다). 그래서 충분히 시간을 잡고 3시부터 바위그림을 보기로 했다. 그리고 두 달 남짓 남은 시간 동안 고래의 특성과 생활모습을 집중적으로 연구했다. 고래와 반구대 바위그림에 대한 논문과 단행본을 검토하고 비교해보니 무언가 큰 그림이 그려졌다. 반구대 바위그림에 새겨진 고래의 생태 특성이 그 비밀을 밝힐 수 있는 열쇠였다. 바위그림에 새겨진 고래는 지금까지 밝혀진 바로는 귀신고래, 북방긴수염고래, 참돌고래, 범고래, 향유고래, 혹등고래, 상괭이, 들쇠고래이다. 그 가운데 특히 북방긴수염고래와 귀신고래가 중심적인 지위를 차지하고 있다. 옛날과 달리 요즘 나오는 고래 관련 책과 논문은 고래가 사람을 해치지 않는 평화로운 존재라는 것을 알려주고 있다. 내가 어렸을 때 지니고 있던 고래의 모습에 대한 심상이 더 사실에 맞았던 것이다. 그동안 바위그림을 볼 때마다 신석기시대 사람들이 어떻게 수십 톤이나 되는 흉포한 고래를 잡을 수 있었을까 마음 한편에 의심을 가지고 있었다. 하지만 고래가 사람을 공격하지 않는다면 고래를 잡는 일이 생각보다 위험한 일이 아니었을 것이다. 게다가 귀신고래와 북방긴수염고래는 연안에서 주로 움직이고 속도가 느려서 잡기도 쉬웠다. 특히 북방긴수염고래는 비계가 많아서 죽어도 가라앉지 않아 쉽게 끌 수 있기 때문에 고래 잡는 사람들이 좋아하는 사냥물이었다.

또 하나 공통된 특징은 그들이 회유를 하는 동물이라는 것이다. 여름에는 캄차카반도에서 생활하다가 9월 말에서 10월 말쯤 물이 차가워지면 남쪽으로 내려오는데 멀리는 중국 해남도까지 이동하지만 동해 바다 부근에서 겨울을 나는 무리도 많다고 한다. 11월 말쯤엔 울산만에 도착해서 겨울을 난 다음 2월 말이 되면 다시 캄차카반도로 돌아가는 여행이 수천 년간 되풀이되었다. 마지막 빙하기에는 지금보다 바다가 150미터쯤 낮았으니 그때는 당연히 울산만에 고래가 없었다. 당시에는 울산만이 지금 평지보다 수십 미터가 패인 골짜기였는데 6,000년 전쯤에야 빙하가 녹아 현재의 수면과 비슷하거나 높아져 바닷물이 울산만 안쪽 깊숙이 들어왔다. 그래서 지금의 울주군 범서읍 사연리 부근까지 연안을 찾아다니는 고래들이 헤엄을 쳤다.

사람들이 살던 곳은 사연리와 입석리, 울산 남구 황성동 등 울산만 주변의 낮은 구릉 지대였다. 그들은 거기에 살면서 앞바다의 고래를 사냥하고 약 5킬로미터 상류에 있는 대곡리 반구대에는 바위그림을 그려놓고 고래에 대한 제의를 지내는 신성한 장소로 삼았을 것이다.

5월 3일 다시 반구대 바위그림을 찾았다. 우리 마을배움길 연구원들과 청소년 연구원까지 모두 합해 15명이 제한구역을 넘어 대곡천으로 내려갔다. 바위그림에서 제일 먼저 찾은 것은 그림 한복판에 자리 잡고 있는 실루엣 형태의 고래였다.^{그림 45}

그 위치부터 심상치 않은 데다가 양쪽에 그려진 가마우지가 특별한 지위를 상징적으로 보여주고 있었다. 내 생각에 이 고래그림은 당시 울산만 주변에 살던 고래사냥 집단이 자신들을 위해서 고래를 보내줄 것을 요청하는 고래의

〈그림 45〉 반구대 바위그림

정령 또는 고래의 신을 표현한 것으로 보인다. 고래의 정령 양편에서 날고 있는 가마우지들이 나의 판단에 확신을 주는 요소였다. 예로부터 새들은 신의 사자로 숭배되었다. 가마우지는 물속에서 고기를 잡기도 하고 하늘을 날기도 하기 때문에 다른 세계를 여행할 수 있는 존재로 받아들여졌을 것이다.

바위그림이 별자리와 관련된 것인지 확인하기 위해 고래의 정령이 어느 방향을 향하고 있는지 나침반으로 재보았다. 고래의 정령이 보는 방향은 거의 정북에서 약간 서쪽으로 기울어 있었다. 자연적인 바위 면에 그림을 새겼기 때문에 그 정도의 오차라면 정북 방향이라고 해도 무리가 없었다. 왜 북쪽을 향하도록 그림을 그렸을까?

먼저 생각해본 것은 북극성에 대한 신앙이었다. 하지만 북극성에 대한 신앙은 고도로 이념화된 것이기 때문에 신석기시대 북극성에 대한 신앙을 가졌다고 믿기는 어렵다. 그래서 북두칠성과 관련된 신앙이 아닐까 하는 생각이 들었다. 생각이 여기에 미치자 바위그림을 중심으로 하늘과 땅 사이에 존재하는 거대한 일치와 조화를 발견할 수 있었다. 놀랍게도 바위그림 위에 햇빛이 비치고 사라지는 주기가 북두칠성의 주기를 흉내 내고 있었다. 북두칠성은 햇빛이 바위그림에 비치지 않는 10월 말부터 초저녁 밤하늘에서 사라진다. 그리고 햇빛이 비치기 전인 2월 말부터는 동쪽에서 그 모습을 드러낸다. 고래의 회유주기도 북두칠성의 운행을 모방한다. 북두칠성이 사라지면 울산만에 나타났다가 북두칠성이 나타나면 다시 캄차카반도로 떠나는 것이다.

이 바위그림을 그린 사람은 일반인이 아니라 제사장이었을 것이다. 신성한 그림을 그릴 수 있는 자격이 있는 사람은 제사장뿐이라고 공동체 모두가 믿었을 것이다. 그는 이 바위그림을 통해서 자신들의 생활과 관념 전체를 표현하려는 욕구를 가지고 있었을 것이다. 그리고 그의 생각을 표현할 수 있는 장소를 오랫동안 찾았을 것이다. 그에게 먼저 필요한 것은 이야기를 전체적으로 펼칠 수 있을 만큼 넓은 바위 면이었다. 또한 자신의 관념을 정확히 드러낼 수 있는 위치와 방향을 면밀하게 따져봤을 것이다. 그가 재현한 그림을 통해서 그들의 생활을 복원해보자.

바위그림의 맨 왼쪽 윗면에는 망을 보는 사람이 새겨져 있다. 또 어떤 사람은 나팔이나 피리 같은 것을 불고 있고 많은 사람들이 여러 척의 배를 타고 고래를 포위하고 있다. 배 앞에는 작살을 잡은 작살잡이가 서 있고 바위 한 면에는 고래를 해체하는 장면도 새겨져 있다. 이러한 장면들은 고래 사냥과 관련된 전체 장면들을 보여주는 것이다. 유럽에서 바스크족이 고래사냥을 할 때 망을 보다가 고래가 나타나면 나팔을 불어서 알리고 여러 배들을 출동시켰다고 하는데 반구대 사람들도 그렇게 고래사냥을 했을 것이다.

바위그림에 새겨져 있는 춤추는 무당과 가면은 고래사냥을 전후해서 제사의식이 있었다는 것을 보여준다. 그 의식은 어떤 모습이었을까. 연구자들 가운데는 그 의식이 풍요기원제였을 것이라고 보는 사람도 있고 희생제 또는 천도제라고 보는 사람도 있다. 내가 볼 때는 그 모든 것이었다. 북두칠성이 하늘에서 사라지고 햇빛이 바위그림에 비치지 않는 것은 고래가 울산만에 나타난다는 것을 예고하는 신의 계시로 받아들여졌을 것이다. 바로 그 시기에 제사장은 풍요를 기원하는 제사를 지냈다. 북두칠성이 나타나고 햇빛이 바위그림에 비치면 제사장은 죽은 고래들을 위로하고 부활을 비는 천도제를 지냈을 것이다. 고래사냥 기간에도 오랫동안 고래가 잡히지 않는다면 바위그림 앞에서 제의를 지냈을 가능성이 높다. 얼마 전 〈익스트림 다큐 인간 대 고래〉라는 다큐를 본 적이 있다. 인도네시아에서 향유고래를 사냥하는 부족의 이야기였는데 네 번의 출항에도 고래가 잡히지 않자 제사장이 고래바위에 가서 제사를 지냈다. 반구대 바위그림을 그린 사람들의 제사도 그런 모습이었을 것이다. 고래를 잡기 전에 배 위에서 고래를 보고 제사를 지냈을 가능성도 있다. 바위그림에는 사람이 탄 배가 여러 척 나온다. 그 배들 가운데 사람이 많고 앞에 작살잡이가 서 있는 그림은 사냥하는 장면을 그린 것이고 사람 수가 적고 고래 앞에 그려진 배는 고래를 잡기 전에 간략한 제사를 지내는 장면을 그린 것이라고 주장하는 학자도 있다. 이러한 주장에 대해 어떤 사람들은 신석기시대 사람들이 그러한 생각을 할 수 있는 지능을 가지고 있었겠느냐고 의문을 제기한다.

이러한 반응은 신석기시대에 살고 있었던 사람들의 인지, 정서, 문화적 지능에 대한 현대인의 무지가 심각한 것이라고 볼 수밖에 없다. 신석기시대 사람들의 지능이 요즘 우리보다 나빴다는 증거가 없다. 물론 현대인들이 가지고 있는 개념적 지식을 갖고 있지는 않았을 것이다. 그렇다고 해서 우리들보다 자연에 대한 지식이 적었다고 볼 수는 없다. 수렵·어로·채취라는 생활방식은 자연에 대한 깊은 이해를 전제로 하기 때문이다. 언젠가 미국의 분류학자가 아프리카의 부시맨, 곧 쿵산족의 생태적 지식체계에 대해 연구를 한 적이 있다. 분류학자들이 지금까지 동식물을 백만 종 이상 분류했는데 옛날 수렵채취생활을 하던 사람들은 어떤 방식으로 동식물을 이해하는가 알고 싶었기 때문이다. 결과는 놀라웠다. 쿵산족이라면 누구나 수백 종의 동식물들을 알고 있었던 것이다. 이해하는 방법도 오늘날과 달랐다. 오늘날에는 계, 문, 강, 목, 과, 속, 종이라는 분류체계에 따라 동식물을 개념적으로 이해할 뿐 살아 있는 자연과 동식물에 대한 감각적인 관계를 맺지 못한다. 이와 달리 쿵산족은 동식물의 이름부터 특성, 어떻게 잡아야 되는지 어떻게 요리해야 되는지, 또 지속가능한 사냥을 위해서 무엇을 금지해야 되는지에 관련된 모든 슬기를 가지고 있었다. 쿵산족 한 사람 한 사람이 자연에 대한 지식과 감수성에 있어 분류학자인 자신을 넘어서는 것을 발견한 그는 과학적인 방법이 아니라 생활적이고 민속적인 방법이야말로 진정으로 세계를 이해하는 방법이라는 것을 깨달았다고 한다.

반구대 바위그림을 그린 사람들도 우리와는 다른 방식으로 고래와 관계를 맺었을 것이다. 그들이 발견한 고래는 흉포한 존재가 아니라 엄청난 힘을 가지고 있는데도 사람을 해치지 않는 평화로운 동물이었다. 그 거대한 동물이 별다른 저항 없이 자신들에게 잡히는 것을 보면서 그들은 굶는 자신들을 위해서 신이 보내준 선물이라고 믿었을 것이다. 한편 고래를 죽이면서는 죄책감도 생겼을 것이다. 고래를 오랫동안 연구한 사람들에 따르면 고래의 눈빛은 생각하는 사람의 눈빛을 닮았다고 한다. 침팬지의 눈빛이 보채는 어린아이의 눈빛이라면 고래는 자신에 대한 내면적 인식을 가지고 있는 성인의 눈빛과 닮았다는 것이다. 고래 사냥을 하면서 죽기 전의 고래 눈빛을 보고 다시는 고래 사냥에 참가하지 않은 사람도 있다. 그는 자기가 어렸을 때 잡은 고래의 눈빛에서 '너희들이 왜 나한테 이러는 것인가'라고 힐난하는 느낌을 받았다고 한다. 반구대 바위그림을 그렸던 사람들도 고래의 눈빛을 보고 당연히 죄책감이 생겼을 것이다. 고래가 캄차카반도로 떠날 즈음에는 죄책감에다가 그들이 다시 돌아오지 않을 수 있다는 불안감이 공동체 전체를 짓눌렀을 것이다. 그러한 심리적 요인이 고래를 바위에 새기고 제사를 지내게 하는 까닭이 되었을 것이다.

반구대 바위그림을 본 것은 나에게 역사적으로나 생태적으로나 문화적으로나 자연사적으로나 참으로 많은 것들을 떠올리고 통합할 수 있게 하는 계기가 되었다. 우연하게 한 번 파본 땅이 파도 파도 끊임없이 나오는 노다지 금광의 발견으로 이어진 것이다.

답사를 마치고 돌아오다가 문득 그런 생각도 들었다. '왜 고래를 고래라고 하는 거지?'

고래라는 본디 모습은 '골'에 이름씨끝인 '이'가 붙어서 만들어진 낱말이다. '골'은 '크다', '높다', '신성하다'는 뜻을 가지고 있는 '곰', '감'과 같은 뿌리를 가지고 있는 말이다. 따라서 큰 것, 높은 것, 많은 것을 뜻하는 말일 가능성이 높다. 우리 셈말(수사) 가운데 한자말 '만(萬)'이 잡아먹은 '골'에서 그 뜻과 속살을 찾아볼 수 있다. '골'이라는 말 역시 '모든 것', '크다', '많다'라는 뜻과 관련된 것이기 때문이다. 또한 반구대 바위그림은 고래라는 말이 '신(神)'이라는 뜻과 닿아 있음을 보여준다. 그것은 그림으로 그려진 신화인 것이다.

고조선 사람들의 염원이 담긴
고인돌 별자리

우리 마을의 기반암은 화강암이라서 마을 곳곳에서 화강암 바위를 볼 수 있다. 화강암 바위들은 대개 산 쪽에 붙어 있고 땅속 깊이 뿌리박혀 있는 게 특징이다. 그런데 그 가운데 한 바위가 다른 바위와 달랐다. 그 바위는 마을 앞에 산과 들이 만나는 지점에 서 있었다. 흙 위에 그냥 놓여 있어 빙하에 포함되어 흐르다가 빙하가 녹으면서 그 자리에 멈춰 선 빙퇴석 같기도 했다. 하지만 우리 마을 뒷산의 높이와 경사도로 볼 때 빙하 주변 환경에 놓여 있었다 하더라도 흐르는 빙하를 만들지는 못했을 것이다. 따라서 빙퇴석이라고 보기는 어려웠다. 그 바위는 다듬은 것처럼 윗면이 반듯했고 여러 개의 구멍이 새겨져 있었다. 바위 아래에는 관 비슷한 시설도 있었다. 초등학교 때부터 고인돌이 아닐까 생각해보았지만 내가 알고 있던 것은 탁자식 고인돌뿐이었기 때문에 개석식 고인돌을 알아보지 못했다. 구멍이 있는 것도 '누가 새겼을까?' 하는 의문을 잠시 가졌을 뿐 바로 잊어버렸다.

다시 그 기억을 떠올린 것은 민속학을 공부하면서였다. 민속학자들은 고인돌 구멍이 곡식을 넣거나 물을 뿌리면서 풍년을 기원하는 곳이라고 하여 '성혈' 또는 '알터 유적'이라고 부르고 있었다.

그 무렵 고인돌에서 300미터 정도 북쪽에 있는 또 하나의 구멍이 새겨져 있는 바위를 발견했다. 네모반듯한 바위 위에 윗면이 약간 둥글고 납작한 돌이 얹혀 있었다. 아래에 있는 고인돌보다 구멍이 훨씬 크고 선명했다. 신앙과 관련된 유적이라고 판단했기 때문에 마을 어른들에게 이 바위를 위하는 사람이 있느냐고 물어보았다. 하지만 아무도 아는 사람이 없어 이 유적이 근대 무속 민속신앙이나 마을 신앙과는 관련이 없다는 것을 알 수 있었다.

우리 마을에 있는 고인돌과 바위 유적을 새로운 시각으로 볼 수 있게 된 계기는 1996년에 한겨레신문에 난 북한 관련 기사였다. 북한에 있는 두 개의 고인돌 덮개돌에 새겨져 있는 구멍이 북극성 주변의 별자리로 밝혀졌다는 기사였다. 북한 학자들이 세차운동을 이용해 그 별자리가 새겨진 연대를 추정했더니 놀랍게도 서기전 3000년에서 2500년 사이에 새겨진 것이었다고 한다. 그 기사를 읽자마자 우리 마을 고인돌과 바위유적을 찾아보았다. 어렸을 때와는 달리 별자리에 대한 지식을 가지고 있었기 때문인지 구멍의 모습들이 일정한 꼴을 이루면서 배열되어 있는 모습이 보였다.

고인돌에는 남쪽에 큰 구멍 두 개가 파여 있었고, 서북쪽에 있는 작은 구멍들은 카시오페이아자리와 비슷한 W자 모양을 이루고 있었다.그림 46 그리고 그 앞쪽에 큰 구멍이 있었는데, 북극성일 수도 있겠다는 생각이 들었다.

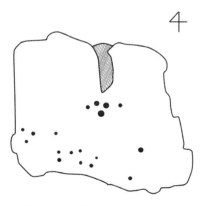

〈그림 46〉 현도면 죽전리 고인돌 바위그림 모사도

마을 위쪽 바위에 있는 바위 구멍들도 살펴보았는데 북쪽에는 세 개의 별이 새겨져 있었고, 동쪽으로는 작은 구멍 일곱 개가 무리 지어 있었다.[그림 47] 남쪽으로는 4개의 구멍이 큰 선으로 이어져 흘러내리는 모양이었다. 북쪽에 있는 세 개의 별은 삼태성이나 삼수, 심수인 것으로 보였고, 일곱 개의 별무리는 좀생이별 같았다. 남쪽에

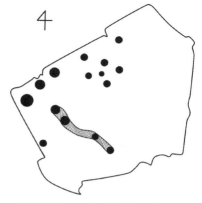

〈그림 47〉 현도면 죽전리 바위그림 모사도

있는 별자리를 어떻게 봐야 하는지는 지금도 고민이다. 은하수인 것 같기도 하고 용 별자리가 있다면 그런 모습이 아닐까 생각이 들기도 했다. 그러한 생각은 이것을 새긴 사람들의 우주관과 신앙, 생활습속이 어떤 것인지 다시 생각하는 계기가 되었다.

먼저 청동기시대 우리 마을의 자연환경부터 복원해보았다.

지금은 제방 때문에 고인돌에서 하천까지 거리가 400미터가 넘지만, 제방이 없었을 때는 150미터도 안 되었을 것이다. 고인돌 바로 앞쪽은 배후습지였다. 얼마 전까지만 해도 고인돌 앞쪽은 논으로 사용되고 있었다. 남쪽으로는 자연제방이 형성되어 있었을 것이다. 이런 곳에 고인돌을 만든 사람들이 살았다면 배후습지는 논, 자연제방은 밭으로 사용되었을 것이다. 그리고 고인돌 좌우에 있는 산 능선들에는 주거지와 밭들이 널려 있었을 것이다. 우리 마을은 적어도 2,500년 역사를 가진 유서 깊은 마을인 것이다. 이를 증명할 수 있는 유물은 여러 개가 있었다. 마을 앞쪽에서 돌화살촉이 발견되었다는 기록도 있고, 마을의 한 형이

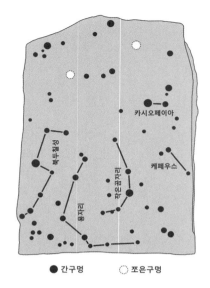

● 간구멍   ○ 쪼은구멍

〈그림 48〉 아득이 별자리판

돌칼을 발견해서 보관하고 있다가 중간에 없어졌다는 얘기도 들은 적이 있다. 나는 지금도 제대로 발굴한다면 생업과 무덤, 제사 유적이 통합된 마을 유적이 확인될 가능성이 있다고 생각한다.

우리 고장 별자리 고인돌 유적 하면 또 하나 생각나는 것이 청주시 상당구 문의면 아득이 고인돌 옆에서 발견되었다는 별자리판이다.그림 48 박창범 교수는 그 별자리들을 큰곰자리와 작은곰자리, 용자리, 카시오페이아자리 등으로 동정하는데, 함경남도에 있는 고인돌 별자리 새김과 비슷하다고 한다.

아득이 마을은 우리 마을에서 10여 킬로미터 정도 금강 상류 쪽으로 올라가면 찾을 수 있다. 문의면은 내가 사는 현도면과 함께 오랫동안 같은 문의현에 속해 있었고, 강물을 통해서 이어진 곳이기 때문에 오래 전부터 우리 마을과 동일 문화권에 속하는 지역이다.

지금은 대청호에 잠겨 볼 수 없지만 내가 어렸을 때까지만 해도 고인돌 무덤들이 떼를 이룬 것을 볼 수 있었다. 이를 볼 때 이 일대는 고인돌 문화의 중심지였을 가능성이 높은데 우리 마을과 어떤 관계를 맺고 있었는지 궁금하다. 과연 별자리와 관련된 관념과 의례가 같았을까? 아니면 조금 달랐을까? 이러한 관심을 가지고 고인돌과 관련 유물에 관한 남북한과 중국의 연구를 오랫동안 살펴보았다. 고인돌을 비파형 동검, 팽이형 토기, 미송리형 토기(북한에서는 조롱박형 토기) 등과 함께 고조선 시대의 지표 유물로 보는 것이 최근 연구의 동향이었다.그림 49~50

　　북한의 고인돌 관련 유적을 4단계로 나누어 보면 1단계에서는 팽이형 토기가 주로 나오고, 2단계에서는 미송리형 토기와 돌검 그리고 팽이형 토기가 동반된다고 한다. 3단계에서는 묵방리형 토기와 비파형 동모, 청동방울이 나오고, 4단계에서는 점토대토기, 세형동검, 흑도마연긴목항아리가 함께 나온다. 남한이나 요동, 요서에서도 지역적 차이가 있기는 하지만 이러한 문화 요소들을 공유하고 있으니 모두 같은 문명권이라고

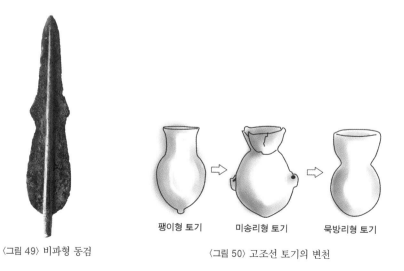

〈그림 49〉 비파형 동검　　　　　　〈그림 50〉 고조선 토기의 변천

팽이형 토기　　미송리형 토기　　묵방리형 토기

볼 수 있다. 물론 고조선이 그 모든 곳을 중앙집권적으로 지배하지는 못했을 것이다. 고조선은 단군왕검이 지배하는 직할지와 그 문화의 영향을 직접 받던 일종의 제후국 그리고 공물을 바치고 필요할 때는 병력도 지원하는 대가로 청동의기들을 사여 받은 부용국들로 이루어진 복합적인 구조였을 가능성이 높다.

이러한 배경지식을 가지고 다시 정리해보니 그동안 우리가 청동기시대라는 이름으로 파편적으로 이해해왔던 유물들이 마치 구슬을 꿰듯 고조선 문명이라는 이름 아래 통합되었다. 이러한 연구 결과가 맞는다면 우리 마을은 고조선의 옛 영토였다. 단군의 직할지는 아닐지라도 고조선 문명의 영향권 아래에 있었던 거수국(諸侯國)의 영토였을 것이다. 『삼국유사』에 보면 진한 사람들이 조선유민(朝鮮遺民)이라고 말한 대목이 나온다. 진한이 고조선의 거수국이었기 때문에 유민(流民)이 아니라 유민(遺民)이라고 한 것이다. 당시 진한은 마한 왕의 지배를 받았다. 따라서 삼한 전체가 고조선의 영토였던 것이다. 내가 살고 있는 마을도 옛날에는 마한의 땅이었으니 당연히 고조선 땅이다.

우리 마을 고인돌과 바위 위에 새겨진 별자리들은 고조선 사람들의 하늘에 대한 인식과 신앙, 염원을 반영하는 유물인 것이다. 그 염원의 속살은 장마와 가뭄, 태풍 등 마을공동체의 존속을 위협하는 자연현상을 조절하는 것이다. 당시 사람들의 세계관에 따르면 자연재앙은 신을 노엽게 할 때 생기는 것이다. 그들은 비바람을 순조롭게 하기 위해 솟대를 세우고 고인돌 위에 별자리를 새겼다. 실제로 묘성이나 삼성, 은하수 등은 농작물이나 사람의 재생산을 기원하는 강력한 상징이다. 얼마 전까지도 마을 신앙의 대상이었던 솟대, 장승, 탑, 산신 등은 그 기원을 고조선에 두고 있다. 그러고 보니 어려서 단군 신화를 읽었을 때 왜 그렇게 친근했는지 이해가 되었다. 단군 신화에 나오는 이야기들은 곰과 호랑이가 사람으로 변하는 내용을 빼면 내가 어렸을 때 마을 사람들이 살아가는 모습이나 의례와 크게 다르지 않다고 느꼈던 것이다. 그래서 다시 한 번 단군 신화를 읽어보았다. 단군 신화를 관련된 문헌적 근거나 영웅주의적 관점으로 접근한 것이 아니라 민중사, 생활사라는 측면에서 읽은 것이다. 과연 단군 신화에 나오는 문화 요소들은 고조선의 생활사일 뿐만 아니라 민중의 생활사, 심지어 현대 생활사라고 해도 좋을 정도였다. 단군 신화에 나오는 신단수는 마을의 동수나무를 닮았다. 나는 하늘과 소통할 수 있는 신단수를 중심으로 신시를 열었던 단군과 마을 신목을 중심으로 공동체를 이루고 있는 우리 마을 사이에서 문화적 거리를 발견할 수 없었다.

삼칠일이나 백일과 관련된 시간 인식 역시 마찬가지이다. 웅녀는 동굴 속에서 3×7=21일을 지난 끝에 인간이 되었다. 따라서 우리 문화에서 삼칠일은 어떤 존재가 새로운 존재로 변하는 시간으로 볼 수 있다. 얼마 전까지만 해도 아기가 태어나면 삼칠일 동안은 가족들만 볼 수 있었다. 다른 사람들은 삼칠일이 지나야 아기를 만날 수 있었다. 웅녀가 삼칠일을 금기 속에서 동굴생활을 했던 것처럼 아기 역시 21일 동안 집 안에서 동굴생활을 했던 것이다. 오늘날에도 많은 사람들이 아기를 얻기 위해서 백일기도를 한다. 아마도 오늘날처럼 간략화된 이야기로 전해진 단군 신화가 아니라 본래의 단군 신화에서는 삼칠일과 백일기도가 환웅이 마련했던 예법이라고 알려졌을 것이다. 환웅과 단군은 단지 나라의 시조 또는 건국자일 뿐만 아니라 문화 영웅이기 때문이다. 단군 신화는 고조선 건국의 신성화 및 정당성 확보에 그치는 것이 아니라 문화의 기원을 설명하는 이야기였던 것이다.

쑥과 마늘도 오늘날 우리들의 생활에 결정적인 영향을 미치고 있다. 쑥은 봄철 국거리나 된장국에도 넣고 쑥버무리도 해 먹는다. 절기 음식으로도 중요하다. 삼월 삼짇날에도 쑥떡을 해 먹었지만 역시 쑥 하면 단오이다. 단오에는 반드시 쑥떡을 해 먹었고 쑥을 베어서 약초로도 삼았다. 우리 집에서도 아버지가 단옷날 아침이면 쑥을 베어다가 뒤꼍에 달아놓았다. 다발로 엮어 쑥호랑이를 만들어서 집으로 들어오는 입구에 세워놓기도 했다.

이웃 일본에도 쑥 문화는 있다. 쑥은 미나리, 냉이, 별꽃, 광대나물, 순무, 무와 함께 일본인들이 먹는 일곱 가지 풀 가운데 하나이다. 3월 3일에는 여러 가지 풀떡 가운데 쑥떡도 해 먹는다. 하지만 우리처럼 단오에는 쑥떡을 해 먹지 않는다.

중국은 음식에 쑥을 사용하지 않는다. 중국에는 쑥 문화가 없는 것이다. 이와 달리 일본에는 마늘 문화가 없다. 중국은 그래도 마늘을 음식에 넣어 익혀 먹는 곳이 있지만 일본은 마늘을 어떤 음식에도 사용하지 않았다. 일제강점기에 일본인들이 마늘 냄새에 그렇게 민감했던 것에는 다 까닭이 있었던 것이다.

한국 음식문화에서 마늘의 지위는 우뚝하다. 우리 음식에 많이 사용하는 향신료는 고추, 생강, 마늘이다. 이 가운데 생강은 별로 사용하지 않고 고추는 조선 후기부터 사용했으니 우리 역사 속에서 가장 오래 사용했던 향신료는 마늘이다. 지금도 마늘을 넣지 않는 음식이 거의 없다. 심지어 우리는 마늘을 날것으로 먹는다. 이 정도가 되면 쑥과 마늘은 가장 오랜 전통을 가진 음식문화로서 한국인의 정체성을 구성하는 요인 가운데 하나라고 보아도 좋을 것이다. 임재해 교수의 말처럼 단군 신화는 우리가 왜 쑥과 마늘을 먹어야 하는지를 설명하는 음식기원신화이기도 한 것이다. 그리고 그러한 음식문화는 오늘날에도 여전히 생명력을 가지고 있다. 지금도 봄이 되면 우리 마을 아주머니들은 쑥을 캐러 나서고 마늘밭을 가꾼다.

청주 당산의 윷놀이판
-나라굿의 장소였을까?

　우리 마을 뒤쪽에는 어머니 젖가슴처럼 봉긋 솟은 두 봉우리가 있다. 내가 가장 많이 올라간 산이다. 한 봉우리는 송씨네 산이라고 해서 송산이라고 부르고, 다른 봉우리는 꼭대기가 상처럼 평평하다고 소반재라고 한다. 어렸을 때는 뒷산에 거의 매일 갔다. 하루에 몇 번씩 갈 때도 있었다. 두 아들을 기르면서도 한 달에 몇 번씩은 갔으니 적어도 수천 번은 올랐을 것이다. 오랫동안 관계를 맺어왔기 때문에 마을 뒷산은 손바닥을 보는 것만큼이나 훤했다. 어느 골짜기에 어떤 나무가 자라고, 어디쯤에 개암나무가 있고, 언제 산딸기 열매가 익는지 체험적으로 알았다. 그래서 마을 뒷산은 지금도 내 마음속에서 백두산이나 한라산보다 더 넓고 깊다. 백두산이나 지리산 같은 큰 산의 장엄함, 금강산의 수려함은 아니지만 내 몸의 일부와 같은 감각적인 관계 속에서 깊은 울림이 있는 것이다.

　산의 아름다움에 대한 감수성도 마을 뒷산에서 배웠다. 이름난 산은 늘 볼 수 있는 것이 아니다. 그래서 아름다움을 느낀다 하더라도 일정한 시간, 일정한 장소에서 하는 특별한 관광체험일 뿐 일상생활에서 아름다움에 대한 감수성을 기를 수가 없다. 이와 달리 날마다 보는 마을 뒷산이 주는 느낌은 감각적이며 다채롭다. 계절 변화에 따라 늘 다른 느낌으로 다가오고 하루 가운데서도 아침, 점심, 저녁에 따라 산의 질감과 양감이 다르다. 맑은 때와 비 올 때, 구름이 끼었을 때, 시시각각 변하는 운동미도 있었고, 산속에 들어갔을 때 느끼는 다양한 촉감과 소리들, 식물의 일 년 생활사를 관찰함으로써 얻을 수 있는 생명의 아름다움이 있다.

마을 뒷산 다음으로 내가 많이 올라간 산은 청주의 당산(堂山)이다. 당산(唐山)이라고도 한다. 청주 당산에 그렇게 자주 올라간 데는 까닭이 있다. 청주 도심에서 가장 가까워서 쉽게 갈 수 있기 때문이다. 도심에 있는 도청 광장에서 동쪽을 바라보면 바로 눈앞에 보이는 산인데, 높이가 104.3미터밖에 되지 않기 때문에 산에 다녀오는 데 30분 정도면 충분하다.

내가 이 산을 가깝게 여기는 것은 우리 마을 뒷산과 높이와 생김새가 아주 비슷하기 때문이다. 당산의 모습은 둥글다. 풍수지리로 말하면 오행성 가운데 금성의 정기를 받은 모습이다. 큰아들은 마을 뒷산 가운데 송산을 둥그래봉이라고 부른다. 우리 마을 뒷산도 그렇게 둥글기 때문에 당산은 처음 보는 순간부터 친밀한 느낌이 들었다. 생태적인 환경도 비슷하다. 소나무와 참나무 군락이 빚어내는 그늘과 바람소리가 아주 시원하다.

당산에 자주 가는 까닭이 또 있다. 당산이 가진 역사성 때문이다. 당산은 작은 산이지만 청주 사람들이 오랫동안 삶과 마음을 담으며 의지해온 산이다. 우리 겨레는 전통적으로 산을 중심으로 사람들이 마음을 모았다. 마을에서는 뒷산 산신령을 모시고, 제사와 굿을 통해 마음을 모았다. 고을에서는 그 고장 수호신으로 모시는 진산을 중심으로 성황제나 굿을 통해 마음을 모았다. 진산은 또한 외래문화인 불교와 유교의 중심지이기도 했다. 외래종교와 학문이 그 지방 토박이들의 마음을 변화시킬 때 사용하는 전략이 장소성을 활용하는 것이기 때문이다.

그동안 당산에서 가장 오래된 문화유산은 토성(土城)이라고 알려져 있었다. 당산토성은 그 규모나 형태로 볼 때 백제시대 토성일 가능성이 높다. 백제시대 읍성은 둘레가 500~600미터 정도 되고 형태가 삼태기를 닮았다고 하는데 당산 토성이 그런 특징을 갖고 있다. 그래서 나는 당산이 백제 상당현의 치소(治所)였을 가능성이 높다고 생각한다.

청주 사람들 대부분은 당산에 토성이 있다는 것을 잘 모르지만 주의 깊게 살펴보면 산 정상부에서 골짜기를 따라 내려가는 성벽을 찾을 수 있다. 산꼭대기와 골짜기에는 제법 넓은 평지가 있다. 산꼭대기 평지는 체육공원으로 사용되고, 골짜기에는 무덤이 만들어져 있다. 청주를 대표하는 친일파인 민영은의 무덤이다. 그는 3·1운동 당시에 청주 시민들을 상대로 만세운동에 참여하지 말 것을 강요하는 자제회(自制會)를 만든 사람이다. 뜻있는 사람들이 청주의 가장 상징적인 장소에 친일파의 무덤이 남아 있는 것을 오랫동안 개탄하고 있지만 아직 시 차원의 의제가 되고 있지 않은 것은 안타까운 일이다. 백제시대에는 이 평평한 공간에 상당현 태수(太守)가 머무는 관아와 군인들의 막사가 있었을 것이다.

백제시대에는 청주에 제방이 없었기 때문에 무심천 물길이 현재 성안길 주변으로 흘렀다. 상당로와 도청 일대에는 자연제방과 배후습지, 도랑이 있었을 것이다. 이러한 환경에서 무심천 물길과 배후습지는 해자 역할을 했을 것으로 보인다.

당산토성은 규모에 비해 단단한 성이다. 삼면이 절벽이고 동쪽으로 우암산과 이어진 산줄기로만 적이 공격할 수 있다. 공격할 수 있는 경로가 제한되어 있으니 몇 배가 많은 적이 공격하더라도 함락시키기 어려웠을 것이다. 바로 그러한 조건 때문에 이곳 당산에 토성이 생겼을 것이다. 백제가 청주를 지배하고 있는 동안 당산토성은 우리 고장의 정치, 종교, 사상, 문화적 중심지였을 가능성이 높다.

백제가 청주를 신라에게 뺏긴 것은 진흥왕 때였다. 진흥왕은 이곳을 지키기 위해서 우암산을 중심으로 한 방어체계를 만들었던 것으로 보인다. 우암산을 둘러싼 내성의 둘레가 3킬로미터에 가깝고, 외성도 둘레가 2킬로미터 정도 되는데 이는 당산토성에 견주면 무려 열 배에 가까운 크기이다. 신라가 이곳을 지배하는 시기에 당산토성은 독립적인 읍성이 아니라 읍성 성벽의 일부였을 것이다.

신문왕 때 서원소경이 설치되면서 현재 옛 은행나무길(현 상당로 5번길)을 중심으로 제방을 쌓고 그 안에 관아시설을 만들었던 것으로 보인다. 벌판에 성이 만들어졌고 신라의 서쪽에 있는 작은 서울이라고 해서 '서원소경성'이라 불렀다.

당산의 정치, 군사적 중요성은 사라졌지만 사상의 중심지라는 지위는 변함이 없었다. 통일신라와 고려 시기에 당산 주변에는 큰절들이 들어섰다. 탑동사지나 도지사 관사와 향교 일대에서 발견되는 탑 부재들은 당산이 신라시대 불교신앙의 중심지였음을 보여주는 문화유산이다.

『신증동국여지승람』에는 이 산의 이름이 당선산(唐羨山)이며, 청주의 진산(鎭山)이라고 적혀 있다. 나는 진산이란 이름이 가진 뜻과 속살은 고려 때부터 비롯된 것이라고 믿는다. 당산에는 조선 말기까지 성황사가 있었는데 그 성황사는 고려 때 생겼을 것이다. 강릉단오제처럼 청주에서도 성황사를 중심으로 한 고장 축제가 있었고 그 축제를 향리들의 수장인 호장이 주관했을 것이다. 그러한 전통이 있었기 때문에 조선시대에도 성황사가 유지되었을 것이다. 구한말에서 일제강점기에 살았던 시인인 박노중은 성황사에 모셔진 성황신을 보고 이러한 시를 썼다.

성황사(城隍祠)

박노중

唐山之越校村東 名曰城隍祠乃叢 당산 너머 향교말 동쪽에 있고 이름하여 성황사로다
閣氏艶粧何意立 簇頭粉面下裳紅 각씨가 예쁘게 단장하고 무슨 뜻으로 서 있는지 족두리에 분 바른 얼굴 아래는 붉은 치마

『창암지』

시에 나오는 것처럼 청주를 지키는 성황신은 여신이었다. 여신을 성황신으로 모신 것은 삼국 또는 그 이전으로 소급할 수 있는 문화 요소로 보인다.

조선시대에는 유학을 높이고 불교를 배척하는 정책 때문에 당산 주변의 절들이 사라졌지만 성황사는 살아남았다.

조선왕조는 절에 사용됐던 석재와 목재를 가지고 향교를 만들었다. 조선시대의 지방 읍치 계획을 보면 가운데에는 왕을 상징하는 건물인 객사를 배치하고 그 동쪽에 수령이 근무하는 동헌, 읍성 동쪽 밖에는 향교, 읍성 서쪽 바깥에는 토지신과 곡식의 신을 모시는 사직단, 북쪽에는 떠도는 귀신을 모시는 여단을 설치한다. 그 가운데에서도 향교는 조선왕조가 유교를 바탕으로 통치를 한다는 것을 시각적으로 드러내는 상징이다. 조선왕조 500년 동안 양반들은 이 향교를 중심으로 공자에게

제사를 지내고 평민들과 천민들을 이념적으로 지배했다. 불교에서 유교로 바뀌었을 뿐 청주의 사상적 중심지는 여전히 당산 일대였던 것이다.

일제강점기에도 마찬가지였다. 일제는 1911년 당산 꼭대기에 신사를 만들고 봄, 가을 두 계절에 제전(祭奠)을 지냈다. 몇 달 뒤 신사는 잠시 사직단으로 옮겨 갔다가 1913년 다시 현재 명장사가 있는 당산 기슭으로 확대 이전하였다. 당산 아래는 일본인 마을도 있었다. 당산 바로 아래 있던 중앙초등학교는 일본 아이들이 다니는 심상소학교였고 청주 시내에서 당산 쪽으로 가는 길 입구에는 일본 절이 양쪽에 자리 잡고 있었다. 일본인들은 청주 일대의 절터에 있던 탑과 불상을 옮겨서 당산 곳곳을 장식하고 '동공원(東公園)'이라고 불렀다. 일제의 황국신민화 정책의 청주 거점이 당산이었다. 여기까지가 2000년대 초반까지 내가 알고 있던 당산의 역사성이다.

당산의 역사성에 대해서 다시 생각하게 된 것은 우연한 발견 때문이다. 2008년 1월 29일이었다. 내가 소장으로 있는 마을공동체교육연구소에서 새해를 맞이해 당산의 지질과 생태, 역사, 당산 주변 사람들의 생활문화에 대한 종합 답사를 했다. 시내에서 당산 꼭대기로 올라가다 정상 바로 아래 바위 위에서 잠시 쉬었다. 당산의 높이가 104.3미터이므로 해발 100미터쯤 되는 높이였을 것이다. 이런저런 이야기를 하다가 당산 꼭대기로 올라가기 위해 일어서다가 바위 위에 새겨진 무늬를 발견했다.^{그림 51}

"어, 이거 윷놀이판이잖아."
"맞아요. 영동 망탑봉 윷놀이판하고 비슷해요."
"하나는 여기에서 떨어져 나간 것 같은데."

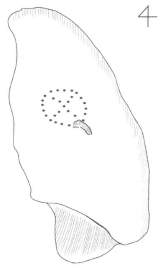

4

〈그림 51〉 청주 당산 윷판바위 모사도

"그럼 여기가 옛날에 하늘에 제사를 지내는 장소였을까요?"

그때 있었던 대화 장면이 지금도 생생하다. 구멍 숫자를 세어보니 스물여덟 개였다. 윷놀이판이라면 스물아홉 개 구멍이 있어야 한다. 자세히 살펴보니 바위 일부가 떨어져 나가 구멍 하나가 없어진 것이었다.

연구소 사람들은 산 정상에 새겨진 윷놀이판이 제천의례의 장소이고 별자리 그림이라는 것을 알고 있었다. 영동 망탑봉에 있는 윷놀이판도 답사를 했고, 그보다 몇 년 전에는 안동 수곡리에 가서 바위에 새겨져 있는 윷놀이판을 보았기 때문이다. 신선 바위라고 부르는 바위 위에는 윷놀이판과 함께 새 그림이 새겨져 있고 바위 주변에는 깃발을 꽂을 수 있는 구멍과 물을 저장할 수 있는 시설도 있었다. 학자들은 안동 수곡리 윷놀이판이 새겨져 있는 바위를 제천의례를 행했던 곳으로 파악하고 있었다. 그렇다면 청주 역사에서 당산의 역사성과 장소성은 내가 이전에 생각했던 것보다 훨씬 더 깊고 오래된 곳이라고 볼 수 있다. 바위 위에 그려진 윷판은 포항 칠포리에서 볼 수 있는 것처럼 고인돌에서도 발견되기 때문이다. 산 정상에서 발견되는 윷판은 고인돌보다는 조금 늦은 것으로 보인다. 당산의 윷판은 청동기시대 또는 삼국시대 초기의 제천의례 유적인 것이다. 청동기시대와 마한 시기 청주의 유적, 유물이 발견되는 장소는 부모산 일대와 봉명동 일대의 고분군, 송절동 고분군, 정북동

토성 등이 있다. 삼국시대 초기 청주에 있던 작은 나라의 중심지가 정북동 토성이고 나머지 고분군이 있는 장소는 그 작은 나라를 구성하는 읍락이 있었을 것이다. 당산의 윷놀이판은 천군이 제천의례를 행하던 소도였을 수도 있다.

답사를 통해 당산의 윷판바위를 확인했지만 더 이상 연구를 진행하지는 못했다. 아이들의 왕따 문제를 연구하고 예방 프로그램을 만드는 데 10년 세월이 걸렸기 때문이다.

이번에 별자리와 관련된 책을 내면서 이제는 더 이상 미룰 수 없다는 생각이 들었다. 그래서 다시 한 번 당산에 올랐다. 조금 희미해진 느낌이 있지만 윷놀이판은 여전히 그 자리에 있었다. 책에 실릴 글을 쓰고 유적을 실측해서 조사보고서도 썼다. 10여 년간 가슴에 담고 있던 것을 정리하니 후련했다.

보고서를 쓰고 나서 당산의 장소성에 대해서 다시 한 번 생각해보았다. 우리 마을 뒷산에서 마을 사람들과 어울리면서 겪은 장소 경험은 내 정체성의 뿌리가 되었다. 당산 장소 경험도 내 마음이 청주라는 장소에 뿌리를 내리도록 해주었다. 물론 결은 조금 다르다. 우리 마을 뒷산의 경험은 내 무의식에 뿌리를 내리고 있어 굳이 어떤 뜻과 속살을 부여하지 않아도 의미로 가득 차 있다. 이와 달리 당산은 장소의 이름과 의미를 알리는 의식적인 노력을 통해 내 마음에 뿌리를 내렸다. 따라서 무의식적인 장소성이라기보다는 감정이입적 장소 경험이라고 볼 수 있을 것이다. 옛날에는 청주 사람 모두가 당산에 대한 장소 경험을 공유하고 있었다. 그래서 당산은 지역 사람들의 공간적 정체성이었고 그 공간적 정체성은 우리가 그 속에서 살고 있음을 깨닫는 귀속감의 뿌리가 될 수 있었다.

마을 뒷산과 당산의 장소 경험은 내가 다른 고장을 공부하고 그곳 사람들하고 관계를 맺을 때도 중요한 고리가 되어주었다. 요즘도 나는 다른 지역에 갈 때면 그 지역 사람들의 마음을 모으는 명산이나 그 수호신으로 오랫동안 사람들의 마음속에 밀착했던 진산에 대한 자료를 찾아본다. 그 지역에 가면 진산에 올라가서 산에 얽힌 이야기도 들어보고 둘레 산줄기도 확인한다. 그 지역 사람들이 공간 정체성을 공유하면서 우리라고 느끼는 상징과 기호에 접속할 때 참다운 대화가 가능하다고 믿기 때문이다.

윷놀이의 뿌리와
속살을 찾아서

설날은 여러 가지로 좋은 날이었다. 먹을 것이 많았고 새 옷도 입는 날이었다. 하지만 좋지 않은 것도 있었다. 우리 집은 아버지가 8·15 해방 이후 북쪽에서 홀로 내려오셨기 때문에 친척이 없었다. 다른 집은 친척들로 북적거렸지만 우리 집은 한산했다. 다른 아이들은 사촌형제뿐만 아니라 육촌, 팔촌까지 있어서 설날에도 또래끼리 놀 수 있었다. 우리 집은 동생들이 너무 어리고 누님들은 나랑 노는 데 관심이 없어 저녁때가 되면 아주 심심했다. 야광귀가 온다고 밖에도 나갈 수 없었다. 내가 심심해하면 어머니와 큰누님이 나서서 윷놀이판을 마련했다. 우리 집은 남자 편, 여자 편 나누어 겨뤘는데 세 판까지 하자고 해도 다섯 판, 일곱 판까지 이어지는 게 보통이었다. 아버지는 다른 어떤 놀이보다도 윷놀이가 이기려고 하는 마음이 큰 놀이라서 잘못하면 싸움이 난다고 했는데 우리 집에서도 그랬다. 진 쪽에서 더 하자고 끝까지 우긴다. 아이들이 계속 우기면 안 들어줄 수가 없다. 명절날 아이를 울려서 좋은 기분을 깰 수는 없기 때문이다. 우리 집에서는 내가 가장 많이 우겼다. 내가 계속하자고 하면 상대편인 어머니와 큰누님도 내 편을 들어주었기 때문에 작은누님이 특히 약이 올라 했던 모습이 눈에 선하다. 그런데 어느 해인가 윷놀이를 하다가 아버지에게 질문한 적이 있다. 내가 말을 놓다가 궁금한 것이 생겼기 때문이다.

"아버지, 왜 말을 놓을 때 시계 방향으로 돌아도 되는데 왜 꼭 시계 반대 방향으로 돌아요?"

"옛날부터 그랬어."

"어느 쪽으로 돌아도 상관이 없는데 꼭 그렇게 도는 데는 까닭이 있을 거 아니에요?"

"글쎄, 잘 모르겠다."

"그런데 또 궁금한 게 있어요. 여기 말 놓는 점을 보면 숫자가 스물아홉 개잖아요. 빙 둘러서 스무 개가 있고 가운데 아홉 개. 그래서 다 합치면 스물아홉 개인데 왜 그래요?"

"넌 참 별중맞아. 별걸 다 물어본다. 놀이는 그냥 재미로 하는 거야."

우리 마을에서 가장 유식한 아버지도 내 질문에 대해서 답변을 하지 못하는 경우가 많았다. 그래서 '별중맞다'라는 말을 들을 때가 많았다. '별중맞다'는 '말이나 하는 짓이 아주 별스럽다'는 뜻이다. 되돌아보면 그 질문이 아주 중요했다. 내 궁금함이 풀리지는 않았지만 어렸을 때 형성된 그 질문이 자라면서 우리 문화와 우주에 대해 관심을 가지게 되는 계기가 되었기 때문이다. 어느 날 김문표의 '사도설'이라는 글에서 다음과 같은 구절을 발견했다.

윷판의 바깥 원은 하늘을 본뜨고 속의 사각형은 땅을 본떴으니, 말하자면 하늘이 땅 바깥을 둘러싼 것이다. 별들 중 가운데 있는 것은 북극성이며, 바깥으로 늘어선 것들은 28수이니 소위 북극성이 제자리에 머물고 뭇 별들이 그것을 향해 있는 모습이다. 해가 수(水)로부터 목(木)으로 들어가 다음으로 토(土)를 거쳐 되돌아와 수(水)로부터 나오는 것은 동지의 해가 짧은 것이다. 수(水)로부터 목(木)으로 들어가 옆으로 금(金)에 이르렀다 다시 수(水)로 나오는 것은 춘분의 일중이다. 수(水)로부터 목(木)을 거쳐 화(火)로 들어가 곧바로 수(水)로 나오는 것은 추분의 소중이다. 수(水)로부터 목(木)을 거치고 화(火)를 거치고 금(金)을 거쳐 다시 수(水)로 나오는 것은 하지의 해가 긴 것이다.^{그림 52}

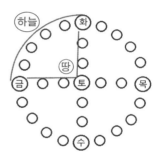

〈그림 52〉 사도설 윷놀이판

윷놀이판이 천문도라는 주장이었다. 매년 설날마다 재미로 했던 윷놀이에 그런 깊은 뜻이 있다고 생각하니 마냥 신기하고 놀라웠다. 그때부터 하늘의 별자리 운행을 관찰하기 시작했다. 먼저 시간마다 나가서 북두칠성이 어떻게 움직이나 관찰했더니 확실히 시계 반대 방향으로 돌고 있었다. 한 달 동안 달의 운행도 관찰했는데 달 역시도 시계 반대 방향인 서쪽에서 13도씩 동쪽으로 움직이고 있었다. 오행성의 운행 역시 마찬가지였다. 목성, 화성, 토성, 금성, 수성 다섯 행성이 속도는 다르지만 서쪽에서 동쪽으로 돌고 있는 방향은 같았다. 수성과 금성은 하늘 한가운데로 떠오르지 않기 때문에 처음에는 그 운행 원리를 이해하기 어려웠다. 하지만 금성이 해의 동쪽과 서쪽에서 나타나는 모습을 잘 관찰해보니 확실히 시계 반대 방향으로 돌았다. 이렇게 천체의 운행 방향을 오랫동안 관찰해보니 모든 별들이 일정한 원리 속에서 규칙적으로 운행하고 있음을 감각적으로 느낄 수 있게 되었다. 어렸을 때 시계 방향으로 가도 되는 윷놀이의 말을 굳이 시계 반대 방향으로 놓는 것에는 어떤 까닭이 있을 것이라고 생각했던 것이 우주의 운행 원리를 이해하게 만든 큰 질문, 우주적 질문이 된 것이다.

김문표의 글에는 내가 어렸을 때 윷놀이판에 있는 점이 왜 스물아홉 개인가에 대한 해답도 있었다. 김문표는 윷놀이판의 한가운데 있는 점은 북극성이고 그 둘레에 있는 다른 점들은 하늘에 있는 28수 별자리로 보고 있었다. 실제 동양에서 28과 관련된 숫자 상징은 딱 하나, 별자리 28수밖에 없었기 때문에 충분히 납득이 되는 논리였다. 드디어 내 어렸을 때의 궁금증과 호기심이 보상을 받는 듯했다.

그런데 그로부터 얼마 지나지 않아서 내가 해답을 찾은 것이 아니라는 것을 알려주는 고고학적 발견이 있었다는 것을 알게 되었다. 윷놀이판이 그려진 바위그림이 발견되었는데 그것을 북두칠성의 운행을 형상화한 것이라고 보는 학자가 있다는 것이다. 대표적인 사람이 서울대 김일권 교수였다. 김일권 교수가 근거로 제시한 것이 경북 포항 신흥리 뒷산에 있는 오줌바위에 새겨진 별자리 그림이었다. 그의 논문에 있는 그림을 보니 바위그림 한쪽에는 W자 모양의 카시오페이아 별자리, 다른 쪽에는 윷놀이판이 새겨져 있었다. 북극성을 사이에 두고 북두칠성과 카시오페이아 두 별자리가 마주 보고 있다는 것은 나도 잘 알고 있는 사실이었기 때문에 김일권 교수의 주장대로 윷놀이판이 북두칠성과 관련된 유적이라는 주장에 대해서 쉽게 동의할 수 있었다. 그런데 김일권 교수의 글에는 한 가지 해명되지 않은 것이 있었다. 북두칠성이라고 하면 일곱 개의 별인데 왜 스물여덟 개의 점으로 북두칠성의 운행을 상징하는가 하는 것이었다. 답은 옛 제주도 신화에서 찾을 수 있었다. 옛 사람들은 북두칠성을 하나로 보지 않고 동쪽에 나타나면 동두칠성, 북쪽에 나타나면 북두칠성, 남쪽에 나타나면 남두칠성, 서쪽에 나타나면 서두칠성이라고 이해했던 것이다. 네 방위의 칠성이 윷놀이판으로 정리되는 모습을 김일권 교수는 다음과 같이 그렸다.그림 53

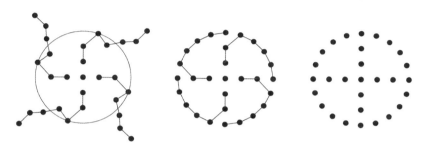

〈그림 53〉 북두칠성이 윷놀이판으로 변해가는 과정(ⓒ 김일권, 2002)

그러면 28수에 대한 천문사상은 언제, 누구로부터 비롯된 것일까? 공부를 해보니 28수는 중국의 전국시대에 형성된 별자리 체계였다. 그것이 고구려 고분벽화에 그려진 것은 5세기 말이다. 따라서 28수 천문사상이 고구려에 들어온 것은 빨라도 4, 5세기를 넘지 못할 것이다.

이 글을 쓰기 2주일 전에 신흥리 오줌바위를 찾았다. 글을 쓰기 전에 반드시 들러봐야 되겠다는 생각이 들었기 때문이다. 부푼 마음을 가지고 신흥리 마을로 갔다. 마을은 북쪽을 바라보며 자리 잡았고 마을 뒤쪽으로 난 길을 따라갔더니 산 중턱에 넓은 바위가 나타났고 바로 거기에 카시오페이아와 윷놀이판이 새겨져 있었다.그림 54 조개 화석이 곳곳에 박혀 있는 바위는 신생대 퇴적암으로 보였다.

〈그림 54〉 신흥리 바위그림 모사도

　오줌바위 위에 서서 주변 지형을 살펴보았다. 남쪽으로 봉우리가 있었고 동서로 산줄기가 흘러가서 북쪽 방향으로만 하늘이 열려 있는 곳이었다. 북극성과 주변의 별자리인 주극성을 바라보기에는 더없이 좋은 장소였다. 이런 곳에서 의례를 행한다면 북두칠성이 하늘 한가운데 있는 여름이거나 동쪽에는 북두칠성이 떠 있고, 서쪽에는 카시오페이아가 있는 봄, 또는 북두칠성이 땅에 부딪치는 가을이었을 것이다. 언제쯤 북두칠성을 위하는 의례가 진행되었을까? 신흥리는 고구려, 백제, 신라가 아직 작은 나라였던 삼국시대 초기에는 동예에 속하는 땅이었다. 『삼국지위서동이전』에 나오는 것처럼 동예의 국중대회, 곧 나라굿은 무천이었고 거행되는 시기는 음력 10월이었다. 요즘 말로 하면 '시월상달'인데 가족이나 지역공동체, 국가 차원에서 신에게 제사하는 전통이 이미 이때부터 있었던 것이다. 그 제사의 목적은 예나 지금이나 공동체의 안녕과 농경의 풍요였다. 풍년이 되려면 비가 제때에 내리고 바람이 순조로워야 했다. 이러한 자연현상을 관장하는 존재가 북두칠성이니, 북두칠성이 땅에 내려올 때 동예 사람들은 신을 맞아들여 함께 놀이하고 보냄으로써 칠성님의 마음을 흡족하게 하고 풍년을 약속받은 것으로 믿었을 것이다. 그렇게 생각하니 지금으로부터 2000년 전에 동예라는 연맹 국가에 속한 한 소국의 왕이 바로 이 자리에서 하느님인 북두칠성을 맞이하고 마을 앞에 있는 들판으로 신을 모시고 가는 장면이 떠올랐다. 저 앞 들판에 모인 많은 사람들이 몇 날 며칠에 걸쳐서 놀고 나라의 중대사를 결정하고 군사훈련까지 했겠지…….

윷놀이판이 새겨진 바위가 산꼭대기나 북두칠성을 보기 좋은 장소에 있는지 항상 궁금했었는데 현장에 오니 그 뜻과 속살이 뚜렷해진다. 청동기시대에서 삼국시대 초기에 걸쳐서 공동체의 안녕과 풍요를 원하는 사람들은 바로 이 장소를 신을 만나고 보낼 수 있는 장소로 보았기 때문이리라.

왜 제사의 주요 내용이 윷놀이였을까? 우리가 어렸을 때 경험한 윷놀이는 풍요를 기원하는 것이 아니라 단지 놀이일 뿐이다. 그런데 조선시대까지만 해도 윷놀이로 공동체의 풍흉을 점치는 고장이 있었다. '시절 윷놀이'라는 황해도 장연 지방의 공동체 윷놀이가 그것이다. 이 마을에서는 마을 사람들을 두 패로 갈라서 한 패는 '산', 다른 한 패는 '들'이라고 불렀다. '산'이 이기면 밭농사가 잘되고, '들'이 이기면 논농사가 잘되는데 양편이 비기면 밭농사와 논농사가 다 잘된다고 믿었던 것이다. 놀이가 끝나면 행렬을 지어서 읍내로 가고 고을 곳곳에서 모인 사람들이 동헌에 모여서 신나게 춤을 추면서 1년 농사를 모의적으로 반복했다. 씨 뿌리고 거름을 놓고, 모내고 김매기하며 거두는 장면까지 연극을 진행하면서 풍년을 미리 축하하는 것이다. 지주를 등장시켜서 욕하고 쫓아내면서 일시적인 해방의 즐거움도 느꼈고, 그러한 해방감은 더 높은 신명의 바탕이 되었다.

옛날 작은 나라들이 한 개 고을 규모였기 때문에 모든 나라에서 이런 방식의 나라굿을 열 수 있었을 것이다. 장연에서는 윷놀이판이 마을 사람들이 경쟁하는 놀이와 연극으로 나타났지만 옛날 나라굿에서는 무당이나 왕이 신에게 올 농사가 풍년인지 아닌지를 묻는 점치기의 모습으로 진행되었을 것이다. 장연의 시절 윷놀이는 봄에 제사를 지냈기 때문에 풍년을 기원하는 의례였겠지만 시월상달에 나라굿이 있었다면 신에게 풍년을 감사하는 의례였을 것이다.

신이 환생해서
곡식이 되니

1980년 전두환을 중심으로 한 신군부는 5·18 비상계엄과 함께 모든 대학에 휴교령을 선포하였다. 그때 나는 대학교 1학년이었다. 그 휴교령이 철회된 것이 10월이었으니 무려 5개월을 학교에 가지 않았다. 그 긴 기간 동안 책도 읽고 아버지 일도 도와드리면서 지냈다.

7월 초 농사일에 잠시 여유가 생겨 대전에 있는 외갓집에 다녀오기로 했다. 비가 온다는 예보가 있어 우산을 들고 나왔는데 마을을 벗어날 때쯤 빗방울이 떨어졌다. 마을 입구에서 500미터를 더 가면 버스 정류장이었는데 정류장에 도착할 때쯤 빗방울이 굵어지더니 마치 양동이로 퍼붓는 듯이 엄청나게 비가 쏟아졌다. 이런 날 외갓집에 갈 수 없겠다 싶어 다시 집으로 돌아왔다. 마을 냇물이 벌써 다리를 넘으려고 했다. 집에 왔더니 뒷산에서 내려온 빗물이 쌓아둔 나뭇더미에 막혀 우리 집 벽에 부딪치고 있었다. 잘못하면 집이 무너질 것 같아 물길을 만들어 주었다. 비는 몇 시간이나 계속 내렸다. 내 평생 가장 큰 비였다. 나중에 뉴스를 보니 강우량이 무려 300밀리미터가 넘은 집중 호우였다.

비가 좀 잦아들어 마을 냇가로 갔더니 다리는 흔적도 없이 사라지고, 물길에 수박, 돼지, 농기구 등 많은 것들이 떠내려가고 있었다. 마을 앞의 제방도 완전히 무너졌다. 마을 앞에 논들은 모래더미에 덮여 심어놓은 벼들이 보이지도 않았다. 우리 집 논도 마찬가지였다. 그 뒤 열흘간은 장마로 인한 피해를 해결하기 위해 마을 사람들이 모두 나와서 일을 했다. 7월 중순이 되자 아버지는 검은 씨앗을 여기저기다 뿌리기 시작했다. 궁금해서 여쭤보았다.

"아버지 무슨 씨를 뿌리는 거예요?"

"응. 메밀을 뿌리는 거야."

"그런데 지금 뿌려도 열매를 맺어요?"

"지금 뿌리는 건 가을 메밀이지. 메밀은 여름 메밀하고 가을 메밀이 있어. 여름 메밀은 봄에 뿌려 여름에 거두고, 가을 메밀은 7월 중순에 뿌려 가을에 거두는 거지."

"언제까지 메밀 씨앗을 뿌릴 수 있는 거예요?"

"8월 말까지도 뿌리면 열매를 얻을 수 있는 게 메밀이야. 그래서 물난리가 나거나 가뭄이 들면 구황작물로 이렇게 씨를 뿌리는 거야."

그림 55

내가 메밀에 관심을 가지게 된 것은 그때가 처음이었다. 우리 집은 메밀을 심지 않았기 때문이다. 그런데 홍수 때문에 집 주변에도 메밀을 심고 나서는 항상 관심이 갔다. 달밤이 특히 좋았다. 달빛을 받은 메밀꽃은 눈이 시리도록 하얗다. 이효석이 『메밀꽃 필 무렵』에서 "소금에 뿌린 듯이 흐뭇한 달빛에 숨이 막힐 지경"이라고 했던 느낌이 무엇인지 알 수 있었다.그림 56 그해 가을은 메밀을 불려서 껍질을 벗기고 맷돌로 가는 것이 일이었다. 그것으로 메밀묵과 메밀국수를 만들었다.

늦게 심어도 수확을 할 수 있
는 메밀에 대한 신화적 설명을 만
난 것은 서른 남짓할 때였다. 제주
도 무속 신화를 공부하다가 세경
본풀이를 만난 것이다. 세경본풀
이는 농경신인 세경신의 내력을
풀이하는 무가이다. 내가 본 제주
도 본풀이 가운데 가장 길고 잘
짜인 이야기였다. 제주말로 되어
있는 본풀이를 그냥 소개하자니
읽기가 어렵고 표준말로 풀어놓
은 이야기는 재미가 없어 아들에
게 해준 이야기로 그 내용을 요약
하면 이렇다.

〈그림 55〉 메밀씨

〈그림 56〉 메밀꽃

옛날에 하늘에 빌어서 태어난 부잣집 딸 자청비라는 아가씨가 있
었거든. 어느 날 빨래를 갔다가 글공부하러 하늘에서 내려온 문 도령
을 보았대. 그리고 한눈에 반했어. 자청비는 남장을 하고 문 도령을
따라갔지. 문 도령과 함께 거무 선생한테 가서 함께 공부를 했어. 삼
년간이나 같은 방을 쓰면서. 문 도령은 처음에는 의심을 했지만 자청
비의 꾀에 넘어가 여자인지 모르고 지냈대. 3년이 지난 뒤 하늘에서
혼인을 하러 오라는 말을 듣고 문 도령이 떠나게 되었어. 이대로 가면
서로 인연이 끊어지는 거지. 그래서 자청비는 문 도령과 목욕을 하면
서 자기가 여자인 걸 알렸어. 물론 같은 곳이 아니라 위쪽에 있는 소

에서는 자청비가 아래쪽에 있는 소에서는 문 도령이 목욕을 했대. 자청비는 잎사귀에 자신이 여자라는 글을 써 보냈고 자청비가 여자인 것을 알게 된 문 도령은 서로 사랑을 고백했대. 그 뒤 문 도령은 부모님을 설득하겠다고 하늘에 올라갔지만 오랫동안 아무 소식도 주지 않았어. 그런데 어느 날, 자청비네 집 하인인 정수남이 문 도령을 봤다는 거야. 선녀들하고 산에서 바둑을 둔다는 거지. 정수남이 자청비를 겁탈하려고 거짓말을 한 거지. 자청비는 위기를 벗어나기 위해서 정수남을 죽였어. 집에 와서 부모한테 이야기했더니 집안 일꾼 하나를 죽였다고 집에서 쫓아내지 뭐야. 그래서 사람을 살릴 수 있는 꽃이 있는 서천꽃밭에 가서 꽃을 구해다가 정수남을 살렸어. 부모님은 사람을 죽이기도 하고 살리기도 하는 딸이 보기 싫다고 또 쫓아냈대. 할 수 없이 돌아다니다가 청태국 할망 집에 가서 밥을 얻어먹었는데 자청비의 옷감 짜는 솜씨를 보고 수양딸을 삼았대. 그러던 어느 날 청태국 할망과 혼인 예단을 준비하다가 그 예단이 문 도령과 그 색시가 될 서수왕 셋째 아기씨 것이라는 것을 알았어. 그래서 옷감에 자기 이름을 적어놓았더니 문 도령이 찾아왔대. 그런데 자청비가 장난기가 생겨 문틈으로 문 도령의 손을 바늘로 찔렀어. 화가 난 문 도령이 하늘로 올라가자 청태국 할망도 자청비를 집에서 쫓아냈지. 이리저리 헤매다가 울고 있는 선녀를 발견했어. 문 도령이 선녀들에게 자청비랑 목욕한 물을 떠오라고 했는데 그게 어딘지 몰라 운다는 거야. 그 장소를 가르쳐주고 선녀들과 함께 하늘로 올라갔어. 그리고 문 도령을 만나 혼인을 했지. 물론 문 도령 집안의 반대를 극복하고. 그런데 하늘나라 청년들이 문 도령을 시기해서 죽이고 말았대. 자청비는 또 서천꽃밭에 가서 꽃을 가져다가 문 도령을 살렸어. 그런데 이번에

는 하늘에서 난리가 났대. 하느님을 반대하는 반란군 세력이 엄청 셌
거든. 자청비는 다시 한 번 서천꽃밭에 가서 수레멸망악심꽃을 가져
와 반란을 진압했어. 그리고 하느님에게 요구했지. 땅에 가서 농경신
으로 자리 잡을 테니 오곡을 달라고. 당연히 허락했어. 그리고 땅에
내려왔는데 글쎄 자청비가 깜빡하고 메밀씨를 그냥 두고 왔지 뭐야.
그래서 하늘에 가서 다시 갖고 오느라고 메밀을 늦게 뿌리게 되었다
는 거야.

자청비는 사람과 세상을 살리는 공덕과 함께 하늘나라의 며느리라는
자격으로 이 땅에 곡물을 가져오고 농경신으로 자리 잡는다. 이 이야기
를 통해서 나는 우리 겨레 역시 곡식은 땅의 산물이 아니라 하늘에서
가져온 것이라고 믿었다는 것을 알 수 있었다.

그때부터 세계의 농경기원신화, 곡물기원신화에 관심을 가지고 살펴
보았다. 거의 모든 신화가 곡물을 신이 가져다주었거나 신이 변해서 생
긴 것이라는 이야기 구조를 가지고 있었다.

칩페와이 인디언들에게 전승되는 옥수수 이야기도 마찬가지였다. 칩
페와이 인디언 소년들은 열다섯 살이 되면 깊은 숲 속에 들어가서 3일
에서 7일까지 금식기간을 가진다고 한다. 혼자서 숲 속에 있으면서 신
과 만나고 그로부터 힘을 얻어야 되기 때문이다. 다른 소년들은 사냥을
잘하게 하거나 전쟁에서 승리할 수 있는 힘을 얻으려 했지만 한 소년만
은 모든 사람들에게 도움이 될 수 있는 사람이 되게 해달라고 빌었다.
하늘의 신이 그 소년의 소원을 들어주기로 했다. 그는 초록색 옷을 입
고 머리에는 굽이치는 황금 깃털 장식을 한 젊은이의 모습을 하고 소년
과 씨름을 했다. 삼일째부터 씨름을 해서 소년이 매일 졌지만, 마지막 칠

일째에는 소년이 이겼다. 초록색 옷을 입은 젊은이는 소년에게 "내가 죽으면 내게서 초록색 옷과 황금 깃털 장식을 벗기고 내가 쓰러졌던 곳에 무덤을 만들어 나를 묻어라. 그리고 흙을 덮어주고 잡초가 우거지지 않았는지, 숲 짐승들이 파헤치지 않았는지 내 무덤을 보살펴라. 그리고 시간이 지나면 내 모습을 다시 볼 것이다"라고 말했다. 그 소년이 유언대로 했더니 초록 잎사귀들이 흙을 뚫고 나오더니 초록 껍질과 황금빛 수염이 빛나는 옥수수가 되었다는 것이다. 이러한 옥수수 신화와 재배 방법은 아메리카에 처음 도착한 청교도인들에게 그대로 전해졌을 가능성이 높다. 유럽에서 가져간 밀 종자가 싹을 틔우지 않아 청교도들이 굶어 죽게 되었는데 인디언 노인 '스퀀토'가 옥수수 심는 방법을 가르쳐주었던 것이다. 미국의 시인 롱펠로는 「히아와타」라는 시에서 그 장면을 이렇게 노래하고 있다.

네가 나를 꼼짝 못하게 정복하려면,
비가 내리고
햇볕이 나를 따뜻하게 하는 곳에
내가 누울 자리를 마련하라.
푸른 옷과 노란 옷을 벗기고
나풀거리는 수염을 떼어낸 뒤,
나를 땅속에 눕혀
부드럽고 따뜻한 볕을 쪼일 수 있게 하라.
어떤 손도 내 잠을 방해하지 못하고,
어떤 잡초나 해충도 나를 학대하지 못하며,
갈가마귀도

나를 괴롭히지 못하게 하라.

내가 잠에서 깨어 활동을 시작할 때

까지,

햇살을 향해 발돋움할 때까지,

오직 너 혼자만 내게 와서 나를 지켜

보라.^{그림 57}

〈그림 57〉 옥수수수염

롱펠로는 옥수수 기원신화를 통해서

스퀀토가 재배 방법을 백인들에게 가르쳐

주는 장면을 상상했을 것이다.

가까운 일본에도 곡물기원신화가 있다.

옛날 옛적에 소시모리에 '오오게츠히메'라는 여신이 살고 있었거
든. 이 여신은 먹을 것을 만드는 재주를 가지고 있었대. 입이나 코, 항
문 등에서 나오는 분비물로 음식을 만든다는 거지. 어느 날, 스사노
신이 찾아왔는데 같은 방식으로 음식을 만들었어. 그러자 스사노는
더러운 음식을 대접했다고 그만 죽여버렸어. 그러자 오오게츠히메의
몸에서 온갖 곡식이 생겨났대. 일본 책『고사기』에서는 눈에서는 벼,
음부에서는 보리, 귀에서는 조, 코에서는 팥, 엉덩이에서는 콩이 생겨
났다는 거지. 그런데 오오게츠히메에게는 걱정이 있었어. 많은 아이
들 가운데 특히 막내딸인 치비히메라는 여신이 어떻게 살지 염려되
었던 거지. 손가락만 한 몸을 가진 작은 여신이었거든. 그래서 치비히
메를 불러 말했어. "내가 죽으면 나의 몸에서 여러 가지 곡물이 생겨
나니까 그것을 가지고 동쪽 나라에 가서 살거라"라고 말이야. 엄마가

죽고 치비히메가 울자, 빨간 기러기가 날아와서 타라고 했어. 동쪽 나라까지 데려다 준다는 거지. 그래서 치비히메는 소시모리를 떠나서 일본 시마네까지 날아갔대. 지역 사람들은 그때까지 수렵 채집을 했지만 그 씨앗으로 농사를 지으며 살게 되었다는 거야.

여기서 소시모리는 우리나라를 말한다. 역사적으로 볼 때 벼와 같은 곡물들은 우리나라의 이주민이 일본에 전했을 가능성이 높다. 그러한 역사가 일본 곡물기원신화에 반영된 것이다. 일본 곡물신화를 읽으면서 왜 육지에는 곡물기원신화가 전승되고 있지 않은지 궁금해졌다. 그래서 익산의 무당인 정강우 씨를 찾아가서 조사해보았다. 그리고 해답을 얻을 수 있었다. 자신은 그 굿을 해보지 않았지만 신어머니로부터 종자풀이를 들어보았다고 했다. 소와 말의 안녕을 기원하는 '우마굿'에서 종자풀이를 연행한다는 것이었다. 제일 먼저 생겨난 곡물은 피였다고 한다. 오곡 가운데 '피'에 관한 종자풀이를 들어보자.

옥황상제 전에서 천도복숭아를 훔쳐 먹은 동방선관을 불러. "네가 천상 옥황상제의 식량을 도둑질하였으니, 인간 세상에 내려가서 만백성이 먹고살 곡식이 되어버려라." 그래서 동방선관이 '어떤 곡식이 되어야 천입 만입을 고루 먹일거나' 고민하니, 셋째 딸이 말하기를 "아버님 천입 만입을 멕여 살리려면 열매가 많고 숫자가 많은 곡식으로 환생을 하소서." 그래가지고 인간세계에 피가 생겨난 거여.

그런데 문제가 생겼다. 이놈의 피가 얼마나 단단한지 방아에다 찧어도 잘 부서지지 않고, 먹으려고 하면 너무 딱딱해서 세상 사람들이 불만을 가지게 되었다는 것이다. 옥황상제는 자기가 사랑하는 선관을 종자로 만들어서 뿌려주었는데 어찌 그러느냐고 화를 냈다. 이에 다른 선관이 내가 더 좋은 곡식이 되겠다고 청하여 환생한 것이 조였다고 한다. 조에 관한 '종자풀이'를 들어보자.

단양팔경을 돌아들어 좁쌀 종자를 한 말 지고, 사시사철을 돌다 보니 경치는 좋다마는 산지사방이 바위로 이리저리 병풍을 치고 강물은 좋다만 강심이 깊어 물도 긷기 힘들어 여기저기 이리 기웃 저리 기웃 허시다가 위로 가면 강원도 산골이요. 아래로 내려가면 기운이 따뜻허니 좁쌀 종자가 살겠구나. 좌우 산천을 굽어보자 앞산은 평풍이요 뒷산은 바람맥이. 골은 작어도 흙은 기름진 진천 땅을 골랐구나.

그런데 좁쌀도 농사를 짓고 보니 알이 작고 먹기가 힘들었다고 한다. 이번에도 또 다른 선관이 환생해서 팥이 되었다.

이 집 저 집이 동짓달 한 달을 못 넘기고 여기저기서 부황이 나고 사람마다 기근이 드니 저 기근을 어쩔끄나.
저 기근을 막아내자면 알도 크고 단단허고 먹고 나도 배가 든든한 것이 있어야 하는데 그것을 어찌헐거나. 그래서 생겨난 것이 팥이여.

우마부인이라는 선관은 사람들이 곡식을 나르는데 너무 힘든 걸 보고 그것을 도와주러 스스로 소가 되어 지상에 내려왔다고 한다. 종자풀이 속 선관들의 인간복지에 대한 정성이 눈물겹다고나 할까.
단군 신화의 우사와 풍백이 별이듯이 곡식이 별이라는 것은 이미 우리의 전통 신앙 안에 있던 관념이다. 그러한 전통 신앙에 선관이나 우마 부인 같은 도교적인 겉껍질이 씌워져 있는 것이 종자풀이의 실상인 것이다. 그런데 정강우 씨 말로는 벼와 보리에 대한 종자풀이는 없는데 자신도 그 까닭은 모른다고 했다.

어쨌든 종자풀이는 도교적인 요소를 벗겨내면 우리의 곡물기원신화로서 부족함이 없어 보였다. 그리고 그 속살은 하느님이 세상을 이롭게 하기 위한 계획이었다는 것이다. 생각이 여기에 이르니 어렸을 때 듣던 말들이 생각났다. "항상 종자를 소중히 하고 말도 소도 함부로 하지 말고 잘 먹여야 된다", "음식을 흘려서는 안 된다"는 말을 들어왔는데 그러한 관념이 어디에서 비롯되었는지 짐작이 갔다. 이러한 말들은 곡식이 하늘에서 내려온 선관들 곧 별이 환생한 것이라는 관념을 뿌리로 해서 만들어졌을 것이다. 하늘에 대한 신앙, 별에 대한 신앙은 이렇게 곡물에도 담겨 있다.

별똥별 떨어진 곳

밤뒤를 보며 쪼그리고 앉았으랴면, 앞집 감나무 위에 까치 둥우리가 무섭고, 제 그림자가 움직여도 무서웠다. 퍽 추운 밤이었다. 할머니만 자꾸 부르고, 할머니가 자꾸 대답하시어야 하였고, 할머니가 딴데를 보시지나 아니하시나 하고, 걱정이었다.

아이들 밤뒤 보는 데는 닭 보고 묵은 세배를 하면 낫는다고, 닭 보고 절을 하라고 하시었다. 그렇게 괴로운 일도 아니었고, 부끄러워 참기 어려운 일도 아니었다. 둥어리 안에 닭도 절을 받고, 꼬르르 꼬르르 소리를 하였다.

별똥을 먹으면 오래오래 산다는 것이었다. 별똥을 주워 왔다는 사람이 있었다. 그날 밤에도 별똥이 찌익 화살처럼 떨어졌었다. 아저씨가 한번 메추라기를 산채로 훔켜 잡아온, 뒷산 솔푸데기 속으로 바로 떨어졌었다.

별똥별 떨어진 곳
마음에 두었다
다음날 가보려
벼르다 벼르다

인젠 다 자랐소

언젠가 『정지용 전집』을 읽다가 발견한 '별똥별이 떨어진 곳'이라는 글이다. 할머니를 어머니로 바꾸면 내 어렸을 때의 경험과 아주 비슷하다. 정지용이 1902년생이라 나와 두 세대나 차이가 나는 데도 말이다. 어머니의 친정집과 정지용의 고향집이 두 고개만 넘으면 되는 가까운 곳이라서 같은 문화, 같은 이야기를 공유하고 있기 때문일 것이다. 요즘 세대는 이런 경험이 없기 때문에 조금 설명이 필요한 이야기이기도 하다. 요즘은 변소가 집 안에 있지만 우리가 어렸을 때까지만 해도 밖에 있었다. 그래서 뒤를 보려면 밖으로 나가야 되는데 무섭기 때문에 그냥 참는 경우가 많았다. 그러다가 그냥 이불에 쉬를 해버리면 어머니는 형제들을 닭장에 데리고 가서 절을 하게 했다. 나는 오줌을 싼 적은 없지만 무서워서 어머니를 꼭 데리고 나갔다. 요즘과 같은 수세식 변소가 아니라서 잘못하면 빠질 수 있는 데다가 불도 없어 변소에 못 들어가면 어머니는 퇴비를 모아놓은 두엄탕으로 나를 데리고 갔다.

쭈그려 앉으면 불빛 하나 없는 캄캄한 어둠 속에서 가까이 있는 어머니도 잘 보이지 않았다. 그러면 계속 거기 있는지 확인하기 위해 어머니를 불러댔다. 무서움을 이겨내기 위해서 노래를 부르거나 눈을 감고 숫자를 세기도 했다. 그러다가 별들 가운데 별똥별을 발견하면 무서움은 사라지고 호기심과 궁금함이 마음을 가득 채웠다. 그리고 어머니에게 질문 세례를 퍼부었다.

"별똥별은 어떻게 생겼어?"

"저 별똥별은 왜 떨어지는 거야?"

"별똥별은 어디에서 오는 거야?"

"별똥별은 언제 만들어진 거야?"

"별똥별이 땅에 계속 떨어지면 지구가 점점 무거워지는 것 아니야?"

어머니는 밤에 나를 데리고 나오는 것보다 그러한 질문들을 더 귀찮아하셨지만 외할아버지에게 별똥별을 먹으면 오래 산다는 이야기를 들었다고 하셨다. 그래서 나도 별똥별을 찾으러 나서기도 했다. 막상 마을 어귀를 나가면 어디로 가야 할지 몰라 돌아왔지만……

생활 속에서 밤하늘을 경험하지 못한 요즘 아이들은 책을 통해서만 들을 수 있는 이야기이다. 하지만 우리가 어렸을 때는 별똥별을 보는 것이 일상적인 경험이었다. 뒤를 볼 때나 여름에 평상에 누워서, 밤길을 걷다가 별똥별을 볼 수 있었기 때문이다.

어렸을 때 했던 질문 가운데서 별똥별이 어떤 존재인가에 대해서는 그리 어렵지 않게 알 수 있었다. 지구는 해를 돌면서 혜성이 지나간 곳을 스쳐 간다. 그때 남아 있던 얼음이나 먼지 등 혜성의 찌꺼기들이 지구 상공 100킬로미터쯤에서 대기와 부딪치면서 일어나는 현상이 별똥별이었다. 아름다운 인상에 비해 실상은 보잘것없었지만 그래도 실망스럽지는 않았다. 내가 가진 별똥별에 대한 관심은 과학에 대한 것이 아니라 문화적인 것이었으니까. 그래서 관심을 가지게 된 것이 옛사람들이 별똥별을 어떻게 느끼고 인식했는지에 대한 것이었다.

옛날 중국 사람들은 별똥별을 '하늘을 나는 용' 또는 '하느님의 사자'라고 보았다. 특히, 별똥비(유성우) 현상을 중시했다. 별똥비 가운데서도 헌원 별자리 별똥비는 특별했다. 동양에서는 사자자리의 머리 부분을 황룡자리라고 보았다.[그림 58] 사자의 꼬리 부분은 옥황상제가 정사를 보는 궁궐인 태미원이다. 오늘날의 정부종합청사라고 볼 수 있다. 태미원이 왜 그곳에 있는 것일까? 한 나라의 도성이나 궁궐의 위치를 정하려면 여러 가지를 많이 따지기 마련이다. 하물며 옥황상제의 궁전을 정하는데 이를 따지지 않을 리 없다. 태미원의 위치를 정하는 데 가장 중요한 조건은 북두칠성의 자루 끝에 자리 잡아야 하는 것이다. 예로부터 중국에서는 북두칠성을 상제의 명령을 집행하는 별자리로 보았다. 북두칠성 자루를 따라 옥황상제의 명령이 전달되고 각 부서의 공문 또는 상소가 올라가야 하기 때문에 북두칠성의 자루 끝에 태미원이 자리 잡고 있는 것이다. 태미원에서 사방으로 퍼져나가는 별똥비를 보고 하느님의 사자가 각 구역으로 파견된 것이라고 보는 옛 중국 사람들의 상상력이 그럴 듯하다.[그림 59]

헌원 별자리와 태미원 영역이 해와 달, 행성들이 다니는 길목이라는

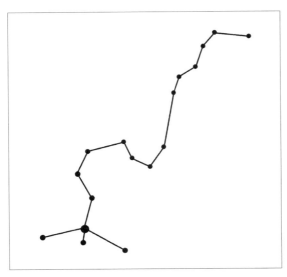

〈그림 58〉 황룡자리

것을 이해하면 그 뜻과 속살이 더욱 깊어진다. 해와 달, 행성들은 상제의 명령을 받아 각 제후국과 지방관청(28수)에 전달하고 그 이행을 감독하는 역할을 맡는다. 그들이 역할을 잘하기 위해서는 정기적으로 하늘의 정부종합청사인 태미원에 들러야 하는 것이다.

지중해 문명에서도 별똥별을 천사가 하느님의 명령을 전달하기 위해서 파견되는 것으로 보았다. 우리 역사에서도 별똥별을 하늘의 사자 또는 계시라고 보았던 증거가 있다. 『삼국사기』 '김유신 열전'에는 이렇게 기록하고 있다.

대신 비담과 염종은 여왕이 정사를 잘하지 못한다고 하여 군사를 일으켜 폐하려고 하였다. 왕이 반란군의 공격을 월성에서 막아내자 비담은 명월성에 주둔하였다. 서로 간에 공방이 10일 동안 벌어졌다.

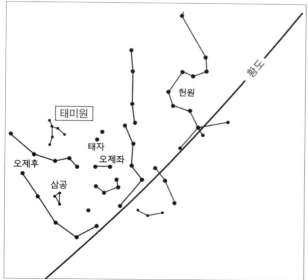

〈그림 59〉 태미원과 황도

그런데 한밤에 큰 별이 월성 쪽으로 떨어졌다. 비담 등이 군사들에게 이르기를 "내가 들으니 별이 떨어진 아래에는 반드시 유혈이 있다고 한다. 이것은 아마 여왕이 패할 조짐이다." 군사들이 떠들어대는데 소리가 땅을 진동하매 왕이 듣고 무서워 어쩔 줄 몰랐다. (중략) 김유신이 허수아비를 만들어 불을 안기고 연에 실어 날려 하늘로 올라가는 것같이 하였다. 이튿날 사람들을 시켜 어젯밤 떨어졌던 별이 도로 하늘로 올라갔다는 말을 퍼트리게 하였다.

10여 일간 반란군과 정부군의 대립 상황에서 분기점이 된 것은 별똥별이라는 천문현상이었다. 이는 신라문화의 기층에 별똥별이 전쟁의 승패를 좌우하고 임금의 운명까지도 좌우할 수 있다는 인식이 깔려 있었다는 것을 말해주는 것이다.

'별똥별이 언제 생겼을까?'라는 질문은 태양계와 지구 형성 과정에 대한 탐색과 다름없었다. 지구 형성 과정에 대해서 나는 티끌 모아 태산이 되듯이 운석이 오랫동안 떨어지면서 지구가 만들어졌을 것이라는 생각을 하고 있었다. 하지만 사프로노프의 '미행성 충돌설'을 접하면서 지구가 그렇게 오랫동안 만들어진 것이 아니라 짧은 시기에 만들어졌다는 것을 알게 되었다. 지금까지 과학이 밝혀낸 것은 지구가 생겨난 지 45억 6,000년이 되었다는 것이다. 정확한 연대 측정이 가능했던 것은 남극에 떨어진 별똥별이었다. 얼음으로 뒤덮인 남극에서 발견된 운석으로 방사성동위원소를 측정해보니 일관된 연대가 나온 것이다. 별똥별들이 어떤 광물로 이루어졌는지를 알면 태양계 초기 형성 과정에 대한 그림을 그릴 수 있다. 별똥별들은 태양계를 만든 기본 재료가 지금까지 남아 있는 것이기 때문이다. 나 역시 운석을 연구한 자료들을 살펴보니 지구가 만들어지는 과정을 그림 그리듯 이해할 수 있었다.

지금부터 45억 6,600만 년 전 태양계는 존재하지 않았다. 그저 먼지와 가스 등으로 이루어진 성운이 있었을 뿐이다. 그 성운 가운데는 약 10여 가지의 광물이 섞여 있었다. 그런데 언젠가 초신성 폭발이 있었고 그 여파로 성운이 뭉치면서 회전을 하기 시작했다. 많은 질량을 가지고 있는 곳이 핵이 되고 점점 높아진 압력과 온도 속에서 원시 해로 발전했다. 그리고 그 주변의 먼지와 가스는 원반처럼 해 주변을 돌았다. 이윽고 속도가 점점 빨라지면서 먼지와 가스가 뭉치기 시작했다. 처음에는 미세먼지만 한 크기였지만 점점 커져서 작게는 몇 미터에서 크게는 몇 킬로미터에 이르는 소행성이 되면서 서로 격렬하게 충돌하기 시작했다. 암석 성분 소행성들은 낮은 속도에서도 산산이 부서졌다. 하지만 금속 성분이 많은 소행성들은 훨씬 고속으로 충돌해도 금속이 변형되면서 충돌 에너지를 흡수하기 때문에 더 큰 덩어리로 합쳐졌다. 그 과정에서 많은 물리화학적 변화가 생겼다는 것은 성운 단계에서 10가지였던 광물이 소행성 단계가 되면 250개나 된다는 것을 통해서 잘 알 수 있다. 이런 과정을 거쳐서 지름 10킬로미터가 되는 소행성이 지구 궤도 주변에 100억 개가 만들어졌다고 한다. 태양계 전체로는 10조 개가 되었을 것이다. 지구 궤도에서 100억 개의 소행성이라면 그 공간을 소행성으로 가득 채울 수 있을 것이라고 생각하는 사람도 있을 것이다. 하지만 지구 궤도 전체에 소행성 100억 개를 흩뜨려 놓으면 소행성 사이의 평균거리가 3,000킬로미터가 되기 때문에 생각보다 밀도가 높지는 않다. 이윽고 모든 행성의 궤도 안에서 좀 더 크고 무거운 금속질을 중심으로 다른 소행성들이 뭉쳐지기 시작했다. 소행성의 지름이 160킬로미터가 넘으면 '질주 응집'이라는 새로운 현상이 생긴다. 지름이 160킬로미터보다

작으면 두 물체가 직접 부딪칠 때만 뭉칠 수 있지만 160킬로미터라는 임계점을 넘으면 다른 소행성들과 부딪치지 않고서도 끌어들일 수가 있는 것이다. 따라서 지구는 먼저 그 크기에 도달한 소행성을 중심으로 점점 더 크게 뭉쳐져서 이루어진 것이다. 나머지 9개의 행성도 그런 과정을 거쳐서 만들어진 것이다.

운석이나 소행성에는 지구를 형성하는 모든 물질이 들어 있다. 물 역시 그러하다. 운석 안에는 많으면 20퍼센트, 적으면 1퍼센트 이하의 물이 포함되어 있는데 평균적으로 1퍼센트 정도의 물이 포함되어 있다고 한다. 현재 지표상의 물은 지구 질량의 0.03퍼센트이다. 지구 안에도 물이 있고 물을 구성하는 수소와 산소가 분리되어 가벼운 수소가 우주공간으로 날아가기도 하기 때문에 이 정도의 양이면 지구를 구성하고 있는 물의 기원을 설명하기에 충분한 분량이다. 처음 충돌할 때는 소행성 안에 포함된 수증기나 이산화탄소, 질소 등 휘발성 가스들이 증발하지 않았을 것이다. 아직 속도와 압력, 온도가 가스를 증발시킬 정도가 되지 않았기 때문이다. 소행성이 지구와 충돌할 때 현재 지구 크기의 20퍼센트 정도이면 초속 2~3킬로미터 속도로 충돌하고 50퍼센트 정도이면 초속 5~7킬로미터가 넘는다. 초속 4킬로미터 정도로 충돌하면 그 충돌 부위의 온도가 1,000도 정도가 되기 때문에 가스를 완전히 증발시키지 않는다. 이와 달리 초속 6킬로미터 정도의 속도로 충돌하면 3,000도가 되어서 거의 모든 가스를 증발시킨다. 지구 형성 초기에는 하루에도 10킬로미터 이상 되는 소행성 3개가 충돌했다고 하니 지구의 온도가 점점 더 높이 올라가 초열지역이 되었을 것이다. 그 열 때문에 지구에는 깊이가 3,000킬로미터 가까이 되는 마그마 바다가 생겼다. 그때는 대다수 물이 대기 중의 수증기로 존재했을 것이다. 지금 바다만 한 분량의 수증기가 대기 중에 존재했던 것이다. 그래서 당시 대기압은 지금보다 훨씬 높아서 300기압이었다고 한다. 그런데 지구의 크기가 현재 크기의 80퍼센트가 되면 변화가 생긴다. 대다수의 소행성이 흡수되었기 때문에 소행성의 충돌이 뜸해지게 된다. 당연히 온도가 내려가고 지구를 둘러싼 수증기가 냉각되면서 비가 되어 내렸다. 바다가 생기고 생명 탄생의 기본 조건이 만들어진 것이다.

어렸을 때 별똥별에 대한 경험과 궁금증이 아니었으면 이러한 탐색을 할 수 있었을까? 지구 진화과정의 산물인 인간이 그 과정을 깊이 있게 연구하고 법칙을 형성하는 것은 놀랍고 대단한 일이다. 하지만 그 못지 않게 중요한 것이 그러한 질문을 하는 것이다. 아이들에게 우주의 신비와 놀라움을 생활 속에서 경험하게 하는 것이 질문하는 아이를 길러낼 수 있는 토양이 된다고 나는 믿는다.

좀생이별 보기

내가 어렸을 때만해도 마을에는 이야기가 넘쳤다. 친구들끼리 모이기만 하면 서로가 알고 있는 이야기를 나눴다. 비가 와서 방에 모여 있으면 그 가운데 좀 더 나이 먹은 아이들을 중심으로 이야기판이 펼쳐졌다. 집에서도 부모님이 늦게 들어오셔서 동생들이 불안해하면 누님들이 동생들을 모아놓고 이야기를 했다. 무서운 이야기부터 더러운 똥 이야기까지. 밭을 맬 때는 지루해하고 힘들어하는 우리들을 위해서 어머니가 이런저런 이야기를 하셨다. 아버지는 나무하러 갈 때나 소를 사거나 팔러 장에 갈 때 여기저기 마을 이야기, 고개 이야기, 친척 이야기를 하셨다. 겨울에는 채 벌어지지 않은 목화 꼬다리를 산더미처럼 쌓아놓고 깠다. 딱딱한 목화 꼬다리를 까는 것은 아주 힘들었다. 그래서 우리 아이들은 그 주변으로 가지 않으려고 했다. 하지만 아버지가 "옛날 옛적에" 하면 어느새 눈을 빛내며 목화 꼬다리를 집어 들었다.

옛날에는 사람들을 웃고 울리는 이야기꾼이 마을마다 한 명씩은 있었다. 우리 마을 이야기꾼은 아버지였다. 그래서 농한기에는 사람들이 우리 집에 몰려들었는데 처음에는 부모님 안부나 집안 소식들을 풀어놓다가 사람들이 다 모이면 본격적인 이야기판이 벌어졌다. 겨우 내내 하루에도 몇 시간씩 이야기를 풀어놓을 수 있는 아버지의 솜씨는 놀랍고 신기했다. 어떤 때는 삼국지 이야기를 거의 한 달에 걸쳐 처음부터 끝까지 할 때도 있었다.

그런데 언제부터인가 이야기판이 사라졌다. 마을에 텔레비전이 들어오면서 우리 집에 오는 사람들이 조금씩 줄어들기 시작하더니 나중에는 아버지 연배나 좀 더 나이 드신 분들만 오셨다. 그리고 사람이 많이 모이지 않으니 이야기판보다는 술을 드시거나 화투를 쳤다. 이야기판이 벌어질 때는 나도 신났다. 하지만 어른들이 술을 마시고 화투를 치니 내가 할 일이 없어져서 어른들의 이야기판에 귀를 기울이지 않게 되었다. 그래도 언제나 이야기를 해줄 수 있는 이야기꾼 아버지가 계셨던 덕분에 또래 누구보다도 우리 문화에 대해서 깊이 알게 된 것은 행운이었다.

별과 관련되어서도 그런 경험이 있다. 어느 날 아버지보다는 열다섯 살쯤 더 나이 드신 아저씨가 들어오시면서 말씀하셨다. "오늘 달을 보니 올해는 풍년이 들 것 같아." 아버지는 그 말을 듣고 "좀생이별이 달보다 앞서가지요." 하고 대답하셨다.

그때는 그 말이 무슨 뜻인지 잘 몰라서 귀로 흘려들었다. 이십여 년이 지난 후에야 그 이야기가 무슨 뜻인지 알게 되었다. 서른 살 무렵 나는 우리나라 세시풍속 연구에 빠져 있었다. 내가 경험했던 세시풍속도 정리해보고 마을 어른들이나 다른 마을에 가서 조사도 했다. 그리고 우리 옛 문헌에 나오는 세시풍속에 관한 자료도 찾아보았다. 조선 후기에는 세시풍속에 관한 책이 많이 나왔다. 유득공의 『경도잡지』(18세기 후반), 김매순의 『열양세시기』(1819년), 유만공의 『세시풍요』(1843년), 홍석모의 『동국세시기』(1849년) 등이다. 거기에 나오는 기사들을 비교해보면서 몇 번이고 읽었는데 특히 흥미를 끌었던 것은 유만공의 『세시풍요』였다. 다른 세시기들이 주로 정보를 전달하는 내용이라 산문이 많았고, 그 유래를 중국의 풍속에서 끌어다 설명해서 재미가 없었다. 이와 달리 유만공의『세시풍요』는 200여 수의 시를 통해서 세시풍속의 여러 장면을 마치 손에 잡힐 듯이 그려주어 읽는 재미가 있었다. 단옷날 그네 뛰는 장면에 대한 기록을 보면 그 차이를 실감할 수 있다.

> 항간에서는 여자들이 그네뛰기를 많이 한다. <고금예술도>에 북쪽 오랑캐인 융적들이 한식날 그네뛰기를 하여 몸이 가볍게 뛰어오르는 연습을 하는 것을 중국 여자들이 배운 것이라고 한다. <천보유사>에도 한식 때가 되면 궁중에서 그네를 매는데 이것을 반선희라고 했다. 그런데 그것이 오늘날에는 단옷날 풍속으로 옮겨졌다.
>
> 『동국세시기』

오월오일

戌衣端稱少娘年	단오옷 입은 젊은 낭자
細苧單裳茜色鮮	가는 모시 홑처마 붉은빛이 선명하네
送罷秋千芳樹下	꽃나무 아래서 그네놀이를 마치니
菖根簪墮小髮偏	떨어진 창포 비녀에 머리털이 붙었네

『세시풍요』

좀생이별 보기에 대한 내용 역시『동국세시기』기사는 덤덤하기 짝이 없다.

> 초저녁에 삼성(參星)이 달 앞에서 말고삐를 끄는 것같이 멀리 떨어져 있으면 풍년이 들 징조라 한다. 최식의「농가언」에 '2월의 황혼, 삼

성의 저녁'이라고 한 구절이 바로 이것이다.

『동국세시기』

이와 달리 유만공은 민간의 좀생이별 보기를 이렇게 생생하게 표현하였다.

이월 초엿샛날

눈썹 같은 달이 예쁘고 예쁘게 비로소 광채를 토하니

묘성이 달을 따라다니는 것이 귀고리와 같구나.

늙은 농부가 머리를 들고 흔쾌히 서로 말하면서

경술년 풍년이 또한 팔방에도 든다고 하였다.

『세시풍요』

어렸을 때 아저씨가 말한 좀생이별 이야기가 어떠한 풍속을 말하는지 생생하게 알려주는 시였다.

왜 옛날 사람들을 좀생이별을 보고 풍년을 점쳤을까?

좀생이별은 토박이말이고, 28수 가운데 묘성이다. 겨울에 장고별(오리온자리) 허리에서 서북쪽으로 선을 그으면 필수가 나타나고, 좀 더 나아가면 올망졸망 작은 별들이 점점이 모여 있는 아름다운 별자리가 나온다. 서양 별자리로는 플레이아데스라고 한다. 이 별자리가 음력 2월 6일에 달과 어떤 관계를 이루고 있는가를 보고 풍흉을 점치는 것이 좀생이별 보기이다. 달은 엄마, 좀생이별은 아이들에 비유되는데 좀생이별이 조금 앞서가면 풍년이 들고 나란히 가면 평년작이고 반대로 달이 앞서가면 흉년이 든다는 것이다. 왜 그런가 하면 아이들이 먹을 것이 많아서 힘이 넘치면 엄마보다 앞서가지만 먹을 것이 없으면 힘이 없어서 뒤처지기 때문이라는 것이다.

그런데 두 기록에서 차이를 발견할 수 있었다. 『동국세시기』에서는 초저녁에 삼성, 곧 오리온의 허리에 있는 세 별이 달 앞에 있으면 풍년이들 징조라고 쓰고 있는 것이다. 아마도 이 내용은 우리 풍속은 아니고중국 풍속을 억지로 끌어다 붙이면서 생긴 오류인 것 같다. 청나라에서는 음력 2월 6일이 아니라 음력 1월 8일에 달과 삼수가 이루는 관계를보는 것으로 풍흉을 예측하기 때문이다. 이날 삼수가 달 앞에 있으면 수해나 가뭄이 들고, 삼수가 달 뒤에 있으면 풍년이 든다고 보는 것이다.또 달과 황소자리인 필수의 관계도 보았는데 달이 필수에 겹쳐 있으면비가 많이 오고, 기수와 겹쳐 있으면 바람이 많이 분다고 보았다. 왜냐하면 고대에는 필수는 우사, 기수는 풍백으로 보았기 때문이다. 단군 신화의 바로 그 풍백, 우사이다. 똑같은 풍흉 예측이라도 보는 별이 달랐고, 시기도 달랐던 것이다.

그러면 우리나라에서는 언제부터 이러한 풍속이 있었던 것일까? 『삼국지위서동이전』가운데 '고구려조'에서 그 단서를 찾을 수 있었다.

거처하는 곳의 좌우에 큰 집을 세워 귀신을 제사 지내고, 또한 영성(靈星)과 사직에 제사를 올린다.

여기서 영성은 농경신을 말한다. 영성이라고 했으니 곧 별을 말하는데, 과연 고구려 사람들은 풍년을 위해 어떤 별에 빌었을까? 고구려 고분벽화 가운데 약수리 고분 남쪽 벽에는 좀생이별 일곱 개가 그려져 있다.^{그림 60} 전통적으로 동양에서는 영성제를 수도의 남교에서 지낸다. 따

라서 묘성을 고구려의 영성이
라고 보아도 되지 않을까. 그
러한 풍속의 기원은 고구려가
아니라 더 거슬러 올라갈 수
도 있을 것으로 보인다. 얼마
전 포항 신흥리 답사를 갔다

〈그림 60〉 약수리 고분-좀생이별

가 고개 하나만 넘으면 있는 칠포리 바위그림에서 그 가능성을 발견할
수 있었다.

칠포리에는 골짜기에 있는 바위마다 바위그림이 있었다. 아마 청동기
시대에서 삼한시대 초기까지 별자리 신앙의 근거지가 아니었을까 생각
될 정도였다. 그 가운데 인상적이었던 것이 칠포리 주암각화였다. 골짜기
하나에 여러 개의 바위가 있었다. 그림을 그릴 수 있는 바위면에는 모두
암각화가 새겨져 있었다.

그리고 그 그림의 대부분은 사진에 나오는 문양이었다.^{그림 61} 학자들
은 이 문양을 방패나 칼손잡이, 또는 신의 얼굴이라고 하는데 입장이
어떠하든 간에 남성보다는 여성 상징이라고 판단하고 있다. 주암각화 주

〈그림 61〉 칠포리 주암각화

〈그림 62〉 칠포리 주암각화 여성 성기 모양 무늬

변 암각화에는 여성 성기 모양의 문양들이 여럿 새겨져 있어 그러한 학자들의 주장에 신빙성이 있음을 확인할 수 있었다.^{그림 62}

그런데 내가 특히 관심을 가지고 보았던 것은 주암각화의 앉음새였다. 주암각화는 곤륜산 서쪽 경사면에 자리 잡고 있다. 따라서 서쪽 하늘로만 열려 있어 동쪽에 떠오르는 보름달을 보기에는 적당한 장소가 아니었다. 초승달이나 서쪽에 떠오르는 달과 관련된 별자리를 관찰하기 좋은 장소였다. 생각이 여기에 이르니 칠포리 주암각화에 모인 한 무리의 여성들이 좀생이별이 달에 앞서가는 모습을 보고 풍년이 들 것이라고 확신하면서 함께 원을 그리면서 달춤을 추는 장면이 떠올랐다. 강강술래, 월월이청청 같은 원무들이 원시 농경 축제로부터 비롯된 것이라는 것은 많은 학자들이 주장하는 바이니 충분히 상상해볼 수 있는 풍경이라고 생각한다.

여성들이 농경 축제의 주인이 되었던 것은 농경이 여성으로부터 시작되었기 때문일 것이다. 원시시대의 생업은 수렵, 채취, 어로인데 농경은 채취 생활의 발전과정에서 이루어진 것이다. 채취를 주로 담당했던 여성들이 식물의 특성이나 주기에 대해서 남성들에 비해서 훨씬 더 깊은 지식을 가질 수밖에 없었다. 물론 농경 축제가 여성들만이 참여하는 축제는 아니었을 것이다. 『삼국지위서동이전』 '마한조' 기사에서 확인할 수 있는 것처럼 삼한시대에는 남녀가 함께 어우러져 원무를 추었다는 것이 기록으로 남아 있기 때문이다. 고려시대까지도 남녀가 어울려 놀았다는 기록이 남아 있기 때문에 강강술래와 같은 놀이가 여성들만의 공동체 놀이가 된 것은 조선시대 이후에 생긴 풍속이었을 것이다.

칠포리에 있는 암각화들을 통해 나는 2,500년 전의 옛날 세상을 감각적으로 느낄 수 있었다. 그리고 다시 한 번 확신을 가지게 되었다. 민속은 우리 문화의 뿌리라는 것을.

공부를 하려면
문창성의 정기를 타고나야

우리 마을은 ○씨 집성촌이다. ○씨들은 양반이라고 해서 1950년대까지도 상여를 메지 않았다고 한다. 평민들과 산지기라고 부르는 옛 노비들만 상여를 메고 양반들은 형식적인 부조만 했던 것이다. 당연히 불만이 많았지만 어쩔 수 없었던 것은 ○씨들의 세력이 워낙 컸기 때문이다. 우리 면에는 마을 사람들 80~90퍼센트가 ○씨 집안인 마을이 많았다. 우리 마을은 ○씨가 약 50퍼센트 정도밖에 안 돼 세력이 상대적으로 약했다. 그런데도 아버지가 1950년대 후반에 우리 마을에 들어와 살게 되면서 "조선시대도 아닌데 왜 상여를 안 메느냐?"고 문제를 제기하자 큰 파문이 일어났다고 한다. 흥분한 ○씨들이 떼를 지어서 아버지를 혼내주겠다고 찾아오면 아버지가 잠시 집을 비울 정도였다고 한다. 그래도 시대적 추세는 어쩔 수가 없어 결국 어떤 집도 예외 없이 상여를 메기로 하고 연반계를 만들고 아버지가 초대 계장을 맡았다. 그 뒤에도 마을에 이장을 뽑는다거나 큰 문제가 있을 때마다 ○씨들과 나머지 각성바지 사이에 갈등이 있었다. 그때 각성바지들이 모여서 의견을 모으고 다짐을 하는 장소가 우리 집이었다. 내 기억으론 무슨 사건이 있을 때 아버지가 하는 이야기가 『삼국지』 가운데 '도원결의'편이었다. 어렸을 때는 왜 그 이야기를 자주 하는지 이해가 되지 않았지만 나중에 커서 그 까닭을 알 수 있었다. 도원결의편을 이야기하고 들으면서 끝까지 의리를 지켜야 한다는 마음을 확인하고 싶었던 것이다. 그래서 나는 옛이야기를 그저 재미있는 소일거리가 아니라 권력관계 담론이기도 하다는 것을 일찍부터 알 수 있었다. 나에 대한 아버지의 이야기 담론은 출세였다. '온달과 평강공주 이야기'나 '남이 장군 이야기', '유충렬전', '옥루몽' 이야기를 해주셨는데 그 가운데 옥루몽이 가장 환상적이었다. 옥황상제가 백옥루를 중수한 후 낙성연을 베푸는 이야기, 문창성이라는 신선을 불러 시를 짓게 한 이야기, 제방옥녀, 천요성, 홍란성 등 선녀들을 지상으로 내려보낸 이야기 등은 여러 번을 들어도 흥미진진했다. 나중에 옥루몽을 읽고서는 그 밋밋하고 딱딱함에 실망할 정도였다.

문창성이 인간세계에 내려와 양씨 집안에 태어나는 장면을 살펴보자.

과연 그날부터 허씨는 태기가 있었다. 열 달이 지난 뒤에 허씨는 귀동자를 하나 낳았다. 이름하여 창곡(昌曲)이라 하였다. 어느 날 중한 사람이 지나가다가 이 어린아이의 준수하고 총명하며 재질이 넘치게 생긴 얼굴을 보고,

"허어, 이 아이는 문창 무곡(文昌武曲)의 정기를 타고난 아이로다. 반드시 다음날 귀한 몸이 될 수 있으리라."

라고 하는 말을 들었기 때문에, 양처사가 이렇게 아들의 이름을 지은 것이었다.

아버지의 이야기를 듣고 무곡성과 문창성이 어떤 별인지 궁금하여 여쭈어보았다. 하지만 아버지가 별자리를 몰라서 대답을 들을 수는 없

었다. 그래서 그 별들에 대한 궁금증 한 자락을 늘 깔고 있었는데 30대
가 되고 나서야 알 수 있었다. 무곡성은 북두칠성의 여섯 번째 별이었
다. 천제의 호위대장으로서 하늘나라의 병권을 맡고 있는 별자리라고
한다. 문창성을 찾을 때도 먼저 북두칠성을 참고해야 한다. 북두칠성의
국자 옆에 마치 낚시 바늘 모양으로 생긴 여섯 개의 별이 있는데, 그것
이 바로 문창성이다.그림 63 서양 별자리로는 큰곰자리의 가슴으로부터 앞
다리를 잇는 별자리이다. 옛날 사람들은 이 별자리가 이름 그대로 하늘
과 땅의 문학을 주관하는 별이라고 믿었기 때문에 선비들은 과거에 급
제하기 위해 이 별에 소원을 빌었다.

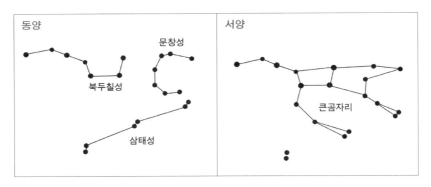

〈그림 63〉 문창성-동서양 별자리 비교

　옛날 양반 집안에서는 자식을 기를 때 문창성에 관한 이야기를 많이
했다고 한다. 영남지방의 문풍을 주도했던 재령 이씨 가문을 살펴보면
이를 잘 알 수 있다. 이시명은 김성일의 제자인 장흥효의 사위이고, 아
들이 이현일이다. 영남에는 4대 학파가 있는데 그 가운데 가장 큰 맥이
학봉 김성일 학파이다. 김성일 학파의 계보는 이황→김성일→장흥효→
이시명→이현일로 이어진다고 보는 것이 일반적이다. 바로 그 이시명의

부인이 『음식디미방』을 쓴 장계향이다. 이현일이 자신의 어머니인 장계향에 대해 남긴 기록이 있다. 『안동장씨행실기』인데 그 책에 이런 내용이 나온다.

공(이현일의 아버지, 석계 이시명)은 또 재물을 아끼지 않고 만 권의 책을 모으신 뒤 수하들에게 이르셨다.

"집안에 만 권의 책이 있으면 문창성(文昌星)이 비치어 귀한 자손이 나고 대대로 글이 끊어지지 않는다 한다. 그러하되 책이 많다는 것만으로 무엇을 이루랴. 힘써 읽고 익혀야 하늘도 도우리니 너희는 이 뜻을 잊지 말라."

영남에는 뛰어난 선비를 문창성의 화신 또는 문창성과 견줄 수 있는 존재로 추앙하는 이야기가 있다. 문창성이 퇴계 이황을 찾아왔는데 밤새도록 토론해도 퇴계가 밀리지 않았다는 이야기도 있고 남인 학파를 대표했던 미수 허목을 문창성의 화신이라고 보는 이야기도 있다. 이런 이야기는 퇴계 이황과 미수 허목에 대한 존경과 함께 양반들의 학문 수준과 그 학문이 문창성에 견줄 정도로 대단하다는 것을 어린아이들과 백성들에게 주입하려는 의도가 깔려 있는 것이다.

고려시대에도 별이 사람들의 학문과 공부에 영향을 끼친다는 이야기가 있다. 『고려사』에 실린 이야기다.

세상에 전하기를 사신(史臣)이 밤에 시흥군(현재의 관악구)에 들어가, 큰 별이 인가에 떨어지는 것을 보고 관리를 보내 알아보니, 마침 그 집 며느리가 아이를 낳았다고 하였다. 그 아이가 강감찬이다. 강감찬이 재상이 되자, 송나라 사신이 그를 보고서 자기도 모르게 절을 하며 말하기를, "문곡성이 보이지 않은지가 오래 되었더니, 지금 여기에 계시구나"라고 했다는 일화가 있다.

문곡성은 북두칠성의 네 번째 별자리이다. 문창성과 함께 하늘나라 문관의 지위에 있는 별이다. 그런데 장군인 강감찬을 왜 문곡성의 화신이라고 했던 것일까? 강감찬은 본디 무인이 아니라 문과급제를 해서 재상이 된 전형적인 문관이었다. 전략적 안목과 지휘 능력을 인정받았기 때문에 상장군의 지위를 맡아 20만 대군을 지휘한 것이다. 강감찬이 무인의 이미지로 각인된 것은 귀주대첩 때문이다. 전국 방방곡곡의 성인 남성들이 전쟁에 나가 강감찬의 지휘를 받았기 때문에 대다수 민중들의 기억에 강감찬은 위대한 장군으로 기억된 것이다.

동양 점성술에서는 문곡성을 하늘의 권력을 거머쥔 별이라고도 보았다. 문곡성이 경양, 타라, 화성, 영성, 네 살성과 천공, 지겁이란 두 흉성을 합쳐 여섯 살기를 모아서 땅에 내리면 무서운 재앙이 생긴다고 믿었던 것이다.

문창성, 문곡성 못지않게 규수 역시 하늘나라의 문필을 담당하는 신이라고 믿었다. 그 뜻을 취해 임금이 몸소 쓴 글을 '규'라고 했다. 조선시대에 정조 임금이 자신과 선왕들의 글을 소장한 건물을 '규장각'이라고 한 것은 이 때문이다. 규수 옆에는 벽수가 있는데 하늘나라의 책과 문서를 관리하는 도서관별이다.^{그림 64} 이 별이 밝으면 천하의 책이 모이고 왕도정치가 이루어지지만 별이 색을 잃으면 왕이 문신을 천시하고 책들은 감추어지며 간신들이 중용되는 난세가 된다는 것이다.

규수에는 고려를 대표하는 뛰어난 시인인 이규보와 관련된 이야기가

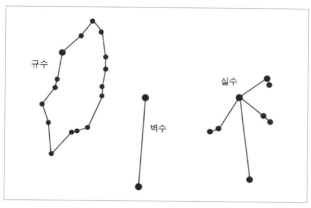

〈그림 64〉 규수와 벽수

전해지고 있다.

　이규보의 어릴 때 이름은 '이인저'였다. 어렸을 때부터 시와 문장으로 유명했지만 사람들의 기대와 달리 과거시험에 계속 떨어졌다. 자유로운 그의 문장이 과거시험의 글쓰기와 맞지 않았던 것이다. 몇 번을 떨어지고 마지막으로 과거를 본다는 심정으로 도전했는데 시험 전날, 신기한 꿈을 꾸었다. 비몽사몽간에 어느 집에 들어갔는데 검은 옷을 입은 사람 스물여덟 명이 둘러앉아 시회를 열고 있었다. 풍류가 있는 이규보가 그런 자리를 사양할 리가 없다. 이규보도 같이 어울리면서 시도 짓고 술도 마시면서 즐거운 시간을 보냈다. 시회가 끝나고 나오는데 한 사람이 따라 나오더니 자신들이 하늘의 신선인 28수라고 알려주었다. 이규보는 신선에게 자신이 과거에 합격할 수 있는지 물었다. 그 신선은 그건 자기가 말할 수 있는 것이 아니고 규수한테 물어봐야 한다고 했다. 그래서 이규보가 규수에게 막 다가가서 물어보려는데 그만 잠에서 깨고 말았다. 이규보는 실망했지만 마음을 추스르면서 내일을 위해 잠을 청했다. 그런데 규수가 나타나더니 과거에 합격할 것이라고 알려주었다. 그리고 그다음 날 과거에서 합격을 하였다. 이규보는 자신의 과거 합격 소식을 규수가 미리 알려주었다고 하여 이름을 '규보'로 바꾸었다.

그래서일까? 조선시대에는 과거 공부하는 선비들이 공부방에 규수를 그려놓았다고 한다. 자신한테도 규수가 과거시험 합격 소식을 미리 알려주길 바라면서.

노래는 힘이 세다

천자문을 떼고 명심보감을 배우기 시작한 지 얼마 안 되었을 때였다. 아버지에게 다섯 살 겨울에 천자문을 배우기 시작했으니 다음해 2월 말쯤이었을 것이다. 그날 아버지는 처음으로 한시를 가르쳐주시며 남자라면 야망과 포부를 가져야 한다고 말씀하셨다. 그 시가 남이의 '북정가'였다.

白頭山石 磨刀盡   백두산 돌은 칼을 갈아 없애고
豆滿江水 飮馬無   두만강 물은 말을 먹여 없애리
男兒二十 未平國   남아 스무 살에 나라를 평정하지 못하면
後世誰稱 大丈夫   후세에 누가 대장부라 칭하리

아버지가 강조한 것은 출세였다. 남이는 스물여섯 살에 이시애의 난을 평정했고, 스물일곱 살에는 여진족을 정벌하고 추장을 생포하는 큰 공을 세웠다. 개선하자마자 공조판서에 임명되었고 스물여덟 살에는 병조판서에 오위도총관을 겸했다. 이순신이 이제 막 무과에 급제할 때 남이는 벌써 병조판서가 된 것이다. 이시애의 난을 같이 평정한 구성군 이준이 스물여덟 살에 병조판서가 된 뒤, 바로 그해에 영의정이 된 것을

제외하고서는 조선시대를 통틀어도 이렇게 빠른 출세를 한 경우는 없었다. 남이 이야기는 한 번이 아니라 그 뒤로도 귀에 딱지가 앉을 정도로 여러 번 들었다. 그래서 남이라는 이름은 내게는 절대 잊을 수 없는 이름이 되었다.

대학교에 입학한 다음, 도서관에 가서 자료를 찾다가 우연히 남이에 대한 생각이 나서 그가 어떤 사람인지 찾아보았다. 어떤 배경을 가지고 있기에 그렇게 일찍 출세한 것인지 궁금했기 때문이다. 생각했던 대로 그는 당대 최고의 금수저였다.

남이의 고조할아버지는 조선 개국공신 남재였고 할아버지 남휘는 태종의 부마였다. 남휘의 아내였던 태종의 넷째 딸 정선공주가 남이의 할머니였다. 촌수를 따져보니 남이는 태종의 외증손이고 당시 임금인 세조의 고종사촌 아들이었다. 처가도 만만치 않았다. 그의 아내는 세조의 오른팔인 권람의 딸이었다. 권람은 계유정난을 통해서 세조를 왕위에 올린 일등공신이었고 그 공이 한명회와 견줄 정도였다.

구성군 이준은 더 좋은 배경을 가지고 있었다. 세종의 아들인 임영대군의 둘째 아들이었으니 세조가 그의 큰아버지였다. 그들이 뛰어난 인재였던 것은 사실인 것 같다. 남이는 열여섯 살에 무과에 급제했고, 이준도 열일곱 살에 무과에 급제할 정도로 무예가 탁월했다. 게다가 글재주도 있었으니 문무를 갖춘 인재라고 할 수 있다.

세조는 권력 기반이 약했기 때문에 공신들을 우대할 수밖에 없었는데, 그러한 권력구도가 다음 왕에게까지 이어지는 것을 바라지 않았다. 그래서 왕실의 친인척인 두 인재를 키워서 훈신들을 견제하기 위한 신진세력의 중심축으로 삼으려고 했다. 하지만 그러한 세조의 구도는 실현될 수 없었다. 우선, 그들의 권력 기반이 약했다. 이미 수십 년간 다진 권력 기반을 가진 훈구대신들을 정치감각과 국정 운영 능력이 없는 젊은이들이 감당할 수는 없었다. 세조가 죽고 예종이 즉위한 날, 남이는 병조판서에서 밀려났고 구성군 이준도 별다른 힘을 발휘하지 못했다. 더 문제가 된 것은 세조가 신진세력의 중심으로 삼으려고 했던 이준과 남이, 유자광의 사이가 좋지 않았던 것이다. 남이는 이준을 질투했고, 유자광은 남이를 질투했다. 남이는 어전에서 잔치를 열었을 때, 왜 구성군만 사랑하느냐고 따지기도 했다. 다른 사람이라면 삭탈관직이 될 정도로 큰 죄였지만 세조는 버릇을 고치는 차원에서 하룻밤만 가두었다고 한다. 더 치명적인 것은 남이와 유자광의 관계였다. 남이보다 두 살 더 많은 유자광은 자신의 공이 남이나 이준보다 떨어지지 않는데도 자신의 어머니가 노비이기 때문에 병조참지라는 직위에 머무르는 것에 불만을 가지고 있었다.

세조가 죽은 뒤 남이는 유자광을 찾아가서 "세조께서 우리들을 대접하는 것이 아들과 다름이 없었는데 이제 나라에 큰 상사가 있어 인심이 위태롭고 의심스러우니 아마도 간신이 작란하면 우리들은 개죽음할 것이다. 그러니 마땅히 너와 더불어 충성을 다해 세조의 은혜를 갚아야 한다"고 말했다. 유자광을 자신과 뜻을 같이할 수 있는 사람이라고 믿었기 때문이다.

야사에는 남이가 역모로 죽은 것이 '북정가' 가운데 '남아이십 미평국'이라는 구절 때문이었다고 기록되어 있다. 참소하는 자가 남아이십 미평국(未平國)의 평(平)을 미득국(未得國)으로 바꾸어서 왕에게 일러바쳤다는 것이다. 그런데 이러한 글자 조작만으로 대신을 역모로 죽였다는 것은 선뜻 이해되지가 않았다. 그래서 1990년대 초반에 북한에서 번역한 『이조실록』을 구해서 『세조실록』과 『예종실록』 초기 기록을 처음부터 끝까지 다 읽어보았다. 실록에는 '북정가'에 대한 것이 나오지 않았다. 남이가 죽게 된 계기는 그때 마침 나타난 혜성과 관련된 것이었다.

> 오늘 저녁에 남이가 신의 집에 달려와서 말하기를,
> "혜성이 이제까지 없어지지 아니하는데 너도 보았느냐?"
> 하기에 신이 보지 못하였다고 하니, 남이가 말하기를,
> "이제 천하 가운데에 있는데 광망이 모두 희기 때문에 쉽게 볼 수 없다."
> 하기에 신이 『강목』을 가져와서 혜성이 나타난 곳을 펴보니, 그 주에 이르기를,
> "광망이 희면 장군이 반역하고 두 해에 큰 병란이 있다."
> 하였는데, 남이가 탄식하기를,
> "이것 역시 반드시 응함이 있을 것이다"라고 했습니다.
>
> 『조선왕조실록』 예종 즉위년 1468년 음력 10월 24일

남이가 한 말은 반역이라기보다는 세조의 유지를 받들어 훈구대신의 발호에 함께 대응하자는 것이었다. 유자광도 그것을 모르지는 않았을 것이다. 하지만 남이에 대한 질투와 출세에 대한 욕망 때문에 역모로 고변했고, 남이는 고문 끝에 죽고 말았다.

우리 역사에는 혜성의 출현을 정치적으로 유리한 계기로 삼으려고 하는 사건들이 여럿 있다. 장보고도 838년, 신무왕을 옹립하고자 군사를 일으켰다. 그때 혜성이 나타나자 사기가 올랐고, 낡은 것을 없애고 새 것을 펼 좋은 징조니 원수를 갚게 될 것이라고 서로 축하한다는 기록이 나온다.

홍경래의 봉기 역시 마찬가지였다. 홍경래의 봉기가 일어난 것은 1811년 신미년이었다. 그해, 7월 보름부터 혜성이 출현해 12월 말에 사라졌는데 혜성의 출현을 홍경래는 혁명의 전조라고 보고 민심을 모으는 명분으로 삼았다. 또, 혜성의 빛깔이 흰색이니 서울을 서쪽에서 불로 공격할 징조라는 것이었다. 그리고 혜성에 대한 두려움이 극대화된 12월 18일, 군사를 일으켰다. 이 소문을 듣고 서울의 양반들이 시골로 피난 가는 큰 소동이 벌어졌다. 이처럼 옛날 사람들은 혜성이 하늘에 나타나면 전쟁이나 가뭄, 홍수 등 큰 사건이 일어날 전조라고 보았던 것이다. 옛날 말로 하면 민심이 극도로 흉흉해졌던 것이다. 『후한서』 '천문지'에는 혜성의 빛깔에 따라 어떤 사건이 벌어질 것인지에 대한 예측도 기록되어 있다. 흰색이라면 장군이 반란을 일으킬 징조이고, 붉은색 혜성은 도적이 일어나며 누런 혜성은 왕비가 권력을 후비에게 빼앗길 징조이고, 검은 혜성은 강물이 끊어지고 곳곳에 도적이 일어난다는 징조라는 것이다.

혜성에 대한 인식은 동서양이 같았다. 로마의 플리니우스도 혜성이 공포의 씨앗을 뿌리는 별이라고 주장했다. 로마 황제 네로가 쫓겨날 때도 혜성이 보였다고 한다.

혜성을 좋은 징조로 받아들인 사례도 있긴 하다. 율리우스 카이사르가 죽은 뒤에 혜성이 나타나자, 당시 사람들은 카이사르가 신이 된 것이라 믿었다고 한다. 신이 된 카이사르를 위해 로마 시민들은 신전을 만들었고 그의 반신상에 그때 나타난 혜성을 새겼다.

혜성에 대한 우리 옛사람들의 인식을 가장 잘 보여주는 것이 '혜성가' 이다.

예전 동해 물가

건달바의 논 성을 바라보고,

"왜군도 왔다!" 봉화를 든 변방이 있어라.

삼화의 산 구경 오심을 듣고

달도 부지런히 등불을 켜는데

길 쓸 별 바라보고

"혜성이여!" 사뢴 사람이 있구나.

아으 달은 저 아래로 떠갔더라.

이보아 무슨 혜성이 있을꼬.

『삼국유사』에 의하면 그때 혜성이 나타난 자리가 심대성이었다.[그림 65] 심대성은 동방청룡자리 가운데 심장자리인데, 신라 사람들은 이 별이 신라 왕실과 국가의 운명과 관련된 별이라고 믿었던 것 같다. 그 별자리에 혜성이 나타나자 신라 사람들이 불안해했던 것이 그 증거이다. 게

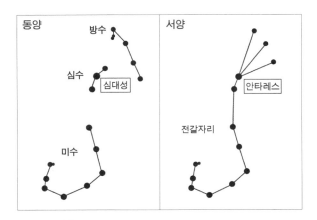

〈그림 65〉 심수

다가 왜적이 침입하여 봉화가 올랐으니 민심이 크게 동요하는 것은 당연한 일이었다. 이 위기를 어떻게 해결했을까? 굿을 했을 것이다. 그 굿에서 융천사라는 사람이 향가를 지어 불렀더니 혜성이 사라지고 왜적도 물러났다는 것이다. 향가에 나오는 건달바는 불교에서 말하는 음악과 놀이의 신이고, 그가 노는 곳이 신기루이다. 향가의 뜻은 왜적이 온 것도, 혜성이 나타난 것도 그저 신기루일 뿐이라는 것이다. 혜성은 달이 불을 밝히듯 세 화랑이 가는 곳을 위해 길을 쓸고 가는 별에 지나지 않기 때문에 어떤 위기를 가져올 리가 없다는 논리가 거기에 있다. 사회가 분열되어 있을 때는 혜성은 망국과 전쟁 등 재앙으로 이어질 수 있지만 공동체가 단결하고 함께 노래할 수 있다면 그러한 굿 노래는 힘이 세서 천변도 이겨낼 수 있다는 신라 사람들의 믿음이 혜성가에 담겨 있는 것이다.

서양에서는 혜성이 천체인가 아닌가에 대해 논란이 있었고, 그 중심에 아리스토텔레스가 있다. 아리스토텔레스는 땅에 있는 모든 것은 영원하지 않고 바뀌지만 달 위의 세계는 영원불변하다는 것이라는 우주관을 가지고 있었다. 따라서 갑자기 나타났다가 사라지는 혜성이 완전한 천체일 리가 없다고 본 것이다. 그는 혜성을 땅에서 증발한 기운이 달과 지구 사이의 대기권에서 불타오르는 것이라고 믿었다. 정약용은 혜성의 빛깔을 관찰하고 혜성이 얼음으로 구성되어 있다고 말했다. 땅의 물 기운이 높은 하늘로 올라가면서 차가운 기운을 만나 얼음이 되었다고 생각한 것이다. 혜성을 구성하고 있는 물질에 대한 생각은 다르지만 그것이 하늘이 아니라 땅과 관련된 현상이라는 생각은 같은 것이다.

아리스토텔레스의 이론을 넘어서 혜성이 천체임을 밝힌 사람이 티코 브라헤이다. 그는 1577년 나타난 혜성을 아주 정밀하게 관찰했다. 혜성을 여러 지점에서 관측하고 관측 지점에 따라 혜성이 보이는 방향이 바뀌지 않음을 확인했다. 이를 통해 티코 브라헤는 혜성이 적어도 달보다 서너 배 이상 먼 거리에 있는 것을 증명했다.

실제로 혜성은 명왕성 너머에 있는 카이퍼 대와 그보다 더 멀리 있는 오르트 구름으로부터 유래한다. 명왕성 너머에서 오는 천체이니 얼음덩어리일 수밖에 없고, 해와 가까워지면서 목성 안쪽으로 들어오면 증발하여 긴 꼬리가 나타난다. 동양에서는 아직 꼬리가 나타나지 않으면 객성, 꼬리가 나타나기 시작하면 혜성이라고 했다. 얼음덩어리들이 증발하면서 생긴 긴 꼬리를 보고 꼬리별, 또는 빗자루별이라고도 불렀다. 혜성의 꼬리는 해가 비치는 방향에 따라 서쪽에 나타나기도 하고, 동쪽에 나타나기도 한다.

혜성은 작은 것도 있지만 하늘 전체를 덮을 정도로 거대한 모습을 보일 때도 있다. 1910년 핼리 혜성이 접근했을 때는 그 꼬리의 길이가 1억 1,000만 킬로미터가 되어 하늘에서 120도의 각도를 차지했다고 한다. 눈에 보이는 하늘의 3분의 2 이상의 길이를 가지고 있었던 것이다. 1643년 혜성은 3억 2,000만 킬로미터였다고 했으니 눈에 보이는 하늘을 모두 뒤덮고도 남았을 것이다. 그때 사람들은 얼마나 불안했을까?

3장

별자리에
담긴
이야기

별자리,
세상의 이야기를 담다

　어렸을 때부터 별이 좋았다. 밤마다 쏟아지는 별빛을 볼 수 있었고 별에 관한 노래, 놀이, 이야기가 늘 우리와 같이했다. 별은 우리의 놀잇감 가운데 가장 매력적인 존재였다.

　하지만 마을에 전기가 들어오자 별과 함께 놀이할 수 있는 기회는 점점 줄어들었다. 집집마다 텔레비전이 들어오면서 저녁 늦게까지 놀이를 하는 아이들이 사라졌고, 골목에 가로등이 켜지면서 별이 쏟아지는 풍경이 사라졌기 때문이다. 학교에서도 우리가 마을에서 했던 경험을 존중하지 않았다. 별에 관한 것을 배운다 하더라도 우리 별자리를 배운 적이 없고 서양의 별자리, 별자리와 관련된 그리스 로마 신화를 배웠다. 우리 문화와 나의 경험을 바탕으로 별을 배운 것이 아니라 다른 문화, 다른 이야기를 내 것처럼 배웠다.

　내가 다시 별에 대해서 깊은 관심을 갖고 공부하게 된 것은 30대 중반 어느 밤의 기억 때문이다. 그때 나는 몇 달 동안 병원에서 살고 있었다. 아내가 교통사고로 입원해서 병 수발을 들어야 했기 때문이다. 거의 몇 달 동안을 혼자 아내를 돌보다가 장모님이 며칠을 돌봐주기로 해서 오랜만에 집에 들어갈 수 있었다. 마을 어귀에 있는 정류장에 내렸는데 서쪽 하늘의 별들이 유난히 밝았다. 금성과 목성, 화성이 하늘에서 일직선으로 늘어서 있었는데, 그 장면이 마음에 와 닿아 한참을 바라보았다. 그렇게 보고 있노라니 어느새 많은 별들이 나타나서 나를 내려다보고 있었다. 어렸을 때처럼 내가 별들과 다시 얼굴을 마주한 것이다. 그때부터 별자리에 대한 공부를 시작했다. 서양 별자리에 대한 책들이 여전히 많았지만 『천문유초』처럼 동양 별자리에 대한 책도 나와 있고, 고구려 고분벽화의 별 그림에 대한 자료들도 있어 우리 문화를 바탕으로 한 별자리 공부의 실마리를 잡을 수 있었다. 『조선왕조실록』도 좋은 자료였다. 오행성이나 북두칠성, 유성에 관한 자료를 뽑아서 공부하니 그 시대 사람들의 별에 대한 생각과 감정을 이해할 수 있었다. 그리스 로마 신화와 이집트 신화, 메소포타미아 신화도 다시 읽었다. 그 모든 신화들이 별자리와 관련을 맺고 있었다. 별들은 신이었고 별자리의 운행이 신화의 바탕이었다.

이렇게 신화와 별의 관계에 대해서 알게 되자 왜 별자리 운행을 바탕으로 한 신화들이 각 부족, 문화권마다 다른 모습을 띠게 되었는가에 대해 궁금해졌다. 세계 각지를 여행하면서 별과 문화의 관계를 공부하면 더 좋았겠지만 돈도 시간도 없는 까닭에 생각여행을 떠나보기로 했다. 내가 살고 있는 곳에서 북쪽으로 걸어가면서 별자리의 모습이 어떻게 달라지는지, 또 남쪽으로 걸어 적도를 지나 남극에 도달할 때까지 각 지역에서 별자리의 모습과 운행이 어떻게 달라지는지 머릿속에 그림을 그려보았다.

내가 북쪽으로 걸어가면 북극성은 점점 높아진다. 북극에 도달하면 북극성은 내 머리 위에 90도 각도로 떠 있다. 하늘 한가운데 떠 있는 북극성을 중심으로 다른 별들이 회전목마처럼 주위를 돌고 있다. 북극에는 밤에 해가 지지 않는 '백야'와 낮에도 해가 떠오르지 않는 '극야' 가 있어서 중위도 지방에서는 생각하지도 못했던 밤하늘의 풍경을 만날 수 있었다. 백야에는 하루 종일 별들을 볼 수 없었는데, 극야에는 별들이 하루 종일 떠 있었다.

이누이트인들이 가장 두려워한 천문 현상은 극야 현상이었다고 한다. 몇 달 동안 해가 나타나지 않으면 공동체의 두려움과 불안은 점점 더 커져갔다. 그래서 어떤 부족은 해가 영원히 가라앉지 않도록 떨어지는 해를 상징하는 공을 잡는 놀이를 했다. '캐츠-크래들' 놀이이다. 이누이트인들에게 이 놀이는 개인과 공동체, 우주의 삶과 죽음이 걸린 심각한 것이었다.

고위도 지방에서는 별자리와 관련된 신화가 북극성을 중심으로 만들어질 수밖에 없다. 이곳에서는 농사를 지을 수 없었기 때문에 사냥과 목축을 중심으로 한 신화가 생겼다. 농경이 생기기 전에는 고위도에 가까운 중위도 지방에서도 수렵 중심의 신화가 만들어졌을 것이다. 내가 우리 아이들에게 해주었던 '인디언과 곰 이야기'가 전형적이다.

옛날에 인디언 세 명이 곰 사냥을 나갔어. 겨울에 사라졌던 곰이 봄이 되자 동쪽 벌판에 나타났거든. 그 마을에서 가장 용감한 사냥꾼 셋이 잡으러 갔대. 저 앞에 곰이 있어서 열심히 쫓아갔지. 그렇지만 곰이 어디로 숨었는지 잡을 수가 없었어. 그런데 여름이 되자 남쪽 벌판에 곰이 나타났어. 이번에는 각오를 단단히 하고 갔지만 역시 잡지를 못했대. 그래서 가을이면 반드시 잡겠다고 다짐을 했어. 가을이 되자 곰이 서쪽 하늘에 나타났어. 열심히 쫓아갔더니 서쪽 산에 머리를 부딪쳐 죽고 말았어. 그때 곰이 흘린 피로 숲이 붉게 물들었대. 가을에 단풍이 되는 건 그래서라지.

　고위도 지방의 별자리 운행과 신화의 특성을 알고 나니 내가 살고 있는 중위도 지방의 별자리 이야기 구조를 더 잘 이해할 수 있었다. 중위도 지방의 별자리와 관련된 이야기를 보면 동양은 주극성과 28수, 서양은 황도대 별자리 이야기가 중심이다. 한국과 중국에서는 북극성과 그 주변을 하느님 또는 천제가 머무르는 곳으로 보았고 28수는 신하나 제후국의 영역으로 여겼다.

　이번에는 남쪽을 향해 여행해보기로 했다. 남쪽을 향하니 28수 별자리들이 점점 더 높이 떠오른다. 뒤를 바라보니 북극성은 점점 더 낮아진다. 적도에 도달하자 28수 별자리들은 하늘 한가운데 떠 있고 북극성과 그 주변 별들은 보이지를 않는다. 이곳은 은하수가 장관이다. 하늘 한가운데를 마치 쏟아질 듯 선명한 모습으로 흐른다. 적도 주변에서 문명을 형성했던 마야인들이 은하수를 하늘과 땅을 연결하는 우주의 생명줄이라고 믿고, 시간을 측정하고 방위를 결정하는 기준으로 삼았던 것이 비로소 이해가 되었다.

　마야인들은 오리온자리 아래 부분을 화로 별자리라고 보았다고 한다. 화로 별자리는 우주의 창조에서 중심적인 지위를 차지하고 있다. 화로에 불을 붙이는 것으로 창조 작업이 시작되었다고 믿었기 때문이다. 불을 피운 창조주는 하늘 거북이의 등껍질을 깨고 거대한 나무를 세웠다고 한다. 그 나무가 은하수였다. 그 나무로부터 모든 식물의 씨앗이 생겨났는데 그 씨앗이 바로 '묘수', 곧 '플레이아데스'라고 한다.

　아마존에는 '애벌레-재규어' 별자리를 기다리는 부족이 있다. '바라사라'라는 이름을 가진 수렵채집부족이다. 그들에게는 일 년 가운데 식량이 완전히 떨어져서 굶을 수밖에 없는 시기가 있다. 이때 그들이 의지하는 것이 애벌레이다. 애벌레가 언제 나타날지 알려주는 것이 '애벌레-재규어' 별자리이다. 그들은 '애벌레-재규어' 별자리는 모든 애벌레들의 아버지이기 때문에 별자리가 높이 솟아오를수록 애벌레의 수가 많아질 거라고 믿는다. '애벌레-재규어' 별자리는 동양에서는 동방청룡 가운데 방·심·미수이고, 서양 별자리로는 전갈자리이다.^{그림 65 참고} 지금도 아마존에서는 그 별자리가 동쪽 하늘에 높이 떠오를 때 온갖 종류의 나비와 나방이 알을 낳는다고 한다. 알은 바로 애벌레가 되거나 번데기가 되어 나무에서 떨어지는데 이런 현상을 그때 하늘에 떠 있는 별자리와 연관시킨 것이다. 이 '바라사나' 부족의 이야기를 통해서 나는 옛날 수렵부족들이 자신들의 삶을 별자리와 어떻게 관련시켰는지 알려주는 구체적인 사례를 알 수 있었다.

좀 더 남쪽으로 가면 북극과 마찬가지로 '극야' 현상이 생겨나는 지대가 나타난다. 남반부에 살고 있던 사람들도 해가 점점 더 북쪽으로 가면서 낮아지는 현상에서 불안감을 가지게 되었을 것이다. 잉카제국의 가장 중요한 축제는 '인티라이미'였다. 동짓날 열리는 축제인데 잉카말로 '인티'는 해를 말한다. 여기서 헷갈리지 말아야 할 것은 북반구에서는 동지가 12월 22일이지만 남반구에서는 6월 21일이다. 북반구 사람들에게 하지는 해가 하늘 가장 높이 떠 있는 날이지만 남반구 사람들에게는 해가 점점 더 북쪽으로 가면서 낮아지는 동지인 것이다. 잉카 사람들은 해가 더 북쪽으로 올라가 아주 사라져버릴 수 있다는 불안감에 사로잡혔던 것 같다. 그 증거가 바로 마추픽추의 '해 말뚝'이다. 페루 말로는 '인티후아나'라고 하는 '해 말뚝'을 화강암으로 조각해서 산꼭대기에 세워놓았다. 말뚝의 높이는 30센티미터가량인데 이 말뚝에 줄을 매고 공

모양의 해를 끌어올리는 의례를 했던 것으로 보인다.

이처럼 남과 북으로 가는 생각여행은 내게 위도에 따라 별자리 운행이 어떻게 달라지는지, 집단의 세계관에 어떤 영향을 미치는지 깨닫게 해주었지만 여전히 남는 문제가 있었다. 같은 위도인 동북아와 서양의 신화가 다르다는 것을 설명할 수 없었기 때문이다. 오랜 탐구 끝에 동서양의 별자리 이야기가 다른 것은 생태환경과 생업의 차이 때문이라는 것을 알 수 있었다.

서양의 별자리와 관련된 문화는 메소포타미아로부터 비롯된 것이다. 따라서 메소포타미아 평원에서 흔히 볼 수 있는 동물들인 사자, 전갈, 뱀, 양, 염소, 황소 등이 별자리의 이름으로 나타난다. 메소포타미아 평원에서 양을 기르며 살았던 목동들은 신화나 전설 속의 신과 영혼들, 주변에서 볼 수 있는 동식물의 모습을 떠올리며 별들을 연결하여 이름을 붙였을 것이다. 유럽에서도 목축과 수렵이 중요했기 때문에 메소포타미아에서 만들어진 별자리가 자연스럽게 수용되었다.

동양의 별자리에 나오는 동물은 용, 호랑이, 주작, 현무 등이다. 이 신화적인 존재들은 뱀, 호랑이, 닭, 거북이로부터 비롯된 것이기 때문에 동북아 생태환경에서 쉽게 볼 수 있는 동물들이다. 마야제국의 별자리도 그 일대에 흔히 볼 수 있는 동물들의 이름이 반영되어 있다. 그들은 은하수 안쪽으로 황도를 따라 13개의 별자리를 만들었는데 메추라기, 여우, 두꺼비, 뱀 별자리이다. 만약 인도나 아프리카에서 그 별자리들에 이름을 붙였다면 코끼리, 하마, 코뿔소였을 것이고 일본에서 이름을 붙였다면 일본원숭이, 불곰 등이 아니었을까.

동물에 비해서 극히 적긴 하지만 별자리 가운데는 식물과 관련된 것도 있다. 별자리로 나타난 식물도 역시 생태환경을 반영한다. 서양 별자

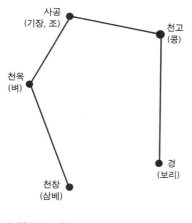

사공
(기장, 조)

천고
(콩)

천옥
(벼)

경
(보리)

천창
(삼베)

〈그림 66〉 오거성

리 가운데는 처녀자리의 알파별인 스피카가 있다. 스피카는 하얗게 빛나는 아름다운 별로 보리이삭을 상징한다. 보리이삭을 들고 있는 처녀는 곡물의 신인 '데메테르'이다. 지중해 일대는 밀과 보리의 원산지이고, 그리스 로마 시대의 주식이 보리죽이었다. 여러 곡물 가운데 보리가 하늘에 떠 있는 유일한 별자리가 된 까닭은 그것이 그 시대 사람들의 주곡이기 때문이다. 동양에도 별자리가 된 곡식이 있다. 오거성은 오곡이 풍년이 될지 흉년이 될지 따지는 별자리이다. 다섯 개의 밝은 별을 각기 콩, 벼, 삼베, 기장과 조, 보리로 부른다.그림 66 동양의 별자리에는 곡식뿐만 아니라 가축, 제방, 밭, 우물, 심지어 똥자리까지 나타난다. 하나하나가 농경의 중심적 요소이니 서양보다 농경에 대한 의존도가 컸던 경제적 조건이 이렇게 별자리에 반영된 것으로 보인다.

구석기시대에도 별자리에 대한 관심은 있었겠지만 그들은 자연 전체를 체계적으로 파악하고 관리할 필요가 없었다. 사냥철이 되면 수렵의 례를 하는 정도였을 것이다. 하지만 농경사회가 되면 공동체의 관심은 자연 전체에 대한 불안과 뗄 수 없는 관계가 된다. 농작물을 길러야 했기 때문에 순조로운 농사 진행을 방해할 수 있는 예측 불허의 요소들을 극복하기 위해 계절마다 중요한 시기에 적절한 의식을 올려야 했다. 농사를 제대로 짓기 위해서는 적어도 1년 단위의 시간 예측과 정밀한 계획이 필요했고 가뭄에 대한 대책도 필요했다. 인류의 농업활동이 점점 체계화되면서 특정한 시기의 비바람이나 햇빛이 공동체 전체의 관심사가 되었고 그것을 특정 신이나 별자리와 연관시켰다. 그 신들에 대한 제사를 통해서 자연과 인간의 생존과 관련된 문제를 조절해야 한다는 믿음은 그렇게 생겨난 것이다.

제사장이나 주술사는 풍년과 그들을 중심으로 한 사회적 안정을 위해 지속적으로 별자리를 관측했다. 별자리를 관측하고 그것을 사회적 현상과 연결시켜서 설명할 수 있다면 권력을 가질 수 있었기 때문이다. 그들이 자신의 해석이 담긴 별 이야기를 다른 사람에게 하면 그는 또 다른 사람들에게 이야기를 퍼트렸고 얼마 지나지 않아 공동체 전체가 공유하는 이야기가 되었다. 이야기를 집단 전체가 공유하게 되면 당연히 그다음 세대에 전승된다. 별과 관련된 인류의 경험은 이야기를 통해서 전승되고 공동화되어 생활 속에 지속적으로 침전되었다. 그리고 마침내 우리의 삶을 규정하는 생활규칙이 되었다.

선사시대에는 애니미즘이나 토테미즘을 공유함으로써 마음을 나누고 경험을 공유하고 전승했을 것이다. 그때의 신화는 숲 속에서 항상 볼 수 있는 사람들이 자신들의 경험과 처지에 맞게 소통하는 매체였다. 하지만 공동체의 규모가 더 커져서 같은 숲 속에서 살아갈 수 없다면 토템 신화는 공동체의 경험을 나누는 이야기로는 부족했다. 큰 산이나 거대한 강 정도가 되어야 부족연합국가 수준의 국민들이 모두가 함께 체험하고 공유하는 매체가 될 수 있었다. 공동체의 규모가 더 커져서 제국이 되면 그것으로도 부족했다. 중국 문명권, 인도 문명권, 지중해 문명권이라고 할 때 모두가 함께 경험하고 이야기 나눌 수 있는 주제는 하늘에 떠 있는 별들밖에 없다. 인류는 해와 달, 별을 통해서만 소통할 수 있는 거대한 집단을 이루게 된 것이다. 그래서 왕과 귀족들은 해, 달, 별

이야기를 자신들의 지위와 연결시킴으로써 사회를 통제하려 했다. 작은 사회에서 공유 장치이며 소통 장치였던 이야기는 이제 권력자의 홍보물 또는 관리 장치가 되었고, 그 영향은 지금까지도 이어지고 있다. 나는 별자리에 대한 탐구가 취미에 그쳐서는 안 된다고 믿는다. 별자리와 별자리 관련 신화는 집단 속에서 특정 계급 사람들의 이해관계를 반영하고 있기 때문에 사회경제적인 접근, 인문학적 접근이 이루어질 때 그 뜻과 속살을 밝힐 수 있기 때문이다.

샛별의 신비

옛날에 우리 마을은 목화를 많이 심었다. 일제강점기에는 온 마을이 목화밭이었다. 하지만 구한말부터 외국에서 값싼 무명천들이 많이 들어오면서 목화농사를 하는 집이 하나둘 줄어들었다. 내가 어렸을 때는 우리 집만 목화 농사를 지었다. 목화 농사는 잔 일이 많아 집안 식구가 다 밭에 나가 일을 거들었다.

언젠가 목화밭에서 일을 하다가 온 가족이 함께 집으로 돌아오는데 서쪽 하늘에 밝은 별이 하나 떠 있었다. 해가 진 지 얼마 되지 않아 다른 별들은 아직 나오지 않았다. 그 별만 하늘에서 초롱초롱 빛나고 있는 모습이 매우 인상적이어서 옆에서 걸어가고 있는 어머니에게 여쭈었다.

"엄마, 저기 밝게 빛나는 별 이름이 뭐예요?"

"아아, 저 별. 저별은 개밥바라기라고 한대."

"왜 개밥바라기라는 이름이 붙었어요?"

"이맘때 개가 배가 고파서 짖는다고 그렇게 이름을 붙였지."

"아버지, 아버지도 어렸을 때 개밥바라기라고 했어요?"

"식자들은 태백성이라고 불렀단다. 저렇게 서쪽 하늘에 떠오르면 태백성이라고 했고, 아침에 해 뜨기 전에 저 별이 동쪽에 떠 있으면 계명성이라고 했어. 샛별이라고도 했단다."

이것이 샛별에 대한 내 첫 번째 기억이다. 그다음부터 저녁때가 되면 서쪽 하늘을 바라봤는데 샛별은 밤하늘에 있는 어떤 별보다 밝았기 때문에 쉽게 찾을 수 있었다.

샛별의 운행에 대해서 더 깊은 관심을 갖게 된 것은 초등학교 4학년 무렵 아침에 소죽을 쑤면서였다. 소죽을 쑤지 않으면 아버지한테 혼났기 때문에 주변이 아직 컴컴할 때 일어나서 사랑방 앞에 걸린 큰솥에 소죽을 쑤었다. 동쪽으로 열려 있는 곳이었기 때문에 눈부신 빛을 뿌리면서 하늘에 떠 있는 샛별을 쉽게 찾을 수 있었다. 샛별은 참 신기한 별이다. 처음에는 해가 뜨기 바로 전에 동쪽에서 나타나더니 날마다 해로부터 점점 멀어져서 높은 곳에서 나타났다. 그러다가 점점 낮아져서 해와 가까워지고 어느 순간에 동쪽 하늘에서 사라졌다. 그리고 한동안 보이지 않다가 두 달쯤 지나면 서쪽 하늘에 다시 나타났다. 처음에는 해가 지고 바로 나타나더니 점점 해와 멀어지면서 높은 곳에서 나타났다. 그리고 동쪽에 있을 때처럼 다시 낮아지면서 해와 가까워졌다. 이윽고 서쪽 하늘에서 사라지면 열흘쯤 지나 다시 동쪽 하늘에 나타났다.

나중에 별자리에 관심을 갖고 공부하니 금성이 새벽별과 저녁별로 있는 시간이 각각 263일이었고, 동쪽에서 나타나다가 서쪽에 저녁별로 나타나기 까지는 50일, 서쪽에 있던 별이 동쪽에 새벽별로 나타나는 시간이 8일이라는 것을 알 수 있었다. 이것을 더하면 263+50+263+8일이기 때문에 584일, 정확하게 말하면 583.9일이라는 것을 알게 되었을 때는 남들이 모르는 우주의 비밀 한 자락을 안 것 같은 즐거움이 있었다. 과학적으로 보면 샛별이 해 주변을 공전하면서 해의 왼편에 있으면 서쪽의 저녁별이 되고, 해의 오른편에 있으면 동쪽의 새벽별이 되는 것이지만 어렸을 때는 그러한 사실을 잘 몰랐기 때문에 마냥 신기했다.

금성이 그렇게 사라졌다가 나타나는 현상의 주기성을 발견하면서 금성이 사라져서 어디로 가는 것인지 동쪽 하늘과 서쪽 하늘을 오가는 방법이 무엇인지에 대한 의문을 항상 가지고 있었다. 동서양의 신화를 공부하니 옛날 사람들도 나와 같은 궁금증을 가지고 해답을 찾았다는 것을 알 수 있었다. 바빌로니아의 사랑과 풍요의 여신이면서 샛별이기도 했던 이슈타르 이야기가 그것이다. 이슈타르는 자신의 영향력이 통하지 않는 저승세계에 불만이 많았다. 그래서 저승세계를 자신의 지배하에 넣기 위해서 저승여행을 한다. 저승세계의 여왕 에레슈키갈은 이슈타르를 못마땅하게 여기고 있었기 때문에 잡아서 고문을 하는 등 온갖 수모를 주었다. 이에 이슈타르는 저승세계를 탈출하기 위해서 자신의 남편인 두무지를 볼모로 만든다. 이 이야기는 바빌로니아인들이 샛별이 사라졌다 나타나는 것을 이슈타르가 저승세계로 여행을 갔다가 돌아오는 것이라고 믿었다는 것을 보여준다.

마야제국에서는 샛별을 해의 형제라고 믿었다. 최고신 케찰코아틀로 숭배한 부족도 있었다. 케찰코아틀의 형상은 날개 달린 뱀이다. 마야인들은 금성이 하늘에 떠 있는 것은 날개가 달렸기 때문이고, 보이지 않을 때는 뱀의 모습으로 지하세계를 여행한다고 믿었던 것이다. 인디언들은 샛별이 저녁별로 있다가 새벽별로 나타날 때 옥수수의 흉작과 전염병, 전쟁 등의 끔찍한 재앙이 닥칠 수 있다고 믿었다. 그러한 재앙에 대한 두려움에서 벗어나기 위해 인디언들은 샛별이 동쪽에 떠오르는 바로 그 지점에 신전을 세우고 희생제를 올렸다.

샛별을 찾는 즐거움 속에서 궁금한 것도 생겼다. 샛별이 왜 그렇게 밝은지에 대해 궁금해진 것이다. 이 질문에 대한 해답을 찾는 것은 어렵지 않았다. 샛별은 어떤 행성보다도 지구에 가까웠고 햇빛을 반사시키는 비율도 높았다. 샛별이 지구와 가장 가까이 있을 때는 달의 열 배 거리인 3,600만 킬로미터까지 접근한다. 지구와 가장 멀리 떨어져 있을 때도 1억 6,000만 킬로미터의 거리에 있다. 그래서 태양계에 있는 모든 천체 가운데 달을 제외하고는 지구와 가장 가까운 행성이다. 샛별이 햇빛을 반사하는 비율도 다른 행성과 비교할 수 없을 정도로 높다. 샛별은 햇빛의 80퍼센트를 반사한다. 달이 햇빛의 8퍼센트를 반사시키는 것에 비하면 샛별의 반사율은 놀랄 만한 것이다. 그래서 샛별의 위치를 알고 있는 사람들은 낮에도 하얀 점 모양의 샛별을 발견할 수 있다. 이렇게 대낮에 샛별이 나타나는 것을 '태백주현(太白晝現)'이라고 했다. 옛날 사람들은 이런 현상을 상서롭지 않게 생각했다. 샛별이 낮에 나타나는 것은 장군이 반란을 일으키거나 민중이 봉기하는 것을 뜻했기 때문이다. 『조선왕조실록』 연산군 3년 5월 29일 기사를 보면 이를 잘 알 수 있다.

"신들이 듣자옵건대, 일관(日官)이 태백성(太白星)이 낮에 보인다고 아뢰었다 하니, 이것은 상서(祥瑞)로운 조짐이 아닙니다. 전하께서는 이렇게 된 이유를 생각하셔야 합니다. 상벌이 외람된 것인가? 기강이 해이해진 것인가? 간사(姦邪)한 무리가 나온 것인가? 원억(冤抑)이 지체된 것인가? 외척(外戚)이 성한 것인가? 환관이 총애를 받는 것인가? 토목 공역을 일으켜서인가? 총명이 막힌 것인가? 하여, 두려워하고 마음을 닦고 성찰하시고, 허심탄회하게 간언하는 것을 받아들여서, 모든 바른 길을 열고 여러 가지의 잘못된 문을 막으신다면, 국가로서 심히 다행이겠나이다."

하였는데, 관심을 두지 않았다.

하늘에 변화가 나타나면 왕이 삼가고 아래의 의견을 구하는 것이 동양의 전통이었는데 연산군이 그것을 완전히 무시하니 간관들이 아주 답답했을 것이다.

서양에서도 대낮에 나타나는 샛별을 특별한 징조로 보았다. 나폴레옹은 세느강 주변의 뤽상부르 궁전의 발코니에서 정오에 연설을 하다가 샛별을 보았다. 당시 나폴레옹은 이탈리아 원정을 앞두고 있었기 때문에 이 현상을 정치적으로 활용하였다. 대낮에 샛별이 나타난 것은 이탈리아 원정에서 승리를 약속하는 것이라고 말했던 것이다. 이에 청중은 열광적으로 환호했고 실제 전쟁에서도 승리했다.

제주도 무속신화인 천지왕 본풀이에서는 샛별이 밝은 것을 인상적으로 설명하고 있다. 우주가 처음 생길 때는 하늘에 해가 둘, 달이 두 개가 있었다고 한다. 그래서 낮에는 델 듯이 뜨겁고 밤에는 견딜 수 없을 정도로 추웠다. 이 문제를 해결한 것은 하느님인 천지왕의 아들 대별왕이었다. 해 둘 가운데 뒤에 오는 해를 쏘아 샛별을 만들고 역시 뒤에 오는 달을 쏘아서 무수한 별들을 만든 것이다. 해 하나를 가지고 샛별을 만들었다고 했으니 옛날 사람들에게도 샛별의 밝음이 그렇게 인상적이었던 것이다.

샛별에 대한 내 궁금증은 자라면서 더 커졌다. 태양계에서 가장 가까운 이웃이고 크기와 질량도 비슷해서 지구의 쌍둥이라고 부르는 샛별의 환경이 지구와 너무 다르다는 것을 알았기 때문이다. 샛별은 표면 온도가 480도가 넘는다. 온실가스인 이산화탄소가 대기의 90퍼센트를 넘고 대기압도 지구의 90배가 넘는다. 왜 이런 차이가 생겼을까? 샛별에 바다가 생기지 않았기 때문이다. 샛별에 바다가 생기지 않은 까닭은 해와의 거리가 지구보다 가까웠기 때문이다. 샛별은 해와 가깝기 때문에 단위 면적당 받는 햇빛양이 지구보다 1.9배가 많다. 행성이 처음 만들어질 무렵 지구는 점점 식어가면서 수증기가 응결하여 비가 내렸다. 그렇게 내린 비로 지구에 바다가 생겼다. 이와 달리 샛별은 수증기가 응결하여 비가 될 정도로 온도가 내려가지 않았다. 그 많던 수증기도 햇빛의 자외선에 노출되어 수소와 산소로 분해되었다. 분해된 수소는 가볍기 때문에 우주로 날아가고 산소는 지표의 산화에 소모되었기 때문에 바다가 형성될 수 없었다.

지구 역시 초기에는 수증기와 이산화탄소 대기로 이루어져 있었다. 그런데 비가 쏟아져 바다가 생기면서 이산화탄소 역시 바다에 녹아들었다. 이산화탄소 순환이 시작된 것이다. 바다에 녹아든 이산화탄소는 바닷물 속의 칼슘이온과 반응하여 탄산칼슘이 되어 침전하고 퇴적했다. 이것이 해양판이 이동함에 따라 대륙 가장자리까지 운반되고 맨틀 대류와 함께 지구 내부로 사라졌다. 그때 퇴적된 석회암의 일부는 깎여서 대륙에 붙든가 지구 내부로 가라앉았다가 화산 폭발과 함께 밖으로 방출되었다. 그리하여 대륙이 점점 커지면 대기 중의 이산화탄소도 줄어들었다. 캄브리아기 이후에는 바닷물에 녹아 있는 칼슘이나 탄산가스를 소재로 자신의 뼈나 껍데기를 만드는 생물들이 수없이 나타났다. 그러한 생물의 유체는 퇴적해서 석회암이 되었다. 이러한 과정이 수억 년 진행되면서 지구의 대기와 해양 속에 포함된 이산화탄소 대부분은 바다 밑이나 대륙에 덧붙여졌다. 그 결과 지구는 기온이 상승하지 않고 해양판과 대륙 사이에서 이산화탄소를 주고받으면서 생명이 번성할 수 있는 환경이 만들어졌다. 만약 지구상에 있는 모든 석회암을 탄산가스로 만들면 어떤 일이 벌어질까? $1m^3$의 석회암을 완전히 녹이면 $300m^3$의 이산화탄소가 발생한다. 그렇게 지구의 석회암을 다 녹이면 60기압의 이산화탄소가 지구를 둘러싼다. 만약 그랬다면 지구의 운명도 샛별과 다르지 않았을 것이다. 행성 형성 당시의 이산화탄소를 그대로 두르고 있어 초열지역이 되어 있는 샛별처럼. 샛별의 밝음이 초열지역을 만들어내는 이산화탄소의 햇빛 반사 때문이라고 생각하니 우리 지구의 바다와 산소 중심의 대기가 새삼 고맙다.

칠석날 까치의 머리털이
벗겨지는 까닭은?

칠석 무렵에 뒷산에 올라가면 까치 털이 여기저기 흩어져 있었다. 처음에는 새매와 같은 맹금류에게 공격받아 뽑힌 털이 아닐까 생각해보았다. 하지만 바로 고개를 저었다. 매과에 속하는 새들이 까마귀나 까치에게 숲이나 벌판에서 쫓기는 것을 항상 보아왔기 때문이다. 시골에서는 들판에서 황조롱이가 까치에게 쫓기고 새매가 멋모르고 까치들이 모여 있는 숲에 들어갔다가 황급히 쫓겨나는 장면을 흔히 볼 수 있다. 아침저녁으로 이동할 때 편대를 이루어 조직적으로 움직이고 자신들에게 피해를 끼치면 사람도 집단적으로 공격하는 집요하고 강인한 까치들에게 매는 만만한 존재일 뿐이었다. 그때까지 나는 새들이 털갈이를 한다는 것을 몰랐다. 그래서 어머니에게 왜 그런지 여쭈어봤더니 견우직녀 이야기를 들려주셨다.

아주 먼 옛날 하늘나라 옥황상제에게 직녀라는 예쁜 딸이 있었거든. 어느 날 직녀가 농사를 짓는 견우라는 청년을 보고 한눈에 반했대. 견우 역시 마찬가지였나 봐. 두 사람은 한눈에 사랑에 빠졌고, 옥황상제도 부지런한 견우가 마음에 들었어. 그래서 혼인을 시켰는데,

그 뒤로 견우는 농사를 짓지 않았고, 직녀는 옷감을 짜지 않았대. 화가 난 옥황상제가 은하수를 사이에 두고 둘을 떼어놓았어. 그다음부터 둘이 일을 하는데 너무 보고 싶어서 농사를 지어도 쭉정이만 나오고, 옷감을 짜도 빛깔이 좋지 않거든. 하는 수 없이 옥황상제가 견우직녀에게 말했어. "너희들이 열심히 일하면 7월에 하루는 만나게 해 주겠노라." 둘이 너무 좋아서 부푼 마음으로 부지런히 일했대. 그런데, 막상 7월 7일이 되니 은하수 물길이 너무 거세어서 도저히 만날 수가 없었어. 견우직녀가 슬퍼서 눈물을 흘리자 큰비가 되어 땅 위에 내렸고, 세상은 난데없이 물난리를 맞은 거지 뭐. 그래서 날짐승, 길짐승이 다 모여서 회의를 했어. 그러고는 결정했지. 은하수에 다리를 놓아주자고. 그런데 하늘 끝까지 날아갈 수 있는 힘이 있고 그만한 숫자가 되는 것은 까치와 까마귀밖에 없었어. 모두들 부탁을 했어. 까치와 까마귀도 견우직녀 이야기를 듣고 불쌍한 마음이 들었기 때문에 흔쾌히 하겠다고 했지. 그리고 하늘나라로 날아가서 서로 머리를 맞대고 다리를 놔주었대. 하지만 견우와 직녀에게 머리를 밟힌 까치와 까마귀들은 칠월 칠석이 지나면 머리털이 벗겨지는 거야.

그런데 칠월 칠석날 무렵에는 꼭 비가 오거든. 칠석날 오는 비는 견우와 직녀가 만나면서 흘리는 기쁨의 눈물이고, 그다음 날 내리는 비는 헤어지는 것이 슬퍼서 우는 눈물이래.

견우직녀를 위해 오작교를 만들고 왔기 때문에 머리털이 다 빠져서 그때쯤 산에 까치나 까마귀 털들이 널려 있는 것이란다. 나중에 까치나 까마귀가 털갈이를 하기 때문이라는 것을 알고 나서는 슬며시 웃음이 나왔다.

어머니는 칠석날에 까치가 오작교를 만들러 가서 잘 보이지 않는다는 말씀도 하셨다. 그런데 언젠가 칠석날에 놀러 갔다가 집으로 돌아오는데, 밭두렁에서 먹이를 찾고 있는 까치 몇 마리를 보았다. 특유의 총총 뛰는 걸음이나 어기적어기적 걷는 모습으로. 그래서 어머니에게 달려가 어떻게 된 거냐고 여쭈었더니 병들었거나 나이 먹은 까치들은 남아 있기도 한단다. 하늘과 땅의 일들이 그렇게 연결되는 것이 어렸을 때는 참으로 놀랍고 신기한 일이었다. 하늘과 땅의 비밀을 알게 된 기분이었다.

지금 생각해보니 옛날 사람들이 가지고 있던 천지 감응의 세계관, 곧 지상에서 일어나는 일이 하늘과 관련되고 서로 감응한다는 사고가 가장 대중적으로 표현된 것이 견우직녀 이야기였다.

별자리를 공부하면서 견우직녀 별자리를 가장 먼저 찾아본 것은 어머니가 해준 견우직녀 이야기가 내 마음 깊숙한 곳에 자리 잡고 있었기 때문이었을 것이다.

직녀별은 찾기가 아주 쉬웠다. 여름철 별자리를 찾을 때 활용되는 여름의 대삼각형 가운데서 가장 밝은 별이기 때문이다. 워낙 밝아서 서양에서는 '여름밤의 여왕', '전 하늘에서 하나뿐인 다이아몬드' 등으로 부른다고 한다. 서양 별자리로는 거문고자리의 알파별인 베가이다.^{그림 42 참고}

견우 별자리도 쉽게 찾을 수 있다. 견우별은 여름철 대삼각형의 꼭짓점에 있는 '하고대성'이다. 어떤 사람들은 28수 가운데 '우성'을 견우 별자리로 보기도 한다. 서양 별자리로는 염소자리 알파별이다. 하지만 우리나라에서는 일찍부터 하고대성을 견우성으로 보았다. 조선 중기의 문신인 김육이 펴낸 『유원총보』 '세시기'에 이렇게 기록되어 있다.

하고는 견우를 말하는데, 하고는 관문과 교량을 주관하고, 직녀는 오이와 과일을 주관한다.

중국에서 생겨난 견우·직녀 이야기가 우리나라에 들어온 것은 언제였을까? 역사 기록을 찾아보니 『고려사』에 공민왕이 노국공주와 함께 칠석제를 지냈다는 기사가 있었다. 일본은 8세기 무렵의 시집인 『만엽집』에 견우·직녀 이야기가 나온다고 한다. 이를 근거로 일본 학자들은 견우·직녀 이야기가 고구려나 백제, 신라를 거치지 않고 직접 일본으로 유입된 이야기라고 주장을 하였다. 그러한 주장은 5세기 초 그려진 고구려 덕흥리 고분벽화에 견우·직녀 그림이 나오면서 근거 없는 것으로 드러났다.^{그림 67}

그림을 보면 견우가 소를 끌고 어디론가 가고 있고 은하수 너머에는 직녀가 소를 몰고 떠나는 견우를 배웅하고 있다. 견우가 은하수를 건너서 직녀를 만나고 가는 걸까. 아니면 은하수를 건너지 못하고 서로 강

〈그림 67〉 덕흥리 고분 견우·직녀

건너에서 마주 보다가 돌아가는 것일까. 그런데 재미있는 것은 직녀의 뒤쪽에 있는 검둥개이다. 이 검둥개를 보고 고구려 사람들이 나누던 견우직녀 이야기가 어머니가 해준 이야기와는 다를 수도 있다는 생각을 하게 되었다. 검둥개가 이야기에서 중요한 비중을 차지하고 않고서는 그렇게 크게 그려질 수 없기 때문이다. 「고구려 고분벽화와 일본의 칠석설화」라는 울산대학교 노성환 교수의 논문에서 그 실마리를 찾을 수 있었다. 일본의 칠석 이야기는 이렇게 펼쳐진다.

옛날 옛적에 쟁기질을 잘하는 청년이 개 한 마리와 함께 살고 있었어. 땅 한 뙈기 없을 정도로 가난했기 때문에 결혼을 하지 못하고 노총각이 되었지. 어느 날 나무를 하러 갔다가 밤늦게 목욕을 하고 있는 선녀들을 발견했대. 선녀를 아내로 삼고 싶은 욕심에 옷을 숨겼어. 덕분에 하늘로 올라가지 못한 선녀를 아내로 삼았대. 둘 사이에는 아이 둘이 생겼어. 큰아이가 여섯 살이 된 어느 날이었지. 신랑이 잠깐 집을 비웠나 봐. 선녀는 이때다 싶었는지 집 안 곳곳을 뒤져 옷을 찾아냈어. 그러고는 그 옷을 입고 두 아이와 함께 하늘로 올라가버렸어. 울고 있는 신랑한테 이웃 노인이 방법을 알려주었는데 짚신 천 켤레를 만들어서 참외가 심겨진 뿌리 밑에다 묻어두라는 거야. 그러면 참외줄기가 하늘까지 자랄 거라고. 그때 참외줄기를 타고 올라가면 된다는 거지. 그래서 신랑은 짚신을 삼기 시작했는데 짚이 부족해서 999켤레를 만들었대. 이윽고 자라는 참외줄기를 잡고 하늘에 거의 다 다다랐는데 조금 모자라지 뭐야. 그런데 신랑을 따라간 개가 먼저 폴짝 뛰어서 하늘로 올라갔대. 그러고는 자기 꼬리를 내려주었지. 그 꼬리를 잡고 올라가서 아내와 아이들을 만나서 하늘나라에서 행복하게 살았다는 이야기야.

기토라 고분과 다카마스 고분에서 볼 수 있는 것처럼 일본에는 고구려 천문학의 영향을 받은 유적들이 존재하고 있다. 따라서 현재 일본에 전승되고 있는 견우직녀 이야기는 중국의 직접적 영향보다는 고구려 이야기의 영향을 받아 생겨난 것일 가능성이 높다. 덕흥리 고분에 그려진 검둥개는 일본에 전승되는 이야기가 고구려에도 있었다는 것을 보여주는 증거라고 봐도 좋을 것이다. 중국에서 만들어진 이야기가 그렇게 변할 수밖에 없는 것은 서로 간에 문화가 달랐기 때문일 것이다. 중국은 일찍부터 여자가 남자 집에 들어가서 생활하는 혼인 문화가 정착되었다. 이와 달리 고구려는 남자가 여자 집에 들어가서 생활하고 아이를 다 키운 다음에야 독립하는 것이 특징이었다. 그러니 중국처럼 여자가 남자 집에 들어가 사는 이야기가 아니라 남자가 여자 집에 가서 사는 이야기로 바뀌었을 것이다. 일본 역시 고대에는 부부가 따로 살다가 부부관계를 가질 때만 아내 집에 들렀다고 하니 중국의 이야기보다는 고구려의 이야기를 쉽게 수용하고 전승할 수 있는 문화적 토양을 가지고 있었다. 일본의 견우직녀 이야기에서 문득 민간에 전승되는 짚신할아버지와 짚신할머니 이야기가 떠올랐다. 직녀성과 그 주변의 작은 별을 두 손자를 데리고 출가한 짚신할미, 하고대성과 그 주변에 있는 두 개의 별을 다리를 벌리고 짚신을 삼고 있는 짚신할애비라고 하는 얘기인데 고구려 시기의 견우직녀 이야기에서 비롯된 것이라는 느낌이 강하게 들었다.

한국, 일본, 중국 모두에서 견우직녀의 이야기는 널리 알려져 있지만 그것을 아름다운 그림으로 표현한 것은 덕흥리 고분벽화가 가장 오래된 것이다. 견우직녀의 사랑 이야기가 고구려 선남선녀들의 마음을 뒤흔들었기 때문이었을 것이다.

중국과 달리 남녀가 자유롭게 사
귈 수 있었던 고구려에서는 대안리
1호분의 직녀도에서 볼 수 있는 것처
럼 여성들이 자유롭고 활달했을 것
이다.^{그림 68}

〈그림 68〉 대안리 1호분 직녀 모사도

그림을 보면 단발머리에 귀걸이와
목걸이를 하고 입은 옷이 마치 드레스와 같다. 요즘 길거리에 나타나도
손색없는 현대적인 감각이다. 직녀 앞에는 베틀이 놓여 있고 바로 아래
에는 물결이 일고 있다. 은하수에 이는 물결을 그렇게 표현했을 것이다.
베를 짜면서도 견우가 그리운지 애틋한 표정으로 은하수 너머 먼 곳을
바라다보는 모습은 당장이라도 견우를 찾아 떠나고 싶은 마음을 표현
하는 듯하다.

어디 고구려 여성뿐이었으랴. 이 땅에 살던 여성들은 베 짜는 선녀인
직녀와 깊은 동질감을 가지고 있었다. 충북 영동에서 전해져 오는 베틀
노래를 들어보자.

월궁에서 노든 선녀 할 일이 전혀 없어
좌우산천 둘러보니 비었도다 비었도다
옥난간이 비었도다
베틀 노세 베틀 노세
옥난간에 베틀 노세
달 속에라 계수나무 동쪽으로 뻗은 가지
뒤집에라 김대목은 은도끼를 손에 들고

앞집에라 조대목은 금도끼를 손에 들고
옥자구로 다듬어서 옥끌로 구멍 파서
베틀 한 쌍 되었도다.

여성들의 상상력은 줌치(주머니)를 만들 때 우주적 상상력으로 확대되었다. 베 짜는 여성들은 그 단조로운 노동 속에서 스스로 선녀가 되었고 그런 마음을 이렇게 노래로 표현했다.

개천이라 한바다는
절로 솟은 노송나무
가지로 치면 열두 가지요
잎으로 치면 삼백 잎에
그 가지에 무슨 열매 열렸더냐
해와 달이 열렸더라
해는 따서 겉 받치고
달은 따서 안 받치고
큰 별은 따서 좋은 바늘로 놓고
잰 별은 따서 중간 바늘로 놓고

견우와 직녀의 부부싸움
-중국 별자리 이야기

우리가 알고 있는 견우직녀 이야기에는 사랑과 그리움이 배어 있다. 그런데 중국에는 심각한 갈등 상황을 겪는 이야기가 적지 않다. 갈등과 관련된 이야기에도 별자리에 대한 다양한 상상력이 담겨 있음은 물론이다.

옛날에 우랑(견우)이라는 농부가 살고 있었는데, 나이를 먹어도 장가를 가지 못한 모양이야. 그걸 불쌍하게 생각하던 소가 어느 날 우랑에게 말했어.

"지금 일곱 선녀가 풀밭에 옷을 놓고 강변에 목욕을 하고 있거든. 그 옷 가운데 하나를 훔치면 선녀가 하늘로 돌아가지 못하고 네 아내가 될 수 있어."

우랑은 소가 시키는 대로 옷 한 벌을 훔치고 선녀들 목욕이 끝날 때까지 기다렸어. 조금 지나 선녀들이 물에서 나오고 각자 자기 옷을 입고 하늘로 올라가는데, 한 선녀는 옷이 없어 올라가지 못했네. 그 선녀가 바로 직녀였던 거야. 그래서 직녀는 결국 우랑과 혼인을 할 수밖에 없었지. 그런데 우랑을 혼인시켜준 소가 그만 심한 병에 걸려버렸대. 소는 우랑에게 자기가 죽거든 가죽으로 가방을 만들어 모래를 가득 채우라고 했어. 그리고 자신의 황금 코뚜레와 함께 언제나 가지고 다녀야 한다고 신신당부했지. 우랑은 고마운 마음에 소가 시키는 대로 했어.

3년이 흘렀어. 둘 사이에서는 남매가 태어났지만, 직녀는 언제나 옷을 돌려받고 하늘로 올라가고 싶은 마음뿐이었대. 게다가 옥황상제가 사자를 보내 빨리 올라오지 않으면 영원한 벌을 주겠다는 위협도 했어. 밤이고 낮이고 졸라대는데 장사가 있나. 우랑이 결국 옷이 어디에 있는지 말했어. 직녀는 옷을 찾자마자 곧장 아이들을 양팔에 안고 하늘로 올라가버렸지. 그래서 우랑은 소가죽으로 만든 가방을 꺼내고 그 안에 들어갔더니 가방이 하늘로 날아올랐어. 우랑은 아내를 쫓아갔지. 직녀는 우랑이 쫓아오는 걸 보고 어떻게 할까 고민하다가 마음의 결정을 내렸어. 머리에 꽂고 있는 황금머리빗을 빼서 하늘에 금을 그었더니 그 금이 은하수의 한쪽 지류가 되어 넘쳐흘렀어. 우랑의 앞에 큰 강을 만들어버린 거지. 그러자 우랑은 가방에 있던 모래를 던져서 둑을 만들었어. 직녀도 황금머리빗으로 다시 한 번 금을 그었대. 그것이 은하수의 다른 쪽 지류가 되었대. 마지막으로 우랑은 황금 코뚜레를 던져서 직녀를 잡으려고 했어. 직녀도 베틀북을 던져서 그 코뚜레를 멀리 날려버렸대. 그래서 지금도 우랑과 직녀는 은하수를 사이에 두고 만나지 못하고 있다는 거야.

이제 이야기에 나오는 황금빗과 베틀북, 견우의 코뚜레 별자리를 찾아보자.^{그림 69~70}

황금빗은 28수 가운데 기수이다. 전갈자리 끝에서 조금 떨어진 자리

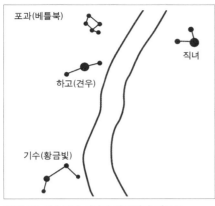

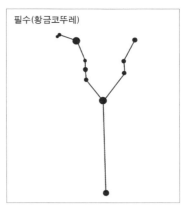

〈그림 69〉 견우직녀 이야기 황금빗과 베틀북 　〈그림 70〉 견우직녀 이야기 황금코뚜레

에 있다. 그러면 베틀북은 어디에 있을까? 견우 별자리인 하고대성에서 북동쪽을 보면 마름모 모양의 희미한 별자리를 발견할 수 있다. 이 별자리가 직녀가 던진 베틀북이고 서양 별자리로는 돌고래자리이다.

　견우가 멀리 던져 버린 코뚜레는 여름의 밤하늘에서는 볼 수 없고 겨울이 되어야 찾을 수 있다. 견우의 코뚜레는 28수 가운데 필수이다. 서양의 황소자리인데 자세히 보면 코뚜레와 같은 모습을 발견할 수 있다. 미워하는 마음이 얼마나 컸으면 베틀북으로 코뚜레를 그렇게 멀리 쳐냈을까?

　이와 달리 하늘에 있는 베틀북과 코뚜레가 부부싸움이 아니라 둘이 교환했던 정표라는 이야기도 있다. 서로의 사랑을 확인하는 정표로 직녀는 베틀북을, 우랑은 코뚜레를 던졌는데, 힘이 약한 직녀가 던진 베틀북은 우랑의 손에 잡힐 만한 거리에 떨어졌지만, 힘을 조절하지 못하고 던진 우랑의 코뚜레는 하늘 반대편으로 날아갔다는 것이다.

　직녀의 어머니인 왕모가 둘 사이의 사랑을 방해하는 또 다른 이야기도 있다.

　　왕모가 은하수를 만들어 직녀와 우랑, 그리고 두 아이를 갈라놓
았어. 그러자 우랑과 두 아이는 국자를 가지고 은하수를 퍼내기 시작
했지. 왕모가 그걸 보고 비웃었어. 그러자 우랑과 두 아이는 어떻게
할까 이야기했대. 그리고 다짐했다는 거야. 우리가 대를 이어서 퍼내
면 은하수도 결국 마르지 않겠느냐는 거지. 그러고는 더 큰 국자를 만
들어 은하수를 퍼내기 시작했어. 그 국자가 북두칠성과 남두육성이
야. 우랑은 큰 국자인 북두칠성으로 두 아이는 작은 국자인 남두육성
으로 퍼냈지. 그걸 보고는 왕모가 손을 들었어. 그래서 다시 가족들
이 모여 행복하게 살았다는 이야기야.

　중국의 견우직녀 이야기를 살펴보면서 왜 중국 이야기에는 권력의 그
림자가 그렇게 강한 것일까 궁금해졌다.
　견우직녀에 대한 중국의 역사 기록을 살펴보았더니 3,000년 전 『시경』
'소아대동편'에 견우직녀에 대한 노래가 실려 있었다.

　　저 하늘의 은하수는 희미하게 빛나고
　　발돋움하는 저 직녀성 종일 일곱 번이나 옮기네
　　일곱 번을 옮겨도 무늬는 이루지 못하고
　　반짝이는 견우성은 수레 끌 생각도 하지 않네

　옛날 중국 사람들은 남자가 밭을 갈고 여자가 베를 짜야 사회가 유
지될 수 있다고 믿었다. 그런데 이 시에는 직녀는 베를 짜지 못하고 견우

역시 수레를 끌 생각이 없다고 했다. 따라서 이 시는 남녀 사이의 사랑 노래가 아니라 사람들이 일이 손에 잡히지 않을 정도로 혼란스러운 사회 현실을 비판한 것이다. 후한 말이 되면 견우직녀별에 사랑 이야기가 덧붙여진다.

> 아득히 저 멀리 보이는 견우성
> 반짝반짝 빛나는 직녀성
> 곱디고운 하얀 손들어
> 찰카닥찰카닥 베틀을 놀리네
> 종일토록 베를 짜지 못하고 눈물을 비 오듯 흘리네
> 은하수는 맑고도 얇고 떨어진 거리도 얼마 멀지도 않네
> 출렁이는 강물 사이에 두고
> 서로 묵묵히 말이 없네

『삼국지위서동이전』에 관한 기록을 보면 중국인들은 고구려나 삼한의 남녀 관계가 음란하다고 기록하고 있다. 하지만 중국의 옛 기록을 보면 중국 역시 풍년을 기원하는 마을 축제에서 자연스럽게 남녀가 만나 짝을 이루고 야합을 했다고 한다. 야합은 하늘에 고하지 않고 관계를 맺는 것을 말한다. 주나라 때부터는 지배계급이 이러한 야합을 억제하기 시작했다. 귀족을 중심으로 부모들이 자식들의 관계를 통제하려고 했기 때문이다. 그들은 하늘에 고하는 혼인제도를 만들어서 자유로운 남녀관계와 감정을 통제하려 했다. 물론 쉽지 않았다. 주나라가 세워진 지 육백여 년 뒤의 인물인 공자 역시 야합으로 태어난 것을 보면 일반 민중들에게는 별다른 영향력을 가지지 못했다는 것을 알 수 있다.

중국에서 가부장주의가 확고히 뿌리를 내린 것은 한 무제 때이다. 한 무제는 국가적 사상통일을 위해서 유교를 유일한 지배사상으로 채택했다. 유교적인 혼인관념은 혼인은 중매인의 중매가 있어야 되고 부모의 의사에 따라 결정한다는 생각이 바탕이다. 수천 년간 여성들의 삶을 옭아매었던 삼종지도의 시작이다. 결혼 전에는 아버지를 따르고 결혼하면 남편을 따르고 남편이 죽은 후는 아들을 따라야 한다는 것이 여성이라면 그 누구도 벗어날 수 없는 삶의 규칙이 된 것이다. 국가권력은 여성들의 자유로운 감정 표현을 막고 노동 규율을 확립하기 위해 걸교(乞巧)와 같은 의식을 만들었다. 직녀에게 바느질과 베 짜기, 자수와 같은 재주를 달라고 비는 의례가 걸교이다. 직녀에게 과일도 올리고 구멍이 일곱 뚫린 바늘에 실을 꿰는 놀이를 했다고 하는데 그때 마련해놓은 상자에 거미가 줄을 치면 직녀가 기도에 응답한 것으로 여겼다고 한다.

명나라 때가 되면 분위기가 또 바뀐다. 국가에서 여성들이 재산을 소유하고 소송할 수 있는 권리를 보장했기 때문이다. 경제적으로 자립이 가능해진 일부 귀족 여성들은 칠석에 자기들끼리 모여서 교류를 하고 시를 쓰면서 놀이를 즐겼다고 한다. 그전까지 칠석에 관한 시는 남성들의 전유물이었는데 여성들이 시를 쓰기 시작하면서 여성의 자유로운 감정이 표출되기 시작했다.

칠석감회

양맹소

그윽한 하늘의 별과 달이
인간 세상의 솜씨 빌며 바치는 음식을 비추지만

어찌 일찍이 조금이라도 소원 성취된 적이 있던가.

하루 종일 즐겁게 노닐어야지

어찌 남들 따라 할 필요 있으랴

국가권력으로부터 의례와 규범을 통해 강요되는 노동규율이 아니라 여성들 사이의 자유로운 교류와 즐거움을 누리자는 욕구가 전면적으로 표현된다.

중국과 달리 우리나라에서는 칠석놀이의 뜻과 속살이 깊지 않았던 것 같다. 그래서 특별한 여성 민속이 발견되지는 않는다. 하지만 활달한 우리나라 여성들이 이러한 놀이 기회를 놓칠 리가 없다. 그래서 여성들은 칠석날을 핑계로 함께 모여서 신나게 놀았다. 그러한 분위기 속에서 칠석노래도 나왔을 것이다. 본디 사람이 친해지려면 가족처럼 혈연적인 관계로 묶여 있거나 마을 친구처럼 오랜 관계와 경험이 공유되어야 한다. 중국에서처럼 시집간 귀족 여성들이 칠석날 만난다고 한들 서로의 마음을 나누는 데는 한계가 있을 수밖에 없다. 이와 달리 우리의 평민 여성들은 평상시 함께 일하고 놀이하는 관계였다. 따라서 함께 사는 느낌, 곧 사회적 정체성을 공유하는 데서 오는 편안함과 익숙함이 즐거움의 원천이 될 수 있었다. 그들의 사랑과 신명을 표현한 노래이다.

칠월 칠석 오늘 밤은

은하수 오작교에

견우직녀 일 년 만에

서로 반겨 만날세라

에야 에야 에야 좋네

칠석놀이 좀 더 좋네
닭아 닭아 우지 마라
네가 울면 날이 새고
날이 새면 님은 간다
이제 다시 이별하면
일 년 삼백육십 일에
님 그리워 어이 살지
우지 마라 우지 마라
원수로다 원수로다
은하수가 원수로다

별 기운이 뭉친 곳
–명당

　20여 년 전 오대산 상원사로 답사를 가서 지혜의 화신이라는 문수동자상을 본 적이 있다. 사진으로 볼 때와는 그 느낌이 달랐다. 아이 체형인 데다가 머리 모양이 중국 아이처럼 쌍상투를 틀고 있어 작은 불상이라고 생각하고 있었는데 직접 보니 앞에 서 있는 내가 압도당할 정도로 큰 불상이었다. 세부 기법도 섬세하고 화려하여 내가 본 조선 초기 불상 가운데 선운사 도솔암 지장보살과 함께 가장 아름다운 불상이었다. 그 아름다움에 빠져 한참을 바라보다가 노인의 슬기가 존중되는 농경사회에서 왜 어린아이를 지혜의 화신으로 받들었을까 하는 궁금증이 생겼다.

　결혼하고 아이를 기르면서 문수보살을 어린아이의 모습으로 형상화한 까닭을 실감할 수 있었다. 아이들은 호기심 덩어리였다. 눈에 띄는 모든 것이 호기심과 관심의 대상이었고, 끊임없이 질문이 쏟아져 나왔다. "저 산은 왜 저렇게 생겼어?", "왜 이 산은 높고 저 산은 낮아?", "장미꽃은 왜 빨개?", "왜 김치를 먹어야 되지?" 등등…….

　이러한 질문에 민감하게 반응하려고 노력했지만 쉬운 일이 아니었다. 그리고 깨달을 수 있었다. 인류의 모든 시대에서 아이들의 질문에 답변을 하는 것이야말로 모든 부모와 사회집단이 직면했던 가장 중요한 현실이었다는 것을. 아이들의 질문에 답을 찾는 과정은 어른들도 제대로 이해하지 못하고 있었던 자기 문화의 속살을 자세히 밝힐 수 있는 계기가 되었다.

아들의 질문 가운데 자연에 관한 것도 많았다. 나는 한 달에 두 번쯤은 아이와 손을 잡고 나들이를 했다. 큰아이가 여섯 살 무렵 나들이를 하던 중에 산은 왜 저렇게 생겼는지 물은 적이 있다. 어른이 질문했다면 쉽게 대답할 수 있었을 것이다. 우리 마을은 가운데가 낮고 주변이 산으로 둘러싸인 분지지형이다. 주변의 높은 산은 규암, 천매암과 같은 변성암이고 낮은 곳의 기반암은 화강암이다. 화강암은 중생대에 만들어진 심성암이고 땅속 10킬로미터 깊이에서 만들어졌는데 백만 년에 20~30미터씩 상승하여 마침내 땅 위로 모습을 드러낸 것이다. 화강암 덩어리가 땅 위에 일찍 노출되면 풍화가 잘 안 되기 때문에 금강산이나 속리산 같은 바위산을 이룬다. 하지만 땅속 깊이 있으면서 오랫동안 드러나지 않으면 물이 침투해서 화학적 풍화를 일으키기 때문에 벌판을 이루는 것이다. 우리 마을 주변의 규암과 천매암은 약 8억 년 전쯤에 만들어졌다고 한다. 퇴적된 원인물질을 볼 때 그 당시 우리 마을은 얕은 바다나 바닷가였을 것이다. 그때 퇴적된 물질이 땅속 깊이 들어가면서 퇴적암이 되었는데 약 2억 5,000만 년 무렵 대륙 충돌 과정에서 더 깊이 땅속으로 들어가서 구겨지면서(습곡) 변성된 것이다. 그 깊이가 땅속 10~20킬로미터 이상이었을 것이다. 그 뒤 다시 지각이 상승하면서 지구 표면에 노출되었다. 그때 우리가 사는 충청도와 경기도, 호남은 남중국과 붙어 있었고, 황해도와 평안도, 함경도, 강원도 일부는 북중국과 붙어 있었는데 두 대륙이 부딪치면서 땅속 깊이에서 습곡이 생기고 지각이 상승했다는 것이 최근에 나온 학설이다. 어른들에게는 이러한 과정을 설명하기가 쉽다. 하지만 여섯 살 아이에게 그러한 설명이 무슨 의미가 있겠는가. 그래서 옛날이야기를 통해 하늘과 땅 전체 우주에 대한 심상을 만드는 게 좋겠다는 생각이 들었다. 그때 아들에게 한 이야기이다.

옛날 옛적 그것도 그냥 옛날 옛적이 아니라 옛날이야기의 끄트머리에 있던 이야기야. 그때는 아직 산도 강도 바다도 없었어. 온 천지가 진흙탕으로 이루어진 바닷가의 개펄과 같았지. 하늘에는 해와 달도 없어서 아무것도 보이지 않을 정도로 캄캄했대. 그때 하늘나라에는 울보공주가 살고 있었어. 옥황상제의 딸이었는데 얼마나 울어대는지 한번 울기 시작하면 몇 날 며칠을 울어서 하늘나라 신선들이 다 무서워했지. 옥황상제도 자기 딸이 우는 것은 대책이 없었대.

그 공주가 생일날이 되었어. 하늘나라에 많은 신들이 선물을 주었는데 옥황상제는 자기가 가장 아끼는 반지를 선물했거든. 너무 좋아서 매일 갖고 놀았는데 그만 반지를 땅으로 떨어트리고 말았어. 공주가 또 몇 날 며칠을 울었지. 옥황상제는 할 수 없이 하늘나라에서 가장 힘센 장군을 땅으로 내려보내 반지를 찾게 했어. 그 넓은 땅 가운데 작은 반지를 어떻게 찾아. 거대한 지구 땅덩어리를 다 뒤지고서야 반지를 찾았다고 해. 어떻게 찾았느냐면 손으로 흙을 긁기도 하고 한쪽으로 모아서 쌓기도 했지. 그래서 장군이 올라간 다음에 긁어내린 곳은 강이 되고, 흙을 쌓아 올린 것은 산이 되고, 구덩이는 물이 모여 바다가 되었다지? 그리고 손바닥으로 문지른 곳은 들판이 되었대.

눈을 반짝거리면서 듣는 것을 보니 아빠의 설명이 마음에 들었던 것 같다. 자기가 바라보는 모든 풍경에 대한 설명이 있었기 때문일 것이다. 그런데 일곱 살이 되자 또 다른 질문을 했다.

"아빠, 산들은 왜 저렇게 다르게 생겼어?"

그때 마침 천문학과 풍수지리의 관계를 공부하고 있었기 때문에 아이들이 좋아하는 신기한 이야기를 해줄 수 있었다. 풍수지리학에서는 산과 강이 하늘과 땅의 기운, 또는 별자리의 기운으로 이루어진 것이라고 본다. 하늘나라의 다섯 별자리, 곧 목성, 화성, 토성, 금성, 수성의 기운에 의해 산이 만들어지기 때문에 그 생김새도 그 산에 영향을 미친 별의 기운에 따라 각기 다른 모습이 된다는 것이다. 서울의 북악산처럼 뾰족한 산은 목성의 정기, 금강산처럼 뾰족한 봉우리들이 늘어서 있는 것은 화성의 정기, 무주 대덕산처럼 산의 정상부가 평평하게 되어 있는 것은 토성의 정기, 청주의 당산이나 서울의 인왕산처럼 둥근 산은 금성의 정기, 낮은 봉우리가 계속 이어져서 마치 물이 흐르는 듯한 모습을 한 봉우리들은 수성의 정기를 받았다는 것이다.

가람과 냇물 역시 다섯 별의 정기를 받아 각기 다른 특징을 나타내는데 목성수는 일자로 곧장 뻗은 형태이고, 금성수는 혈을 둥글게 돌아가는 형태이며, 화성수는 금성수보다는 약간 뾰족하고 토성수는 평평하며, 수성수는 굽이굽이 흘러가는 물의 형상이다.

이런 내용을 가지고 두 아들과 지리에 관한 이야기를 재미있게 할 수 있었다. 산을 볼 때마다 어떤 별의 영향을 받은 산인지 이야기를 주고받은 것이다. 아이들은 자기가 관심 있는 분야가 생기면 계속 집중을 한다. 그래서 한동안은 별과 산 이야기만으로 대화를 했고 주변 산들을 우리 이야기 속에 담을 수 있었다.

그러한 경험은 내가 풍수지리를 공부하는 데 지속적인 동기를 부여해주었다. 특히 풍수지리와 별자리의 관계를 탐구했는데 놀랍게도 풍수지리는 그 개념과 논리를 모두 천문학에 기대고 있었다. 산천이 별자리의 정기에 의해서 만들어졌기 때문에 천문을 이해할 때만 풍수지리의 기본 요소인 용혈사수(龍穴沙水)가 조화하는 이치를 알아 명당을 찾을 수 있다고 한다.

풍수지리학에서는 땅에 지기가 흐르고 있다고 하는데 그 지기가 바로 음양오행의 기운이다. 땅의 음양오행은 독자적으로 생겨난 것이 아니다. 하늘의 해와 달, 목, 화, 토, 금, 수 다섯 가지의 기운이 땅에 흐르면 음양오행이라고 하기 때문이다. 풍수지리학에서는 중앙의 혈 자리를 중심으로 주변의 지리를 파악할 때 용혈사수(龍穴沙水) 네 가지 요소를 중요하게 여긴다.

용은 봉우리와 능선이 이어가는 모습을 말하는데, 별자리의 기운이 흘러가는 모습이다. 용이라는 말에는 신성한 동물이라는 뜻과 함께 보이지 않는 생명의 기운을 유형화한 기의 흐름이라는 뜻도 있다. 용이 사방팔방으로 뻗어나가면서 생기를 뿌리고 다니기 때문에 땅에 사람이 복을 받으면서 살 수 있는 복지(福地), 길지(吉地)가 생긴다는 천지 감응의 사고가 풍수지리학의 밑바탕에 깔려 있는 것이다.

중국의 풍수지리는 곤륜산을 산의 할아버지로 여긴다. 곤륜산은 땅의 중심이면서 하늘 기운을 받아들여 땅의 곳곳으로 보내는 역할을 한다고 믿기 때문이다. 거기서 뻗어나간 산줄기가 건, 곤, 감, 리. 태, 손, 진, 간 여덟 개의 줄기이다. 여덟 개의 줄기 가운데 손, 진, 간은 중국으로 뻗어나가고 나머지 다섯 개의 줄기는 오랑캐의 땅으로 뻗어나간다는 것이다. 한국 풍수지리사들은 그 가운데 동쪽 줄기가 백두산으로 이어진다고 이해했다. 백두산으로 이어진 곤륜산 정기는 백두대간을 따라 흐르고 대간으로부터 갈라져 나간 정간, 정맥들이 이 땅 곳곳에 생기가 넘치는 명당을 만들어낸다고 믿었던 것이다.

혈은 그러한 별의 기운이 뭉쳐 있는 곳이다. 그 자리에 무덤과 집, 나라의 수도를 만들어야 하는데 크게 만들어진 혈 자리는 왕의 도읍이 되고 작은 것은 읍치, 더 아담한 혈 자리는 무덤과 집 자리가 되는 것이다.

사신사는 혈 자리를 둘러싸고 있는 네 개의 산을 말한다. 북쪽에 있는 산은 북방현무, 동쪽에 있는 산은 동방청룡, 서쪽에 있는 산은 서방백호, 남쪽에 있는 산은 남방주작이다. 이 상상 속의 동물들은 하늘의 수호신들이다. 그 하늘의 수호신들이 혈 자리의 별 기운이 흩트려지지 않도록 하고, 나쁜 기운이 침투하는 것을 막는 역할을 한다는 것이다. 서울이 바로 그러한 풍수지리적 요소를 제대로 갖추고 있는데 경복궁 뒷산인 북악산은 현무, 인왕산은 백호, 낙산은 청룡, 남산은 주작이다. 이렇게 하늘의 수호신들이 감싸고 있는 땅을 옛날 사람들은 신시(神市)라고 불렀을 것이다.

수, 곧 가람과 냇물의 흐름 역시 별자리의 기운을 유지하는 바탕이다. 별자리의 기운은 물을 만나면 멈춘다고 여기기 때문이다. 이러한 네 가지 요소들을 제대로 갖춘 혈 자리가 명당이다. 옛날 사람들은 명당은 우주의 조화로운 모습이 드러난 것이고, 하늘이 그 상서로움을 드러낸 징조라고 여겼다.

풍수란 말은 장풍득수(藏風得水)란 말을 줄인 것이다. 바람은 별 기운을 흩트리니 재우고, 별자리의 기운을 유지하는 물은 얻어야 되는 것이기 때문이다. 처음 중국의 풍수지리를 공부할 때는 초기 풍수지리사들이 하늘의 별자리와 기상을 관찰하고 그 대책을 마련해야 될 책임을 져야 했던 천관이라는 사실이 이해가 되지 않았다. 그런데 풍수지리의 밑바탕에 천문학이 자리 잡고 있다는 것을 알고 나서는 천관이 아니고서야 그러한 사고체계를 가질 수 없었을 것이라는 생각을 하게 되었다. 풍수지리의 중시조라는 양균송이 도읍지에 관해 한 말을 들어보면 더 실감난다.

산의 형상은 비록 땅 위에 있지만 수법의 이치는 하늘에 있다. 성수의 정기가 비치면 재앙과 복이 따라서 상응하니 하늘의 참된 별자리가 일어나면 지상의 참된 형국이 조성된다. (중략) 길한 별 아래에서는 불길한 곳이 없고, 흉성 아래에 흉하지 않은 곳이 없으며 무릇 흉한 산은 혈을 맺지 못한다.

이러니 옛날에는 천문을 모르고는 지리를 알 수 없다고 했던 것이다. 풍수를 보는 지사들 사이에는 다음과 같은 말들이 떠돌았다고 한다.

일류지사는 북극성을 보며 북두칠성을 바라보고 지리를 살피고, 이류지사는 입수삼절을 보고, 삼류지사는 앉아서 수구를 보며, 사류지사는 모든 산을 어지럽게 달리고, 오류지사는 산머리를 파고 흙을 채운다.

우리나라에도 풍수지리가 지금까지 영향을 미치고 있는데 그 시조를 도선 국사라고 한다. 풍수의 기원에 대해서는 두 가지 설이 있다. 중국기원설과 자생풍수설이다. 도선 국사가 중국의 일행 선사에게 풍수지리를 배워왔기 때문에 그 기원이 중국이라 하는 것이 중국기원설이다. 이와 달리 중국과 우리는 산수가 다른 데다가 도선 국사가 구례의 어떤 이인(異人)에게 풍수지리를 배웠다는 전설도 있으니 풍수론이 이 땅에서 자생적으로 생겼다는 입장이 자생풍수설이다. 어떤 입장이 더 올바른지에 대해서는 중국과 우리의 고대 천문학과 땅을 보는 관점을 여러 방면에서 깊게 비교하고 검토해볼 필요가 있다고 생각한다.

달력에 담겨 있는
별 이야기

　내가 어렸을 적, 마을에서 살 만한 집에는 일력(日曆)이 걸려 있었다. 일력은 365일 나날의 날짜가 적혀 있는 달력이다. 매일 한 장씩 찢었기 때문에 찢는 달력이라고도 했다. 일력이 부러웠던 것은 역법에 관한 관심이 아니라 뒤를 닦는 데 좋았기 때문이다. 농촌에서는 화장지라는 것을 알지 못할 때였다. 그래서 신문지로 뒤를 닦았는데 뻣뻣해서 손으로 여러 번 구겨서 사용해야 했다. 이와 달리 일력에서 찢어낸 종이는 부드러운 데다가 질겨서 뒤를 닦는 데 안성맞춤이었다. 일력이 있는 집 아이들은 몇 장을 떼어내서 사용하다가 부모님께 혼나기도 했다.

　농협에서 나온 달력은 우리 집에도 걸려 있었다. 하지만 아이들이 농촌에서 달력을 사용할 일은 없었다. 항상 같이 노는 농촌 아이들에게 달력을 보고 약속을 잡는다는 것은 별 의미가 없는 일이었다. 우리는 달력을 윷놀이할 때만 사용했다. 달력 뒷면이 윷놀이판을 그리기 좋았기 때문이다.

　달력을 보면서 역법에 대한 생각을 하게 된 것은 우연이었다. 초등학교 3학년 때의 일로 기억되는데 마침 그날은 식구들이 어디를 가고 집에 나 혼자만 있었다. 읽을 책도 없고 심심해서 달력을 이리저리 넘겨보

왔다. 그러다가 재미있는 것을 발견했다. 농협의 달력은 큰 글자가 양력이고, 작은 글자가 음력이다. 해의 운행을 중심으로 년, 월, 일을 정하면 태양력, 달을 중심으로 년, 월, 일을 정하면 태음력이다. 바로 그 태음력인 작은 글자를 읽다가 한 달의 날짜가 규칙성을 가지고 있는 것을 발견한 것이다. 한 달은 30일, 그다음 달은 29일 다시 30일 하는 식으로 반복되고 있었다. 그날 밤 아버지에게 여쭈어보았더니 한 달이 정해지는 것이 달의 공전주기 때문이란다. 지구의 위성인 달이 29.5일마다 지구를 한 바퀴 도는 것을 한 달로 삼은 것인데 29.5일로 달을 정할 수는 없기 때문에 한 달은 29일, 그다음 달은 30일로 정했던 것이다.

이러한 경험을 통하여 나는 달력이 시간을 일, 월, 년으로 구분하는 체계라는 것, 그리고 하루는 지구의 자전, 한 달은 달의 공전, 일 년은 해 주위를 도는 지구의 공전을 바탕으로 만들어졌다는 것을 쉽게 이해할 수 있었다.

그다음 나의 달력놀이는 음력으로 일 년이 며칠이나 되는가를 계산해 보는 것이었다. 29일이 여섯 달, 30일이 여섯 달이라서 29.5×12로 계산했더니 354일이었다. 나는 아주 어렸을 때부터 한 해가 365일이라는 것을 알고 있었다. "나무가 한 그루 있는데 줄기는 하나고 가지는 12개에 가지마다 30개, 31개의 잎사귀가 붙어 있어 365인 것은 뭐게?"라는 수수께끼 때문이었다. 음력 354일은 1년 365일에 비해서 열하루가 모자랐다. 그대로 3년이 흘러가면 33일이 부족하고, 10년이면 110일이 부족해서 한 계절이나 차이가 난다. 아버지에게 여쭈어보았더니 그 문제를 해결하기 위해 윤달이라는 것이 있다는 것을 알려주셨다. 윤달을 넣는 방법은 여러 가지가 있는데 보통 19년에 7번의 윤달을 넣는 방식으로 해결한다고 했다. 그것이 가능한 것은 태양력 19년의 날수가 6,939.60일이고 태음력 19년에 7달을 더한 235달의 날수가 6,939.68일로 소수점 이하 수준에서 일치하기 때문이었다.

중학교 때 달력에 대해서 다시 생각하다가 달력의 바탕이 되는 해와 달, 지구의 운행이 소수점이라는 것을 발견했다. 지구의 자전이 24시간, 달의 공전이 30일, 지구의 공전이 360일로 맞아떨어졌다면 누구나 쉽게 날짜를 계산할 수 있을 것이기 때문이다. 지구의 자전은 23시간 56분이 걸리고, 한 달의 공전은 29.5305일, 지구의 공전은 365일 6시간 9분 9.5475초이다. 천체의 운행이 소수가 아니라 정수로 맞아떨어졌더라면 달력이 필요 없었을 것이다. 따라서 달력을 만드는 작업은 그 소수점에 대한 정확한 계산을 위한 노력이었다.

그다음 달력놀이는 24절기에 대한 것이었다. 시골에서는 어른들이 24절기에 대해서 항상 말하기 때문에 이미 익숙한 상태였다. 달력을 훑어보니 한 달에 절기가 두 개씩 자리 잡고 있었다. 12×2라서 24절기였던 것이다. 그 이름 가운데 관심을 끈 것은 동지와 하지, 춘분과 추분이었다. 동지와 하지에 쓰인 글자는 이를 지(至)였고, 춘분과 추분에 쓰인 글자는 나눌 분(分)이었다. 그 이름의 유래에 대해서 오랫동안 관심을 가졌는데 대학 다닐 때 독학으로 규표에 대한 공부를 하면서 그 까닭을 알 수 있었다. 규표는 2미터 40센티미터 정도 되는 막대기이다. 그것을 세워놓고 그림자를 재는 데서 24절기가 생겼다. 그림자가 가장 길 때가 동지이고 짧을 때가 하지였다. 그리고 그 한가운데를 자른 선은 분이라고 하는데 봄과 가을에 그림자가 일 년에 두 번 같아지므로 각기 춘분과 추분이 된 것이다. 초기에는 동지와 하지, 춘·추분만 확인했는데 그 뒤, 시간을 좀 더 정밀하게 측정할 필요가 생겼던 것으로 보인다. 그래서 그림자의 길이를 세분화하고 각 지점마다 이름을 붙여서 24절기라고 했다. 동지와 하지, 춘분·추분을 뺀 나머지 절기는 그때의 기후와 동식물 생태를 가지고 이름을 붙였다. 우수, 백로, 한로, 소서, 대서, 소한, 대한 등은 기후와 관련된 절기 이름이고, 경칩, 곡우, 망종, 소만 등은 동식물의 생태와 관련된 것이다. 그때 또 하나 알게 된 것은 24절기가 음력이 아니라 양력이라는 것이었다. 우리가 어렸을 때만 해도 농촌에서는 생활의 리듬이 달을 바탕으로 형성되었다. 어른들은 명절뿐만 아니라 경제생활과 사람 사이의 약속도 보름이나 초하루와 같은 날을 이용했다. 그래서 24절기도 음력이라고 생각했던 것이다.

달력에 대한 관심이 계속되면서 우리에게도 독자적인 역법이 있었는지 궁금해졌다. 먼저 우리 토박이말 속에 년, 월, 일에 대응하는 것이 있는지 찾아보았다. 일에 대응하는 말로는 '날', 월에 대응하는 말로는 '달', 년에 대응하는 말로는 '해'가 있었다. 어른들은 특별히 유식한 척하는 사람이 아니라면 년, 월, 일이 아니라 날, 달, 해를 사용했다. 게다가 하루, 이틀부터 그믐까지 한 달과 관련된 말이 다 갖추어져 있고 한 해를 보더라도 설날부터 섣달그믐까지 토박이말이 있었다. 이것은 우리 고유의 역법이 있었다는 근거이다. 그리고 그 낱말들을 볼 때 그 역법은 태음력이었을 것이다. 『삼국지위서동이전』에도 명절과 관련된 기사가 있는데 매년 반복되는 명절을 치르려면 역법이 없이는 불가능했을 것이다.

아들 둘과도 24절기와 관련된 달력놀이를 했는데 그것은 특별한 경험이었다. 처음부터 달력을 본 것이 아니라 2미터쯤 되는 막대기를 세워놓고 1년 동안 관찰하였다. 때로는 손전등으로 막대기를 위와 아래에서 비춘 다음 어떤 변화가 생기는지에 대해서도 질문했다. 손전등을 해라고 생각하고 1년 내내 그림자를 잴 경우 봄과 여름에는 어떻게 나타날까 하는 것도 물어보았다. 곰곰이 생각해보더니 여름에는 해가 높이 뜨니까 그림자가 짧고 겨울에는 해가 낮게 뜨니까 그림자가 길 것이라고 대답했다. 24절기가 어떻게 만들어지는가에 대한 기본 지식이 갖추어진 것이다.

그다음 달력놀이를 했다. 이리저리 달력을 뒤적이던 큰아들이 나에게 와서 물었다. 1년은 24절기고 24절기가 각기 15일이라면 1년은 360일이 되어야 하는데 왜 365일이냐는 것이다. 어떻게 할까 물었더니 절기 날짜를 다 세어보겠다고 했다. 그러고는 와서 설명하는데 한 절기가 딱 15일마다 떨어지는 것이 아니라 14일도 있고 16일이 되는 절기도 있다고 좋아했다. 15일이 되는 절기는 입춘, 우수, 경칩, 춘분, 청명, 곡우, 입하, 하지, 입추, 한로, 상강, 입동, 대설, 동지, 대한 등 15개였고, 16일이 되는 절기는 소만, 망종, 소서, 대서, 처서, 백로, 추분 등 7개 정도가 있었다. 소설과 소한 두 절기는 14일밖에 되지 않았다. 당연히 왜 그런 차이가 나는지 궁금해서 각 절기가 어느 계절에 분포하고 있는지 확인해보라고 했다. 15일이 되는 절기는 봄·가을, 16일이 되는 절기는 여름, 14일이 되는 절기는 겨울에 몰려 있었다. 이것을 확인하자 아들은 더 본질적인 질문을 했다. 왜 이런 차이가 나는 거냐고. 그래서 "지구가 해를 공전하는 궤도가 완전한 원형이 아니라 타원형이야. 그러니 지구가 해와 가까울 때도 있고, 멀 때도 있으니 그걸 확인해봐"라고 알려주었다. 근지점과 원지점을 확인해보려고 한 것이다. 해와 지구의 근지점은 1월 3일, 원지점은 7월 5일이었다. 케플러가 '면적 속도 일정의 법칙'을 통해 밝혀낸 것처럼 지구는 근지점 부근에서는 빨리 운행하고 원지점 부분에서는 느리게 운행한다. 그래서 아들과 나는 근지점인 1월 무렵에 14일로 이루어진 절기가 있고, 원지점인 7월 무렵에 16일로 이루어진 절기가 있는 것이라고 추정해보았다.

다른 방법으로도 확인해보았다. 달력에서 춘분과 추분 사이, 추분과 춘분 사이 중에 어떤 기간이 더 많은 날짜를 가지고 있는지 세어본 것이다. 아들에게 세어보게 했더니 춘분에서 추분 사이의 날짜가 186일이고 추분에서 춘분까지는 179일이었다. 7일의 차이가 났다. 만약 지구의 공전 궤도가 완전한 원이었다면 시간이 똑같이 분배되기 때문에 춘분과 추분 사이의 날짜는 똑같았을 것이다. 각도도 15도, 절기를 구성한 날짜도 15일이었을 것이다. 이렇게 우리는 간단한 계산만으로 지구의 공전 궤도가 타원형이라는 것을 알 수 있었다. 추분과 춘분 사이의 날짜가 다르다는 것을 최초로 밝혀낸 사람은 히파르코스라는 고대 천문학자였다. 그가 조금만 더 논리를 발전시켰다면 지구 공전궤도가 타원형이라고 밝혀낸 사람은 케플러가 아니라 히파르코스였을 것이다.

이러한 탐구를 하면서 아이들이 가장 신기해했던 것은 뜨거운 여름에 해와 지구의 거리가 더 멀고 추운 겨울에는 가까웠다는 것이다. 보통 사람들에게 여름과 겨울 가운데 지구가 언제 해와 가까울까 질문한다면 대다수 사람들은 여름이라고 답하지 않을까?

다음에 관심을 가진 것은 양력에서 정해진 달의 날짜가 왜 그렇게 복잡한지에 대한 것이었다. 우리 달력에서 큰 글씨로 쓰여 있는 달력은 로마의 율리우스력을 조금 변화시킨 그레고리력이다. 율리우스는 로마의 영웅 시저이고 그레고리우스는 로마 교황이다. 그레고리력이 한 달의 날짜를 변화시키지는 않았으므로 달의 날짜가 복잡한 것은 결국 로마로부터 유래된 것이라는 것을 알 수 있었다. 율리우스력에서는 홀수 달은 31일, 짝수 달은 30일이었다고 한다, 그런데 아우구스투스가 율리우스력을 개정하면서 8월에 자신의 이름을 붙이고 짝수 달인 8월을 31일로 정하였다. 자신의 이름이 붙은 달이 30일밖에 되지 않는 것이 스스로의 권위에 손상이 온다고 생각했던 것이다. 이렇게 되자 7월, 8월, 9월까지 한 달의 날짜가 31일이 되었다. 그래서 9월의 날짜를 30일로 만들었다. 2월에 날짜가 적은 것은 달력을 개정할 때 필요하면 2월에 있는 날짜를 가져다 썼기 때문이다. 황제의 이름이 붙은 달도 피하고 중요한 신들의 이름이 붙은 달들도 피하니 '속죄의 달'인 2월에서 가져다 쓸 수밖에 없었던 것이다.

요일 주기에 대해서도 탐구해보았다. 우리가 어렸을 때 어른들이 사용하던 시간 주기는 초하루와 보름의 '삭망주기'나 열흘 단위의 '순'이었다. 한 달 30일을 상순, 중순, 하순으로 나누었던 것이다. 이와 달리 요일 주기는 교회에 다니던 사람들의 생활 리듬이었다. 보통 사람들은 공립학교에 다니면서 그 리듬에 적응했다. 우리나라에서 요일 주기를 사용하기 시작한 것은 언제부터였을까? 제도화가되기 전에는 천주교 선교사들이 주일, 곧 주님의 날이라는 의미로 7일 주기를 도입했다고 한다. 개신교에서는 언더우드와 아펜젤러가 예배일이라는 말로 7일 주기를 도입하였다. 국가 차원에서 도입한 것은 1895년 갑오개혁 때였다. 요일 중심의 시간 주기가 특징인 그레고리력을 공식 역법으로 반포한 것이다. 요일 이름이 서양과 달라진 것은 일본이 요일 이름을 번역할 때 사용했던 것을 그대로 받아들였기 때문이다. 일본은 게르만 민족이 숭배했던 신의 이름으로 되어 있는 요일 이름을 그대로 받아들이지 않고 해와 달, 오행성을 가져다가 이름으로 삼았다.

별과 관련된 한자 용어로는 성(星), 진(辰), 요(曜), 수(宿), 관(官)이 있다. 이 가운데 가장 많이 사용하는 이름이 '성'인데 여기에는 행성, 항성, 혜성이 포함된다. '진'은 해와 달이 만나서 만들어내는 시간 마디이다. 태어난 날을 생신이라고 하는 것도 이 때문이다. '수'는 별자리를 말하는 것이고 '요'는 해와 달, 오행성처럼 별자리 사이를 오가는 별들을 말하는 것이다. 일본은 서양의 일주일을 번역할 때 이 요를 끌어온 것이다.

그레고리역법과 기존의 역법은 시간 체계가 달랐기 때문에 조정을 할 필요가 있었다. 그래서 기존의 역법인 시헌력과 차이를 해결하기 위해서 1895년 11월 17일을, 1896년 1월 1일로 정했다고 한다. 무려 44일을 잘라냈으니 사람들이 아주 혼란스러워했다. 달의 운행과 일치하는 달력을 갖고 생활하던 사람들이 그것과 아무 상관이 없는 그레고리력을 바탕으로 의례를 진행하려고 하니 시간감각이 어긋날 수밖에 없었다. 보기를 들면 그레고리력의 1월 15일은 음력으로는 1896년 2월 28일이었다. 저녁에 달도 뜨지 않는데 대보름 행사를 해야 했으니 얼마나 황당했을까. 면암 최익현은 새로운 역법이 천지운행의 도를 벗어났다고 비판했다.

일본이 그레고리력의 도입을 강요한 것도 저항에 부딪칠 수밖에 없는 요인이었다. 그래서 그레고리력은 몇 달 사용하지도 못하고 아관파천과 함께 철폐되고 말았다. 때문에 우리나라에서 그레고리력의 본격적인 도입은 식민통치와 함께 시작되었다. 그 결과 우리나라 사람들의 시간감각은 일제가 강요하는 그레고리력과 우리 전통의 태음력 주기 사이에서 복잡한 양상을 띠게 되었다. 일제는 태양력 주기에 따른 정월 초하루, 곧 신정을 강요했지만 조선 사람들은 어떻게 하든 설날을 지키려고 했다. 정월 대보름 행사도 일제는 달력의 15일에 할 것을 요구하였지만 그것이 겨레의 시간감각, 제사와 관련된 감정과 맞을 수가 없었기 때문에 민중들은 이를 받아들이지 않았다. 해방된 뒤에도 독재정권은 신정을 쇨 것을 요구했다. 하지만 대다수 가정에서 이를 수용하지 않았다. 민중의 문화적 저항이었던 것이다. 나도 어렸을 때, 이 저항에 동조했다.

그때 아이들은 설날을 간절히 기다렸지만 신정에 대해서는 별다른 의미를 부여하지 않았고 명절 특유의 분위기를 느낄 수 없었다.

달력에 관해 공부하면서 억지스럽다고 느낀 것은 농사를 짓기 위해서는 24절기가 필요하다는 논리였다. 내가 알기로는 우리나라에 24절기가 활용되기 시작한 것은 고려 말에서 조선 초이다. 24절기 없이도 우리 겨레는 오랫동안 농사를 지어왔던 것이다. 그럴 수 있었던 것은 농사 속담과 농민들의 생태적 지식이 있었기 때문이다. '개나리꽃이 피면 보를 트고, 논을 간다', '밤꽃이 피면 올콩을 심고 밤꽃이 지면 콩나물콩을 심는다', '감나무 꽃이 피면 벼를 심는다', '원추리 꽃이 피면 장마가 오고, 원추리 꽃이 지면 장마가 간다'와 같은 속담이야말로 오랜 세월 동안 농사와 함께 쌓여온 민중의 슬기였고 최고의 농업 자산이었다. 중국 북경을 중심으로 만들어진 24절기는 각 지역의 미세한 환경 차이를 담을 수 없었고 그저 대충 맞는 시기일 뿐이었다. 그래서 농민들은 달력을 보긴 하지만 농사력에 맞지 않았기 때문에 자신의 슬기를 바탕으로 농사력을 재구성해야 했다. 학자들이 이러한 농민들의 오랜 경험과 슬기를 무시하고 24절기를 지나치게 강조하는 것은 문제이다.

지금으로부터 20년 전에 독일에 가서 슈타이너 유치원 교육을 배워온 사람을 만난 적이 있다. 슈타이너는 유치원 교육을 세시풍속을 바탕으로 해야 한다고 주장한다. 그래서 슈타이너 교육을 우리나라에 도입하려면 독일 세시풍속에 적합하도록 만들어진 교육과정을 우리 세시풍속으로 바꿔야 할 텐데 어떻게 할 거냐고 물어보았다. 그는 우리 세시풍속을 공부해보겠다고 하면서도 독일에 비해서 과학적이지 않은 것 같다고 얘기했다. 독일에서는 언제 씨앗을 심고, 수확을 해야 되는지 시간이 정해져 있는데 우리 세시풍속은 그러한 정확성을 가지고 있지 않다는 것이다. 슈타이너는 점성술사이다. 그래서 해와 달, 별의 주기에 따라 농사를 지어야 한다고 믿는다. 천문학적인 주기를 파악하고 그에 따라 농사 일정을 만들기 때문에 천문달력에 따라 어떤 농사일을 하면 좋은지 미리 정해놓은 것이 점성술을 바탕으로 한 생명역동농업이다. 그것을 과학적이라고 주장하는 것이다. 그래서 나는 우리 농민들의 속담과 자연현상에서 곡물을 심는 시기와 풍흉을 예측하는 자연점후법을 알려주면서 "이것이야말로 경험과학이 아니냐. 현대과학은 농민들의 경험과학을 깊이 연구하고 밝혀낼 필요가 있다"고 강조했더니 아무 말도 하지 못했다. 스스로 무엇을 경험하지 못한 사람은 스스로의 목소리도 가지지 못하는 것이다.

이집트는
하늘의 복사판

"우리나라에서 가장 높은 산은 뭐냐?"

"백두산."

"원숭이 엉덩이는 빨개. 빨가면 사과. 사과는 맛있어. 맛있으면 바나나. 바나나는 길어. 길으면 기차. 기차는 빨라. 빠르면 비행기. 비행기는 높아. 높으면 백두산."

아들 둘이 여섯 살 정도 되었을 때 했던 놀이이다. 내가 자랄 때도 그랬지만 두 아이를 기르면서 더 깊이 알게 된 것이 있다. 아이들은 큰 것, 강한 것을 좋아한다는 것이다. 동물도 거대한 몸집을 가진 공룡과 코끼리를 좋아하고 사자와 호랑이 같은 맹수에 열광한다. 그런데 이집트의 피라미드는 그렇게 좋아하지 않았다. 크다고는 하지만 사진으로 보는 모습으로는 그 규모를 실감할 수 없었고,^{그림 71} 단순하고 기하학적인 모습도 흥미를 끌기 어려웠다. 그래도 피라미드에 관한 이야기는 늘 신기했다. 내가 초등학교에 다닐 무렵인 1970년대에는 달마다 육영회에서 '어깨동무'라는 잡지를 펴냈다. 만화와 함께 여러 가지 소식들을 담고 있었는데 그 가운데 가장 인상적이었던 것이 아폴로 우주선과 피라미드 이

〈그림 71〉 기자의 피라미드

야기였다. '투탕카멘왕'의 무덤에서 나온 황금 유물에 대한 소식이 많았고 피라미드의 저주에 관한 것도 있었다. 피라미드의 저주에 관해서는 두 개의 이야기가 기억난다. '투탕카멘왕'의 무덤을 발굴하던 사람들이 연달아서 변사체로 발견되었다는 것과 새로운 피라미드를 발견했다고 자랑하던 고네임이라는 학자가 나일강에서 빠져 죽은 채로 발견되었다는 이야기이다.

미라에 관한 내용은 만화책에서 볼 수 있었다. 피라미드 탐험에 나선 어린아이가 피라미드 안에서 미라를 만나 쫓기는 내용이었다. 하도 여러 번 읽어 나중에는 온몸을 붕대 같은 것으로 둘둘 감고 있는 미라가 나를 쫓아오는 꿈을 꿀 정도였다.^{그림 72} 나중에 알고 보니 그것은 단순한

〈그림 72〉 미라

붕대가 아니었다. 시체가 썩지 않도록 방부작용을 돕는 장치였다. 이집트에서 방부제로 쓰였던 식물은 녹나무과의 육계나무였다. 육계나무는 냄새만으로 초파리를 죽일 정도로 살균력이 강한 것이 특징이다. 이집트에서는 육계나무를 구하기 어려워 소말리아에서 가져왔다고 한다. 육계와 함께 몰약도 사용했다. 나중에는 효능이 더 좋아진 '키피'라는 복합방부제를 만들었다고 한다. 키피는 기존의 육계, 몰약뿐만 아니라 창포뿌리, 박하잎사귀, 송진, 벌꿀을 섞어 만든 것이다. 미라를 만드는 순서는 다음과 같다.

먼저 죽은 이의 몸에서 뇌와 내장을 제거한다. → 키피를 흙과 이끼에 섞어서 시체 안에 채워 넣는다. → 방부제가 스며든 아마포로 여러 겹 몸을 감싼다.

이렇게 미라를 만드는 데 걸리는 시간이 70일이다. 그런데 이 70일이라는 시간이 이집트의 신화와 문명을 이해하는 데 결정적인 계기가 될 것이라는 것을 그때는 몰랐다. 별자리를 공부하면서 이집트인들이 오시리스를 하늘의 별자리로 인식했다는 것을 알게 되었다. 오시리스 별자리는 서양 별자리 가운데 오리온자리이다.^{그림 73} 이집트의 신관들이 오리온자리가 밤하늘에서 완전히 사라진 시간을 계산하였는데 70일이었다. 오시리스가 죽었다가(사라졌다가) 다시 태어

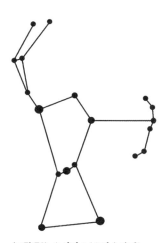

〈그림 73〉 오시리스(오리온자리)

나는 기간 70일과 미라를 만드는 데 필요한 시간이 같다는 것은 두 사실 사이에 긴밀한 인과관계가 있다는 것을 보여주는 것이라고 그들은 믿었다. 별자리를 더 공부하니 이집트인들이 오시리스 별자리와 미라를 부르는 이름이 같다는 것을 알 수 있었다. 둘 다 '사후'라고 불렸던 것이다. 그러한 인과관계를 이해하는 데는 이집트 신화에 대한 이해가 필수적이라 여러 가지 자료를 구해 집중적으로 살펴보았다. 신화에는 그 지역의 자연과 역사, 문화가 담겨 있기 때문이다. 이집트 신화를 이해하는 것은 쉽지 않았다. 사막 환경에서 생겨난 신화를 온대-몬순 기후라는 환경에서 자란 내 감각으로 이해하기가 어려웠던 것이다. 오랜 노력을 통해서 이집트 신화의 구조를 파악할 수 있었다. 다음의 이야기는 내가 아이들에게 들려주었던 이야기를 정리한 것이다. 물론 아들 둘에게는 성적인 이야기는 빼고 해주었다.

옛날 옛날 아주 오랜 옛날에 이집트에 오시리스라는 왕이 있었대. 하늘신 누트가 어머니였고, 땅의 신 게브가 아버지였어. 오시리스는 신인 데다가 아주 인자해서 하늘, 땅, 사람의 일을 조화롭게 다스렸대. 농사짓는 법도 가르치고 물을 가두어서 땅을 관개하는 법도 알려주어 사람들이 잘 살게 되었거든. 게다가 권력을 함부로 사용하지도 않았어. 사람들 속에 들어가서 함께 노래하고 춤추고 이야기하면서 가르쳤대. 그러다가 가끔 여행을 다녔는데 오시리스를 시기하는 동생 세트가 음모를 꾸몄어. 훌륭한 상자를 만들고 몸에 꼭 맞는 사람에게 그 상자를 주겠다고 말했어. 다른 사람과 신들이 다 맞지 않았는데 마지막으로 오시리스가 눕자 음모자들은 상자를 닫고 못을 박아 나일강에 던져버렸대. 상자는 나일강을 지나 지중해에 있는 비블로스라는 나라까지 흘러갔어. 오시리스의 아내 이시스는 온 이집트를 다 뒤져도 찾지 못하자 비블로스까지 가서 상자를 찾아왔어. 그런데 이시스가 잠깐 밖에 나간 사이에 세트가 와서 상자 속에 있는 오시리스를 열네 토막으로 자르고 이집트 곳곳에 버리고 말았지 뭐야. 세상에서 가장 영리한 데다가 끈기도 있는 이시스는 다시 이집트 곳곳을 뒤져 남편의 시체를 찾고 시체를 맞춘 다음에 천으로 감쌌어. 그런데 오시리스의 성기는 찾지 못해서 지금도 여전히 나일강에 있대. 그래서 이시스가 달래주면 나일강이 살아난다는 거야. 이시스는 오시리스의 몸 가운데 갈대로 생식기능만 잠시 살려서 호루스를 임신했다고 해. 그리고 오시리스는 죽은 사람들의 나라인 두앗으로 가서 왕이 되었어. 홀로 남은 이시스는 세트 몰래 호루스를 키웠지.

호루스는 다 자라자 신들에게 호소했어. 오시리스의 맏아들인 자기가 이집트의 왕이 되어야 한다고 신들의 법정에 제소한 거야. 대다수 신들이 동의했지만 재판장이었던 해신 레가 세트 편을 들었대. 해가 여행할 때 괴물들을 이집트의 왕이 물리쳐야 하는데 어린 호루스가 그걸 할 수 있느냐는 거지. 결국 재판은 지지부진하다가 둘의 대결로 결정하게 되었어.

첫 번째 대결은 누가 동성애에서 우월한가를 가리는 것이었어. 세트는 몰래 호루스 몸에 자신의 정액을 묻히려고 했대. 뒤늦게 항문에 정액이 들어오는 것을 느낀 호루스는 손으로 받았어. 만약 이것을 다른 신들이 보면 호루스에게 침을 뱉는 모욕을 하는 것이 신들의 관행이었대. 그렇게 모욕당한 자가 왕이 될 순 없었겠지. 위기를 해결하기 위해 이시스는 정액이 묻은 호루스의 손을 잘라버리고 숲으로 던졌대. 그리고 마법으로 손을 다시 만들어주었어. 그리고 이시스는 세트를 이길 수 있는 방법을 생각해냈어. 먼저 호루스의 정액을 세트가 좋아하는 상추에 묻혔대. 그걸 모르는 세트가 상추를 먹었어. 다음 날, 법정에서 세트는 호루스의 손에 자신의 정액이 묻었다고 자랑을 했어. 호루스가 그렇지 않다고 하자 토드가 정액을 불러냈대. 세트는 호루스의 손에서 자신의 정액이 나올 것이라고 생각했지만 호루스의 잘린 팔이 있는 숲에서 정액이 나왔대. 그리고 호루스의 정액은 세트의 머리에서 튀어나왔지. 호루스가 이긴 거야.

두 번째 대결은 하마로 변신해 삼 개월 동안 물속에서 견디는 것이었는데 승부가 나지 않았대.

세 번째 대결은 돌로 배를 만들어 경주를 하는 것이었어. 호루스는 소나무로 배를 만든 다음 석회 반죽을 발라서 돌배처럼 보이게 했어. 한편 세트는 산을 잘라서 돌로 배를 만들었지. 당연히 호루스가 이겼겠지. 하지만 레는 판결을 내리지 않고 있었어. 그대로 가면 세트가 이집트의 왕권을 보장받는 거지. 그러자 달의 신 토드가 오시리스의 입장을 묻자고 제안했지. 오시리스는 신들이 자신의 보리와 밀로 힘을 가지게 되었는데 왜 호루스를 후계자로 지명하지 않느냐고 항의를 했어. 레는 오시리스가 없어도 밀과 보리는 생겨났을 것이라고 반발했지. 그러자 이번에는 오시리스가 협박을 했어. 신들인 별이 서쪽 하늘로 내려갔을 때 저승세계의 사자를 파견해 신들을 지하세계의 법정에 세우겠다는 거지. 누구도 오시리스의 소환을 피할 수 없다는 것을 알게 된 신들은 호루스를 왕위에 앉히는 데 만장일치로 찬성을 했대. 그래서 호루스가 이집트의 왕이 되었다는 거야.

이집트 신화의 구조를 파악하게 된 것은 이집트의 자연 특히 사막과

〈그림 74〉 사막과 나일강

나일강의 관계를 알게 되면서이다.^{그림 74} 오시리스는 나일강의 신이고, 곡물의 신이었다. 풀과 나무의 신이기도 하며 죽은 사람의 재생과 부활까지 관장하는 신이다. 동생인 세트는 사막의 신이었다. 세트는 태어날 때부터 어머니 누트의 자궁을 찢고 나오는 어리석음과 폭력의 상징이기도 했다. 사막의 신인 세트와 나일강의 신인 오시리스는 운명적으로 대립하는데 이를 이해하기 위해서는 이집트 국토의 특성을 알아야 한다.

이집트는 국토의 96퍼센트가 사막이다. 사막지대에는 1년에 비가 아예 내리지 않거나 2밀리미터 정도의 비가 내린다. 나머지 4퍼센트도 다 경작할 수 있는 땅이 아니고 나일강의 물을 이용할 수 있는 8~16킬로미터의 좁은 지대에서만 농작물이 자랄 수 있다. 따라서 나일강은 이집트인들에게는 삶과 관련된 모든 것을 상징한다. 아멘 신화에는 이집트의 정체성을 다음과 같이 표현하고 있다.

이집트란 나일강이 흐르는 곳이며 이집트인이란 나일강의 물을 마시는 자이다.

문제는 나일강이 특정한 시기에만 생명을 기를 수 있다는 것이다. 나일강은 2월에서 7월 사이에 말라붙어 강바닥이 거의 보일 정도이고 고인 물에서는 심한 냄새가 난다. 이런 상황이 계속된다면 이집트 전체가 불모의 사막이나 다름없어진다. 신화적으로 말하면 세트신이 지배하는 영역이 확장되는 것이다. 다행히 이집트에서는 매년 홍수가 일어나 땅을 기름지게 만들어준다. 나일강 상류의 아비시니아 고원에서 4~5월에 내리는 비가 그 원인이다. 고원에서 내린 비는 수천 킬로미터를 2~3개월간 흘러 6~7월부터는 물이 불어나기 시작하고 9월이면 제방이 넘칠 정도로 수량이 늘어난다. 우리는 홍수 하면 구름이 끼고 벼락과 함께 엄청난 비가 내리는 장면을 생각한다. 이집트의 홍수 또는 범람은 그런 것이 아니다. 하늘엔 구름 한 점 없는데 수량이 점점 불어난다. 그렇게 불어난 물에는 유기물이 많이 섞여 있다. 천천히 흐르는 나일강 물은 흙을 퇴적시킨다. 그리고 그 과정에서 사막에서 날아온 염분 많은 모래가루를 쓸어가버린다.

홍수는 사회적 활동도 활성화시킨다. 이집트인들에게 가장 중요한 교통수단은 배였다. 큰 교역이나 국가적 동원, 다른 지역을 방문하는 것은 배를 띄울 수 있는 홍수 때를 기다려야 했다. 바람의 역할도 중요했다. 나일강 유역은 지중해에서 항상 나일강 상류를 향해 바람이 불어온다. 그래서 이집트인들은 내려갈 때는 돛을 접고 물의 흐름에 따랐고 상류로 거슬러 올라갈 때는 돛을 펴서 바람을 받았다.

이집트의 계절도 나일강의 리듬에 따라 만들어졌다. 이집트인들은 세계절을 가지고 있었다. 홍수의 계절인 아크햇, 새싹이 나오는 파종기인 페렛트, 수확의 계절인 셰무이다. 아크햇은 '빛난다', '이롭다', '물이 넘친다'는 뜻이 담겨 있는 말이고, 페렛트는 '새것의 출현', 셰무는 '불탄다'는 뜻을 가지고 있다.

나일강과 함께 부활하는 곡식은 오시리스였다. 오시리스 신의 몸 빛깔이 푸른색인 것은 밀과 보리의 빛깔을 상징하는 것이다. 그리고 수확한 곡식의 낟알이 흩어지는 것처럼 곡식의 신인 오시리스 역시 몸이 여러 조각으로 갈라진다. 우리나라에도 비슷한 신화가 있다. 『삼국유사』 '박혁거세조'에 나오는 이야기이다.

나라를 다스린 지 61년 만에 왕이 하늘에 올라갔는데 이레 뒤에 유해가 땅에 떨어져 흩어졌으며 왕후도 역시 죽었다고 한다. 나라 사람들이 합장을 하려고 했더니 큰 뱀이 나와서 방해를 하므로 다섯 동강이로 난 몸을 다섯 능에 각각 장사하고 이름을 사릉이라 하니.

나는 박혁거세 역시 곡식의 풍요를 가져오는 신으로 모셔졌다고 생각한다.

신화에서 이집트의 왕인 파라오는 오시리스 신과 이시스 여신의 아들이라는 자격으로 왕위의 정당성을 보장받았다. 부활의 모든 잠재력을 갖고 있지만 수동적인 오시리스를 살려내려면 이시스의 헌신도 필요하지만 그의 계승자가 있어 나일강이 조화롭게 흐르도록 끊임없이 개입해야 했기 때문이다. 이집트인들은 파라오가 나일강과 오시리스에게 제사를 지내지 않으면 홍수가 일어나지 않는다는 믿음을 갖고 있었다.

흔히 파라오 권력의 뿌리가 해신 레한테 있다고 보지만 이집트 신화에서 알 수 있는 것처럼 오시리스야말로 왕권을 최종적으로 보장하는 신이다. 또한 왕들은 죽은 다음에 오시리스가 된다. 오시리스가 되기 위해서는 그의 선례를 따라 미라가 되어야 한다. 미라는 이시스에 의해서 부활하여 호루스를 낳고 자신은 오시리스가 있는 하늘의 저승세계인 두앗으로 가는 것이다. 이집트인들은 두앗이 오리온자리의 소삼태성 부근에 있다고 믿었다. 오리온자리 아래쪽에는 저승의 강인 에리다누스가 흐르고 있다.^{그림 75}

미라는 오시리스가 동쪽 하늘에 떠오르는 주기에 맞추어서 만든다. 그런데 미라가 된 왕은 스스로 부활할 수 없다. 왕이 부활하여 두앗으

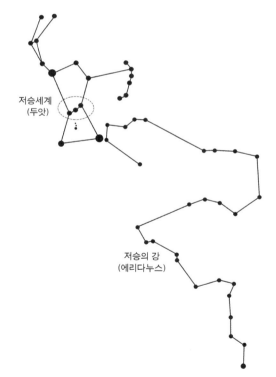

〈그림 75〉 두앗과 저승의 강

로 가려면 나일강을 살리듯이 왕을 되살리는 호루스의 개입이 필요하다. 고왕국 시기에는 왕만이 오시리스가 되거나 오시리스 세계로 갈 수 있다고 믿었지만 중왕국 이후로는 귀족들이, 신왕국 이후에는 모든 사람들이 적당한 의례를 치르고 '사자의 서'를 무덤에 묻으면 오시리스가 될 수 있다고 믿었다. 사자의 서는 죽은 뒤 저승세계의 일곱 문을 지나면서 만나는 수문장과 괴물들을 이겨내기 위한 주문, 기도, 마법 등이 담겨 있는 책이다. 이렇게 오시리스 신앙이 대중화되면서 왕권과 관련된 의례가 아니라 일반 사람들의 통과의례에도 깊이 영향을 미치기 시작했다. 삶과 죽음을 지배하는 존재인 파라오와 오시리스에 대한 믿음은 이런 과정을 통해서 생겨난 것이다.

피라미드는 고왕국 시기에 왕이 오시리스로 변하는 과정을 매개하는 천문학적 장치였다. 대피라미드에는 왕과 여왕의 방이 있고 각기 남북으로 구멍이 나 있다. 초기에는 학자들이 그 구멍을 환기구멍으로 보았지만 천문학자들이 별의 운행을 검토해본 결과 그 구멍이 당시에 특정한 별자리를 향하고 있다는 것이 밝혀졌다. 여왕의 방 북쪽 구멍은 작은곰자리의 베타별 '코카브'를, 남쪽의 구멍은 '천랑성', 곧 '시리우스'를 향하고 있다. 당시에 코카브는 '우주의 재생과 영혼의 불멸'이라는 뜻을 가지고 있고 시리우스는 이시스 여신의 별이다.^{그림 76} 옛날 이집트에서는 해 뜨기 전 시리우스가 떠오르는 8월을 새해의 시작으로 삼았다. 이집트가 되살아나는 나일강의 홍수가 본격적으로 시작되는 때이기 때문이다.

왕의 방 북쪽 구멍은 그 당시의 북극성인 용자리의 알파별 '투반'을, 남쪽 구멍은 오리온의 허리벨트에 있는 세 별 가운데 왼쪽에 있는 '알니탁'을 향하고 있다. 이집트인들은 용자리 알파별은 '우주의 임신과 회임 기간'을 뜻한다고 보았고 알니탁별은 '오시리스의 성기'라고 보았다.

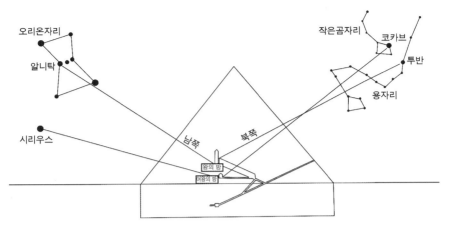

〈그림 76〉 피라미드 구멍과 별의 대응

이제 신화를 바탕으로 기자에 있는 대피라미드의 뜻과 기능을 살펴보자.

왕이 죽으면 먼저 사후, 곧 오시리스별이 떠오르는 시기를 정확히 계산해야 한다. 때가 되면 왕은 왕궁을 떠나 기자의 대피라미드로 향한다. 먼저 이시스의 방에 가서 영혼의 불멸과 재생 및 짝짓기와 관련된 의례를 거행한 다음 다시 왕의 방으로 올라가서 회임과 출산, 두앗으로 가는 의식을 행했을 것이다. 이 과정에서 죽은 왕의 계승자는 인간이 아니라 신인 호루스로 변화한다. 피라미드 문서에는 그 장면을 다음과 같이 표현한다.

오, 호루스여. 여기 보이는 왕(죽은 왕의 미라)은 오시리스이다. 여기 그들의 피라미드들은 오시리스이고 건축물도 오시리스이다. 그들에게 가라.

고대 이집트의 헤르메스 문서에는 다음과 같은 구절이 나온다.

　이집트는 하늘의 복사판이다. 하늘에서 통치하고 활동하는 모든 신들은 아래의 땅에 그대로 투사한다.

그들은 나일강을 은하수로 보고 은하수 주변에 있는 오시리스 별자리를 따라서 기자에 있는 대피라미드를 만들었다. 하늘의 별자리가 땅에 투사되듯 땅에 구현된 두앗이며 오시리스인 대피라미드에서 거행한 의례는 죽은 사람을 별로 만들고 별 세계로 갈 수 있게 하는 마법적 힘을 가지고 있었다. 그러한 믿음을 가능하게 했던 시각적 장치가 기자의 대피라미드인 것이다. 이집트 곳곳에 흩어져 있는 많은 피라미드는 하나하나가 천문학적 의미를 담고 있다. 학자들은 기자의 세 피라미드보다 위쪽에 있는 '자위이에트알아르만 피라미드'는 오리온자리의 감마별인 '벨라트릭스'이고, '아부로쉬 피라미드'는 오리온자리의 '사이프' 별로 보고 있다. 붉은 피라미드는 황소자리 알파별인 '알데바란'이라고 한다. 적색거성인 알데바란을 모방하기 위해 빛깔까지 같게 한 것일까? 만약 그렇다면 하늘의 모든 것을 땅에 구현하려는 이집트인들의 욕망은 그렇게 세밀한 데까지 미치고 있었던 것이다.

성경과
별자리 이야기

초등학교 5학년 때 『삼국유사』와 『구약성서』를 연달아 읽은 적이 있다. 두 책에서 서로 비슷한 듯하면서도 아주 다른 분위기의 이야기를 발견했다. 『삼국유사』에 나오는 월명 스님 이야기와 『구약성서』의 여호수아서였다. 월명 스님 이야기는 그 분위기가 아주 서정적이었다.

월명사는 언제나 사천왕사에 살면서 피리를 잘 불었다. 일찍이 달밤에 피리를 불며 문 앞의 큰길을 지나가자, 달이 그를 위해 운행을 멈추었다. 이 때문에 이 마을을 월명리라 하였으며, 월명사 또한 이 일로 이름을 드날리게 되었다.

이 이야기에서 받은 인상 때문에 사천왕사에 답사를 갔을 때는 주변을 살펴보면서 한참 동안 걸었다. 현재는 절터만 남아 있는 사천왕사 바로 옆에 기찻길과 국도가 지나고 있지만 옛날에는 무척 아름다운 경관이었을 것이다. 사천왕사 앞에는 월명리가 있고, 그 주변은 숲이 넓게 펼쳐져 있었다. 그 아름다운 숲이 신라의 일곱 성지 가운데 하나인 신유림이다. 숲은 저만치 아래 흐르는 남천 일대까지 무성했고, 남천의 고운 모래 위로는 맑은 물이 흘렀다. 화려하고 웅장한 사천왕사 서쪽으로는 망덕사가 자리 잡고 있다. 이렇게 지리적인 상상을 하면서 걷다 보니 월명사의 모습이 그려졌다. 아름다운 마을 위로 둥근달이 휘영청 걸리자 월명사가 그 도저한 흥취에 앉아 있지 못하고 숲길을 걷는다. 적당한 자리를 잡고 피리를 부니 달이 그 소리를 기울여 듣기 위해 걸음을 멈춘다. 어디 달뿐일까? 삼라만상이 귀를 기울인다.

이와 달리 구약성경의 이야기는 피가 뚝뚝 떨어지는 무서운 전쟁 장면이었다. 구약에는 모세가 죽은 후, 후계자인 여호수아가 가나안 땅에 대한 정복 전쟁을 벌였다. 여리고와 아이를 점령한 후 기브온을 공격하자 가나안의 왕들이 연합해서 여호수아 군에 맞섰다. 전투를 벌이는 가운데 승기를 잡았지만, 하늘의 해가 넘어가고 있었다. 여호수아가 판단할 때 완전한 승리를 위해서는 낮을 좀 더 늘려야 했다. 그래서 신에게 기도했더니 하늘의 해가 멈추었다는 것이다. 창세기 여호수아 10장의 한 대목이다.

여호와께서 아모리 사람을 이스라엘 자손에게 넘겨주시던 날에 여호수아가 여호와께 아뢰어 이스라엘의 목전에서 이르되
"해야 너는 기브온 위에 머무르라. 달아 너도 아얄론 골짜기에서 그리할지어다."
하매 해가 머물고 달이 멈추기를 백성이 그 대적에게 원수를 갚기까지 하였느니라. 야살의 책에 해가 중천에 머물러서 거의 종일토록 속히 내려가지 아니하였다고 기록되지 아니하였느냐. 여호와께서 사람의 목소리를 들으신 이 같은 날은 전에도 없었고 후에도 없었나니 이는 여호와께서 이스라엘을 위하여 싸우셨음이니라.

이 구절은 신이 자연법칙에 종속되는 것이 아니라 그것을 초월하고 지배한다는 증거로 많이 이야기되는 것이다. 말을 통해 우주를 창조하거나 별자리의 운행을 조정하는 것은 구약 이야기의 특징이다.

바빌로니아의 최고신인 마르두크가 괴물 티아마트를 무찌른 후 그 시체로 세계창조를 하는 것과 비교된다. 마르두크는 먼저 티아마트의 몸을 둘로 나눈 후 반은 하늘을 만들고 반은 땅을 만들었다. 티아마트의 두 눈으로는 해와 달, 별자리를 만든 다음 그 운행을 지시한다. 마르두크가 달에게 내린 지시이다.

> 새 달이 시작되는 날, 대지가 잠에서 깨어날 때
> 그대는 뿔 같은 모양으로 태어나 엿새 동안 빛을 비추라.
> 7일째 되는 날에는 왕관의 반쪽 모양이 되었다가
> 매달의 한중간이 되면 완전한 모습이 되어
> 해의 반대편에 서게 되리라.
> 하늘의 분수 속에서 해가 그대에게 다가오면
> 그대의 왕관은 다시 작아질 것이니
> 해의 근처에서 처음의 모습으로 돌아가
> 29일째가 되면 다시 해와 함께 있으라.

최근 많은 학자들이 성경의 창세기가 마르두크의 이야기를 담고 있는 바빌로니아의 건국서사시 '에누마 엘리시'를 모방한 것이라 보고 있는데, 실제로 야훼의 창조과정과 마르두크의 창조과정을 보면 놀랄 만큼 비슷하다. 차이는 마르두크는 티아마트의 몸을 재료로 우주를 창조하고 말로 운행을 지시하는 반면, 야훼는 창조과정 전체를 말로 하는 것이다.

20세기 초반에 올브라이트를 비롯한 성경 고고학자들이 서기전 1230년에서 1220년 사이에 벌어졌다는 여리고와 아이, 기브온 전투가 사실이었는지 발굴 작업을 실시하였다. 하지만 근거를 발견할 수 없었다. 그 시기 여리고에는 성이 없었고, 아이와 기브온에도 작은 마을들만이 있었을 뿐이었다. 그래서 '여호수아서'에 묘사된 여리고와 아이, 기브온의 모습은 성경의 재창조 작업이 있었던 서기전 7세기의 상황을 담고 있는 것이 아니냐는 주장도 있다.

구약에는 별자리에 관한 이야기가 많은데 그 가운데 노아와 관련된 것이 가장 풍부하다. 하늘에 뜬 무지개도 노아와 관련이 있다. 무지개는 노아의 홍수가 끝난 후, 신이 다시는 홍수로 인간을 멸망시키지 않겠다는 약속의 증표로 하늘에 걸었다고 한다.

하늘에는 노아의 술잔 별자리도 있다.^{그림 77} 노아의 술잔은 서양 별자리 가운데 컵자리이다. 노아의 술잔이 하늘의 별자리가 된 데는 구약에 나오는 이야기를 알아볼 필요가 있다.

대홍수가 끝난 후 노아는 가족들과 함께 포도 농사를 지었대. 포도를 수확한 후 포도주를 담갔는데 맛이 아주 좋았어. 기분이 좋아진 노아가 한 잔 한 잔 마시다 보니 그만 취해버렸지. 방에 들어가서 잠이 들었는데 너무 더웠나 봐. 옷을 다 벗고 잤대. 셋째 아들인 함이 아버지를 보러 갔다가 발가벗은 노아를 보고 형제들에게 흉을 보았대. 얼마나

〈그림 77〉 노아의 술잔 자리

흉측한지 가서 보라는 거지. 그 말을 듣고 셈과 야벳이 아버지 방으로 갔어. 함처럼 흉을 보려는 것이 아니라 아버지에게 이불을 덮어주려고 했던 거지.

술이 깬 노아가 그 이야기를 들었어. 얼마나 화가 났는지 함에게 저주를 내렸어. 함의 네 아들 가운데 가나안과 후손이 노예로 살아가게 될 것이라는 무서운 저주였어. 자신에게 예의를 지켰던 셈과 야벳에게는 축복을 내렸대.

구약에서 함은 아프리카 사람의 선조이고, 셈은 아시아인, 야벳은 유럽인의 선조라고 한다. 처음에 이 이야기를 읽었을 때는 할아버지가 손자에게 어떻게 저주를 내릴 수 있는지 이해할 수 없었다. 나중에 신화학을 공부하면서 이 이야기가 유태인들이 그들 주변 민족의 기원을 설명하는 담론으로 탄생했다는 것을 알 수 있었다. 유럽인들은 이 이야기를 제3세계를 정복하는 식민지 전쟁 시기에 적극적으로 불러내었다. 노예무역을 정당화하는 논리로 활용한 것이다. 오늘날 유럽의 부가 아프리카 노예무역을 바탕으로 만들어졌다는 것은 알 만한 사람은 다 아는 이야기이다. 인간을 그렇게 대규모로 노예로 만들기 위해서는 그 행위를 정당화하는 사상이 필요했다. 그들은 성경 속에서 아프리카인들을 노예로 삼는 것이 신의 뜻에 합당하다는 구절을 발견했다. 아프리카인들은 함의 후예이므로 노예의 운명을 타고났다는 담론은 그렇게 탄생했다.

노아의 술잔 이야기는 바벨탑 이야기로 이어진다. 성경에는 사람들을 꼬드겨 바벨탑을 만든 사람이 니므롯이라고 나온다. 니므롯은 함의 손자이고 구스의 아들이다. 니므롯은 바빌로니아의 창건자로 성서에 기록된 인물인데 '(신에) 대적하는 자'라는 뜻을 가지고 있다. 구약성경 창세기에 나오는 구절이다.

> 구스가 니므롯을 낳았으니 그는 세상의 첫 용사라. 그가 여호와
> 앞에서 용감한 사냥꾼이 되었으므로 속담에 이르기를 아무는 여호
> 와 앞에서 니므롯 같은 용감한 사냥꾼이로다 하더라
>
> (창세기 10장 8~10)

유대인 역사가 요세푸스는 좀 더 자세하게 니므롯에 대해 설명하고
있다.

> 그때 사람들을 자극하여 하나님을 그토록 모욕하고 경멸하게 한
> 자는 니므롯이었다. 그는 노아의 아들 함의 손자로서 엄청난 힘을 가
> 진 용사였다. 그는 사람들이 하나님 때문이 아니라 니므롯 자신 때문
> 에 행복을 누린다고 설득했고, 차츰 사람들 위에 절대자로 군림하기
> 시작했다. 그는 또한 하나님이 만일 세상을 다시 물에 잠기게 하려 한
> 다면, 하나님에게 보복하겠다고 말했다. 그래서 그는 물이 미치지 못
> 할 만큼 높은 탑을 쌓아 선조들을 멸하신 하나님께 보복하려고 했다.

유대인들이 바빌로니아 제국의 압력에 직면한 것은 서기전 7세기이
다. 끝내는 바빌로니아의 왕 느브갓네살에게 유다왕국이 멸망했다. 서
기전 586년이다. 그때 예루살렘 성벽과 성전은 완전히 파괴되고 왕과
제사장 등 지배계급 대다수가 바빌로니아로 끌려갔다. 따라서 바빌로니
아 인들은 유대인 최대의 원수였다. 민족의 지도적 위치에 있는 사람들
이 포로가 되고 대다수 유대인들이 흩어진 상황에서 유대인의 정체성

을 유지하기 위해 필요한 것이 바빌로니아에 대한 적대감이었다. 유대의 예언자들은 바빌로니아인들이 유대인과 그를 보호하는 신에 대한 불경과 적대감을 가진 것이 창세기로부터 비롯되었다는 이야기를 만들었다. 그러한 이야기를 모든 구성원이 공유하고 전승하기 위해서는 기억장치를 필요로 했을 것이다. 그 기억장치가 바로 별자리였다. 그들은 서양 별자리 페가수스를 니므롯이 타던 말 별자리라고 이름을 붙였다.

삼손 이야기도 있다. 유대인들은 필수, 곧 황소자리를 삼손이 사용한 당나귀 턱뼈라고 믿었다. 삼손은 구약성경에 나오는 천하장사이며 블레셋인에게 대적하여 유대인의 안녕을 지키는 군 사령관이었다. 블레셋인은 삼손의 애인인 데릴라를 통해 삼손의 힘의 근원이 긴 머리카락인 것을 알게 되었다. 그리고 음모를 꾸며 삼손의 긴 머리를 깎고 힘을 잃은 삼손을 블레셋의 신전으로 잡아갔다. 절망적 상황이었지만 신에게 간절히 기도하여 힘을 되찾은 삼손은 신전을 무너뜨리고 주변에 있던 당나귀 턱뼈를 무기 삼아서 수많은 블레셋인들을 죽였다. 유대인들은 그 당나귀뼈도 하늘의 별자리로 만들었다. 필수를 자세히 보면 포유동물 턱뼈와 닮았다. 그럼 삼손은 어디 있을까? 오리온자리가 바로 삼손이다.[그림 78]

중세의 탈무드에 따르면 아담의 첫 부인은 이브가 아니라 릴리스였다고 한다. 처음에 신은 자신의 형상에 따라 아담과 릴리스를 만들고 그 자손이 번성하여 지구에 넘치라고 축복했지만 문제가 생겼다. 릴리스가 모든 측면에서 동등한 권리를 주장하고 나선 것이다. 릴리스는 성행위 시에도 남성 상위뿐만 아니라 여성 상위도 해야 한다고 요구했다. 마초적인 아담은 릴리스의 독립적인 사고와 태도를 수용할 수 없었다. 결국 둘은 헤어졌다. 그러자 신은 아담의 갈비뼈로 이브를 만들었고 그때부

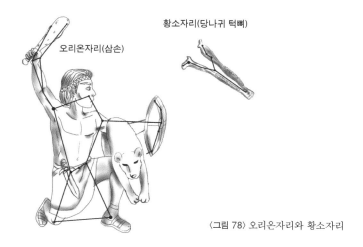

오리온자리(삼손)

황소자리(당나귀 턱뼈)

〈그림 78〉 오리온자리와 황소자리

터 여성이 순종하게 되었다는 것이다. 그 뒤 릴리스는 어떻게 되었을까? 유대인들의 전설에는 릴리스가 밤에 활동하는 흡혈귀가 되었다는 내용이 있다. 가부장적인 제도의 기원과 함께 그 제도에 반대하는 여성의 운명을 상징하는 이야기다.

최근 여성운동가들에 의해서 릴리스가 다시 조명 받고 있다. 1997년에는 lilith fair라는 이름으로 여성 가수들만의 공연이 이루어지기도 했다. 일부이긴 하지만 이브가 아니라 릴리스를 모델로 삼은 여성들이 등장하고 있는 것이다. 이제 밤하늘에서 릴리스를 찾아보자. 릴리스별은 대릉, 곧 무덤 별자리의 '적시(積屍)'다. 겹겹이 쌓인 시체라는 뜻이다. 서양 별자리로는 페르세우스의 변광성인 알골이다. 이 별자리는 그리스인에게는 메두사로 알려져 있다. 동인도인들은 이 별을 악마의 머리인 '알굴'이라고 부른다.[그림 79] 많은 문화권에서 가장 으스스한 별자리로 불리는 것이 우연의 산물일까?

서기전 7세기 이전의 유대문화에서는 별자리 이야기가 더 풍성했을 것이다. 하지만 요시야왕을 중심으로 서기전 7세기에 일어난 유일신 운동은 별과 관련된 이야기와 문화가 사라지는 계기가 되었다. 당시의 분위기를 알려주는 기록이다.

페르세우스 자리

알골

〈그림 79〉 페르세우스의 변광성 알골(적시)

왕이 대제사장 힐기야와 모든 버금 제사장들과 문을 지킨 자들에게 명하여 바알과 아세라와 하늘의 일월성신을 위하여 만든 모든 그릇들을 여호와의 성전에서 내어다가 예루살렘 바깥 기드론 밭에서 불사르고 그 재를 벧엘로 가져가게 하고, 옛적에 유다 왕들이 세워서 유다 모든 고을과 예루살렘 주위의 산당들에서 분향하며 우상을 섬기게 한 제사장들을 폐하며 또 바알과 해와 달과 황도 12궁 하늘의 모든 별에게 분향하는 자들을 폐하고, 또 여호와의 성전에서 아세라 상을 내어 예루살렘 바깥 기드론 시내로 가져다 거기에서 불사르고 빻아서 가루를 만들어 그 가루를 평민의 무덤에 뿌리고 또 여호와의 성전 가운데 남창의 집을 헐었으니 그곳은 여인이 아세라를 위하여 휘장을 짜는 처소이었더라.

(열왕기 하 23장 4~7)

기록에 나오는 것처럼 서기전 7세기 이전 예루살렘 성전에는 야훼 이외에도 많은 신이 모셔져 있었다. 바알, 해와 달, 황도 12궁의 별들도 있었다. 유일신 운동은 그 신상을 파괴하고 모욕하는 것으로부터 시작되었다.

하지만 신약성서 마태복음 제2장의 첫머리에도 점성술 분위기가 물씬 풍기는 동방박사 이야기가 나온다. 마가복음의 기록자이며 점성가이기도 했던 마가도 예수의 일대기를 별자리에 맞춰서 정리했다. 세례 요한은 해가 물병자리에 있을 때 예수에게 세례를 주었고 다섯 덩이 빵과 두 마리 물고기로 5,000명을 먹인 오병이어의 기적은 해가 물고기자리에 있을 때 일어났다는 것이다. 물고기자리의 두 물고기는 예수의 제자인 두 어부, 베드로와 안드레이고 해가 처녀자리에 들어섰을 때 예수는 제자들과 안식일에 밀과 이삭을 주웠다는 것이다. 처녀자리는 성모마리아, 스피카는 예수였다. 마가가 예수의 일생을 천체의 운행에 맞추어 형상화한 것은 당시 사람들이 점성술을 깊게 믿고 있던 상황에서 전도에 도움이 되었기 때문이다.

기독교 초기에는 점성학과 기독교가 어떤 관계를 맺을까에 대해서 논란이 많았다. 예수의 운명을 점치거나 예수의 '신명천궁도'를 만드는 것은 금기였고, 이를 시도한 사람들은 옥에 갇히거나 화형에 처해졌다. 이처럼 기독교의 교리를 벗어나거나 불경한 것에 대해서 용납하지 않았지만 일반적인 점성술은 배척하지 않았던 것으로 보인다. 아니, 실제적으로는 호황을 누렸다. 교황들조차 중요한 결정을 할 때 점성술사의 의견을 물었으니 일반 사람들은 더 말할 필요가 없을 것이다.

별은 신이며 별 운동은 원운동이다
-플라톤과 천문학

대학교 1학년 때, 가장 먼저 읽은 책이 플라톤의 『국가』였다. 소크라테스와 플라톤에 대해서는 중고등학교 때부터 계속 이야기를 들었다. 그때마다 반드시 언급되는 것이 대화법이었다. 대화를 중심으로 진리를 추구하는 그들의 방법이야말로 참된 교육 방법이라는 해설과 함께. 마침 신입생들에게 나눠준 '대학생이 읽어야 할 고전 100가지'라는 유인물 가운데 첫 번째로 『국가』가 있어 읽고 싶은 동기를 자극했다.

대화체로 서술되어 있어 읽기는 쉬웠다. 그런데 읽다 보니 이해할 수 없는 점이 있었다. 먼저 소크라테스가 다른 사람과 대화를 하는 태도가 마음에 들지 않았다. 그것이 소크라테스의 본모습인지 플라톤이 자기 논리를 제시하기 위해 소크라테스의 입을 빌린 것인지는 모르겠지만 플라톤 책 속의 소크라테스는 대화를 일방적으로 이끌어가는 사람이었다. 내가 생각하는 대화는 하나의 주제에 대해서 자기의 입장을 이야기하고, 다른 사람의 입장도 질문하면서 함께 해답을 찾거나 문제를 해결하는 것이다. 그런데 소크라테스의 대화 방법은 그렇지 않았다. 자신의 이야기를 먼저 하지 않고 상대방에게 질문 공세를 퍼부었다. 용기에 대해서 대화하는 상황을 보자. 다른 사람들이 용기가 있다고 인정하고 본

인도 자신이 용기 있다고 생각하는 사람을 찾아간다. 그리고 용기에 대해서 집중적으로 질문한다. 대답이 나오면 끊임없이 반문을 한다. 그런 상태가 이어지면 상대방은 백지 상태가 되기 마련이다. 이와 달리 소크라테스에게 질문을 하는 것은 사실상 불가능했다. 상대방이 소크라테스에게 당신의 입장이 무엇이냐고 물으면 자신은 모른다는 답변을 하기 때문이다. 게다가 자신이 모른다는 것을 인정하는 것이야말로 참된 지혜라고 강변하기까지 한다. 이런 방식으로 대화하는 사람을 만나면 누구나 화가 날 것이다. 성질이 급한 사람이라면 얼굴을 붉히고 주먹다짐까지 갈 수도 있을 것이다.

가장 충격을 받았던 것은 책에서 소크라테스가 국가지배의 원리로 제시하는 '고귀한 거짓말(Noble Lie)'이었다. 모든 시민이 평등해야 하지만 그렇지 않은 조건에서 지배층은 대중을 속일 수 있는 고귀한 거짓말을 할 수 있어야 국가를 유지할 수 있다는 것이 플라톤의 주장이었다. 『국가』에 나오는 소크라테스의 이야기를 들어보자.

나는 (대담한 허구를) 점진적으로 전달할 것을 제안합니다. 먼저 통치자에게, 이어 군인들에게, 마지막으로 민중에게 말입니다. (중략) 우리는 이런 식으로 이야기할 것입니다. 시민들이여, 여러분은 형제입니다. 그러나 신은 여러분을 다르게 지어냈습니다. 여러분 중 몇몇은 지휘 능력을 갖고 있는데, 이들이 최고의 영예를 누리는 것은 이런 사람들을 지으실 때 신이 금을 섞어 넣었기 때문입니다. 신은 은을 섞어 지은 사람들에게 보조적인 역할을 하도록 만들었습니다. 그리고 신은 농부나 기술자가 될 또 다른 사람들은 황동과 철로 지어냈습니다. 이런 종들은 자식들에게도 대체로 보존될 것입니다.

대화에 참여하고 있던 사람이 소크라테스에게 그러한 거짓말이 통하겠느냐고 말하자 소크라테스는 몇 대에 걸쳐서 어린이부터 모든 시민을 교육하면 된다고 말했다. 문제를 제기한 사람도 바로 수긍했다.

그 뒤부터 나는 플라톤의 주장이라면 일단 반대편의 입장에서 생각해보는 버릇을 갖게 되었다. 철학자나 교육학자들 가운데 플라톤을 옹호하는 사람이 있으면 그 사람의 사회계급적 처지와 이해관계가 그의 주장과 논리에 어떻게 반영되어 있는지 주의 깊게 살펴보는 것이다.

문제는 내가 관심을 가지고 공부하는 거의 모든 영역에서 플라톤의 그림자를 발견한 것이다. 플라톤은 현대 정치의 영역에서도 여전히 현실이었다. 1980년대에서 2000년대 초반까지 미국 정치를 지배하다시피 한 그룹이 있다. 네오콘이다. 그 네오콘의 사상적 지주인 정치철학자 레오 스트라우스가 플라톤의 숭배자이다. 그들은 자신들이야말로 세계를 통치할 수 있도록 타고난 지배 엘리트라는 믿음을 가지고 있다. 또한 세계를 지배할 수 있는 엘리트들은 플라톤처럼 세상을 위한 고귀한 거짓말을 할 수 있어야 한다는 확신도 함께 가지고 있었다.

놀이 역시 마찬가지였다. 플라톤은 놀이를 어린아이들이 하는 것이라고 생각했고 어른들의 세계에서는 추방해야 한다고 주장했다. 현대에 와서 호이징하, 하이데거, 핑크 등의 철학자가 놀이야말로 인간존재의 본질이라는 주장을 폈지만 아직까지도 놀이에 대한 플라톤의 생각은 대다수 사람들의 머리를 지배하고 있다.

천문학에서 플라톤의 영향은 더 결정적이었다. 플라톤 이전, 그리스 사람들에게 천체는 신이었다. 그것을 가장 잘 보여주는 사례가 파에톤과 헬리오스 이야기이다.

파에톤은 해신 헬리오스의 아들이야. 하지만 인간인 어머니는 파에톤에게 아버지의 이야기를 하지 않았어. 아이들이 아버지 없다고 무시하고 놀렸지. 그래서 자신의 아버지가 누구냐고 엄마한테 끊임없이 물었어. 결국 아버지가 해신인 걸 알게 되었지. 파에톤은 자기가 해신의 아들이라는 것을 증명하고 싶었어. 아버지를 찾아가서 해마차를 타보겠다고 졸랐지. 너무도 위험한 것이었기 때문에 아버지가 반대했지만 결국 자식은 못 이기는 거잖아? 파에톤은 해마차를 타고 하늘로 날아올랐어. 하지만 파에톤은 해마차를 다룰 수가 없었어. 통제를 벗어난 말들은 너무 높은 곳을 달려서 세상을 춥게 만들었고, 너무 낮게 달려 논밭을 다 태워버리고 사람들을 다 익게 만들었대. 그 사람들이 바로 아프리카 흑인들이야. 그리고 해가 너무 멀어진 곳은 아주 추운 지방이 되었대.

지금 생각하면 말도 안 되는 것 같지만 당시에는 이것이 세상을 설명하는 방식이었다. 신화는 경험적이기는 하지만 자연에 대한 세심한 관찰의 결과이기도 했다. 그리스의 역사가 헤로도토스가 물이 증발하는 것을 보고 해신의 존재를 추론하는 과정을 살펴보자. 요즘은 물이 수증기로 바뀌는 현상을 열에너지에 의한 분자운동으로 설명한다. 하지만 헤로도토스는 다음과 같은 질문을 던지고 해답을 얻었다.

왜 물이 증발해서 하늘로 올라가는 것일까?
햇볕에 의해 증발하는 것인데 이는 해신에게 물이 필요하기 때문이다.
그 까닭은 해신이 하늘을 여행하면서 목이 마르기 때문이다.

그리스인들은 자연적 현상뿐만 아니라 인간의 사랑, 주변 사람들의 이해할 수 없는 행동에서도 신들의 영향을 느꼈다. 『일리아스』에서 아가멤논은 아킬레우스에게 자신의 잘못을 이렇게 변명한다.

책임질 자는 내가 아니로다. 도리어 제우스가, 그리고 운명의 신이, 또한 어둠 속에서 걸어 다니는 복수의 여신들이로다. 그들은 총회에서 잔인한 '아테'를 나의 지혜 속에 넣었도다. 아킬레우스의 전리품을 빼앗았을 때, 내가 무엇을 할 수 있었겠는가? 신은 언제나 자기 마음대로 하는도다.

아가멤논의 변명에서 주목해야 할 것이 아테(ate)라는 개념이다. 아테는 신으로 인해 생긴 현혹, 또는 맹목으로 인해 당황하거나 얼빠진 상태를 말한다. 우리나라 말로 하면 '귀신에 씌인' 상태이다. 아가멤논은 아킬레우스가 전리품으로 차지했던 브리세이스라는 여성을 뺏은 것은 내 뜻이 아니라 신이 마음대로 나를 조종했기 때문이라고 변명했다.

탈레스에서 비롯된 자연철학은 이러한 신화적 사고에 반발하는 지적 운동이었다. 그들은 우주의 운행이 신들의 변덕이나 자의에 의한 것이라면 코스모스가 불가능하다고 생각했다. 진정한 코스모스는 초자연적 존재가 아니라 자연의 내재적인 측면에 의해서 보장되어야 한다는 것이 그들의 신조였다. 그들은 우주만물의 기본 원리를 신이 아니라 물, 불, 공기와 같은 물질적 요소로부터 찾기 시작했다. 그들은 별들도 물질적인 원리로 설명하려고 했다. 자연철학자 가운데 하나였던 아낙사고라스가 해와 달을 '불타는 돌'이라고 주장하여 아테네에 파문을 일으켰다. 그가 해와 달을 불타는 돌이라고 판단한 것은 하나의 천문학적 사건이 영향을 미쳤을 것이다. 서기 467년, 지중해 갈리폴리 반도에 마차만 한 크기의 운석이 떨어졌다. 천둥 같은 소리와 함께 연기와 불을 내며 운석이 떨어진 장소에서 목동들은 불타버린 돌을 발견했다. 이 돌에 대한 소문은 지중해 전체에 퍼졌다. 어떤 사람들은 그 운석에서 신의 분노를 보았겠지만 예리한 지적 능력을 가지고 있는 아낙사고라스는 그 돌을 보고 천체가 돌로 되어 있을 것이라는 추론을 하였다.

자연철학자 가운데 특히 주목해야 할 사람이 아리스타르코스이다. 그는 월식 때 달에 비친 지구 그림자를 보고 지구가 달보다 훨씬 크다는 것을 알았다. 삼각함수를 동원하여 해가 지구보다 스무 배 정도 클 것이라는 추론도 했다. 이를 바탕으로 더 작은 달이 큰 지구를 돌고 있는 것처럼 지구도 해 주변을 도는 것이 당연하다는 주장을 펼쳤다. 지동설의 원조는 코페르니쿠스가 아니라 아리스타르코스였다.

해와 달이 신이고 지구가 우주의 중심에 있다고 믿었던 플라톤에게 자연철학자들의 이러한 주장은 못마땅한 것이었다. 우주의 원리를 정신적 요소가 아닌 물질적 요소로 설명하는 것은 신성모독이라고 생각했기 때문이다. 플라톤에게 물질적 요소는 단지 질료일 뿐이었다. 무질서한 물질은 기하학적인 도형을 통해서만 질서를 가진 물질, 곧 코스모스가 된다는 것이 플라톤의 입장이었다. 삼각형이 물질의 기본이고 불은 정사면체, 공기는 정팔면체, 물은 정이십면체, 흙은 정육면체로 만들어졌다는 것이다.[그림 80]

플라톤은 별들이 신성한 존재라는 믿음을 위해 천문학에 관한 네 가지 테제를 정립했다.

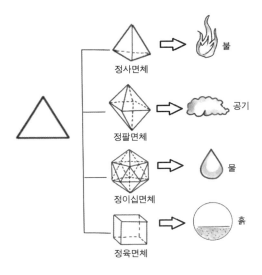

〈그림 80〉 플라톤의 기본 원소

테제 1 별은 신이며 그 운동은 영혼 운동이다.

테제 2 별 운동은 원운동이다.

테제 3 신인 별의 영혼은 전적으로 이성적이다.

테제 4 전적으로 이성적인 운동은 모두 원운동이다.

별은 신이고, 신의 운동은 완전한 원이며, 완전한 원은 외부의 작용 없이 스스로 운동할 수 있다는 테제이다. 아리스토텔레스와 프톨레마이오스도 이 테제를 받아들였기 때문에 플라톤의 네 가지 테제는 그 뒤 천동설의 토대가 되었다. 이론만으로는 부족했던지 플라톤은 자연철학자들을 다양한 방법으로 사회에서 추방하고자 했다. 플라톤은 자연철학자의 책을 보면 참지 못하고 모두 태워버렸다고 한다. 영혼이 아닌 물질적 요소로 우주를 설명하는 것을 절대로 용납할 수 없었던 것이다.

더 나아가 그는 자연철학자들을 국가적으로 배제해야 할 범죄자로 보았다. 그리고 자신의 주장에 반대하는 자들은 모조리 사형에 처할 것을 요구했다. 그는 마지막 저서인 『법률』 안에 자연철학자들을 벨 수 있는 예리한 칼을 마련해두었다. 『법률』 제14의 신성모독죄에 관한 조항이 그것이다. 이 조항은 신이 없다거나 신이 인간을 돌보지 않는다고 믿으면 적용되는 것이었다. 이 조항은 자연철학자들을 겨냥하고 있었다. 처벌 또한 엄청나서 초범은 5년간 격리구금이고 그 뒤에도 개선의 여지를 보이지 않으면 사형도 선고할 수 있었다. 플라톤은 이러한 내용을 담은 『법률』이 공동체의 유일한 정전이 되어야 국가가 건강할 수 있다는 절대적인 확신을 가지고 있었다. 플라톤이 국가에서 제거하려고 한 대상이 시인과 예술가라고 알고 있는 사람은 많다. 하지만 내가 보기에 플라톤이 더 증오한 사람들은 자연철학자들이었다.

플라톤과 아리스토텔레스의 영향력을 생각할 때 천문학에서 플라톤의 테제를 넘어서는 것은 가시밭길이 될 수밖에 없었다. 케플러는 행성의 운행이 타원이라는 것을 알아냈으면서도 쉽게 발표하지 못했다. 행성의 궤도가 완전한 원이라는 것이 옛 천문학을 지탱하는 논리였기 때문이다. 그때까지도 대다수 천문학자들이 신이면서 영혼인 완전한 원은 스스로 운동할 수 있는 힘을 가질 수 있다고 믿고 있었기 때문에 행성 궤도가 불완전한 타원이라는 주장을 쉽게 받아들이지 않았다. 갈릴레이도 그랬다. 우리의 생각과 다르게 갈릴레이와 케플러는 서로의 핵심적인 발견을 인정하지 않았다. 갈릴레이가 타원궤도의 법칙을 받아들이지 않은 것처럼 케플러는 중세의 항성천구설을 버리지 않았다. 항성천구설은 태양계를 우주의 전체로 보고 항성들은 수정으로 만들어진 천구에 박혀 있다고 보는 일종의 유한우주론이다. 케플러는 갈릴레이가 망원경으로 발견한 것 가운데 목성을 도는 위성에 대한 발견은 인정하고 열렬히 지지했지만 은하수가 별들의 집합이라는 발견은 우주가 무한하다는 증거였기 때문에 수용하지 않았다. 당시 학자들의 혼란이 눈에 보이는 듯하다. 이러한 혼란은 뉴턴이 밝힌 중력이론을 통해서만 정리될 수 있었다.

사람 몸도 별자리

정월 대보름이 되면 마을 분위기가 바뀌었다. 동제를 지내기까지는 긴장과 조임이 있었지만 끝나고 나면 마을이 신명으로 부풀어 오르는 느낌이었다. 그 안에서 우리들은 마냥 즐거웠다. 그런데 유감스럽게도 그 기억은 초등학교 저학년 때로 한정된다. 산신제, 거리제, 지신밟기, 제웅 치기와 같은 우리 마을 민속이 새마을운동과 함께 사라져버렸기 때문이다. 우리 마을은 경부철도와 경부고속도로, 국도가 지나는 곳이었기 때문에 전기가 들어오는 것도, 지붕이 개량되는 것도, 미신타파 운동이 벌어지는 것도 다른 마을보다 빨랐다. 그래서 대보름 풍속과 관련된 기억은 아련할 수밖에 없다.

대보름이 되면 어른들이 점잖아졌다. 아이들은 골목에서 여전히 시끄러웠지만 어른들은 조심하면서 가능하면 큰소리를 내지 않으려고 했다. 그래서 이때는 아이들이 혼나지 않는 좋은 시절이었다. 먹을 것도 많아 마을 전체가 풍요로웠다. 평상시에는 배고팠던 아이들이 백가반을 하면서 배가 터지도록 먹고 마을 떡도 먹었다. 밤중이 되면 밥 훔치기를 하기도 했다.

마을 산신제와 거리제는 내가 직접 참여해본 적은 없다. 하지만 거리제를 함께 지내고 새벽에 들어온 부모님이 나누는 이야기를 들을 수 있었다.

"○○네 집 아버지는 소지가 진짜 잘 올라가대."

"그런데 당신 소지는 잘 올라가지 않더라고요. 올해는 조심해야 되겠어요."

"당신 소지는 그럭저럭 잘 올라가더라고."

"○○엄마 소지는 제대로 올라가지 못하고 바로 떨어지더라고요."

"그 사람도 올해는 조심해야 되겠네."

소지 올리기는 거리제를 지낸 다음에 마을 사람들 이름이 적힌 소지를 태우면서 하늘에 그 종이가 올라가는 정도로 1년의 운수를 점치는 것을 말한다. 지금 생각하면 소지 올리기는 한 해의 운수를 점치는 기능뿐만 아니라 마을 사람들이 서로 관심을 가지고 마음을 나눌 수 있는 매체로 의미가 컸던 것 같다.

날이 밝고, 아침이 되면 마을 한가운데에서 풍장소리가 났다. 지신밟기가 시작되는 것이다. 풍장소리가 나면 마을 사람들 모두가 나와서 참여했다. 지신밟기는 마을 입구에서부터 한 집, 한 집 들르며 진행되었는데 그 행렬을 따라 마을 입구 세거리에 가면 20센티미터 정도 되는 짚 인형을 발견하곤 했다. 어른들은 그 짚 인형을 제웅이라고 했다. 내가 열 살 때에도 정월 열나흗날 저녁에 인형을 만든 다음 동전 세 개를 배 부분에 넣고 마을 입구 세거리에 버렸다. 어머니 말로는 남자는 열 살, 열아홉 살, 스물여덟 살, 서른일곱 살, 여자는 열한 살, 스무 살, 스물아홉 살, 이렇게 9년을 주기로 흉한 제웅직성이 든다는 것이다. 이 제웅을 만들어버렸을 때 누가 그 안에 든 돈을 가지고 가면 그 사람이 내 액을 가져간다는 것이다. 대다수 아이들이 부모님에게 그런 말을 들었기 때문에 제웅을 보고 그냥 지나쳤다. 그런데 친구 가운데는 그 돈에 욕심이 생겨 꼭 제웅을 들고 동전을 빼내는 애가 있었다. 그러고는 제웅을 내팽개쳤다. 퉤퉤, 침을 뱉으면서.

이러한 민속을 '제웅 치기', '제웅 버리기'라고도 하고 강원도에서는 '허수아비 버리기', 전남에서는 '허두새비 버리기', 제주도에서는 '도채비 방쉬'라고 한다는 것은 나중에 알게 된 일이다.

세시풍속에 관심을 가지고 공부하면서 그러한 풍속을 '직성 보기'라고 한다는 것을 알았다. 직성은 나이에 따라 운수를 맡아 가지고 있는 아홉 별을 이르는 것이다. '제웅직성', '토직성', '수직성', '금직성', '일직성', '화직성', '계도직성', '월직성', '목직성'이 있다. 이 가운데 제웅직성과 계도직성은 실제 별이 아니라 일식과 월식이고, 나머지 별들은 해와 달, 그리고 해를 도는 다섯 행성이다. 아홉 별 가운데에는 길한 별이 있고, 흉한 액을 가져오는 별이 있다. 길한 별은 일직성, 월직성, 목직성, 금직성이고 흉한 직성은 제웅직성, 계도직성, 토직성, 수직성, 화직성이다. 길한 별은 맞이하되, 가벼운 액이 낄 경우 막아야 하고 흉한 별은 단단한 방비를 해야 한다. 가장 길한 목직성은 특별히 액막이하는 방법이 없다. 이와 달리 일직성은 정월 보름날 아침에 붉은 빛깔의 종이를 오려서 해처럼 만들고 싸리 가지에 꿰어 지붕 용마루에 꽂고 네 번 절하면 액이 물러간다고 믿었다. 월직성은 정월 대보름이 떠오를 때, 싸리 가지로 세 개의 횃불을 만들어 달을 향해 사르고 네 번 절하는 것이 액을 막는 방법이다. 금직성은 정월 보름날 서쪽의 개밥바라기를 향해 네 번 절하면 된다. 이와 달리 흉성들은 좀 더 정성을 들인다. 토직성은 정월 보름날 저녁에 조밥을 지어 깨끗한 땅에 버리고, 수직성은 조밥을 냇가나 강물에 가서 버리면 된다. 계도직성은 종이로 본인의 버선본을 떠서 싸리 가지에 매어 지붕 용마루에 세우고 네 번 절을 하면 액을 막는다고 했

다. 가장 흉한 직성인 제웅직성이 될 때 남자는 짚 인형을 만들고 여자
는 종이에 당사자의 얼굴 모양을 그려서 돈을 넣고 싸서 길거리나 개울
에 버리는 것이다.

한마디로 직성 보기는 별이 인간에 미치는 나쁜 영향을 막기 위한
풍속이었던 것이다. 직성에 대한 공부를 하다 보니 어렸을 때 자주 들었
던 '직성이 풀린다'는 말이 직성 보기에서 나온 게 아닌지 궁금해졌다.
하지만 달랐다. 직성 보기의 직성은 한자말로 운명을 맡아보는 아홉 별
이고, 직성이 풀린다는 말은 우리 토박이말이었다. 우리말 직성은 '① 성
질이나 성미, ② 성이 차지 않아 못마땅하게 여기는 마음'을 말하는 것이
었다.

북두칠성을 중심으로 한 해 운명을 점치는 것도 있었다. 태어난 순간
부터 사람이 북두칠성 일곱 별 가운데 하나에 속해서 그에 해당하는 운
명을 부여받게 된다는 것이다. 그 별을 본명성이라고 했다. 그림에서 보
는 것처럼 북두칠성의 첫 번째 별부터 자축인묘진사오 이렇게 일곱 개
별까지 갔다가, 다시 돌아오면서 미신유술해가 된다.^{그림 81} 호랑이띠인 나
는 북두칠성의 세 번째 별을 본명성으로 가지고 있는 것이다.

내 생각에 직성은 불교의 영향을 받았고 본명성 신앙은 도교적인 풍
습이다. 조선시대 『묵재일기』에 보면 아기를 낳고 사주를 보았더니 액운
이 있다고 수명을 주관하는 별에 제사를 지내는 대목이 나온다. 본명성

〈그림 81〉 북두칠성 12지

신앙은 양반 댁의 습속, 곧 '반속(班俗)'이었을 것이다.

민간신앙을 넘어 별과 인간의 관계를 학문적으로 체계화하려는 시도도 있었다. 별의 기운에 의해서 산과 강이 형성되고, 그 별의 기운에 감응하는 기술을 지리학이라고 했던 것처럼 별의 영향을 받아 생겨난 인간의 외모와 내부 기관의 기운을 판별하여 인간의 삶을 도모하는 것을 '인문'이라고 했다. 인문은 다시 별의 움직임으로 사람의 생명력을 미루어 짐작하는 '명학', 관상을 통해서 별의 기운이 어떻게 표현되는지 아는 '상학', 별의 기운을 파악하여 인간의 운명을 파악하는 '복학', 곧 점술, 대자연의 기운을 받아들여 몸과 마음을 건강하게 만드는 양생법인 '선도', 그리고 별로부터 받은 인체의 길을 살펴 약과 침으로 치료하는 '의학' 등 다섯 분야가 있다.

이 가운데 의학에 담긴 천문학적 사고, 곧 점성의학을 집중적으로 살펴보았다. 서양의 점성의학과 동양의 오행론은 비슷한 점이 많았다. 동양 의학에서는 토성은 비장, 수성은 신장, 목성은 간장, 화성은 심장, 금성은 폐장에 속한다고 한다. 서양에서도 토성은 비장, 해는 심장, 수성은 신장, 목성은 간장, 화성은 담즙을 이끈다고 하였으니 별자리와 사람 몸의 관계에 대한 공통 인식이 깔려 있던 것이 아닐까. 별자리의 영향이 훨씬 더 강했던 것은 서양 의학이었다.

서양 의학의 아버지라는 히포크라테스는 "점성술을 이해하지 못하면 의사가 아니라 바보다"라고 주장했다. 히포크라테스의 영향력 때문에 서양에서 점성학은 의사들이 반드시 알아야 하는 지식이 되었다. 히포크라테스를 잇는 위대한 서양의 의사들인 갈레노스나 파라셀수스 역시 점성학을 열렬히 믿고 따랐다. 파라셀수스는 "의사라면 반드시 별자리를 통해 하늘의 판단을 얻어야 하고 그렇지 못하면 의학계를 떠나야 한다"고까지 말했다. 그는 사람의 몸도 별자리라고 믿었다. 양자리는 머리 꼭대기, 황소자리는 오른쪽 목, 쌍둥이자리는 양어깨, 게자리는 쇄골 아래, 사자자리는 가슴, 처녀자리는 허리띠 중앙, 천칭자리는 허리띠 양쪽, 전갈자리는 배 오른쪽, 궁수자리는 배 왼쪽, 염소자리는 왼쪽 무릎, 물병자리는 왼쪽 허벅지 위, 물고기자리는 양발에 대응하는 사람 몸 안의 별무리라는 것이다.^{그림 82}

그래서 피를 뽑든지, 약재를 쓰든지 치료 기간을 결정하기 위해서는 그 사람의 장기에 영향을 미치는 별자리를 파악해야 했다. 그럴 때만이 병의 증세와 원인, 병리 등을 알 수 있다고 믿었기 때문이다.

약초도 해와 달, 오행성과 연결되어 특정한 날짜와 시각에 맞춰 채취해야 한다는 믿음이 있었다. 단오 또는 하지에 쑥을 채취하고, 일요일에는 개암나무, 토요일에는 질경이를 채취해야 한다는 사고 역시 점성의학

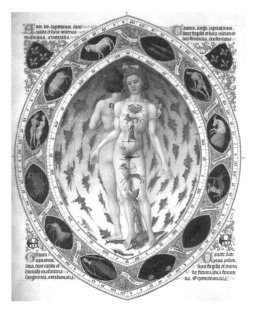

〈그림 82〉 인체황도대

의 산물이다. 중세의 일부 의사들은 순수한 별점에 의지해 치료행위를 하면 된다고 믿어 환자를 만나지도 않았다고 한다. 환자의 별자리 차트를 가지고 병의 원인과 치료 방법을 다 알 수 있다고 믿었기 때문이다. 심지어 흑사병 같은 전염병도 별자리와 관련된 것으로 믿었다. 1345년부터 1348년까지 4년간 흑사병이 유럽을 휩쓸면서 유럽 인구 거의 절반의 목숨을 빼앗아갔을 때, 프랑스 왕은 파리대학 의학 교수진들에게 그 재앙의 원인이 무엇인지 보고하도록 했다. 그들의 답변은 당연히 천문학적이었다. 10월 물병자리에 토성, 목성, 화성이 결합하고 일식까지 있었기 때문에 흑사병이라는 재앙이 생겼다는 것이다.

그런데 공부가 깊어지면서 '히포크라테스가 한 말이 진실일까?' 하는 생각이 들었다. 히포크라테스가 태어난 곳은 그리스의 코스 섬이었다.

코스 섬은 알렉산더 대왕의 원정 이후, 바빌로니아 점성가들이 이주한 그리스 점성학의 중심지이긴 했다. 하지만 점성술사들이 코스 섬으로 이주한 것은 히포크라테스가 사망한 다음이었다. 더구나 히포크라테스의 저작이 출간된 것은 서기전 1세기였다. 따라서 히포크라테스의 저작은 그의 후예들이 자신들의 이론을 히포크라테스의 이름으로 발표했을 가능성이 높다. 히포크라테스가 죽은 후, 점성술이 유행하자 제자들이 그의 의학을 점성술을 바탕으로 재정리하고 이를 히포크라테스의 이름으로 발표했던 것이 아닐까 생각해본다.

점성학이나 오행론이 의사들에게 그렇게 열렬하게 수용된 것은 그들이 자신들의 치료행위를 설명할 수 있는 과학적 이론을 가지고 있지 못했기 때문일 것이다. 옛날 사람들이 천문 현상을 관찰한 까닭은 인간세상의 길흉과 재앙을 알아내는 데 있었다. 별자리가 인간의 운명을 결정한다면 별이 언제 뜨는지, 행성이 어느 별자리에 위치하는지에 대한 지식은 사람들에게 초미의 관심사가 될 수밖에 없다. 특히 지배자의 경우 더 그랬을 것이다. 그래서 행성과 항성의 위치에 대한 아주 정밀한 관측과 계산이 필요했다. 전제는 별 신앙이었지만 거기에 필요한 방법은 수학을 동원해야 했기 때문에 최초의 과학, 최초의 학문이 되었다. 그래서 그 뒤에 발생하는 모든 학문은 천문점성학의 언어를 빌려야 했다. 오늘날 학문이 물리학과 수학의 언어로 말하듯이.

그래서 고대와 중세에 천문점성학과 오행론은 우주에 관한 총체적인 설명을 시도하는 유일한 이론체계였다. 의학도 마찬가지이다. 치료를 위해서는 생리학, 양리학, 식물학, 심리학, 풍토학까지 포괄해야 하는데 과학이 등장하기 전까지 이렇게 포괄적인 해석을 제공할 수 있는 학문은 천문점성학과 오행론밖에 없었다. 그래서 나는 옛 천문학을 모든 인문학의 뿌리라고 생각한다.

노인성을 보는 뜻은

  2017년 2월 말부터 아침마다 경남 남해군 지역 날씨 예보를 살펴보는 버릇이 생겼다. 2월 20일쯤 노인성을 보러 남해에 갔다가 실패하면서부터이다. 고령과 함안의 가야 문화 유적을 답사하고 남해군에 도착했을 때는 하늘이 잔뜩 흐려 노인성을 볼 수 없었다.

  우리나라에서 노인성을 볼 수 있는 곳은 몇 군데 되지 않는다. 제주도 서귀포 앞바다에서 볼 때 수평선 5도 위쯤에 떠 있는 별이라 남부 지역에서도 산이 높고 남쪽이 완전히 트여 있는 곳에서만 볼 수 있기 때문이다.

  노인성을 볼 수 있는 곳은 세 곳이 특히 유명하다. 제주도 한라산 영실에 있는 존자암과 남해 금산 보리암, 지리산 천왕봉 아래 법계사이다. 그 가운데 가장 잘 보이는 곳은 한라산 해발 1,300미터 높이에 있는 존자암이다. 하지만 옛날에 육지 사람들이 바다 너머 제주도까지 별을 보러 가기는 어려웠다. 그래서 중앙에서 파견한 관리나 유배 간 사람들만이 노인성을 볼 수 있었다. 지리산 천왕봉 법계사는 도가 사상을 가진 사람들이 많이 보러 다녔다고 한다. 법계사가 해발고도 1,400미터에 있는 절이라서 스님들이나 도인들처럼 특별하게 수행하는 사람이 아니라면 가기가 힘들었기 때문일 것이다. 그래서 보통 사람들이 만만하게 갈 수 있는 곳이 남해 금산 보리암이었다. 금산은 높이가 681미터 정도밖에 안 되는 데다가 정상 바로 아래에 보리암이 있어 그 절에서 묵으면서 노인성을 볼 수 있었기 때문이었다. 당시에는 '노인성을 세 번 보면 백수를 누린다'는 말이 있어서 그 주변에 있는 노인들이 노인성을 보러 가는 계를 만들 정도였다고 한다. 오고 가고 먹는 데 필요한 비용을 마련하는 계였을 것이다.

나도 제주까지 가기는 힘들고 천왕봉은 너무 높아서 보리암에 간 것인데, 저녁때 간 까닭은 2월 20일 즈음에는 저녁 9시 정도에 노인성을 볼 수 있기 때문이다. 10월 말에는 새벽 6시, 11월 말에는 새벽 3시, 12월 말에는 새벽 1시, 1월 말에는 밤 11시, 2월 말에는 밤 9시, 3월 말에는 저녁 7시에 볼 수 있다. 그 뒤에 노인성을 다시 보려면 추분까지 기다려야 한다. 옛날 고려와 조선에서 추분을 전후해서 노인성에 제사를 지냈는데 이를 통해 노인성 출몰에 대한 확실한 지식을 가지고 있었다는 것을 확인할 수 있다.

노인성을 보지 못해 안타까운 마음으로 밤을 지새우고 다음 날 아침에 보리암에 올라가 보았다. 올라가면서 보이는 금산은 실로 장관이었다. 알칼리 화강암으로 된 거대한 바위 절벽들이 늘어서 있고 곳곳에 보이는 풍경들은 탄성이 절로 나올 정도로 절경이었다. 쪽빛 바다와 흰빛 바위산의 대비도 좋았고, 때마침 나타난 햇빛에 따라 시시각각 바뀌는 바다 빛을 받고 있는 금산은 이름 그대로 비단산이라고 부를 만했다. 보리암에 도착해서 처음 만난 건물 이름이 '간성각'이었다.^{그림 83} 별을 볼 수 있는 집, '간성각(看星閣)'이 있는 곳은 전국에 있는 모든 사찰 가운데 이 보리암뿐일 것이다. 계를 만들어서 찾아오는 옛 노인들은 바로 이 자리에서 노인성을 맞이했으리라. 현재는 사찰 사무를 처리하는 종무소

〈그림 83〉 간성각

였는데, 간성각의 유래를 담당자에게 물어보니 모르겠다고 한다. 지나가는 스님들에게 물어봤더니 간성각의 유래를 잘 알고 있었다. 자신들도 가끔 노인성을 보는데 보리암까지 노인성을 보러 온 사람은 거의 없었다고 한다. 가져간 나침반으로 간성각 앞에서 방향을 측정해보았다. 간성각의 앉음새는 정남 방향이 아닌 동쪽으로 약간 틀어져 있었다. 본디 그런 것인지 간성각 앞에 최근 세운 큰 건물 때문인지는 잘 모르겠지만 큰 건물 때문에 간성각에서 노인성을 보기 어려우니 보리암을 다시 지을 때 앉음새가 바뀐 것으로 보인다.

노인성을 보지 못하고 돌아오니 갈증 같은 것이 생겼다. 그래서 아침마다 남해 날씨를 확인하는 버릇이 생겼던 것이다. 하지만 때가 우수와 경칩이라 땅이 녹고 습기가 많아서 계속 날이 흐려 별을 보러 갈 수가 없었다.

3월 7일, 아침에 일어나서 날씨를 확인해보니 남해 지방이 아침부터 저녁때까지 맑다고 한다. 지난번에 노인성을 함께 보러 갔던 연구소 식구들에게 연락하고 차를 수배해서 남쪽으로 무조건 떠났다. 그런데 무주 덕유산 언저리에 가니 구름이 많이 끼어서 걱정이 되었다. 큰아들이 노인성을 볼 수 있겠느냐고 불안해했다. 그래서 여기는 산악지대라 구름이 있을 수 있지만 남쪽으로 가면 괜찮을 거라고 말을 했다. 하지만 나 역시 속으로 불안하기는 마찬가지였다. 다행히 하동을 지나니 구름 한 점 없다. 3월 7일에는 저녁 7시 45분쯤에 떠서 8시가 조금 넘으면 지기 때문에 저녁밥을 먹을 시간도 없이 금산에 올랐다. 보리암 위쪽에 있는 언덕에서 보기로 하고 도착해보니 7시 49분이다. 장고별, 곧 서양의 오리온자리를 찾아서 천랑성(시리우스)을 확인하고 그 아래로 찾아내려가니 붉은 별이 보인다. 남극노인성은 밤하늘의 붙박이별(항성) 가운데 천랑성 다음으로 밝은 별이다. 그러나 수평선 바로 위인 데다가 물안개까지 끼어 있어 3등성 정도로 보인다. 그런데 그 붉은 별 같은 물체가 너무 커서 긴가민가하고 있는데 조금 지나니 약간 움직이는 것이 보였다. 별이 아니라 지나가는 배의 불빛이었던 것이다. 바로 그때 오른쪽으로 반짝이는 것이 보여서 각도와 방향 등을 확인해보니 노인성이었다.[그림 84] 확인하자마자 바로 사라져버렸지만……. 참, 노인성은 내게는 만나기 쉬운 별이 아니다.

내가 노인성을 그렇게 보고 싶었던 것은 오랜 기간 노인성과 관련된 기록과 유적을 만나면서 궁금증을 키워왔기 때문이다. 노인성을 처음 알게 된 것은 서른을 갓 넘었을 때였다. 그때는 우리 고장의 역사와 문화에 대한 공부에 빠져 있었는데『신증동국여지승람』권15 문의현 관련 기록을 읽다가 노인성에 관한 기록을 발견했다.

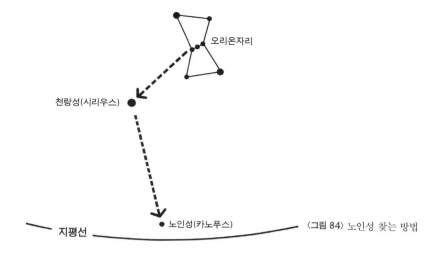

오리온자리

천랑성(시리우스)

노인성(카노푸스)

지평선 〈그림 84〉 노인성 찾는 방법

현의 서쪽으로 십이리, 산 정상에 노인성전 옛 터가 있는데, 그 화
상이 현재에 이르도록 남아 있다.

그 자료를 읽자마자 구룡산에 올라갔다. 다람절이라고 불리는 현암
사를 지나 정상에 오르니, 작은 테뫼식 산성이 있었고, 9부 능선에 제법
넓은 공터가 있어 노인성전이 있었다면 그쯤이었을 것이라는 추측을 할
수 있었다. 그때까지는 아직 천문학에 깊은 관심을 가지기 전이어서 우
리 고장의 역사를 찾는 수준이었는데, 우리 문화에 관한 공부를 계속하
다 보니 노인성과 관련된 『고려사』나 『조선왕조실록』 기사를 계속 만나
게 되었다. 역사 속에서 노인성은 그 별이 나타나면 국가적인 경사로 받
아들여졌던 별이었다. 노인성이 나타나면 나라의 태평과 임금의 장수를
보장하는 영험한 별이라고 믿었기 때문이다. 노인성에 관한 우리나라 최
초의 역사적 기록 역시 그러한 인식을 반영하고 있었다. 고려 초기, 왕건

이 후백제랑 싸우고 있을 때 노인성이 나타났는데, 그 뒤 운주, 지금의 홍성 주변에 있는 30여 개 군현이 견훤을 배반하고 왕건에게 항복하였다는 것이다. 그 뒤로도 노인성과 관련된 기사가 여러 개 있는데 노인성이 나타나면 임금과 신하가 잔치를 벌이고, 신하들은 나라의 경사를 축하하는 표를 올리거나 악공으로 하여금 노래를 지어 부르는 내용이었다. 예종 때는 노인성이 나타나자 박순이라는 지방관이 역마를 타고 달려서 임금에게 알렸다고 한다. 모를 때는 이러한 기록들에 대한 특별한 생각이 없었는데, 천문학에 대한 관심이 깊어지고 노인성이 적도 아래쪽 남반구 하늘에 있는 용골자리 알파별인 카노푸스라는 것을 알게 되면서 이러한 역사 기록들에 대한 의심이 생겼다. 노인성을 발견했다는 것이 지금의 황해도나 문의, 선산, 충주 등인데 그곳은 노인성을 절대로 볼 수 없는 지역이기 때문이다. 그러면 그러한 보고들이 거짓말이었을까? 지방관의 아첨일 수도 있겠지만 기존에 볼 수 없었던 별인 초신성이나 신성이 나타난 것을 노인성이 나타난 것으로 잘못 알았을 수도 있었을 것이다.

『조선왕조실록』에 나타난 노인성에 대한 기록은 노인성에 대한 제사 이야기가 대부분이었다. 서울 용산 국립박물관 뒤쪽에 있는 언덕을 '둔지산'이라고 하는데, 그 산에 노인성에 제사를 지내는 단이 설치되어 있었다고 한다. 지금의 용산 국방부 청사 주변이다. 『조선왕조실록』에는 노인성을 보았다는 기록은 거의 없고, 왕의 장수를 축원하는 세자나 세손의 글에 노인성이 빛난다거나 높이 떠 있다는 내용이 있을 뿐이었다.

노인성에 대해 다시 한 번 깊은 인상을 가지게 된 것은 천상열차분야지도를 자세히 살펴보면서이다. 천상열차분야지도 남쪽 경계에 노인성이 있었는데, 다른 별보다 열 배는 더 큰 모습으로 새겨져 있었다. 모든 별자리 가운데 가장 영험하다는 생각이 그렇게 반영됐던 것으로 보인다.

노인성은 초기에는 나라의 태평과 국왕의 장수와 관련된 별로 이해했지만, 나중에는 모든 사람들의 무병장수를 맡은 신선이라고 믿게 되었다. 제주도 대정현에 귀양 가서 노인성을 본 뒤에 쓴 조관빈의 시가 그것을 잘 보여준다.

노인성가

그대는 노인성을 보지 못하였는가
별 중에 최고의 영험을 지닌 별, 노인성을
이 별은 사람들의 수명을 늘려주어
별 비추는 곳마다 장수하는 사람들이 많다네
노인성을 보려면 남쪽 하늘을 바라봐야 하는데
중국 형산에 가지 않아도 노인성을 볼 수 있다네
가을 새벽, 봄 저녁에 남쪽에서 보이나니
오래 보이지는 않지만 매우 밝게 빛난다네
대정에서 바라보면 동쪽에는 한라산이
손에 잡힐 듯한 영묘함이여
내가 유배와 머무는 곳은 대정현 남쪽 해변마을
언제나 맑은 하늘, 노인성 기운이 나려오기에
예부터 이 고장을 수향(壽鄕)이라 부르지.

노인성이 이렇게 장수를 상징했으므로 노인성을 그려서 선물하는 것

〈그림 85〉 남극노인도(김홍도)

은 새해 최고의 선물이었다. 새해에 재앙을 없애고 복을 빌기 위해 선물하는 그림을 '세화'라고 한다. 재앙을 없애는 그림은 금갑신장도, 호랑이, 닭 그림이고 보통 문에 그려 넣었다. 복을 비는 그림은 노인성, 모란, 선녀도(마고, 서왕모)인데 벽에 바르거나 족자를 만들어 걸어놓았다. 복을 비는 그림 가운데서도 노인성 그림이 가장 인기가 좋았다고 한다. 할아버지나 아버지의 장수를 비는 그림이 최고의 선물이 되었기 때문이다. 여성들의 장수를 위한 선물로는 선녀도가 있었다. 노인성은 수성, 수노인, 남극노인 등 다른 이름이 많은데 단원 김홍도가 그린 '남극노인도'를 살펴보면 아주 재미있게 생겼다.[그림 85] 삼척도 안 되는 작은 키, 얼굴이 키의 반이나 되어서 이등신처럼 생긴 몸, 머리는 벗겨지고 정수리가 아주 높이 솟은 특이한 모습이다. 왜 이런 모습으로 그리게 되었을까? 거기에는 다음과 같은 이야기가 전해지고 있다.

1063년 11월, 북송(北宋) 인종황제 때 수도 개봉(開封)에 한 노인이 나타났는데, 그 모습이 특이해서 사람들의 관심을 끌었다. 도사가 입는 옷을 입고 있었고, 머리가 이상하게 길어 몸의 절반을 차지했는데, 엄청난 술꾼이었다. 한 번 술을 마시면 술로 목욕을 할 만큼 마셨는데도 취한 적이 없었다. 당연히 장안의 명물이 되었고, 많은 사람들이 찾아와서 구경도 하고 그림도 그렸지만 화내는 법이 없었고 자신을 남극노인이라고 말하곤 했다. 그 소문을 듣고 인종이 노인을 초대했는데, 황제 앞에서도 아무런 거리낌 없는 모습이었다. 인종이 술 한 말을 권하자 마치 사막이 물을 빨아들이듯 순식간에 마셔버렸다. 인종이 계속 술을 권해 일곱 말을 마시고서는 궁전을 빠져나가 그 뒤로는 모습을 찾을 수 없었다. 다음 날 아침, 천문관이 인종에게 지난밤 천문관측 결과를 보고하면서 물었다.

"폐하, 간밤에 수성(壽星)이 황좌(皇座: 황제의 성좌) 가까이 왔다가 돌연 사라져버렸습니다. 혹시 어찌 된 사연인지 아시는지요?"

인종은 그 보고를 받고 그 노인이 수성의 화신이었다는 것을 깨달았다는 것이다.

화가들은 남극노인성을 여러 가지 모습으로 그렸다. 학이나 사슴을 타고 있기도 하고, 손에 천도복숭아나 영지(靈芝: 장수를 가져다준다는 신비의 버섯) 또는 먹으면 신선이 된다는 풀을 지팡이에 매단 모습으로 그려지기도 한다. 이런 그림들은 남극노인성의 속성을 우의적으로 나타내는 것이다. 영지와 풀, 천도복숭아는 그 자체가 장생불사를 상징한다. 특히 천도복숭아는 곤륜산에 있는 서왕모의 복숭아밭에 열리는데 삼천 년 만에 겨우 한 번 열리는 귀한 과일이라고 한다. 복숭아가 익으면 서왕모는 신선들뿐만 아니라 새로 신선이 될 사람들을 초대해서 천도복숭아를 대접한다. 천도복숭아를 먹으면 신선이 되기 때문이다. 그래서 장수를 상징하는 노인성이 천도복숭아를 들고서 권하는 모습을 그린 남극노인도는 당신이 신선처럼 오래 살라는 바람을 담은 것이었다. 심지어

천도복숭아를 훔치는 그림을 선물하기도 했다. 천도복숭아를 훔쳐서라도 당신에게 주겠다는 뜻이니 장수를 바라는 마음을 그렇게 강하게 표현하려고 했던 것이다.

본디 신선도는 중국에서는 송나라 시기부터 본격적으로 나타나서 명나라 초기까지는 종교적인 의미에서 많이 그려졌다고 한다. 그러다가 명나라 말기에 시장경제가 확산되면서 부귀영화를 기원하는 브랜드가 되었고, 판화나 조각, 공예품 등에 새겨져서 서민들 사이에서도 유통되었다. 이와 달리 도가적 전통이 약한 우리나라에서는 조선시대가 되어서야 임금이 가장 아끼는 종친이나 신하에게 새해 선물을 주기 위해 그려진 것으로 보인다. 세화는 조선 후기가 되면 양반들이 부귀영화에 대한 욕망을 담아 주고받는 반속으로 자리 잡았다. 일본에서는 에도 시대에 노인성 그림이 인기가 아주 많았다고 한다. 노인성이 한국, 일본, 중국 세 나라에서 지배 계급의 부귀와 장수에 대한 욕망을 극대화하는 하나의 기호로 자리 잡게 되었던 것이다. 세속에서 함께 참여하고 협력하면서 살아가는 것이 아니라 세속을 벗어나 자신만의 삶을 부여잡고 몸부림치는 도가 사상의 필연적 결말이었을까?

별자리가 빚어내는
조화로운 소리

    요즘 많은 부모들이 창의성 교육을 한다고 새롭고 경쟁적인 자극과 제안들을 아이에게 쏟아붓는다. 하지만 아이들의 주의력은 그러한 자극과 제안을 감당하지 못한다. 그래서 아이들은 부모가 제안하는 활동에 대해 무관심하거나 짜증을 낸다. 엄마 아빠의 요구를 어쩔 수 없이 따르는 아이들도 지구력과 집중력에 문제가 생길 수밖에 없다. 지구력과 집중력을 기르는 데 가장 중요한 것이 한 가지 일을 진득하게 하는 것인데 그러한 경험을 하지 못했기 때문이다. 나는 아이들이 제대로 자라기 위해서는 어떤 것에 흠뻑 빠져야 한다고 생각한다. 그래서 우리 아이들과는 무얼 하더라도 몇 달, 또는 몇 년을 지속하려고 했다. 내가 우리 아이들과 가장 오래 그리고 지속적으로 진행한 것이 마을나들이였다. 특히 큰아이와는 어렸을 때부터 마을길과 뒷산을 한 달에 두 번씩은 나들이를 했다. 효과는 좋았다. 큰아이는 초등학교 입학할 즈음에는 마을 어디에서 언제 어떤 꽃이 피고, 어떤 곤충을 볼 수 있는지, 어떤 새들이 날아드는지 마음의 지도를 가지고 있었다. 마을나들이를 할 때 가장 신나는 장면은 새를 만날 때였다. 새가 나타나면 우리는 함께 새 노래를 불렀다. '꿩꿩 장서방'이라는 전래동요 하나로 모든 새를 노래할 수 있었다.

다른 새를 만날 때는 노랫말을 바꾸면 되었다.

"꿩꿩 장서방. 어디어디 사나?"
"저 산 너머 살지."
"뭐 먹고 사나?"
"콩 먹고 살지."
"누구하고 사나?"
"엄마하고 살지."
"꿩 어떻게 우나?"
"꿩꿩! 하고 울지."

이렇게 노래하니 초등학교 들어갈 때 무렵에는 60여 종이 넘는 새소리를 구분할 줄 알았다. 작은 새는 높은 소리를 내고 큰 새는 낮은 소리를 낸다는 것은 상식이었다. 누구보다도 자연의 소리에 민감해진 것인데 중학교 다닐 즈음에는 자신의 경험이 특별하다는 것을 깨달았다. 학교에서 소리지도 만들기 수업을 경험한 것이 계기가 되었다.

"아빠, 이번 미술 시간에 소리지도 만들기를 했거든요?"
"소리지도를 어떻게 만드는 거지?"
"선생님이 나눠준 A4 용지 한 장을 들고 반 아이들이 뒷동산으로 갔어요. 그러고는 자기가 앉고 싶은 곳에 앉아서 주변에서 들려오는 소리의 위치가 어디인지 그림으로 그리는 거예요. 한 5~10분 정도를 했는데 낼 때 슬쩍 보니까 제가 다른 애들보다 주변의 소리를 훨씬 많이 들었더라고요."

"몇 가지나 들었어?"

"다른 애들은 보통 3~7개, 제일 많이 들은 애도 10개 수준이었는데 저는 20개는 들었어요. 바람소리, 주변에 새소리, 나뭇잎이 바람에 날리는 소리, 돌이 굴러가는 소리, 낙엽이 바스락거리는 소리 같은 거요. 다른 애들은 왜 그 소리들을 못 들었을까 싶더라고요."

자연의 소리에 대한 이러한 민감성은 큰아이가 나중에 플라톤의 '천구의 음악'을 공부할 때 큰 도움이 되었다.

'천구의 음악'이란 하늘에 있는 행성들이 독자적인 소리를 내고 있고 그 음들이 어울려 조화로운 음악을 이루고 있다는 플라톤의 이론을 말한다. 우주가 진공상태라는 것, 소리는 공기의 진동이기 때문에 우주가 소리를 낼 수 없다는 것을 이미 알고 있는 큰아이는 플라톤의 이론을 이해하지 못했다. 그래서 플라톤 시대의 사고방식으로 아이에게 질문을 던져보았다.

"한뫼야! 체격이 큰 소는 낮은 소리를 내고 작은 새들은 높은 소리를 내는 걸 알지? 그 원리를 행성에 적용하면 어떻게 될까?"

"수성은 작고 빠른 음을 내고, 토성과 목성은 크고 느리니까 낮은 음을 내겠지요. 하지만 우주는 진공상태잖아요."

"플라톤은 진공이론을 몰랐을 거야. 따라서 플라톤의 생각을 이해하려면 행성 사이에 공기가 있다고 생각해보면 어떨까?"

"소리가 나겠죠. 하지만 그렇게 큰 행성이 움직인다면 우리가 들을 수 없는 초저음이 되지 않을까요? 고래 정도의 크기를 가진 동물도 우리가 들을 수 없는 낮은 주파수의 소리를 만들잖아요."

"실제로 우주의 음악은 우리 귀에 들리지 않지. 그래서 아빠는 플라톤의 이론이 물리학이나 음악에 관한 것이라기보다는 윤리적인 것이라고 생각해. 플라톤은 천구의 음악은 지혜로운 사람은 들을 수 있지만 어리석은 사람은 들을 수 없다고 주장했거든."

행성이 음악을 연주한다는 것은 플라톤뿐만 아니라 코페르니쿠스, 케플러 등 과거의 천문학자들 대다수가 공유하고 있는 관념이었다. 특히, 케플러가 열광적이었다. 그는 1599년에 행성의 상대속도와 거리를 바탕으로 C장조 코드를 도출한 다음에 악보를 만들었다. 케플러는 악보를 만들고 난 뒤 자신의 심정을 이렇게 말했다.

천상의 하모니라는 신성한 장관 때문에 말로 표현할 수 없는 황홀경에 사로잡힌 기분이다. 천상에 공기를 주면, 진정한 음악이 흘러나올 것이다.

우주가 진공상태라는 것을 이미 알고 있던 케플러가 왜 그런 주장을 한 것일까? 당시에도 많은 사람들이 천구의 음악에 대해 부정적으로 생각했다. 케플러는 이러한 부정적 반응에 대해 플라톤처럼 대응했다. 천구의 음악은 귀로 듣는 것이 아니라 지성으로 아는 것이라고.

이렇게 음악과 별자리의 운행에 관계가 있다고 믿는 관념은 동양에서도 오랜 기원을 가지고 있다. 동양 음악에는 12개의 반음이 있는데 이를 홀수 음과 짝수 음 6개로 나눈다. 홀수 음은 양의 소리, 짝수 음은 음의 소리라고 한다. 홀수 음에는 황종궁, 태주궁, 고선궁, 유빈궁, 이칙궁, 무역궁이 있고, 짝수 음에는 대려궁, 협종궁, 중려궁, 임종궁, 남려궁, 응종

궁이 있다. 홀수 음을 달리 '율'이라고 하고 짝수 음은 '여'라고 한다. 그 래서 우주의 음악을 '율려'라고도 하는데 그 기원을 『악학궤범』에서는 다음과 같이 설명하고 있다.

해와 달이 천상의 12차에서 만나는데, 그것이 오른편으로 도는 것을 본받아서 성인이 6려를 만들었고, 북두칠성의 자루가 지상의 12진으로 운행하는데, 왼쪽으로 도는 것을 본받아서 성인이 6률을 만들었다. 그런 까닭에 양의 율은 왼쪽으로 돌면서 음과 합하고, 음의 여는 오른쪽으로 돌면서 양과 합하여, 천지사방에 음양의 소리가 갖추어졌다.

다시 말하면 북두칠성이 왼쪽으로 돌면서 만든 소리가 양의 소리인 6률이고, 해와 달이 오른편으로 돌면서 내는 소리가 음의 소리인 6려가 된다는 것이다. 12차란 목성이 해 주위를 12년 만에 한 번 돌 때, 그 위치를 파악하기 위해서 하늘을 12구역으로 나눈 것이다.

이렇게 율려가 우주의 조화로운 운행에서 비롯된 것처럼 그 소리를 만들어내는 악기에도 별자리에 대한 관념과 신앙이 담겨 있다. 북두칠성을 우러러온 우리 겨레는 악기에도 그 원리를 담았다. 거문고의 일곱 현이 북두칠성의 운행원리를 모방하고 있다는 것은 누구나 쉽게 추정할 수 있는 것이다.

부산 복천동 고분군에서 발견된 '칠두령'도 역시 북두칠성과 관련이 있다.그림 86 칠두령은 복천동 고분군 가운데 가장 높은 데서 발견된 유물인데 무덤 주인의 머리 오른쪽 옆에서 발견되었다.

칠두령은 일상적인 종교의례에서는 나무에 끼워서 굿판에 세워놓았

<그림 86> 칠두령

을 것이다. 우리와 같은 신내림의 문화에서는 그 방울이 울릴 때 칠성님이 내려온다고 믿었다. 『삼국지위서동이전』'한조'에 이와 관련된 기록이 나온다.

귀신을 믿으며 나라의 읍마다 각기 한 사람을 세워 하늘신에게 지내는 제사를 주관하게 하는데 이를 이름하여 천군이라고 한다. 또한 모든 나라에는 각기 별도의 읍이 있으니 이름하여 소도라고 한다. 큰 나무를 세우고 방울과 북을 달아 귀신을 섬긴다.

대금에서도 칠성 신앙의 흔적을 발견할 수 있다. 대금을 보면 여러 개의 구멍이 있다. 맨 위에 입김을 불어넣는 취구가 있고, 그 아래에는 천공이 있다. 천공 아래에는 음의 높낮이를 조절하는 6개의 지공이 있는데 끝자락에 보면 2~3개의 구멍이 또 있다. 이를 칠성공이라고 한다.^{그림 87} 천공과 지공, 칠성공이라는 말에서 대금이 가진 천문학적인 의미를 상상해볼 수 있다. 나는 칠성공이라는 이름에서 대금이 칠성님을 강림케 하는 악기였을 것이라는 확신을 갖게 되었다.

<그림 87> 칠성공

청동기시대의 '팔주령'도 하늘과 해에 관한 신앙을 보여준다.^{그림 88} 팔주령을 보면 전체적

으로 둥근 모양을 하고 있다. 가운데에는 둥근 햇빛 무늬와 함께 이등변삼각형과 십자모양이 새겨져 있다. 햇살이 사방으로 뻗어나가는 모습을 표현한 것이다. 그러면 방울은 어떤 뜻과 속살을 가지고 있는 것일까. 방울은 공 모양이다. 무한대라고 해도 좋을 만큼 많은 원의 집합이다. 하늘이 둥근 것을 상징하는 것이다. 햇살이 뻗어나간 끝

〈그림 88〉 팔주령

부분에 둥근 방울이 있는 것은 생명의 힘을 상징하는 것이라고 볼 수 있다. 열매처럼 둥근 그 모양에 풍요와 다산의 소망을 담았을 것이다. 이러한 우주적인 의미가 담긴 방울 속의 구슬들이 굿판에서 소리를 내면 사람들은 흥분과 기대, 열망으로 가득 찼을 것이다. 나와 집단의 소망을 들어줄 신이 강림하는 까닭이다. 그 소리는 신들의 강림을 증명하는 것이기도 하고 사람들의 소망을 신에게 전달하는 매체이기도 하다. 방울 소리가 매개가 되어 신과 사람과 자연이 하나가 되는 신명의 세계가 열리는 것이다.

밤하늘에서 만나는
유화부인과 해모수

문한뫼

내가 주몽 신화를 처음 접한 것은 초등학교 1학년 때였다. 출장을 가는 어머니를 따라간 곳에서 『한국 신화』라는 만화책을 발견하고는 호기심이 생겨 냉큼 집어 읽었다. 그리스 로마 신화는 어린이 채널에서 애니메이션으로도 방영하고, 집에도 만화책이 있어 쉽게 접할 수 있었지만 우리나라 신화는 아버지가 해주셨던 바리데기를 비롯한 몇 가지 이야기를 제외하고는 잘 알지 못했기 때문이다.

주몽 신화는 그리스 로마 신화처럼 무서운 괴물도 나오지 않았고, 자극적인 이야기도 없었지만 훨씬 쉽고 재미있게 읽었다. 신들린 활솜씨와 슬기, 어머니 유화부인의 도움으로 어려움을 헤쳐나가는 주몽의 이야기는 지금까지 내가 알고 있었던 어떤 이야기보다도 흥미진진했고 재미있었다.

『한국 신화』뿐만 아니라 아예 주몽 신화만 그려져 있는 만화책을 사기도 하고, 4학년 때는 사극 '주몽' 또한 빠지지 않고 챙겨 보았다. 그렇게 주몽 신화를 달달 외울 정도가 되자 아버지께서는 주몽 신화를 입말로 바꿔서 주변 사람들에게 이야기를 해보게 하셨다. 막상 이야기를 하려니 긴장해서 버벅대기도 했고, 잘 기억이 나지 않아 책을 다시 읽어가며 몇 번을 이야기하고 나니 주몽 신화가 완전히 입에 붙었다. 질릴 법도 하건만 볼 때마다 새로웠고, 늘 재미있던 것이 주몽 신화였다.

어렸을 때부터 이렇게 주몽 신화를 좋아하던 나에게 아버지가 한 가지를 제안하셨다. 전관수의 『주몽 신화의 고대 천문학적 연구』에 나오는 여러 상황들을 재현해보라는 것이었다. 재미있겠다는 생각에 책을 읽어나가면서 해모수와 유화의 만남부터, 주몽이 송양왕을 누르고 고구려를 세우는 과정들을 어떻게 별자리로 설명하는지 살펴보았다. 그런데 책을 읽어나갈수록 얼핏 드는 생각이 있었다. 바로 표본이 너무 적다는 것이었다. 전관수는 서기전 100년, 또는 서기전 30년에만 초점을 맞춰두고 시뮬레이션을 돌린 것이어서 표본이 너무 부족해 신뢰성이 떨어졌다.

그래서 직접 서기전 100년부터 고구려가 멸망할 때까지 밤하늘을 모두 살펴보기로 했다. 내가 주목한 장면은 주몽 신화의 시작인 해모수와 유화부인의 만남부터 이별까지였다. 크게 세 가지 장면으로 나눌 수 있는데 첫 번째는 유화와 해모수의 첫 만남, 두 번째는 유화와 해모수가 하백에게 인사를 드리러 가는 것, 세 번째는 하백과 해모수에게 버려진 유화가 우발수에서 금와왕과 만나는 장면이다.

시뮬레이션은 유명한 천체 관측 프로그램인 스텔라리움을 사용했다. 스텔라리움을 켜서 고대의 밤하늘을 살펴보려는 순간 큰 문제가 생각났다. 내가 고대의 음력, 양력을 계산하는 방법을 알지 못했다. 한참 고민하다가 찾은 프로그램이 Caltime이었다. 고대의 음력, 양력을 계산해주고 윤달까지 볼 수 있어서 나에게 정말 필요한 것이었다.

첫 번째로 살펴본 것은 구리집에서 해모수와 유화가 첫날밤을 보내는 장면이었다. 주몽 신화에서 이 대목을 살펴보자.

북쪽 청하(淸河)에는 하백(河伯)의 세 딸이 살고 있었다. 모두 아름 다웠으며 각각 유화(柳花), 훤화(萱花), 위화(葦花)라고 하였다. 그녀들 이 청하에서 나와 웅심연 물가로 놀러 나가니 신같은 자태가 곱게 빛 났으며 장식한 패옥(옷의 좌우에 늘여 차던 옥)이 어지럽게 울려 아름답 기 그지없었다.

　　해모수(解慕漱) 왕이 이들을 보고 좌우에게 이르되,

　　"얻어서 왕비를 삼으면 후사를 두리로다." 하였다.

　　그러나 세 여인은 왕을 보자 즉시 물속으로 들어가버렸다. 이에 좌우가 말하기를,

　　"대왕께서는 어찌 궁전을 지어 여자들이 들어가길 기다렸다가 마 땅히 문을 닫지 않으십니까?" 하였다.

　　왕이 이를 옳게 여겨 말채찍으로 땅을 그으니 문득 구리집이 생겼 는데 가히 장관이었다. 방 한가운데 세 자리를 마련해놓고 술을 두었 다. 그랬더니 여자들이 각각 자리에 앉아 서로 권하며 술을 마시고 크 게 취하였다. 세 여자가 크게 취하기를 기다려 왕이 급히 나와서 막으 니 여자들이 놀라 달아나는데 장녀인 유화만이 왕에게 붙들렸다.

　　전관수는 구리집을 '저수', 곧 천칭자리라고 말했고 그믐달은 유화, 태 양은 해모수라고 설명하였다. 서기전 100년부터 음력 9월 그믐 일몰 직 후로 날짜를 맞춰놓고 1년 단위로 모두 돌려보며 달이 매년 천칭자리에 들어오는지, 근처에서 태양과 만나는지 시뮬레이션 해보았다. 위도와 경 도는 국내성의 위치인 41도, 125도로 맞춰놓았다. 달은 몇십 년, 혹은 몇백 년에 한 번씩 조금 멀어지는 것을 제외하고는 모두 천칭자리 안에 들어갔고 태양과 가까워졌다. 결과가 성공적이자 신이 나서 콧노래를 부

르며 다음 장면을 살펴보았다.

두 번째 장면은 훤화와 위화에게 자초지종을 듣게 된 하백이 해모수에게 사자를 보내면서 시작된다.

딸들에게 자초지종을 들은 하백(河伯)이 크게 노하여 사자를 보내 말하였다.

"너는 어떤 사람인데 나의 딸을 붙잡아두었는가?"

해모수(解慕漱)가 대답하길,

"나는 천제의 아들로 이제 하백에게 구혼하고자 한다"고 하였다.

하백(河伯)이 다시 사자를 보내,

"네가 천제의 아들로 내게 구혼을 하려 한다면 마땅히 중매를 보내야 될 터인데 이제 갑자기 나의 딸을 붙잡아두니 어찌 실례가 아닌가?"

해모수(解慕漱)가 이를 부끄럽게 여겨 장차 가서 하백(河伯)을 보려고 했으나 그 집에 들어갈 수도 없었다. 또한 유화를 놓아주려 했으나 이미 해모수와 정이 들어 떠나려 하지 않았다. 그리고 해모수(解慕漱)에게 권하였다.

"오룡거만 있으면 하백의 나라에 도달할 수 있습니다."

이에 해모수(解慕漱)가 하늘을 가리켜 말하니 문득 오룡거가 공중에서 내려왔다. 해모수(解慕漱)와 유화가 수레를 타니 바람과 구름이 갑자기 일어나며 하백(河伯)의 궁전에 이르렀다. 하백(河伯)은 예를 갖추어 이들을 맞이하고 자리를 정한 후에 말하되,

"혼인하는 법은 천하에 통용되는 법인데 어찌하여 실례되는 일을 해서 나의 가문을 욕되게 하였는가? 왕이 천제의 아들이라면 무슨 신이함이 있는가?"

하니 해모수(解慕漱)가 말하되,

"오직 시험해 볼 따름이다."

이에 하백(河伯)이 뜰 앞의 물로 들어가 잉어로 변하자 해모수(解慕漱)는 수달로 변해 이를 잡았다. 하백(河伯)이 다시 사슴이 되어 달아나니 해모수(解慕漱)는 승냥이가 되어 이를 쫓고, 하백(河伯)이 꿩으로 변하니 매가 되어 이를 쳤다.

그제야 하백(河伯)은 해모수를 참으로 천제의 아들이라 여기고 예로써 혼인을 이루고 해모수(解慕漱)가 딸을 데려갈 마음이 없을까 겁내어 잔치를 베풀고 술을 권해 크게 취하게 했다. 그 뒤 딸과 함께 작은 가죽 부대에 넣고 용 수레에 실어 하늘로 올라가도록 했다. 헌데 그 수레가 물에서 채 빠져나오기 전에 해모수(解慕漱)가 깨어나 분노해서 유화의 황금 비녀를 취해 가죽 부대를 찢고 그 구멍으로 나와 혼자 하늘로 올라가버렸다.

전관수는 이 장면에서 용이 이끄는 수레를 '두수', 서양의 궁수자리로 보았다. 또한 궁수자리에 머물고 있는 달이 해와 함께 지평선 아래로 내려가는 장면을 오룡거를 타고 하백에게 가는 것이라고 추측하고 있었다. 하백의 궁전을 지평선 아래로 해석하고 있는 것이다. 그리고 다음날, 해가 혼자서 떠오르는 것을 화가 난 해모수가 하늘로 떠나버리는 것이라고 한다. 이것 또한 서기전 100년부터 시작해 매년 음력 10월 수신제 무렵에 첫 초승달이 뜨는 날짜를 계산해 찾아보았다. 달은 가뭄에 콩 나듯 가끔 궁수자리를 벗어나기는 했지만 그 주기가 몇백 년에 달했다.

다음 장면은 해모수에게 버림받은 유화가 혼자 하백에게 돌아가면서 시작된다.

혼자 궁으로 돌아간 유화에게 하백(河伯)이 크게 노하여 그 딸에게 말하되,

"너는 나의 가르침을 따르지 않고 나의 가문을 욕되게 하였다."

하고 좌우에게 명하여 딸의 입을 잡아 늘려 그 길이가 석 자나 되게 했으며 노비 두 사람만 붙여 우발수(優渤水)로 보내버렸다.

우발수에 버려진 유화는 강에 설치된 통발에 걸린 물고기를 잡아먹으며 근근이 연명해나갔다. 그러나 자꾸 통발 속 물고기가 사라지는 것에 의문을 느낀 어부 강력부추가 금와왕에게 가서 고하길,

"근자에 어량 속의 고기를 도둑질해 가는 것이 있는데 무슨 짐승인지 알 수 없습니다."

하였다. 왕이 어부를 시켜 그물을 끌어내니 그물이 찢어졌다. 다시 쇠그물을 만들어 당겨서 돌에 앉아 있는 여자를 얻었다.

전관수는 달을 유화, 통발은 '필수(황소자리)', 찢어진 그물은 '오거성(마차부자리)', 쇠그물은 '정수(쌍둥이자리)'라고 해석하였다. 서기전 100년 음력 10월 15일부터 17일까지 이 별자리들 가까이에서 차례대로 보름달이 나타나는 모습이 이를 증명한다는 것이다. 확실히 황소자리는 통발의 모습과 비슷했고, 가운데가 뻥 뚫린 마차부자리는 찢어진 그물, 쌍둥이자리는 튼튼한 쇠그물과 닮아 있었다. 이 역시 실제로 그런 것인지 서기전 100년부터 시작해서 매년 음력 10월 보름부터 3일 동안 달의 움직임을 관찰해보았다.

마지막 실험 결과도 성공적이었다. 달은 서기전 100년부터 고구려가 멸망한 668년까지 거의 언제나 음력 10월 15일~17일에 황소자리와 마차부자리 아래를 거쳐 쌍둥이자리로 들어갔다. 가끔 달이 마차부자리

에서 크게 벗어나고는 했지만 어차피 마차부자리는 찢어진 그물이라 달이 안에 들어가지 않기 때문에 별문제가 되지 않았다. 세 번의 실험 모두 전관수의 추측이 옳다는 결론이 나왔다. 주몽 신화의 시작인 유화와 해모수의 만남과 이별은 매년 음력 9월 그믐부터 10월 보름까지 밤하늘에 펼쳐지고 있었던 것이다.

그렇게 세 번에 걸쳐 각 실험마다 몇백 개의 표본을 수집하며 관찰하고, 표를 만들어 정리하고 나자 주몽 신화가 나에게 새롭게 다가왔다. 그날 밤, 집에 들어가면서 밤하늘을 올려다보자 해모수와 유화의 만남부터, 송양왕을 굴복시켜 나라를 세우는 주몽의 모습이 내 눈 앞에 펼쳐지는 것 같았다. 마치 한편의 영화를 보는 것처럼.

연도	9월 그믐 근처	그믐 뒤 초승달	보름 하루 앞	보름	보름 하루 뒤
-100	천칭자리	궁수자리	황소자리	황소와 쌍둥이 사이	쌍둥이자리
-90	천칭자리	궁수자리	황소자리	황소와 쌍둥이 사이	쌍둥이자리
-80	천칭자리	궁수자리	황소자리	황소와 쌍둥이 사이	쌍둥이자리
-70	천칭자리	궁수자리	황소자리	황소와 오리온 사이	쌍둥이자리
-60	천칭자리	궁수자리	황소자리	황소와 쌍둥이 사이	쌍둥이자리
-50	천칭자리	궁수자리	황소자리	황소와 오리온 사이	쌍둥이자리
-40	천칭자리	궁수자리	황소자리	황소와 쌍둥이 사이	쌍둥이자리
-30	천칭자리	궁수자리	황소자리	오리온자리	쌍둥이자리
-20	천칭자리	궁수자리	황소자리	황소와 쌍둥이 사이	쌍둥이자리
-10	천칭자리	궁수자리	황소자리	황소와 쌍둥이 사이	쌍둥이자리
0	천칭자리	궁수자리	황소자리	마차부와 쌍둥이 사이	쌍둥이자리
10	천칭자리	궁수자리	황소자리	황소와 쌍둥이 사이	쌍둥이자리
20	천칭자리	궁수자리	황소자리	황소와 쌍둥이 사이	쌍둥이자리
30	천칭자리	궁수자리	황소자리	황소와 쌍둥이 사이	쌍둥이자리
40	천칭자리	궁수자리	황소자리	황소와 쌍둥이 사이	쌍둥이자리
50	천칭자리	궁수자리	황소자리	황소와 쌍둥이 사이	쌍둥이자리

60	천칭자리	궁수자리	황소자리	오리온자리	쌍둥이자리
70	천칭자리	궁수자리	황소자리	황소와 쌍둥이 사이	쌍둥이자리
80	천칭자리	궁수자리	황소자리	황소와 오리온 사이	쌍둥이자리
90	천칭자리	궁수자리	황소자리	황소와 쌍둥이 사이	쌍둥이자리
100	천칭자리	궁수자리	황소자리	쌍둥이와 오리온 사이	쌍둥이자리
110	천칭자리	궁수자리	황소자리	황소자리	황소와 마차부 사이
120	천칭자리	궁수자리	황소자리	오리온과 쌍둥이 사이	쌍둥이자리
130	천칭자리	궁수자리	황소자리	황소와 쌍둥이 사이	쌍둥이자리
140	천칭자리	궁수자리	황소자리	황소자리	쌍둥이자리
150	천칭자리	궁수자리	황소자리	황소와 쌍둥이 사이	쌍둥이자리
160	천칭자리	궁수자리	황소자리	쌍둥이자리	쌍둥이자리
170	천칭자리	궁수자리	황소자리	황소자리	황소와 오리온 사이
180	천칭자리	궁수자리	황소자리	황소와 쌍둥이 사이	쌍둥이자리
190	천칭자리	궁수자리	황소자리	오리온자리	쌍둥이자리
200	천칭자리	궁수자리	황소자리	황소자리	황소와 쌍둥이 사이
210	천칭자리	궁수자리	황소자리	황소자리	쌍둥이자리
220	천칭자리	궁수자리	황소자리	황소와 쌍둥이 사이	쌍둥이자리
230	천칭자리	궁수자리	황소자리	황소와 쌍둥이 사이	쌍둥이자리
240	천칭자리	궁수자리	황소자리	황소와 쌍둥이 사이	쌍둥이자리
250	천칭자리	궁수자리	황소자리	황소와 오리온 사이	쌍둥이자리
260	천칭자리	궁수자리	황소와 쌍둥이 사이	쌍둥이자리	쌍둥이자리
270	천칭자리	궁수자리	황소자리	황소자리	쌍둥이자리
280	천칭자리	궁수자리	황소자리	쌍둥이자리	쌍둥이자리
290	천칭자리	궁수자리	황소자리	황소와 쌍둥이 사이	쌍둥이자리
300	천칭자리	궁수자리	황소자리	황소자리	쌍둥이와 오리온 사이
310	천칭자리	궁수자리	황소자리	황소와 쌍둥이 사이	쌍둥이자리
320	천칭자리	궁수자리	황소자리	쌍둥이자리	쌍둥이자리
330	천칭자리	궁수자리	황소자리	황소자리	황소와 쌍둥이 사이
340	천칭자리	궁수자리	황소자리	오리온자리	쌍둥이자리
350	천칭자리	궁수자리	황소자리	황소와 쌍둥이 사이	쌍둥이자리
360	천칭자리	궁수자리	황소자리	황소자리	쌍둥이자리

370	천칭자리	궁수자리	황소자리	황소와 마차부 사이	황소와 쌍둥이 사이
380	천칭자리	궁수자리	황소자리	황소와 오리온 사이	쌍둥이자리
390	천칭자리	궁수자리	황소자리	황소자리	황소와 쌍둥이 사이
400	천칭자리	궁수자리	황소자리	황소자리	쌍둥이자리
410	천칭자리	궁수자리	황소자리	황소와 쌍둥이 사이	쌍둥이자리
420	천칭자리	궁수자리	황소자리	황소자리	황소자리
430	천칭자리	궁수자리	황소자리	황소자리	쌍둥이자리
440	천칭자리	궁수자리	황소자리	황소와 쌍둥이 사이	쌍둥이자리
450	천칭자리	궁수자리	황소와 오리온 사이	쌍둥이자리	쌍둥이와 게 사이
460	천칭자리	궁수자리	황소자리	황소자리	황소와 쌍둥이 사이
470	천칭자리	궁수자리	황소자리	황소와 오리온 사이	쌍둥이자리
480	천칭자리	궁수자리	황소자리	황소와 쌍둥이 사이	쌍둥이자리
490	천칭자리	궁수자리	황소자리	황소자리	황소와 오리온 사이
500	천칭자리	궁수자리	황소자리	황소와 쌍둥이 사이	쌍둥이자리
510	천칭자리	궁수자리	황소자리	황소자리	황소와 쌍둥이 사이
520	천칭자리	궁수자리	양자리	황소자리	황소자리
530	천칭자리	궁수자리	황소자리	오리온자리	쌍둥이자리
540	천칭자리	궁수자리	황소자리	쌍둥이자리	쌍둥이자리
550	천칭자리	궁수자리	황소자리	황소자리	황소자리
560	천칭자리	궁수자리	황소자리	황소자리	쌍둥이자리
570	천칭자리	궁수자리	황소자리	황소와 쌍둥이 사이	쌍둥이자리
580	천칭자리	궁수자리	황소자리	황소자리	황소자리
590	천칭자리	궁수자리	황소자리	황소자리	황소와 쌍둥이 사이
600	천칭자리	궁수자리	황소자리	오리온자리	쌍둥이자리
610	천칭자리	궁수자리	양자리	황소자리	황소자리
620	천칭자리	궁수자리	황소자리	황소와 오리온 사이	쌍둥이자리
630	천칭자리	궁수자리	황소자리	황소자리	황소와 쌍둥이 사이
640	천칭자리	궁수자리	황소자리	황소자리	황소자리
650	천칭자리	궁수자리	황소자리	황소자리	황소와 쌍둥이 사이
660	천칭자리	궁수자리	황소자리	황소자리	쌍둥이와 오리온 사이
668	천칭자리	궁수자리	황소자리	황소와 쌍둥이 사이	쌍둥이자리

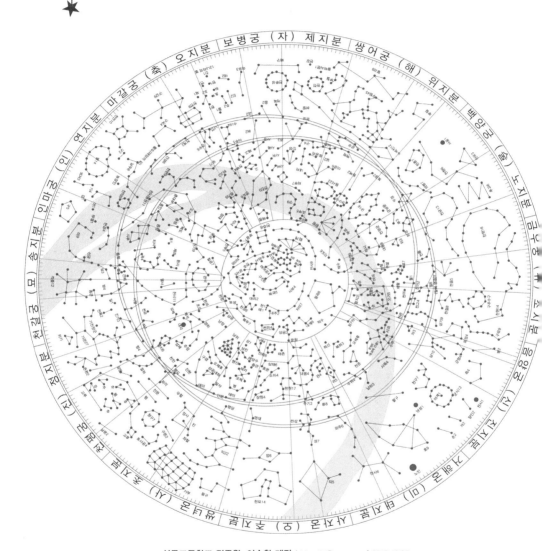

상무고등학교 정주완, 이수환 제작 (sirius_75@naver.com) 2016.10.25

그림 차례

1장 달과 해의 장단과 함께 한 우리 문화

2장 사람의 삶과 별 이야기

참고
문헌

1. 원전류

『경도잡지』(유득공, 홍신문화사, 1998)
『고려사』(사회과학원 고전연구실, 신서원, 1991)
『관자』(관중, 소나무, 2015)
『국조오례의』(신숙주, 학자원, 2017)
『동국세시기』(홍석모, 홍신문화사, 1989)
『동국이상국집』(이규보, 민문고, 1967)
『북사』(중국정사조선열국전, 동문선, 1996)
『삼국사기』(김부식, 솔출판사, 1997)
『삼국유사』(일연, 솔출판사, 1997)
『삼국지위서동이전』(중국정사조선열국전, 동문선, 1996)
『세시풍요』(우리 세시풍속의 노래)(유만공, 집문당, 1993)
『수서』(중국정사조선열국전, 동문선, 1996)
『시경』(이가원 신역, 홍신문화사, 1989)
『신증동국여지승람』(민족문화추진회, 한국문고간행회, 1969)
『악학궤범』(성현, 민속원, 2015)
『열양세시기』(김매순, 홍신문화사, 1998)
『유원총보역주』(김육, 서울대학교 출판문화원, 2016)
『조선왕조실록』(국사편찬연구회)
『후한서』(범엽, 역사 전문 블로그 히스토리아)

2. 단행본

E. G. 리처즈, 『시간의 지도: 달력』, 까치글방, 2003.
J. 노먼 로키어, 『천문학의 새벽』, 아카넷, 2014.
J. 해리슨, 『고대 예술과 제의』, 예전사, 1996.
갈릴레오 갈릴레이, 『시데레우스 눈치우스-갈릴레이의 천문노트』, 승산, 2004.

강성구,『MBC 한국 문화대전-충청북도민요해설집』, (주)문화방송, 1996.

강진원,『역으로 보는 동양 천문이야기』, 정신세계사, 2006.

고미숙,『나의 운명 사용설명서: 사주명리학과 안티 오이디푸스(크로버1)』, 북드라망, 2012.

고운기,『스토리텔링 삼국유사2 삼국유사 글쓰기 감각』, 현암사, 2010.

고운기,『우리가 정말 알아야 할 삼국유사1』, 현암사, 2002.

그레이엄 핸콕-로버트보발,『창세의 수호신』, 까치글방, 1997.

김도민,『국어대사전』, 교육도서, 1989.

김명한 편,『삼태성』, 연변 인민출판사, 1983.

김수길·윤상철,『천문류초』, 대유학당, 1998.

김수업,『우리말은 서럽다』, 나라말, 2009.

김일권,『동양 천문사상 하늘의 역사』, 예문서원, 2007.

김일권,『우리 역사의 하늘과 별자리』, 고즈윈, 2008.

김혜정,『풍수지리학의 천문사상』, 한국학술정보(주), 2008.

다나 맥켄지,『대충돌: 달 탄생의 비밀』, 이지북, 2006.

대한성서공회,『성경전서』, 도서출판 국제제자훈련원, 2008.

데이바 소벨,『행성이야기』, 생각의 나무, 2006.

로버트 M. 헤이즌,『지구이야기-광물과 생물의 공진화로 푸는 지구의 역사』, 뿌리와이파리, 2014.

로버트 바우벌·아드리안 길버트,『오리온 미스터리』, 열림원, 1999.

마쓰이 다카후미,『지구 46억년의 고독』, 푸른미디어, 1990.

문재현,『젊은 부모를 위한 백만년의 육아슬기』, 살림터, 2016.

문중양,『우리역사 과학기행』, 도서출판 동아시아, 2006.

박창범,『한국의 전통 과학 천문학』, 이화여자대학교 출판부, 2007.

백문식,『우리말 어원사전』, 박이정, 2014.

벤슨 보브릭,『점성술로 되짚어보는 세계사』, 까치글방, 2006.

서대석,『한국의 신화』, 집문당, 1997.

신인현,『새로운 지구사』, 교학연구사, 1996.

안상현,『우리가 정말 알아야 할 우리 별자리』, 현암사, 2000.

양홍진,『디지털 천상열차분야지도』, 경북대학교 출판부, 2014.

앤서니 애브니,『별을 향한 길』, 영림카디널, 1999.

에드워드 렐프,『장소와 장소상실』, 논형, 2005.

에드윈 C. 크룹,『고대 하늘의 메아리』, 이지북, 2011.

에디트 위제·프랑수아 베르나르 위제,『갈릴레오 이전 사람들은 세상을 어떻게 보았는가』, 이끌리오, 2000.

에멀린 M. 플렁켓, 『고대의 달력과 별자리』, 연세대학교 출판부, 2010.
요시무라 사쿠지, 『고고학자와 함께하는 이집트 역사기행』, 서해문집, 2002.
요한. 호이징하, 『호모 루덴스』, 까치글방, 1999.
우실하, 『동북공정 너머 요하문명론』, 소나무, 2007.
유발 하라리, 『사피엔스』, 김영사, 2015.
윤석희, 『천부윷의 재발견: 놀이 천부인 정전법의 제정원리에 대한 보고서』, 자하선,
    2013.
이규태, 『한국인의 밥상 문화2』, 신원문화사, 2000.
이나가키 히데히로, 『풀들의 전략』, 도솔, 2006.
이오덕, 『우리글 바로쓰기1』, 한길사, 1992.
이케우치 사토루, 『우리가 알아야 할 우주의 모든 것』, 이손, 2002.
이현일, 『국역 정부인 안동장씨 실기(實紀)』, 국역 정부인 안동장씨 실기 간행소, 1999.
이효석, 『메밀꽃 필 무렵』, 문학과 지성사, 2007.
임동철, 『청주음-청주를 노래한 한시』, 청주문화원, 1998.
임재해 외, 『고대에도 한류가 있었다』, 지식산업사, 2007.
임재해, 『마을문화의 인문학적 가치』, 민속원, 2012.
임재해, 『본풀이 사관으로 읽는 고조선 문화의 높이와 깊이』, 경인문화사, 2015.
임재해, 『신라 금관의 기원을 밝히다』, 지식산업사, 2008.
자클린 드 부르구앵, 『달력-영원한 시간의 파수꾼』, 시공사, 2003.
쟝샤오위앤, 『별과 우주의 문화사』, 바다출판사, 2008.
전관수, 『단군신화는 천문학이다』, 한국 문화사, 2016.
전관수, 『주몽신화의 고대 천문학적 연구』, 연세대학교 출판부, 2010.
전용훈, 『천문대 가는 길』, 이음, 2008.
정지용, 『정지용 전집2 산문』, 민음사, 1988.
정창훈, 『갈릴레이 두 우주체계에 대한 대화』, 김영사, 2008.
조동일, 『한국문학통사』 제2판, 지식산업사, 1989.
조상호, 『42명의 천문학자가 들려주는 별 이야기』, 크리에디트, 2008.
조선광문회, 『중경지』, 민속원, 1992.
조용헌, 『조용헌의 동양학강의2』, 랜덤하우스코리아(주), 2010.
조지프 니덤·노계진·존 콤브리지·존 메이저, 『조선의 서운관』, 살림출판사, 2010.
조지프 캠벨, 『신화의 세계』, 까치글방, 1998.
조현설, 『동아시아 건국 신화의 역사와 논리』, 문학과 지성사, 2003.
존 브록만, 『지난 2천 년 동안의 위대한 발명』, 해냄출판사, 2000.
지오프리 코넬리우스·폴 데버루, 『별들의 비밀』, 문학동네, 1999.
최덕근, 『10억 년 전으로의 시간여행』, 휴머니스트, 2016.

최인학 외, 『기층문화를 통해 본 한국인의 상상체계(하)』, 민속원, 1998.

최호 편역, 『신역 화엄경』, 홍신문화사, 1990.

크리스티앙 자크, 『크리스티앙 자크와 함께 하는 이집트 여행』, 문학세계사, 2006.

클리퍼드 코너, 『과학의 민중사』, 사이언스북스, 2014.

폴 보가드, 『잃어버린 밤을 찾아서』, 뿌리와이파리, 2014.

플라톤, 『국가론』, 집문당, 2009.

플라톤, 『법률』, 숲, 2016.

플로리안 프라이슈테터, 『우주, 일상을 만나다』, 반니, 2015.

한국천문연구원, 『한국천문대 만세력』, 명문당, 2004.

허신, 『설문해자』, 자유문고, 2016.

헨리에타 맥컬, 『메소포타미아 신화』, 범우사, 1999.

호메로스, 『일리아스』, 도서출판 숲, 2007.

휴 터스톤, 『동서양의 고전 천문학』, 연세대학교 출판부, 2010.

3. 논문

강문순, 「상엿소리 연구: 죽음 의식을 중심으로」, 이화여자대학교 대학원 석사학위논문, 1982.

강병한, 「경남 상엿소리 연구: 영산 상엿소리와 달구소리를 중심으로」, 동국대학교 대학원 석사학위논문, 2013.

고현주, 「전남지역 상엿소리 연구: 화자에 따른 죽음의식을 중심으로」, 부경대학교 대학원 석사학위논문, 2008.

구만옥, 「'천상열차분야지도' 연구의 쟁점에 대한 검토와 제언」, 『동방학지』 140권, 연세대학교 국학연구원, 2007.

김계훈, 「향음주례 절차에 관한 고찰」, 서울벤처정보대학원 석사학위논문, 2011.

김기용·천득영, 「운주사 원형석탑의 시원과 의미」, 『건축역사연구』 제23권 제4호 통권 95호, 2014.

김만태, 「성수신앙의 일환으로서 북두칠성의 신앙적 화현 양상」, 『동방학지』 159권, 연세대학교 국학연구원, 2012.

김상진, 「조선전기 주자학의 보급과 혼인제도의 변화」, 연세대학교 대학원 석사학위논문, 2001.

김상혁·민병희·안영숙·이용삼, 「조선시대 간의대의 배치와 척도에 대한 추정」, 『천문학논총』 제26권 제3호, 한국천문학회, 2011.

김수희, 「명대 여성칠석문학에 나타난 여성의 문화와 의식」, 『중국어문학지』 제45집, 2013.

김숙희, 「울산반구대 바위그림의 신화적 상징-인물상, 동물상, 도구상을 중심으로-」, 공주대학교 교육대학원 석사학위논문, 2004.

김은경, 「울주 대곡리 반구대암각화와 고래제의」, 고려대학교 대학원 석사학위논문, 2016.

김은선, 「한중일 공통 설화텍스트를 통한 세시풍속 교육연구-견우직녀를 중심으로-」, 한성대학교 대학원 석사학위논문, 2012.

김은화, 「토함산 석굴의 제석천상과 범천상」, 『강좌미술사』 제44호, 한국미술사연구소, 2015.

김일권, 「고구려의 천문문화와 그 역사적 계승-고려시대의 능묘천문도와 벽화무덤을 중심으로」, 『고구려발해연구』 23, 고구려발해학회, 2006.

김일권, 「고구려인들의 별자리 신앙」, 『종교문화연구』 제2호, 한신인문학연구소, 2000.

김일권, 「영일만의 천문사상과 별자리 암각화」, 『한국암각화연구』 제15집, 한국암각화학회, 2011.

김장훈, 「첨성대 건립에 대한 시공방법론: 첨성대의 얼개를 통한 논증」, 『문화재』 제42권 제2호, 국립문화재연구소, 2009.

김정자, 「20세기 중엽 충청지역의 혼례복과 혼례풍속에 관한 민속학적 연구」, 『한국복식학회지』 제50권 제3호 통권52호, 한국복식학회, 2000.

김택규, 「조왕 신앙 연구」, 영남대학교 대학원 석사학위논문, 1993.

김현아, 「토우를 통해 본 신라인들의 사상과 생활상에 관한 연구」, 『기초조형학연구』 12권 5호, 한국기초조형학회, 2001.

나경수, 「운주사 연구」, 전남대학교 대학원 박사학위 논문, 2007.

남성진, 「고구려 고분벽화에 나타난 길놀이의 자취와 의미」, 『비교민속학』 제38집, 비교민속학회, 2009.

노성환, 「고구려 고분벽화와 일본의 칠석설화」, 『일어일문학연구』 제64집 2권, 한국일어일문학회, 2008.

도한호, 「좀생이 별에 대하여」, 『수필시대』 6, 문예운동사, 2011.

박신정, 「신라 토우에 나타난 상징성에 관한 연구」, 이화여자대학교 대학원 석사학위논문, 1987.

박종성, 「구비전승의 〈삼태성〉과 〈북두칠성〉 신화 일고: 무속신화와 건국신화의 상관성 및 신앙의 양상을 중심으로」, 『구비문학연구』 제16집, 한국구비문학회, 2003.

박희선, 「고조선 관모양식을 이은 고구려 금관의 출현과 발전 재검토」, 『고조선단군학』 제25호, 고조선단군학회, 2011.

비엔리, 「명청시기 휘주의 혼인 풍속 연구」, 『호남문화연구』 49권, 전남대학교 호남학연구원, 2011.

성가철랑, 「고송총과 키토라고분의 성도의 계보」, 『기술과 역사』 창간호, 2000.

송화섭, 「한국 윷판형 암각화의 역사와 성격」, 『한국암각화연구』 제18집, 한국암각화학회, 2014.

신현경, 「반구대 암각화의 고래 그림에 있어서 제례(祭禮)적 기능에 대한 고찰과 현대적 의의」, 『동양예술』 제11호, 한국동양예술학회, 2006.

안상현, 「1792년에 출간된 새로운 보천가에 대한 연구」, 『우주과학회지』 제26권 제4호, 한국우주과학회, 2009.

안상현, 「천상열차분야지도에 나오는 고려시대 피휘와 천문도의 기원」, 『고궁문화』 제4호, 한국천문연구원 우주과학본부, 2011.

양충열, 「견우·직녀 설화의 생성과 사회적 배경 고찰」, 『세계문학비교연구』 38호, 세계문학비교학회, 2012.

양홍진, 「중국 고고천문 유적의 지역적 분포와 특성에 대하여: 홍산문화와 하가점하층 문화 유적을 중심으로」, 『동아시아고대학』 제32집, 2013.

엄정용, 「〈견우 직녀 설화〉의 연구-서사단락과 구조분석 및 생성적 의미를 중심으로」, 창원대학교 대학원 석사학위논문, 2015.

오지섭, 「창세신화를 통한 한국인의 하느님 신앙 이해: 한국인의 하느님 신앙, 그 가능성과 문제점」, 『종교신학연구 7』, 서강대학교 신학연구소, 1994.

이기원, 「조선시대 관상감의 직제 및 시험 제도에 관한 연구: 천문학 부서를 중심으로」, 『한국지구과학회지』 제29권 제1호, 한국지구과학회, 2008.

이복규, 「조선 전기의 출산·생육관련 민속: 묵재 이문건의 『묵재일기』·『양아록』을 중심으로」, 『한국민속학』 제8호, 한국민속학회, 1997.

이상준, 「고대 동아시아의 칠석문화연구: 칠석전설의 생성과 변천 그리고 향유를 중심으로」, 『일어일문학연구』 제65집 2권, 2008.

이상준, 「연오랑·세오녀 설화의 연구-현지 조사를 중심으로 한 고찰-」, 영남대학교 대학원 석사학위논문, 2010.

이영식, 「장례요의 존재양상과 사설 연구」, 강릉대학교 대학원 박사학위논문, 2007.

이유진, 「시안 당나라 시절이 '견우·직녀 설화'의 전성기」, 주간경향 1152호, 경향신문사, 2015.

이윤선, 「진도지역 상례를 통해서 본 의례와 놀이의 연행 의미」, 『비교민속학』 제38집, 2009.

이은창, 「신라토우에 나타난 민속」, 『신라문화 4호』, 동국대학교 신라문화연구소, 1983.

이정인, 「조선시대의 세화에 대한 연구」, 홍익대학교 교육대학원 석사학위논문, 2006.

이정철, 「고인돌을 통해본 남한의 청동기문화 전래」, 중앙대학교 대학원 석사학위논문, 2007.

이하우, 「한국 선사암각화의 제의표현에 관한 연구」, 경주대학교 일반대학원 박사학위논문, 2009.

이호숙, 「선사에서 고래를 만나다」, 『수필시대』, 문예운동사, 2010.

이희재, 「초례의 종교적 의미」, 『Comparative Korean Studies』 8권, 국제비교한국학회, 2001.

임세권, 「한국 선사시대 암각화의 성격」, 단국대학교 대학원 박사학위논문, 1994.

전덕재, 「상고기 신라의 동해안지역 경영」, 『역사문화연구』 제45집, 한국외국어대학교역 사문화연구소, 2013.

전상운, 「'천상열차분야지도' 각석이 국보 제228호로 지정되기까지」, 『동방학지』 93권, 연세대학교 국학연구원, 1996.

전호태, 「고구려 고분벽화의 직녀도」, 『역사와 현실』 38호, 한국역사연구회, 2000.

전호태, 「울산 반구대 암각화 실측형상 재분류 및 새김새 재검토: 울산대박물관 실측조 사자료를 중심으로」, 『울산사학』, 울산대학교 출판부, 2000.

정연식, 「첨성대의 기능과 형태에 관한 여러 학설 비판」, 『역사학보』 제204집, 역사학회, 2009.

정우진, 「풍수의 지리와 한의학의 몸, 왜 동일시되는가?」, 『인문학연구』 제19호, 경희대학 교 인문학연구소, 2011.

정진희, 「조선 전기 치성광여래 신앙 연구」, 『지선문화연구 제19집』, 한국불교선리연구원, 2015.

정한기, 「상엿소리 구성과 죽음의식에 대한 연구」, 서울대학교 대학원 석사학위논문, 1994.

조덕전, 「고구려 영성과 사직」, 『고구려발해연구』 23권, 고구려발해학회, 2006.

조화룡·황상일·이종남, 「태화강 하류 충적평야의 지형 발달」, 『국토지리학회지』 10, 국 토지리학회, 1985.

조희영, 「동아시아 수노인도 연구」, 이화여자대학교 대학원 석사학위 논문, 2004.

최부득, 「신적 공간의 현현: 석굴암」, 『한국미학예술학회지』, 한국미학예술학회, 1992.

최선혜, 「조선초기 태조·태종대 초제의 시행과 왕권 강화」, 『한국사상사학』 제17집, 한국 사상사학회, 2001.

최양환, 「유만공『세시풍요』의 민속학적 연구」, 경희대학교 대학원 석사학위논문, 2009.

표인주, 「상장례와 상요 소리에 나타난 죽음관」, 『호남문화연구』 27권, 전남대학교 호남 학연구원, 1999.

한길연, 「고전소설의 '별자리 화소' 연구」, 『고전문학연구』 46권, 한국고전문학회, 2014.

홍나래, 「무속신화 〈칠성풀이〉의 연구」, 이화여자대학교 대학원 석사학위논문, 1996.

홍성임, 「비금도 뜀뛰기 강강술래의 특성 연구」, 동덕여자대학교 대학원 석사학위논문, 2010.

삶의 행복을 꿈꾸는 교육은 어디에서 오는가?

미래 100년을 향한 새로운 교육

▶ **교육혁명을 앞당기는 배움책 이야기**
혁신교육의 철학과 잉걸진 미래를 만나다!

한국교육연구네트워크 총서

01 핀란드 교육혁명
한국교육연구네트워크 엮음 | 320쪽 | 값 15,000원

02 일제고사를 넘어서
한국교육연구네트워크 엮음 | 284쪽 | 값 13,000원

03 새로운 사회를 여는 교육혁명
한국교육연구네트워크 엮음 | 380쪽 | 값 17,000원

04 교장제도 혁명
한국교육연구네트워크 엮음 | 268쪽 | 값 14,000원

05 새로운 사회를 여는 교육자치 혁명
한국교육연구네트워크 엮음 | 312쪽 | 값 15,000원

06 혁신학교에 대한 교육학적 성찰
한국교육연구네트워크 엮음 | 308쪽 | 값 15,000원

혁신학교
성열관·이순철 지음 | 224쪽 | 값 12,000원

행복한 혁신학교 만들기
초등교육과정연구모임 지음 | 264쪽 | 값 13,000원

서울형 혁신학교 이야기
이부영 지음 | 320쪽 | 값 15,000원

혁신교육, 철학을 만나다
브렌트 데이비스·데니스 수마라 지음
현인철·서용선 옮김 | 304쪽 | 값 15,000원

혁신교육 존 듀이에게 묻다
서용선 지음 | 292쪽 | 값 14,000원

다시 읽는 조선 교육사
이만규 지음 | 750쪽 | 값 33,000원

대한민국 교육혁명
교육혁명공동행동 연구위원회 지음 | 224쪽 | 값 12,000원

한국교육연구네트워크 번역 총서

01 프레이리와 교육
존 엘리아스 지음 | 한국교육연구네트워크 옮김
276쪽 | 값 14,000원

02 교육은 사회를 바꿀 수 있을까?
마이클 애플 지음 | 강희룡·김선우·박원순·이형빈 옮김
352쪽 | 값 16,000원

03 비판적 페다고지는
세상을 변화시킬 수 있는가?
Seewha Cho 지음 | 심성보·조시화 옮김 | 280쪽 | 값 14,000원

04 마이클 애플의 민주학교
마이클 애플·제임스 빈 엮음 | 강희룡 옮김 | 276쪽 | 값 14,000원

05 21세기 교육과 민주주의
넬 나딩스 지음 | 심성보 옮김 | 392쪽 | 값 18,000원

06 세계교육개혁:
민영화 우선인가 공적 투자 강화인가?
린다 달링-해먼드 외 지음 | 심성보 외 옮김 | 408쪽 | 값 21,000원

대한민국 교사, 어떻게 가르칠 것인가?
윤성관 지음 | 320쪽 | 값 15,000원

아이들을 어떻게 가르칠 것인가
사토 마나부 지음 | 박찬영 옮김 | 232쪽 | 값 13,000원

아이들의 배움은 어떻게 깊어지는가
이시이 준지 지음 | 방지현·이창희 옮김 | 200쪽 | 값 11,000원

모두를 위한 국제이해교육
한국국제이해교육학회 지음 | 364쪽 | 값 16,000원

경쟁을 넘어 발달 교육으로
현광일 지음 | 288쪽 | 값 14,000원

독일 교육, 왜 강한가?
박성희 지음 | 324쪽 | 값 15,000원

핀란드 교육의 기적
한넬레 니에미 외 엮음 | 장수명 외 옮김 | 452쪽 | 값 23,000원

▶ 비고츠키 선집 시리즈
발달과 협력의 교육학 어떻게 읽을 것인가?

생각과 말
레프 세묘노비치 비고츠키 지음
배희철·김용호·D. 켈로그 옮김 | 690쪽 | 값 33,000원

성장과 분화
L.S. 비고츠키 지음 | 비고츠키 연구회 옮김
308쪽 | 값 15,000원

도구와 기호
비고츠키·루리야 지음 | 비고츠키 연구회 옮김
336쪽 | 값 16,000원

의식과 숙달
L.S 비고츠키 | 비고츠키 연구회 옮김
348쪽 | 값 17,000원

어린이 자기행동숙달의 역사와 발달 I
L.S. 비고츠키 지음 | 비고츠키 연구회 옮김
564쪽 | 값 28,000원

관계의 교육학, 비고츠키
진보교육연구소 비고츠키교육학실천연구모임 지음
300쪽 | 값 15,000원

어린이 자기행동숙달의 역사와 발달 II
L.S. 비고츠키 지음 | 비고츠키 연구회 옮김
552쪽 | 값 28,000원

비고츠키 생각과 말 쉽게 읽기
진보교육연구소 비고츠키교육학실천연구모임 지음
316쪽 | 값 15,000원

어린이의 상상과 창조
L.S. 비고츠키 지음 | 비고츠키 연구회 옮김
280쪽 | 값 15,000원

비고츠키와 인지 발달의 비밀
A.R. 루리야 지음 | 배희철 옮김 | 280쪽 | 값 15,000원

연령과 위기
L.S. 비고츠키 지음 | 비고츠키 연구회 옮김
336쪽 | 값 17,000원

수업과 수업 사이
비고츠키 연구회 지음 | 196쪽 | 값 12,000원

▶ 창의적인 협력수업을 지향하는 삶이 있는 국어 교실
우리말 글을 배우며 세상을 배운다

중학교 국어 수업 어떻게 할 것인가?
김미경 지음 | 340쪽 | 값 15,000원

이야기 꽃 1
박용성 엮어 지음 | 276쪽 | 값 9,800원

토론의 숲에서 나를 만나다
명혜정 엮음 | 312쪽 | 값 15,000원

이야기 꽃 2
박용성 엮어 지음 | 294쪽 | 값 13,000원

토닥토닥 토론해요
명혜정·이명선·조선미 엮음 | 288쪽 | 값 15,000원

인문학의 숲을 거니는 토론 수업
순천국어교사모임 엮음 | 308쪽 | 값 15,000원

어린이와 시
오인태 지음 | 192쪽 | 값 12,000원

수업, 슬로리딩과 함께
박경숙·강슬기·김정욱·장소현·강민정·전혜림·이혜민 지음
268쪽 | 값 15,000원

▶ 평화샘 프로젝트 매뉴얼 시리즈
학교 폭력에 대한 근본적인 예방과 대책을 찾는다

학교 폭력 어떻게 만들어지는가
문재현 외 지음 | 300쪽 | 값 14,000원

아이들을 살리는 동네
문재현·신동명·김수동 지음 | 204쪽 | 값 10,000원

학교 폭력, 멈춰!
문재현 외 지음 | 348쪽 | 값 15,000원

평화! 행복한 학교의 시작
문재현 외 지음 | 252쪽 | 값 12,000원

왕따, 이렇게 해결할 수 있다
문재현 외 지음 | 236쪽 | 값 12,000원

마을에 배움의 길이 있다
문재현 지음 | 208쪽 | 값 10,000원

젊은 부모를 위한 백만 년의 육아 슬기
문재현 지음 | 248쪽 | 값 13,000원

별자리, 인류의 이야기 주머니
문재현·문한뫼 지음 | 444쪽 | 값 20,000원

▶ 4·16, 질문이 있는 교실 마주이야기
통합수업으로 혁신교육과정을 재구성하다!

통하는 공부
김태호·김형우·이경석·심우근·허진만 지음
324쪽 | 값 15,000원

내일 수업 어떻게 하지?
아이함께 지음 | 300쪽 | 값 15,000원
2015 세종도서 교양부문

인간 회복의 교육
성래운 지음 | 260쪽 | 값 13,000원

교과서 너머 교육과정 마주하기
이윤미 외 지음 | 368쪽 | 값 17,000원

수업 고수들 수업·교육과정·평가를 말하다
박현숙 외 지음 | 368쪽 | 값 17,000원

도덕 수업, 책으로 묻고 윤리로 답하다
울산도덕교사모임 지음 | 320쪽 | 값 15,000원

체육 교사, 수업을 말하다
전용진 지음 | 304쪽 | 값 15,000원

교실을 위한 프레이리
아이러 쇼어 엮음 | 사람대사람 옮김 | 412쪽 | 값 18,000원

마을교육공동체란 무엇인가?
서용선 외 지음 | 360쪽 | 값 17,000원

학교생활기록부를 디자인하라
박용성 지음 | 268쪽 | 값 14,000원

교사, 학교를 바꾸다
정진화 지음 | 372쪽 | 값 17,000원

함께 배움
학생 주도 배움 중심 수업 이렇게 한다
니시카와 준 지음 | 백경석 옮김 | 280쪽 | 값 15,000원

공교육은 왜?
홍섭근 지음 | 352쪽 | 값 16,000원

자기혁신과 공동의 성장을 위한
교사들의 필리버스터
윤양수·원종희·장군·조경삼 지음 | 280쪽 | 값 14,000원

함께 배움 이렇게 시작한다
니시카와 준 지음 | 백경석 옮김 | 196쪽 | 값 12,000원

함께 배움 교사의 말하기
니시카와 준 지음 | 백경석 옮김 | 188쪽 | 값 12,000원

미래교육의 열쇠, 창의적 문화교육
심광현·노명우·강정석 지음 | 368쪽 | 값 16,000원

주제통합수업, 아이들을 수업의 주인공으로!
이윤미 외 지음 | 392쪽 | 값 17,000원

수업과 교육의 지평을 확장하는 수업 비평
윤양수 지음 | 316쪽 | 값 15,000원
2014 문화체육관광부 우수교양도서

교사, 선생이 되다
김태은 외 지음 | 260쪽 | 값 13,000원

교사의 전문성, 어떻게 만들어지나
국제교원노조연맹 보고서 | 김석규 옮김 392쪽 | 값 17,000원

수업의 정치
윤양수·원종희·장군 지음 | 280쪽 | 값 14,000원

학교협동조합,
현장체험학습과 마을교육공동체를 잇다
주수원 외 지음 | 296쪽 | 값 15,000원

거꾸로교실,
잠자는 아이들을 깨우는 수업의 비밀
이민경 지음 | 280쪽 | 값 14,000원

교사는 무엇으로 사는가
정은균 지음 | 292쪽 | 값 15,000원

마음의 힘을 기르는 감성수업
조선미 외 지음 | 300쪽 | 값 15,000원

작은 학교 아이들
지경준 엮음 | 376쪽 | 값 17,000원

감성 지휘자, 우리 선생님
박종국 지음 | 308쪽 | 값 15,000원

대한민국 입시혁명
참교육연구소 입시연구팀 지음 | 220쪽 | 값 12,000원

교사를 세우는 교육과정
박승열 지음 | 312쪽 | 값 15,000원

전국 17명 교육감들과 나눈
교육 대담
최창의 대담·기록 | 272쪽 | 값 15,000원

들뢰즈와 가타리를 통해
유아교육 읽기
리세롯 마리엣 올슨 지음 | 이연선 외 옮김 | 328쪽 | 값 17,000원

교육과정 통합, 어떻게 할 것인가?
성열관 외 지음 | 192쪽 | 값 13,000원

 동양사상에게 인공지능 시대를 묻다
홍승표 외 지음 | 260쪽 | 값 15,000원

 학교 혁신의 길, 아이들에게 묻다
남궁상운 외 지음 | 268쪽 | 값 15,000원

 프레이리의 사상과 실천
사람대사람 지음 | 352쪽 | 값 18,000원

 학교 민주주의의 불한당들
정은균 지음 | 276쪽 | 값 14,000원

 교육과정, 수업, 평가의 일체화
리사 카터 지음 | 박승열 외 옮김 | 196쪽 | 값 13,000원

 학교를 개선하는 교장
지속가능한 학교 혁신을 위한 실천 전략
마이클 풀란 지음 | 서동연·정효준 옮김 | 216쪽 | 값 13,000원

▶ 교과서 밖에서 만나는 역사 교실
상식이 통하는 살아 있는 역사를 만나다

 전봉준과 동학농민혁명
조광환 지음 | 336쪽 | 값 15,000원

 남도의 기억을 걷다
노성태 지음 | 344쪽 | 값 14,000원

 응답하라 한국사 1·2
김은석 지음 | 356쪽·368쪽 | 각권 값 15,000원

 즐거운 국사수업 32강
김남선 지음 | 280쪽 | 값 11,000원

 즐거운 세계사 수업
김은석 지음 | 328쪽 | 값 13,000원

 강화도의 기억을 걷다
최보길 지음 | 276쪽 | 값 14,000원

 광주의 기억을 걷다
노성태 지음 | 348쪽 | 값 15,000원

 **선생님도 궁금해하는
한국사의 비밀 20가지**
김은석 지음 | 312쪽 | 값 15,000원

 걸림돌
키르스텐 세룹-빌펠트 지음 | 문봉애 옮김
248쪽 | 값 13,000원

 역사수업을 부탁해
열 사람의 한 걸음 지음 | 388쪽 | 값 18,000원

 진실과 거짓, 인물 한국사
하성환 지음 | 400쪽 | 값 18,000원

 교과서 밖에서 배우는 역사 공부
정은교 지음 | 292쪽 | 값 14,000원

 팔만대장경도 모르면 빨래판이다
전병철 지음 | 360쪽 | 값 16,000원

 빨래판도 잘 보면 팔만대장경이다
전병철 지음 | 360쪽 | 값 16,000원

 영화는 역사다
강성률 지음 | 288쪽 | 값 13,000원

 친일 영화의 해부학
강성률 지음 | 264쪽 | 값 15,000원

 한국 고대사의 비밀
김은석 지음 | 304쪽 | 값 13,000원

 조선족 근현대 교육사
정미량 지음 | 320쪽 | 값 15,000원

 다시 읽는 조선근대교육의 사상과 운동
윤건차 지음 | 이명실·심성보 옮김 | 516쪽 | 값 25,000원

 음악과 함께 떠나는 세계의 혁명 이야기
조광환 지음 | 292쪽 | 값 15,000원

 논쟁으로 보는 일본 근대교육의 역사
이명실 지음 | 324쪽 | 값 17,000원

▶ 더불어 사는 정의로운 세상을 여는 인문사회과학
사람의 존엄과 평등의 가치를 배운다

 밥상혁명
강양구·강이현 지음 | 298쪽 | 값 13,800원

 좌우지간 인권이다
안경환 지음 | 288쪽 | 값 13,000원

 도덕 교과서 무엇이 문제인가?
김대용 지음 | 272쪽 | 값 14,000원

 민주시민교육
심성보 지음 | 544쪽 | 값 25,000원

 자율주의와 진보교육
조엘 스프링 지음 | 심성보 옮김 | 320쪽 | 값 15,000원

 민주시민을 위한 도덕교육
심성보 지음 | 500쪽 | 값 25,000원
2015 세종도서 학술부문

 민주화 이후의 공동체 교육
심성보 지음 | 392쪽 | 값 15,000원
2009 문화체육관광부 우수학술도서

 교과서 밖에서 배우는 인문학 공부
정은교 지음 | 280쪽 | 값 13,000원

 갈등을 넘어 협력 사회로
이창언·오수길·유문종·신윤관 지음 | 280쪽 | 값 15,000원

 오래된 미래교육
정재걸 지음 | 392쪽 | 값 18,000원

 동양사상과 마음교육
정재걸 외 지음 | 356쪽 | 값 16,000원
2015 세종도서 학술부문

 대한민국 의료혁명
전국보건의료산업노동조합 엮음 | 548쪽 | 값 25,000원

 교과서 밖에서 배우는 철학 공부
정은교 지음 | 280쪽 | 값 14,000원

 교과서 밖에서 배우는 고전 공부
정은교 지음 | 288쪽 | 값 14,000원

 교과서 밖에서 배우는 사회 공부
정은교 지음 | 304쪽 | 값 15,000원

 전체 안의 전체 사고 속의 사고
김우창의 인문학을 읽다
현광일 지음 | 320쪽 | 값 15,000원

 교과서 밖에서 배우는 윤리 공부
정은교 지음 | 292쪽 | 값 15,000원

 카스트로, 종교를 말하다
피델 카스트로·프레이 베토 대담 | 조세종 옮김
420쪽 | 값 21,000원

 한글 혁명
김슬옹 지음 | 388쪽 | 값 18,000원

 교사와 부모를 위한 비고츠키 교육학
카르포프 지음 | 실천교사번역팀 옮김 | 308쪽 | 값 15,000원

▶ 살림터 참교육 문예 시리즈
영혼이 있는 삶을 가르치는 온 선생님을 만나다!

 꽃보다 귀한 우리 아이는
조재도 지음 | 244쪽 | 값 12,000원

 선생님이 먼저 때렸는데요
강병철 지음 | 248쪽 | 값 12,000원

 성깔 있는 나무들
최은숙 지음 | 244쪽 | 값 12,000원

 서울 여자, 시골 선생님 되다
조경선 지음 | 252쪽 | 값 12,000원

 아이들에게 세상을 배웠네
명혜정 지음 | 240쪽 | 값 12,000원

 행복한 창의 교육
최창의 지음 | 328쪽 | 값 15,000원

 밥상에서 세상으로
김흥숙 지음 | 280쪽 | 값 13,000원

 북유럽 교육 기행
정애경 외 14인 지음 | 288쪽 | 값 14,000원

▶ 남북이 하나 되는 두물머리 평화교육
분단 극복을 위한 치열한 배움과 실천을 만나다

 10년 후 통일
정동영·지승호 지음 | 328쪽 | 값 15,000원

 선생님, 통일이 뭐예요?
정경호 지음 | 252쪽 | 값 13,000원

 분단시대의 통일교육
성래운 지음 | 428쪽 | 값 18,000원

 김창환 교수의 DMZ 지리 이야기
김창환 지음 | 264쪽 | 값 15,000원

▶ 출간 예정

참된 삶과 교육에 관한
생각 줄기